반려동물장례관련법의 이해

동물보호법 · 폐기물관리법

김 홍 석 · 정진구 공저

화 산 미 디 어

머 리 말

반려동물이란 인간과 더불어 사는 동물로 일반적인 동물과 달리 주인이 그 생명과 함께 살면서 정서적으로 풍요로워지며 유대감을 나눌 수 있는 동물이다. 반려동물이 단순히 사랑하는 동물을 넘어서 삶의 동반자로 자리매김하고 있는 가운데 국내에서 개와 고양이 등의 반려동물을 키우는 가정은 국내 전체가구의 18% 수준이며, 반려동물을 키우는 인구는 1,000만명 이상이다. 이와 함께 반려동물 관련시장 규모도 급속히 성장하고 있다.

반려동물 관련시장에는 반려동물이 죽은 후 장례를 치러주는 서비스도 있다. 반려동물장례서비스는 반려동물에 대하여 장례를 치러주는 서비스로 죽은 반려동물을 위해 수의를 장만하고 염습을 거쳐 장례식 진행, 화장 또는 건조장, 납골당 안치 등 사람 못지않게 엄숙한 절차로 진행되는 서비스를 말한다. 반려동물의 소유자가 반려동물에 대한 장례를 하고자 원할 경우에는 동물장묘시설에서 장례절차를 진행할 수 있는 바, 동물보호법에서는 동물장묘업(動物葬墓業)에 대하여 규정하고 있다.

본서는 가정에서 반려(伴侶)의 목적으로 사육하는 개 · 고양이 · 토끼 · 페럿 · 기니피그 · 햄스터 등과 관련된 동물전용장례식장, 동물화장시설 또는 동물건조장시설, 동물전용납골시설 중 어느 하나 이상의 시설을 설치 · 운영하는 영업자 등 동물장묘업을 하는 사업자들과 반려동물을 키우는 모든 분들이 기본적으로 알아야 할 동물보호법 및 폐기물관리법에서 반려동물장례와 관련된 법규정을 체계적으로 정리하여 기술하였다.

본서의 출간을 흔쾌히 승낙하여 주신 화산미디어 현근택사장님 등 도움을 주신 모든 분들께 감사의 말씀을 전한다.

2016년 1월

저자들 씀

차　　례

반려동물장례관련법의 이해

제 1 장 개 요

제 1 절 반려동물

Ⅰ. 삶의 동반자

현대사회에서 독신자의 증가와 급격한 노령인구의 증가로 인해 가족형태가 변화되고[1] 국민소득의 증가에 따라 생활수준이 높아지면서 인간생활에서 동반자로 인식한 반려동물이 보편화되어 이를 기르는 사람들이 증가하고 있다.[2] 반려동물은 외로움이 시대정서인 현대사회에서 단순히 사랑하는 동물을 넘어서 가족처럼 평생 함께하는 삶의 동반자 및 반려자로 자리매김하고 있다.[3]

Ⅱ. 반려동물의 개념

반려동물이란 인간과 더불어 사는 동물로 일반적인 동물과 달리 주인이

1) 통계청에 따르면 전체가구 가운데 1인가구 구성비 추이는 1995년 12.7%, 2000년 15.5%, 2005년 20.0%, 2010년 23.9%, 2012년 25.3%에 이르렀고 2025년 31.3%, 2035년 34.3%로 증가할 전망이며, 1인 및 2인가구 합계구성비 추이는 1995년 29.67%, 2000년 34.65%, 2005년 42.2%, 2010년 48.1%, 2012년 50.5%에 이르렀고 2025년 62.5%, 2035년 68.3%로 증가할 전망이다. 통계청 보도자료, "장래가구추계: 2010년~2035년", 사회통계국 인구동향과, 2012.4.26.

2) 국립수의과학검역원(2010년 동물보호에 대한 국민의식 조사보고서, 2010.6.) 및 한국갤럽조사연구소에서 조사한 결과(2013.6.4.)에 따르면 우리나라에서 반려동물을 키우는 인구가 1,000만명을 넘어선 것으로 나타났다. 그리고 국내 전체가구의 17.4%의 가정에서 반려동물로 개와 고양이를 기르는 것으로 나타났고, 가정에서 기르는 개와 고양이 수를 모두 합하면 700만 마리로 추산되었다.

3) [민사] 자신의 애완견(치와와)이 목줄을 묶지 않은 타인의 개(진돗개)에게 물려 죽은 사건에서, 애완견을 소유하는 목적은 애완견과 정신적인 유대와 애정을 나누기 위한 것인 점, 애완견은 보통 물건들과 달리 생명을 가진 동물인 점, 그러한 의미에서 요즘 애완견을 단순한 동물을 넘어서 반려견으로까지 여기는 점 등을 고려하면, 타인의 불법행위로 애완견이 죽은 경우, 애완견 주인이 가지는 정신적 고통의 손해는 그 애완견의 구매가 또는 시가 상당액을 배상받는 것만으로는 회복될 수 없는 특별사정에 의한 손해이고, 불법행위자는 그러한 특별사정을 알았거나 알 수 있었으므로 애완견 주인에게 일정 금액의 위자료를 배상할 책임이 있다고 선고한 사례. 대구지방법원 2014.2.13. 선고 2013가소35765 판결 [손해배상].

그 생명을 맡아 기름으로써 정서적으로 풍요로워지며 유대감을 나눌 수 있는 동물이라 하겠다.[4] 반려동물의 특성은 첫째, 반려동물은 기본적으로 그 소유자와 삶을 함께 한다. 둘째, 반려동물은 그 소유자가 그 어떤 목적 예컨대 식용을 위해 또는 이를 넘어 영리목적으로 사육하는 것이 아니다. 셋째, 반려동물은 그 소유자와 더불어 살면서 정서적 교감을 나눈다. 넷째, 반려동물은 원칙적으로 다른 어떤 수단으로 사용되지 아니한다. 다섯째, 반려동물은 어느 동물이든 될 수 있다.

제 2 절 반려동물 장례문화

Ⅰ. 한국표준산업분류

통계청에서는 2000년 이후의 산업구조의 변화(신생 및 쇠퇴산업)를 충실히 반영하여 제9차 한국표준산업분류를 개정하면서 통계의 활용성을 제고하고자 산업의 전문화 및 확대 추세를 반영해 국민들의 풍속 및 생활형태 변화에 따라 수요가 많아진 『애완동물 장묘 및 보호서비스업』을 소분류 이하에서 신설하였다.[5]

---

4) • 반려동물(companion animal)이란 표현은 1983년 10월 오스트리아 빈에서 열린 인간과 애완동물의 관계를 주제로 하는 국제심포지엄에서 처음으로 제안되었다. 이 제안은 동물이 인간에게 주는 여러 가지 혜택을 존중해 사람의 장난감이 아닌 존중해야 할 개체로 보자는 의미에서다.
• 반려동물이란 개 · 고양이 등 인간과 감성적 일상적 유대관계를 나누는 동물 혹은 이를 위해 사육되는 동물로서, 특히 인간의 주거지에서 함께 생활하는 동물을 말하며 장단기 유기동물과 그 새끼 그리고 안내, 경비 등의 인간과 함께 일정한 업무를 수행하는 동물을 망라한다. 농림부 동물보호법개정안 제2조(정의), 1999년.
• 반려동물이라 함은 개와 고양이를 말하며 다른 동물의 경우 인간의 정서함양과 동반의 유대관계를 나누는 동물을 말한다. 농림부 동물보호법개정안 제2조(정의), 2002년.
• 농림축산식품부령으로 정하는 개 · 고양이 · 토끼 등 가정에서 반려(伴侶)의 목적으로 기르는 동물. 「동물보호법」(법률 제13023호) 제32조(영업의 종류 및 시설기준 등) 제1항.

5) 대분류 S. 협회 및 단체, 수리 및 기타 개인 서비스업 — 중분류 S96. 기타 개인 서비스업 — 소분류 S96995. 애완동물 장묘 및 보호서비스업. 통계청 보도자료, "제9차 한국표준산업분류(KSIC-9) 개정", 통계정책국 통계기준과, 2007.12.28.

Ⅱ. 블루슈머

통계청에서는 다양한 분야의 통계 분석을 통해 경쟁이 없는 시장의 새로운 소비자를 의미하는 블루슈머[6]를 찾아내 제시함으로써 어려운 여건 속에서 경제주체들이 새로운 시장을 열고 사업기회를 발굴하는 데 도움이 되는 정책적 노력을 계속해 오고 있다. 이러한 가운데 최근 몇 년간 발표된 각 분야의 통계를 분석해 기업과 마케터 그리고 정부가 주목할 만한 블루슈머의 6개 아이템에서 그 중에 하나를 반려족을 선정하며 반려동물장례서비스를 유망산업으로 제시하였다.[7]

Ⅲ. 반려동물장례서비스

반려동물장례서비스는 반려동물이 죽은 후 장례를 치러주는 서비스로 죽은 반려동물을 위해 수의를 장만하고 염습을 거쳐 장례식 진행, 화장 또는 건조장, 납골당 안치 등 사람 못지않게 엄숙한 절차로 진행되는 서비스를 말한다.[8] 반려동물장례서비스는 동물보호법에 따라 동물장묘업(動物葬墓業)의 등록을 한 자가 동물장묘시설에서 진행한다. 동물장묘업자는 동물전용장례식장, 동물화장시설 또는 동물건조장시설, 동물전용납골시설 중 어느 하나 이상의 장묘시설을 설치·운영하는 사람을 말하며 필요한 시설과 인력을 갖추고 시장·군수·구청장에게 동물장묘업의 등록을 하여야 한다.[9]

---

6) 블루슈머(bluesumer)는 경쟁자가 없는 시장을 의미하는 블루오션(blue ocean)과 소비자(consumer)의 합성어로 블루오션의 새로운 소비자를 뜻한다.

7) 통계청 보도자료, "통계로 찾은 2014 블루슈머 6 -과거지우개족, 스몰웨딩족, 꽃보다누나, 견우와직녀, 반려족, 배려소비자를 주목하라!", 대변인실, 2014.1.27.

8) 반려동물의 장례를 사람의 장례식처럼 정성들여 치러주는 동물장례에 대한 관심이 높아지고 있다. 한 동물장례업체의 경우 하루에 10여 건, 많게는 한 달에 200여 건의 장례를 치러주고 있다. 동물장례절차는 사람의 장례와 크게 다르지 않다고 한다. 고객이 원하면 납골당에 안치도 해 준다. 동물장례 비용은 수십만 원에서 많게는 백 만 원에 이르지만, 동물장례업체를 찾는 사람들의 발길이 끊이질 않고 있다. MBC 뉴스투데이, "반려동물 장례문화", 2015.6.26.

9) 2014년도 동물장묘업 현황: 동물장묘업은 경기도 6개소, 충남 3개소, 부산 1개소 등 총 14개소가 영업인 것으로 나타났다. *동물장묘업체수 : ('12) 7개소→ ('13) 7개소→ ('14) 14개소. 농림축산식품부 보도자료, "동물보호 정책, 가시적 효과 나타나", 농림축산검역본부 동물보호과, 2015.5.8.

제 2 장 반려동물장례관련법 개관

제 1 절 동물보호법

Ⅰ. 반려동물에 대한 규제

동물관련법제로 「동물보호법」[10]이 1991년 제정(법률 제4379호)되어 동물 일반에 대한 보호를 강화하고 있으며 반려동물에 대한 규제와 보호 역시 규정하고 있다. 그리고 2007년 1월 26일 법률 제8282호로 동물보호법을 전부개정(2008년 1월 27일부터 시행)하면서 동물장묘업에 대한 규정을 마련하고 동물장묘업의 등록, 동물장묘업의 시설 및 인력 기준과 동물장묘업자의 준수사항 등을 규정하였다.

Ⅱ. 동물장묘업에 대한 규제

동물장묘업에 대해 현행 동물보호법 및 동법 시행규칙에서는 가정에서 반려(伴侶)의 목적으로 사육하는 개·고양이·토끼·페럿·기니피그·햄스터 등과 관련된 동물 전용의 장례식장, 동물의 사체 또는 유골을 불에 태우는 방법으로 처리하는 시설[동물화장(火葬)시설] 또는 건조·멸균분쇄의 방법으로 처리하는 시설[동물건조장(乾燥葬)시설], 동물 전용의 납골시설 중 어느 하나 이상의 시설을 설치·운영하는 영업으로 동물장묘업을 하려는 자는 일정한 시설과 인력을 갖추고 시장·군수·구청장에게 등록하여야 한다고

---

10) 「동물보호법」(2015.1.20. 일부개정, 법률 제13023호), 정부소관부서: 농림축산식품부(방역총괄과)

- 제1조(목적) 이 법은 동물에 대한 학대행위의 방지 등 동물을 적정하게 보호·관리하기 위하여 필요한 사항을 규정함으로써 동물의 생명보호, 안전 보장 및 복지 증진을 꾀하고, 동물의 생명 존중 등 국민의 정서를 함양하는 데에 이바지함을 목적으로 한다.

규정하고 있다.

동물장묘업의 등록제는 반려동물사체의 인도적 및 위생적 처리를 통해 국민정서 함양과 환경오염 방지 등을 도모할 수 있다.

제 2 절 폐기물관리법

Ⅰ. 반려동물의 사체처리에 대한 규제

반려동물이 죽은 경우에는 먼저 동물보호법에 따라 동물등록이 되었다면 동물등록 말소신고를 하고 공중위생상 위해를 끼치지 않는 방법으로 사체를 처리하여야 한다. 반려동물의 사체(死體)처리에 관해서는 「폐기물관리법」[11]이 적용되어 반려동물의 사체를 의료폐기물(동물병원에서 죽은 경우) 또는 생활폐기물[그 외의 장소(일반가정)에서 죽은 경우]로 분류하여 처리기준에 따라서 의료폐기물은 폐기물처리업자에게 위탁처리하고 생활폐기물은 쓰레기봉투(폐기물 종량제 봉투)로 수거 처리하여야 한다.

Ⅱ. 동물장묘시설의 시설 및 인력기준에 대한 규제

반려동물의 소유자가 반려동물에 대한 장례(장례식, 화장, 건조장, 납골)를 하고자 원할 경우에는 동물장묘업자에게 위탁하여 사체를 처리할 수 있다. 반려동물의 사체를 처리할 때 동물보호법에 따라서 동물장묘업의 등록을 한 자가 설치 · 운영하는 동물장묘시설에서 처리되는 동물의 사체의 경우에는 폐기물관리법을 적용하지 아니한다. 하지만 동물보호법에 따라서 등록하여야 하는 동물장묘시설(동물화장시설 및 동물건조장시설)의 시설 및 인력기준에 대하여는 폐기물관리법에서 규정하고 있는 폐기물처리시설의 설치 · 검사 · 관리기준 및 기술관리인 기준에 적합하여야 한다.

---

11) 「폐기물관리법」(2015.7.20. 일부개정, 법률 제13411호). 정부소관부서 : 환경부(자원순환정책과)

- 제1조(목적) 이 법은 폐기물의 발생을 최대한 억제하고 발생한 폐기물을 친환경적으로 처리함으로써 환경보전과 국민생활의 질적 향상에 이바지하는 것을 목적으로 한다.

제 3 절 대기환경보전법

Ⅰ. 사업장폐기물에 대한 규제

폐기물관리법에서는 「대기환경보전법」,[12] 「수질 및 수생태계 보전에 관한 법률」[13] 또는 「소음 · 진동관리법」[14]에 따라 배출시설을 설치 · 운영하는 사업장에서 발생하는 폐기물을 사업장폐기물이라고 하고 있다.

Ⅱ. 대기오염물질배출시설에 대한 규제

대기환경보전법 및 동법 시행규칙에서는 대기오염물질배출시설(법 제2조 제11호 및 동법 시행규칙 제5조 별표 3)과 대기오염물질배출시설에서 나오는 대기오염물질의 배출허용기준(법 제16조 제1항 및 동법 시행규칙 제15조 별표 8)에 대하여 규정하고 있다.

대기오염물질배출시설이란 대기오염물질을 대기에 배출하는 시설물, 기계, 기구, 그 밖의 물체로서 환경부령으로 정하는 것을 말한다. 배출시설을 설치하려는 자는 대통령령으로 정하는 바에 따라 시 · 도지사의 허가를 받거나 시 · 도지사에게 신고하여야 한다.

---

12) 「대기환경보전법」(2015.1.20. 일부개정, 법률 제13034호). 정부소관부서 : 환경부(기후대기정책과)

- 제1조(목적) 이 법은 대기오염으로 인한 국민건강이나 환경에 관한 위해(危害)를 예방하고 대기환경을 적정하고 지속가능하게 관리 · 보전하여 모든 국민이 건강하고 쾌적한 환경에서 생활할 수 있게 하는 것을 목적으로 한다.

13) 「수질 및 수생태계 보전에 관한 법률」(2014.3.24. 일부개정, 법률 제12519호). 정부소관부서: 환경부(배출 등의 금지-수질관리과)

- 제1조(목적) 이 법은 수질오염으로 인한 국민건강 및 환경상의 위해(危害)를 예방하고 하천 · 호소(湖沼) 등 공공수역의 수질 및 수생태계(水生態系)를 적정하게 관리 · 보전함으로써 국민이 그 혜택을 널리 향유할 수 있도록 함과 동시에 미래의 세대에게 물려줄 수 있도록 함을 목적으로 한다.

14) 「소음 · 진동관리법」(2013.3.22. 일부개정, 법률 제11669호). 정부소관부서 : 환경부(생활환경과)

- 제1조(목적) 이 법은 공장 · 건설공사장 · 도로 · 철도 등으로부터 발생하는 소음 · 진동으로 인한 피해를 방지하고 소음 · 진동을 적정하게 관리하여 모든 국민이 조용하고 평온한 환경에서 생활할 수 있게 함을 목적으로 한다.

「대기환경보전법 시행규칙」 [별표 3] 대기오염물질배출시설(제5조 관련)

2. 2015년 1월 1일부터 적용되는 대기오염배출시설

나. 배출시설의 분류

배출시설	대상 배출시설
20) 폐수 · 폐기물 · 폐가스소각시설(소각보일러를 포함한다)	가) 시간당 소각능력이 25킬로그램 이상인 폐수 · 폐기물소각시설 나) 연료사용량이 시간당 30킬로그램 이상이거나 용적이 1세제곱미터 이상인 폐가스소각시설 · 폐가스소각보일러 또는 소각능력이 시간당 100킬로그램 이상인 폐가스소각시설. 다만, 별표 16에 따른 기준에 맞는 휘발성유기화합물 배출억제 · 방지시설 및 악취소각시설은 제외한다. 다) 가)와 나)의 공정에 일체되거나 부대되는 시설로서 동력 20마력 이상인 다음의 시설 ① 분쇄시설 ② 파쇄시설 ③ 용융시설
21) 폐수 · 폐기물 처리시설	가) 시간당 처리능력이 0.5세제곱미터 이상인 폐수 · 폐기물 증발시설 및 농축시설, 용적이 0.15세제곱미터 이상인 폐수 · 폐기물 건조시설 및 정제시설 나) 연료사용량이 시간당 30킬로그램 이상이거나 동력이 20마력 이상인 다음의 시설 ① 분쇄시설(멸균시설포함) ② 파쇄시설 ③ 용융시설 다) 1일 처리능력이 100킬로그램 이상인 음식물류 폐기물 처리시설 중 연료사용량이 시간당 30킬로그램 이상이거나 동력이 20마력 이상인 다음의 시설(습식 및 「악취방지법」 제8조에 따른 악취배출시설로 설치 신고된 시설은 제외한다) ① 분쇄 및 파쇄시설 ② 건조시설
24) 화장로 시설	「장사 등에 관한 법률」에 따른 화장시설

제 3 장 반려동물장례관련법의 주요내용

제 1 절 등록대상동물의 등록 및 말소

Ⅰ. 등록대상동물의 등록

1. 가정에서 반려 목적으로 기르는 월령 3개월 이상인 개

등록대상동물의 소유자는 동물의 보호와 유실 · 유기방지 등을 위하여 시장 · 군수 · 구청장(자치구의 구청장을 말한다. 이하 같다) · 특별자치시장(이하 "시장 · 군수 · 구청장"이라 한다)에게 등록대상동물을 등록하여야 한다. 다만, 농림축산식품부령으로 정하는 바에 따라 시 · 도의 조례로 정하는 지역은 제외한다(동물보호법 제12조 제1항).

2. 동물등록제 제외 지역의 기준

동물보호법 제12조 제1항 단서에 따라 시 · 도의 조례로 동물을 등록하지 않을 수 있는 지역으로 정할 수 있는 지역의 범위는 ① 도서[도서(島嶼), 제주특별자치도 본도(本島) 및 방파제 또는 교량 등으로 육지와 연결된 도서는 제외한다], ② 동물보호법 시행규칙 제10조 제1항에 따라 동물등록 업무를 대행하게 할 수 있는 자가 없는 읍 · 면 등과 같다(동물보호법 시행규칙 제7조).

3. 등록대상동물 등록 신청

가. 동물등록 신청서 제출 및 첨부서류

동물보호법 제12조 제1항 본문에 따라 등록대상동물을 등록하려는 자는 해당 동물의 소유권을 취득한 날 또는 소유한 동물이 등록대상동물이 된 날부터 30일 이내에 별지 제1호서식의 동물등록 신청서(변경신고서)를 관할 시장 · 군수 · 구청장 · 특별자치시장(이하 "시장 · 군수 · 구청장"이라 한다)에게 제출하여야 한다. 이 경우 시장·군수·구청장은 「전자정부법」 제36조 제1항[15]에 따른 행정정보의 공동이용을 통하여 주민등록표 등본·초본을 확인하여야 하며, 신청인이 확인에 동의하지 아니하는 경우에는 해당서류를 첨부하게 하여야 한다(동물보호법 시행규칙 제8조 제1항).

나. 처리절차

주체	내용
신청인(신고인)	신청서(신고서) 작성
⇩	
시장·군수·구청장	접수
⇩	
시장·군수·구청장	첨부서류 확인 및 검토
⇩	
시장·군수·구청장	등록사항 전자적 기록(수정)
⇩	
시장·군수·구청장	결재
⇩	
시장·군수·구청장	동물등록증 발급(폐기)

4. 무선식별장치 또는 인식표 장착 등

동물보호법 시행규칙 제8조 제1항에 따라 동물등록 신청을 받은 시장·군수·구청장은 별표 2의 동물등록번호의 부여방법 등에 따라 등록대상동물에 무선전자개체식별장치(이하 "무선식별장치"라 한다) 또는 인식표를 장착 후 별지 제2호서식의 동물등록증(전자적 방식을 포함한다)을 발급하고, 동물보호

---

15) 「전자정부법」(2014.5.20. 타법개정, 법률 제12592호). 정부소관부서 : 행정자치부(전자정부정책과)

- 제1조(목적) 이 법은 행정업무의 전자적 처리를 위한 기본원칙, 절차 및 추진방법 등을 규정함으로써 전자정부를 효율적으로 구현하고, 행정의 생산성, 투명성 및 민주성을 높여 국민의 삶의 질을 향상시키는 것을 목적으로 한다.
- 제36조(행정정보의 효율적 관리 및 이용) ① 행정기관등의 장은 수집·보유하고 있는 행정정보를 필요로 하는 다른 행정기관등과 공동으로 이용하여야 하며, 다른 행정기관등으로부터 신뢰할 수 있는 행정정보를 제공받을 수 있는 경우에는 같은 내용의 정보를 따로 수집하여서는 아니 된다.

법 시행령 제7조(공고) 제1항에 따른 동물보호관리시스템(이하 "동물보호관리시스템"이라 한다)으로 등록사항을 기록 · 유지 · 관리하여야 한다(동물보호법 시행규칙 제8조 제2항).

5. 동물등록증 재발급 신청

가. 동물등록증 재발급 신청서 제출 및 첨부서류

동물등록증을 잃어버리거나 헐어 못 쓰게 되는 등의 이유로 동물등록증의 재발급을 신청하려는 자는 별지 제3호서식의 동물등록증 재발급 신청서를 시장 · 군수 · 구청장에게 제출하여야 한다. 이 경우 시장 · 군수 · 구청장은 「전자정부법」 제36조 제1항에 따른 행정정보의 공동이용을 통하여 주민등록표 등본 · 초본을 확인하여야 하며, 신청인이 확인에 동의하지 아니하는 경우에는 해당 서류를 첨부하게 하여야 한다(동물보호법 시행규칙 제8조 제3항).

나. 처리절차

주체	내용
신청인	신청서 작성
⇩	
시장 · 군수 · 구청장	접수
⇩	
시장 · 군수 · 구청장	첨부서류 확인 및 검토
⇩	
시장 · 군수 · 구청장	동물등록증 재발급

6. 등록수수료

동물보호법 제12조 제1항에 따라 등록대상동물을 등록하려는 자(제1호)는 농림축산식품부령(동물보호법 시행규칙 제48조. 별표 12의 등록 등 수수료)으로 정하는 바에 따라 수수료를 내야 한다. 다만, 동물보호법 제12조 제1항에 따라 등록대상동물을 등록하려는 자에 대하여는 시 · 도의 조례로 정하는 바에 따라 수수료를 감면할 수 있다(동물보호법 제42조).

7. 실태조사 및 정보의 공개

가. 수집ㆍ조사ㆍ분석 및 정기적 공표

농림축산식품부장관은 동물보호법 제12조에 따른 등록대상동물의 등록에 관한 사항(제2호)의 정보와 자료를 수집ㆍ조사ㆍ분석하고 그 결과를 해마다 정기적으로 공표하여야 한다(동물보호법 제45조 제1항).

나. 실태조사 실시 등

농림축산식품부장관은 동물보호법 제45조 제1항에 따른 업무를 효율적으로 추진하기 위하여 실태조사를 실시할 수 있으며, 실태조사를 위하여 필요한 경우 관계 중앙행정기관의 장, 지방자치단체의 장, 공공기관(「공공기관의 운영에 관한 법률」 제4조[16]에 따른 공공기관을 말한다. 이하 같다)의 장, 관련

---

16) 「공공기관의 운영에 관한 법률」(2014.5.28. 타법개정, 법률 제12673호). 정부소관부서 : 기획재정부(정책총괄과)

- 제1조(목적) 이 법은 공공기관의 운영에 관한 기본적인 사항과 자율경영 및 책임경영체제의 확립에 관하여 필요한 사항을 정하여 경영을 합리화하고 운영의 투명성을 제고함으로써 공공기관의 대국민 서비스 증진에 기여함을 목적으로 한다.
- 제4조(공공기관) ① 기획재정부장관은 국가ㆍ지방자치단체가 아닌 법인ㆍ단체 또는 기관(이하 "기관"이라 한다)으로서 다음 각 호의 어느 하나에 해당하는 기관을 공공기관으로 지정할 수 있다.
  1. 다른 법률에 따라 직접 설립되고 정부가 출연한 기관
  2. 정부지원액(법령에 따라 직접 정부의 업무를 위탁받거나 독점적 사업권을 부여받은 기관의 경우에는 그 위탁업무나 독점적 사업으로 인한 수입액을 포함한다. 이하 같다)이 총수입액의 2분의 1을 초과하는 기관
  3. 정부가 100분의 50 이상의 지분을 가지고 있거나 100분의 30 이상의 지분을 가지고 임원 임명권한 행사 등을 통하여 당해 기관의 정책 결정에 사실상 지배력을 확보하고 있는 기관
  4. 정부와 제1호 내지 제3호의 어느 하나에 해당하는 기관이 합하여 100분의 50 이상의 지분을 가지고 있거나 100분의 30 이상의 지분을 가지고 임원 임명권한 행사 등을 통하여 당해 기관의 정책 결정에 사실상 지배력을 확보하고 있는 기관
  5. 제1호 내지 제4호의 어느 하나에 해당하는 기관이 단독으로 또는 두개 이상의 기관이 합하여 100분의 50 이상의 지분을 가지고 있거나 100분의 30 이상의 지분을 가지고 임원 임명권한 행사 등을 통하여 당해 기관의 정책 결정에 사실상 지배력을 확보하고 있는 기관
  6. 제1호 내지 제4호의 어느 하나에 해당하는 기관이 설립하고, 정부 또는 설립 기관이 출연한 기관

  ② 제1항의 규정에 불구하고 기획재정부장관은 다음 각 호의 어느 하나에 해당하는 기관을 공공기관으로 지정할 수 없다.
  1. 구성원 상호 간의 상호부조ㆍ복리증진ㆍ권익향상 또는 영업질서 유지 등을 목적으로 설립된 기관
  2. 지방자치단체가 설립하고, 그 운영에 관여하는 기관
  3. 「방송법」에 따른 한국방송공사와 「한국교육방송공사법」에 따른 한국교육방송공사

  ③ 제1항 제2호의 규정에 따른 정부지원액과 총수입액의 산정 기준ㆍ방법 및 동항 제3호 내지 제5호의 규정에 따른 사실상 지배력 확보의 기준에 관하여 필요한 사항은 대통령령으로 정한다.

기관 및 단체, 동물의 소유자등에게 필요한 자료 및 정보의 제공을 요청할 수 있다. 이 경우 자료 및 정보의 제공을 요청받은 자는 정당한 사유가 없는 한 자료 및 정보를 제공하여야 한다(동물보호법 제45조 제2항).

다. 실태조사의 범위 등

동물보호법 제45조 제2항에 따른 실태조사(현장조사를 포함)의 범위, 방법, 그 밖에 필요한 사항은 대통령령으로 정한다(동물보호법 제45조 제3항).

라. 실적보고

시 · 도지사, 시장 · 군수 · 구청장 또는 동물실험시행기관의 장은 동물보호법 제45조 제1항 제2호(동물보호법 제12조에 따른 등록대상동물의 등록에 관한 사항)의 실적을 다음 해 1월 31일까지 농림축산식품부장관[대통령령으로 정하는 그 소속 기관의 장(검역본부장)을 포함한다]에게 보고하여야 한다(동물보호법 제45조 제4항).

8. 실태조사의 범위 등

가. 실태조사 계획수립 및 실시

농림축산식품부장관은 동물보호법 제45조 제2항에 따른 실태조사(이하 "실태조사"라 한다)를 할 때에는 실태조사 계획을 수립하고 그에 따라 실시하여야 한다(동물보호법 시행령 제17조 제1항).

나. 효율적 실태조사

농림축산식품부장관은 실태조사를 효율적으로 하기 위하여 동물보호관리시스템, 전자우편 등을 통한 전자적 방법, 서면조사, 현장조사 방법 등을 사용할 수 있으며, 전문연구기관 · 단체 또는 관계 전문가에게 의뢰하여 실태조사를 할 수 있다(동물보호법 시행령 제17조 제2항).

다. 고 시

동물보호법 시행령 제17조 제1항과 제2항에서 규정한 사항 외에 실태조사에 필요한 사항은 농림축산식품부장관이 정하여 고시한다(동물보호법 시행령 제17조 제3항).

9. 위반시 벌칙 : 과태료

위반시 벌칙으로 동물보호법 제12조 제1항을 위반하여 등록대상동물을 등록하지 아니한 소유자에게는 100만원 이하의 과태료를 부과하도록 하고 있다[과태료는 대통령령(동물보호법 시행령 제20조. 별표의 과태료의 부과기준)으로 정하는 바에 따라 농림축산식품부장관, 시 · 도지사 또는 시장 · 군수 · 구청장이 부과 · 징수한다. 동물보호법 제47조(과태료) 규정에서는 이하 같다].

Ⅱ. 등록된 동물의 말소신고

1. 죽은 날부터 30일 이내에 동물등록 말소신고

동물보호법 제12조 제1항에 따라 등록된 등록대상동물의 소유자는 농림축산식품부령으로 정하는 사항이 변경된 경우에는 변경 사유 발생일부터 30일 이내에 시장 · 군수 · 구청장에게 신고하여야 한다(동물보호법 제12조 제2항).

2. 등록된 등록대상동물이 죽은 경우

동물보호법 제12조 제2항에서 "농림축산식품부령으로 정하는 사항"은 ① 소유자(제1호), ② 소유자의 주소(제2호), ③ 소유자의 전화번호(제3호), ④ 등록대상동물을 잃어버리거나 등록대상동물이 죽은 경우(제4호), ⑤ 등록대상동물 분실 신고 후, 그 동물을 다시 찾은 경우(제5호), ⑥ 무선식별장치 또는 등록인식표를 잃어버리거나 헐어 못 쓰게 되는 경우(제6호) 등의 어느 하나에 해당하는 것을 말한다(동물보호법 시행규칙 제9조 제1항).

3. 동물등록 변경신고서 제출 및 첨부서류

가. 증명자료 또는 경위서 첨부하여 신고

동물보호법 시행규칙 제9조 제1항 제1호의 경우에는 변경된 소유자가, 같은 항 제2호부터 제6호까지의 경우에는 등록동물의 소유자가 각각 해당 사항이 변경된 날부터 30일 이내에 별지 제1호서식의 동물등록 신청서(변경신고서)에 ① 동물등록증, ② 등록동물을 잃어버렸을 경우에는 그 경위서, ③ 등록동물이 죽었을 경우에는 그 사실을 증명할 수 있는 자료 또는 그 경위서 등의 서류를 첨부하여 시장·군수·구청장에게 신고하여야 한다. 이 경우 시장·군수·구청장은 「전자정부법」 제36조 제1항에 따른 행정정보의 공동 이용을 통하여 주민등록표 등본·초본(소유자가 변경된 경우만 해당한다)을 확인하여야 하며, 신청인이 확인에 동의하지 아니하는 경우에는 해당 서류를 첨부하게 하여야 한다(동물보호법 시행규칙 제9조 제2항).

나. 동물등록증 발급 및 등록사항 기록、유지、관리

동물보호법 시행규칙 제9조 제2항에 따라 변경신고를 받은 시장·군수·구청장은 변경신고를 한 자에게 별지 제2호서식의 동물등록증을 발급하고, 등록사항을 기록·유지·관리하여야 한다(동물보호법 시행규칙 제9조 제3항).

다. 동물보호관리시스템에 변경신고

동물보호법 시행규칙 제9조 제1항 제4호의 등록대상동물이 죽은 경우 소유자는 동물보호관리시스템을 통하여 해당 사항에 대한 변경신고를 할 수 있다(동물보호법 시행규칙 제9조 제5항).

4. 등록사항에 기록·보관 및 말소

등록동물이 죽은 사유로 동물보호법 시행규칙 제9조 제2항에 따라 변경신고를 받은 시장·군수·구청장은 그 사실을 등록사항에 기록하여 보관하고 1년이 지나면 그 등록사항을 말소한다(동물보호법 시행규칙 제9조 제7항).

5. 동물등록 관련정보 유지·관리

동물보호법 시행규칙 제7조에 따라 동물등록이 제외되는 지역의 시장·군수는 소유자가 이미 등록된 등록대상동물의 동물보호법 시행규칙 제9조 제1항 제1호부터 제5호까지의 사항에 대해 변경신고를 하는 경우 해당 동물등록 관련정보를 유지·관리하여야 한다(동물보호법 시행규칙 제9조 제9항).

6. 위반시 벌칙 : 과태료

위반시 벌칙으로 동물보호법 제12조 제2항을 위반하여 변경신고를 하지 아니한 소유자에게는 50만원 이하의 과태료를 부과하도록 하고 있다.

Ⅲ. 등록대상동물의 소유권이전신고

1. 소유권 이전받은 날부터 30일 이내에 신고

동물보호법 제12조 제1항에 따른 등록대상동물의 소유권을 이전받은 자 중 동물보호법 제12조 제1항에 따른 등록을 실시하는 지역에 거주하는 자는 그 사실을 소유권을 이전받은 날부터 30일 이내에 자신의 주소지를 관할하는 시장 · 군수 · 구청장에게 신고하여야 한다(동물보호법 제12조 제3항).

2. 위반시 벌칙 : 과태료

위반시 벌칙으로 동물보호법 제12조 제3항을 위반하여 변경신고를 하지 아니한 소유권을 이전받은 자에게는 50만원 이하의 과태료를 부과하도록 하고 있다.

Ⅳ. 업무 대행

1. 업무 대행 및 수수료 지급

시장 · 군수 · 구청장은 농림축산식품부령으로 정하는 자로 하여금 동물보호법 제12조 제1항부터 제3항까지의 규정에 따른 업무를 대행하게 할 수 있다. 이 경우 그에 따른 수수료를 지급할 수 있다(동물보호법 제12조 제4항).

2. 등록업무 대행할 수 있는 자

동물보호법 제12조 제4항에 따라 동물등록 업무를 대행하게 할 수 있는 자는 ①「수의사법」 제17조에 따라 동물병원을 개설한 자, ②「비영리민간단체 지원법」 제4조에 따라 등록된 비영리민간단체 중 동물보호를 목적으로 하는 단체, ③「민법」 제32조에 따라 설립된 법인 중 동물보호를 목적으로 하는 법인, ④ 동물보호법 제33조 제1항에 따라 등록한 동물판매업자, ⑤ 동물보호법 제15조에 따른 동물보호센터 등의 어느 하나에 해당하는 자 중에서 시장 · 군수 · 구청장이 지정하는 자로 한다(동물보호법 시행규칙 제10조 제1항).

3. 무선식별장치 체내 삽입 등

동물보호법 시행규칙 제10조 제1항에 따라 동물등록 업무를 대행하는 자(이하 이 조에서 "동물등록대행자"라 한다)는 등록대상동물에 무선식별장치를 체내에 삽입하는 등 외과적 시술이 필요한 행위는 소속 수의사(지정된 자가 수의사인 경우를 포함한다)에게 하게 하여야 한다(동물보호법 시행규칙 제10조 제2항).

4. 무선식별장치 제품명과 판매가격 게재 및 게시

시장 · 군수 · 구청장은 필요한 경우 관할 지역 내에 있는 모든 동물등록대행자에 대하여 해당 동물등록대행자가 판매하는 무선식별장치의 제품명과 판매가격을 동물보호관리시스템에 게재하게 하고 해당 영업소 안의 보기 쉬운 곳에 게시하도록 할 수 있다(동물보호법 시행규칙 제10조 제3항).

제 2 절 반려동물 사체처리

Ⅰ. 사체투기 금지

1. 개 요

반려동물이 죽은 때에는 반려동물의 사체는 공중위생상 위해(危害)를 끼치지 않는 방법으로 처리하여야 하며 반려동물의 사체를 함부로 아무 곳에나 버려서는 아니 된다. 특히 반려동물의 사체를 공공수역,[17] 공유수면,[18] 항만[19]과 같이 공중위생상 위해발생 가능성이 높은 장소에 버리는 행위는 하여서는 아니 된다.

---

17) 공공수역이란 하천, 호소, 항만, 연안해역, 그 밖에 공공용으로 사용되는 수역과 이에 접속하여 공공용으로 사용되는 지하수로, 농업용 수로, 하수관로, 운하를 말한다.

18) 공유수면이란 바다(「공간정보의 구축 및 관리 등에 관한 법률」 제6조 제1항 제4호에 따른 해안선으로부터 「배타적경제수역법」에 따른 배타적 경제수역 외측 한계까지의 사이)와 바닷가(「공간정보의 구축 및 관리 등에 관한 법률」 제6조 제1항 제4호에 따른 해안선으로부터 지적공부(地籍公簿)에 등록된 지역까지의 사이) 및 하천 · 호소(湖沼) · 구거(溝渠), 그 밖에 공공용으로 사용되는 수면 또는 수류(水流)로서 국유인 것을 말한다.

19) 항만이란 선박의 출입, 사람의 승선 · 하선, 화물의 하역 · 보관 및 처리, 해양친수활동 등을 위한 시설과 화물의 조립 · 가공 · 포장 · 제조 등 부가가치 창출을 위한 시설이 갖추어진 곳을 말한다.

2. 경범죄 처벌법[20]의 규정

경범죄 처벌법 제3조 제1항 제11호 및 동법 시행령 제2조의 규정에 따르면 범칙행위로 죽은 짐승을 함부로 아무 곳에나 버린 사람에게는 5만원의 범칙금을 부과하도록 하고 있다.

「경범죄 처벌법」

• 제3조(경범죄의 종류) ① 다음 각 호의 어느 하나에 해당하는 사람은 10만원 이하의 벌금, 구류 또는 과료(科料)의 형으로 처벌한다.

11. (쓰레기 등 투기) 담배꽁초, 껌, 휴지, 쓰레기, 죽은 짐승, 그 밖의 더러운 물건이나 못쓰게 된 물건을 함부로 아무 곳에나 버린 사람

「경범죄 처벌법 시행령」(2014.11.19. 타법개정, 대통령령 제25751호)

• 제2조(범칙행위의 범위와 범칙금의 액수) 「경범죄 처벌법」(이하 "법"이라 한다) 제6조 제1항에 따른 범칙행위의 구체적인 범위와 법 제7조 제2항에 따른 범칙금의 액수는 별표와 같다.

[별표] 범칙행위 및 범칙금액(제2조 관련)

근거 법조문	범칙행위	범칙금액
법 제3조 제1항 제11호(쓰레기 등 투기)	가. 쓰레기, 죽은 짐승, 그 밖의 더러운 물건(나목에 규정된 것은 제외한다)이나 못쓰게 된 물건을 함부로 아무 곳에나 버린 경우	5만원
	나. 담배꽁초, 껌, 휴지를 아무 곳에나 버린 경우	3만원

20) 「경범죄 처벌법」(2014.11.19. 타법개정, 법률 제12844호), 정부소관부서 : 경찰청(생활질서과)
• 제1조(목적) 이 법은 경범죄의 종류 및 처벌에 필요한 사항을 정함으로써 국민의 자유와 권리를 보호하고 사회공공의 질서유지에 이바지함을 목적으로 한다.

3. 폐기물관리법의 규정

폐기물관리법 제8조 제1항의 규정에 따르면 반려동물의 사체를 누구든지 폐기물의 수집을 위하여 마련한 장소나 설비 외의 장소에 버려서는 아니 된다.

위반시 벌칙으로 폐기물관리법 제8조 제1항을 위반하여 생활폐기물을 버린 자에게는 100만원 이하의 과태료를 부과하도록 하고 있다[과태료는 대통령령(폐기물관리법 시행령 제38조의4. 별표 8의 과태료의 부과기준)으로 정하는 바에 따라 소관별로 환경부장관, 시·도지사 또는 시장·군수·구청장이 부과·징수한다. 폐기물관리법 제68조(과태료) 규정에서는 이하 같다].

> 「폐기물관리법」
> • 제8조(폐기물의 투기 금지 등) ① 누구든지 특별자치시장, 특별자치도지사, 시장·군수·구청장이나 공원·도로 등 시설의 관리자가 폐기물의 수집을 위하여 마련한 장소나 설비 외의 장소에 폐기물을 버려서는 아니 된다.

4. 수질 및 수생태계 보전에 관한 법률의 규정

수질 및 수생태계 보전에 관한 법률 제15조 제1항 제2호의 규정에 따르면 누구든지 정당한 사유 없이 공공수역에 동물의 사체를 버리는 행위를 하여서는 아니 된다.

위반시 벌칙으로 수질 및 수생태계 보전에 관한 법률 제15조 제1항 제2호를 위반하여 분뇨·가축분뇨 등을 버린 자는 1년 이하의 징역 또는 1천만원 이하의 벌금에 처하도록 하고 있다.

> 「수질 및 수생태계 보전에 관한 법률」
> • 제15조(배출 등의 금지) ① 누구든지 정당한 사유 없이 다음 각 호의 어느 하나에 해당하는 행위를 하여서는 아니 된다.
> 2. 공공수역에 분뇨, 가축분뇨, 동물의 사체, 폐기물(「폐기물관리법」에 따른 지정폐기물은 제외한다) 또는 오니(汚泥)를 버리는 행위

5. 공유수면 관리 및 매립에 관한 법률[21)]의 규정

공유수면 관리 및 매립에 관한 법률 제5조 제1호의 규정에 따르면 누구든지 공유수면에서 정당한 사유 없이 동물의 사체를 버리거나 흘러가게 하는 행위를 하여서는 아니 된다.

위반시 벌칙으로 공유수면 관리 및 매립에 관한 법률 제5조를 위반하여 금지된 행위를 한 자는 3년 이하의 징역 또는 3천만원 이하의 벌금에 처하도록 하고 있다.

> 「공유수면 관리 및 매립에 관한 법률」
> • 제5조(금지행위) 누구든지 공유수면에서 정당한 사유 없이 다음 각 호의 어느 하나에 해당하는 행위를 하여서는 아니 된다.
> 1. 폐기물, 폐유, 폐수, 오수, 분뇨, 가축분뇨, 오염토양, 유독물, 동물의 사체, 그 밖에 해양수산부령으로 정하는 오염물질을 버리거나 흘러가게 하는 행위

6. 항만법[22)]의 규정

항만법 제22조 제1호의 규정에 따르면 누구든지 정당한 사유 없이 항만에서 동물의 사체를 버리는 행위를 하여서는 아니 된다.

위반시 벌칙으로 항만법 제22조에 따른 항만에서의 금지행위를 한 자는 2년 이하의 징역 또는 2천만원 이하의 벌금에 처하도록 하고 있다.

> 「항만법」
> • 제22조(금지행위) 누구든지 정당한 사유 없이 항만에서 다음 각 호의 행위를 하여서는 아니 된다.
> 1. 유독물이나 동물의 사체를 버리는 행위

---

21) 「공유수면 관리 및 매립에 관한 법률」(2015.6.22. 타법개정, 법률 제13385호). 정부소관부서 : 해양수산부(연안계획과)

• 제1조(목적) 이 법은 공유수면(公有水面)을 지속적으로 이용할 수 있도록 보전 · 관리하고, 환경친화적인 매립을 통하여 매립지를 효율적으로 이용하게 함으로써 공공의 이익을 증진하고 국민 생활의 향상에 이바지함을 목적으로 한다.

22) 「항만법」(2015.2.3. 타법개정, 법률 제13186호). 정부소관부서: 해양수산부(항만정책과)

• 제1조(목적) 이 법은 항만의 지정 · 개발 · 관리 · 사용 및 재개발에 관한 사항을 정함으로써 항만과 그 주변지역 개발을 촉진하고 효율적으로 관리 · 운영하여 국민경제 발전에 이바지함을 목적으로 한다.

Ⅱ. 임의매립 금지

1. 폐기물처리시설에서 매립

폐기물관리법 제8조 제2항의 규정에 따르면 반려동물의 사체를 누구든지 폐기물관리법에 따라 허가 또는 승인을 받거나 신고한 폐기물처리시설이 아닌 곳에서 매립하여서는 아니 된다.

「폐기물관리법」
- 제8조(폐기물의 투기 금지 등) ② 누구든지 이 법에 따라 허가 또는 승인을 받거나 신고한 폐기물처리시설이 아닌 곳에서 폐기물을 매립하거나 소각하여서는 아니 된다. 다만, 제14조 제1항 단서에 따른 지역에서 해당 특별자치시, 특별자치도, 시·군·구의 조례로 정하는 바에 따라 소각하는 경우에는 그러하지 아니하다.

2. 위반시 벌칙 : 과태료

위반시 벌칙으로 폐기물관리법 제8조 제2항을 위반하여 생활폐기물을 매립한 자에게는 100만원 이하의 과태료를 부과하도록 하고 있다.

Ⅲ. 임의소각 금지

1. 폐기물처리시설에서 소각

폐기물관리법 제8조 제2항의 규정에 따르면 반려동물의 사체를 누구든지 폐기물관리법에 따라 허가 또는 승인을 받거나 신고한 폐기물처리시설이 아닌 곳에서 소각하여서는 아니 된다. 다만, 폐기물관리법 제14조 제1항 단서에 따른 지역에서 해당 특별자치시, 특별자치도, 시 · 군 · 구의 조례로 정하는 바에 따라 소각하는 경우에는 그러하지 아니하다.

「폐기물관리법」
- 제14조(생활폐기물의 처리 등) ① 특별자치시장, 특별자치도지사, 시장·군수·구청장은 관할 구역에서 배출되는 생활폐기물을 처리하여야 한다. 다만, 환경부령으로 정하는 바에 따라 특별자치시장, 특별자치도지사, 시장·군수·구청장이 지정하는 지역은 제외한다.

「폐기물관리법 시행규칙」(2015.7.29. 일부개정, 환경부령 제610호)
- 제15조(생활폐기물관리 제외지역의 지정) ① 특별자치시장, 특별자치도지사, 시장·군수·구청장은 법 제14조 제1항 단서에 따라 생활폐기물을 처리하여야 하는 구역에서 제외할 수 있는 지역(이하 "생활폐기물관리 제외지역"이라 한다)을 지정하는 경우에는 다음 각 호의 어느 하나에 해당하는 지역을 대상으로 하여야 한다.
  1. 가구 수가 50호 미만인 지역
  2. 산간·오지·섬지역 등으로서 차량의 출입 등이 어려워 생활폐기물을 수집·운반하는 것이 사실상 불가능한 지역

2. 위반시 벌칙 : 과태료

위반시 벌칙으로 폐기물관리법 제8조 제2항을 위반하여 생활폐기물을 소각한 자에게는 100만원 이하의 과태료를 부과하도록 하고 있다.

Ⅳ. 반려동물 사체처리방법

1. 동물병원에서 죽은 경우

반려동물이 동물병원에서 죽은 경우에 반려동물의 사체는 의료폐기물로 분류되어 지정폐기물에 속하여 사업장폐기물에 해당된다.

폐기물관리법 제18조 제1항의 규정에 따르면 사업장폐기물인 반려동물 사체의 처리에 관하여 사업장폐기물배출자는 그의 사업장에서 발생하는 폐기물을 스스로 처리하거나 폐기물처리업의 허가를 받은 자 또는 폐기물처리시설을 설치·운영하는 자 등에게 위탁하여 처리하여야 한다.

위반시 벌칙으로 폐기물관리법 제18조 제1항을 위반하여 사업장폐기물을 처리한 자는 3년 이하의 징역이나 3천만원 이하의 벌금에 처하도록 하고 있다.

「폐기물관리법」

- 제18조(사업장폐기물의 처리) ① 사업장폐기물배출자는 그의 사업장에서 발생하는 폐기물을 스스로 처리하거나 제25조 제3항에 따른 폐기물처리업의 허가를 받은 자, 폐기물처리 신고자, 제4조나 제5조에 따른 폐기물처리시설을 설치·운영하는 자, 「건설폐기물의 재활용촉진에 관한 법률」 제21조에 따라 건설폐기물 처리업의 허가를 받은 자 또는 「해양환경관리법」 제70조 제1항 제1호에 따라 폐기물 해양 배출업의 등록을 한 자에게 위탁하여 처리하여야 한다.

「폐기물관리법 시행령」(2015.7.24. 일부개정, 대통령령 제26447호)

- 제2조(사업장의 범위) 「폐기물관리법」(이하 "법"이라 한다) 제2조 제3호에서 "그 밖에 대통령령으로 정하는 사업장"이란 다음 각 호의 어느 하나에 해당하는 사업장을 말한다.

  6. 법 제2조 제4호에 따른 지정폐기물을 배출하는 사업장.

- 제3조(지정폐기물의 종류) 법 제2조 제4호에 따른 지정폐기물은 별표 1과 같다.

  [별표 1] 지정폐기물의 종류(제3조 관련)

  10. 의료폐기물(환경부령으로 정하는 의료기관이나 시험·검사 기관 등에서 발생되는 것으로 한정한다)

- 제4조(의료폐기물의 종류) 법 제2조 제5호에 따른 의료폐기물은 별표 2와 같다.

  [별표 2] 의료폐기물의 종류(제4조 관련)

  2. 위해의료폐기물

     가. 조직물류폐기물 : 인체 또는 동물의 조직·장기·기관·신체의 일부, 동물의 사체, 혈액·고름 및 혈액생성물(혈청, 혈장, 혈액제제)

「폐기물관리법 시행규칙」

- 제2조(지정폐기물의 유해물질 함유기준 등) ③ 영 별표 1 제10호에서 "환경부령으로 정하는 의료기관이나 시험·검사기관 등"이란 별표 3의 기관을 말한다.

  [별표 3] 의료폐기물 발생 의료기관 및 시험·검사기관 등(제2조제3항 관련)

  6. 「수의사법」 제2조 제4호에 따른 동물병원

2. 동물병원 외의 장소에서 죽은 경우

반려동물이 동물병원 외의 장소(일반가정)에서 죽은 경우에 반려동물의 사체는 사업장폐기물 외의 폐기물에 속하여 생활폐기물에 해당된다.

폐기물관리법 제14조의 규정에 따르면 생활폐기물은 해당 지방자치단체(특별자치시, 특별자치도, 시 · 군 · 구)의 조례에서 정하는 바에 따라 분리수집이 쉬운 폐기물 종량제(從量制) 봉투(생활쓰레기봉투) 등에 넣어 배출하면 특별자치시장, 특별자치도지사, 시장 · 군수 · 구청장 또는 생활폐기물의 처리를 대행하는 자는 관할 구역에서 배출되는 생활폐기물을 처리하여야 한다.

「폐기물관리법」

• 제14조(생활폐기물의 처리 등) ① 특별자치시장, 특별자치도지사, 시장 · 군수 · 구청장은 관할 구역에서 배출되는 생활폐기물을 처리하여야 한다. 다만, 환경부령으로 정하는 바에 따라 특별자치시장, 특별자치도지사, 시장 · 군수 · 구청장이 지정하는 지역은 제외한다.
② 특별자치시장, 특별자치도지사, 시장 · 군수 · 구청장은 해당 지방자치단체의 조례로 정하는 바에 따라 대통령령으로 정하는 자에게 제1항에 따른 처리를 대행하게 할 수 있다.
⑤ 특별자치시장, 특별자치도지사, 시장 · 군수 · 구청장은 제1항에 따라 생활폐기물을 처리할 때에는 배출되는 생활폐기물의 종류, 양 등에 따라 수수료를 징수할 수 있다. 이 경우 수수료는 해당 지방자치단체의 조례로 정하는 바에 따라 폐기물 종량제(從量制) 봉투 또는 폐기물임을 표시하는 표지 등(이하 "종량제 봉투등"으로 한다)을 판매하는 방법으로 징수하되, 음식물류 폐기물의 경우에는 배출량에 따라 산출한 금액을 부과하는 방법으로 징수할 수 있다.
⑦ 특별자치시장, 특별자치도지사, 시장 · 군수 · 구청장은 조례로 정하는 바에 따라 종량제 봉투등의 제작 · 유통 · 판매를 대행하게 할 수 있다.

3. 동물장묘업자에게 위탁

폐기물관리법 시행규칙 제14조(별표 5)의 규정에 따르면 반려동물 소유자가 죽은 반려동물에 대하여 장례를 치러주기를 원할 경우에는 반려동물의 사체를 동물보호법에 따른 동물장묘시설(동물전용장례식장, 동물화장시설 또는 동물건조장시설, 동물전용납골시설)을 설치 · 운영하는 동물장묘업자에게 위탁하여 반려동물의 장례를 치러줄 수 있다.

「폐기물관리법 시행규칙」

- 제14조(폐기물 처리 등의 구체적인 기준 · 방법) 영 제7조 제2항에 따른 폐기물의 처리에 관한 구체적인 기준과 방법은 별표 5와 같다.

  [별표 5] 폐기물의 처리에 관한 구체적 기준 및 방법(제14조 관련)

  5. 지정폐기물 중 의료폐기물의 기준 및 방법

     가. 공통사항

       1) 의료폐기물(인체조직물과 동물의 사체만을 말한다)은 본인(본인이 의사표시를 할 수 없는 경우에는 그 친권자 또는 후견인을 말한다. 이하 같다)이나 그 동물의 주인이 요구하면 본인이나 그 동물의 주인에게 인도하여 다음 각 호의 구분에 따라 처리할 수 있다. 이 경우 의료폐기물을 인도한 자는 이를 상세히 기록하여 3년간 보존하여야 한다.

          가) 인체조직물은 「장사 등에 관한 법률」 제17조에 따른 묘지 등의 설치제한지역이 아닌 곳으로서 같은 법 제13조 제1항에 따른 공설묘지 중 시 · 도지사가 인정한 장소에 1미터 이상의 깊이로 파묻거나 같은 법 제2조 제8호에 따른 화장시설에서 화장할 수 있다.

          나) 동물의 사체는 「동물보호법」 제15조 제2항에 따른 동물장묘업의 등록을 한 자가 설치 · 운영하는 동물장묘시설에서 처리할 수 있다.

제 3 절 동물장묘업의 요건

Ⅰ. 영업의 종류 및 시설기준

농림축산식품부령으로 정하는 개 · 고양이 · 토끼 등 가정에서 반려(伴侶)

의 목적으로 기르는 동물과 관련된 다음 각 호의 영업을 하려는 자는 농림축산식품부령으로 정하는 기준에 맞는 시설과 인력을 갖추어야 한다(동물보호법 제32조 제1항).

① 동물장묘업(動物葬墓業)(제1호)
② 동물판매업(제2호)
③ 동물수입업(제3호)
④ 동물생산업(제4호)

그리고 동물보호법 제32조 제1항 제1호(동물장묘업)에 따른 영업의 세부범위는 농림축산식품부령으로 정한다(동물보호법 제32조 제2항).

Ⅱ. 동물장묘업의 범위

동물보호법 제32조 제1항에서 "농림축산식품부령으로 정하는 개 · 고양이 · 토끼 등 동물"이란 가정에서 반려(伴侶)의 목적으로 사육하는 개 · 고양이 · 토끼 · 페럿 · 기니피그 · 햄스터를 말한다(동물보호법 시행규칙 제35조 제1항).

Ⅲ. 동물장묘업의 세부범위(종류)

동물보호법 제32조 제2항에 따른 동물 관련 영업의 세부범위는 다음 각 호와 같다(동물보호법 시행규칙 제36조).

① 동물장묘업 : 다음 각 목 중 어느 하나 이상의 시설을 설치 · 운영하는 영업
  가. 동물 전용의 장례식장
  나. 동물의 사체 또는 유골을 불에 태우는 방법으로 처리하는 시설[이하 "동물화장(火葬)시설"이라 한다] 또는 건조 · 멸균분쇄의 방법으로 처리하는 시설[이하 "동물건조장(乾燥葬)시설"이라 한다][23]
  다. 동물 전용의 납골시설[24]

---

23) 건조장시설이란 마이크로웨이브(전자파)의 방출을 통해 사체의 수분을 제거한 후 이를 분쇄하기 위한 시설을 말한다.

② 동물판매업 : 소비자에게 동물보호법 시행규칙 제35조 제1항에 따른 동물을 판매하거나 알선하는 영업

③ 동물수입업 : 동물보호법 시행규칙 제35조 제1항에 따른 동물을 수입하여 동물판매업자, 동물생산업자 등 영업자에게 판매하는 영업

④ 동물생산업 : 동물보호법 시행규칙 제35조 제1항에 따른 동물을 번식시켜 동물판매업자, 동물수입업자 등 영업자에게 판매하는 영업

Ⅳ. 동물장묘업의 시설 및 인력 기준

동물보호법 제32조 제1항에 따른 동물 관련 영업별 시설 및 인력 기준은 별표 9와 같다(동물보호법 시행규칙 제35조 제2항).[25]

---

24) 동물납골시설이란 동물의 유골을 안치하기 위한 시설을 말한다.

25) • 동물보호법시행규칙 제정(안) 입법예고, 2007년 7월 9일, 농림부장관.

[별표 5] 동물판매업 · 동물장묘업의 시설과 인력기준(제20조 관련)

2. 동물장묘업 시설기준

가. 장례식장, 납골시설의 시설기준

(1) 장례식장은 관리사무실, 대기실, 분향실, 사체보관실, 납골당을 갖추어야 한다.

(2) 납골시설은 유골을 안전하게 보관할 수 있는 설비를 갖추어야 한다.

(3) 옥내 납골시설인 납골당은 100개 이상의 납골함을 보유하고 있어야 한다.

(4) 옥외 납골시설인 납골묘, 납골탑은 혐오감을 주어서는 아니 되며 위생적으로 관리하여야 한다.

나. 화장장의 시설기준

(1) 화장장 시설의 바닥과 벽은 물이 스며들지 않는 재질이어야 한다.

(2) 화장로의 최저 처리용량은 시간당 처리능력이 25 킬로그램 이상이어야 한다.

(3) 소각 또는 연소에 의하여 생기는 소음 · 매연 · 분진 · 악취를 방지할 수 있는 시설을 갖추어야 한다.

(4) 사체 또는 유골을 완전 연소시킬 수 있는 구조의 화장로를 설치하고 대기오염방지시설 등 환경오염방지시설을 갖추고 환경관련법령에서 정한 배출허용기준을 준수하여야 한다.

(5) 동물 사체를 보관할 수 있는 냉동시설을 갖추어야 한다.

(6) 굴뚝을 설치하는 경우에는 통풍력과 배기가스의 대기확산을 고려한 높이와 구조를 가져야 한다.

(7) 폭발사고 및 화재 등에 대비한 안전한 구조이어야 하며, 소화기 등 필요한 장비를 갖추어야 한다.

(8) 화장로에는 시간당 처리능력, 화장로의 용도, 소각방식 등이 기재된 지워지거나 파손되지 않는 표지를 부착하여야 한다.

(9) 화장로에는 외부에서 온도를 확인할 수 있는 장치가 있어야 한다.

(10) 급수시설, 배수시설, 환기시설을 갖추어야 한다.

(11) 동물사체의 무게를 측정할 수 있는 저울을 갖추어야 한다.

(12) 화장로 주변에는 화장 대상 및 작업을 확인할 수 있는 폐쇄회로 텔레비전 및 녹화장치를 포함하는 설비를 하여야 한다.

4. 동물장묘업의 인력 기준

1. 동물전용장례식장

장례식장은 분향실을 갖추어야 한다.

2. 동물전용납골시설

납골시설은 유골을 안전하게 보관할 수 있어야 하며, 유골을 개별적으로 확인할 수 있도록 표지판이 붙어 있어야 한다.

3. 동물화장시설

동물화장시설의 화장로는 「폐기물관리법」에 따른 폐기물처리시설의 설치 · 검사 · 관리기준 및 기술관리인 기준에 적합하여야 하는 외에 다음의 조건을 갖추어야 한다.

① 화장로는 동물의 사체 또는 유골을 완전 연소시킬 수 있는 구조여야 하고 다른 시설과 격리되어야 한다.

② 화장로의 작업내용을 확인할 수 있는 폐쇄회로 녹화장치를 설치하여야 한다.

③ 동물 사체를 보관할 수 있는 냉동시설을 갖추어야 한다.

4. 동물건조장시설

동물건조장시설의 건조 및 멸균분쇄시설은 「폐기물관리법」에 따른 폐기물처리시설의 설치 · 검사 · 관리기준 및 기술관리인 기준에 적합하여야 하는 외에 다음의 조건을 갖추어야 한다.

① 건조장시설은 동물의 사체 또는 유골을 완전히 건조시켜 멸균분쇄할 수 있는 구조여야 하고 다른 시설과 격리되어야 한다.

② 건조장시설의 작업내용을 확인할 수 있는 폐쇄회로 녹화장치를 설치하여야 한다.

가. 동물장묘업은 영업자 1인 이외에 동물사체의 관리 등 필요한 경우 종업원을 둘 수 있다.
나. 장례식장과 납골시설에는 영업자 1인 외에 동물의 관리 등 필요한 경우 종업원을 둘 수 있다.
다. 화장장에는 영업자 1인 외에 소각시설에 대한 전문지식이 있는 종업원을 1인 이상 두어야 한다.

③ 동물 사체를 보관할 수 있는 냉동시설을 갖추어야 한다.

제 4 절 동물장묘업의 등록

Ⅰ. 동물장묘업을 하려는 자

동물보호법 제32조 제1항 제1호부터 제3호까지[동물장묘업(제1호), 동물판매업(제2호), 동물수입업(제3호)]의 규정에 따른 영업을 하려는 자는 농림축산식품부령으로 정하는 바에 따라 시장 · 군수 · 구청장에게 등록하여야 한다(동물보호법 제33조 제1항).[26]

Ⅱ. 동물장묘업 등록 신청

1. 영업 등록 신청서 제출 및 첨부서류

동물보호법 제33조 제1항에 따라 동물장묘업, 동물판매업 또는 동물수입업의 등록을 하려는 자는 별지 제15호서식의 영업 등록 신청서(전자문서로 된 신청서를 포함한다)에 다음 각 호의 서류(전자문서를 포함한다)를 첨부하여 관할 시장 · 군수 · 구청장에게 제출하여야 한다(동물보호법 시행규칙 제37조 제1항).

① 인력 현황(제1호)

② 영업장의 시설 내역 및 배치도(제2호)

③ 사업계획서(동물장묘업의 등록에만 해당한다)(제3호)

④ 「폐기물관리법」 제29조 제2항[27]에 따른 폐기물처리시설 설치승인서

---

26) [행정] 원고가 피고에게 폐업한 휴게소에서 동물장묘업을 영위하기 위하여 그 등록신청을 하였으나 피고가 청도군의 청정이미지, 관광개발 등에 악영향, 주민들의 삶의 질, 민원 등을 이유로 원고의 위 신청을 거부한 사안에서, 원고의 위 신청이 동물보호법 및 같은 법 시행규칙이 정하고 있는 동물장묘업의 시설 및 인력기준, 등록결격사유에 해당되지 아니하고, 피고가 주장하는 청도군의 청정이미지와 관광개발 등에 악영향을 미친다는 막연한 사정만으로는 중대한 공익상 필요가 있다고 보기도 어렵다는 이유로, 피고의 위 처분이 위법하다고 본 사례. 대구지방법원 2014.8.20. 선고 2014구합20539 판결 [동물장묘업등록불가처분취소].

27) 「폐기물관리법」 제29조(폐기물처리시설의 설치) ② 제25조 제3항에 따른 폐기물처리업의 허가를 받았거나 받으려는 자 외의 자가 폐기물처리시설을 설치하려면 환경부장관의 승인을 받아야 한다. 다만, 제1호의 폐기물처리시설을 설치하는 경우는 제외하며, 제2호의 폐기물처리시설을 설치하려면 환경부장관에게 신고하여야 한다.

또는 설치신고증명서 사본(동물화장시설 또는 동물건조장시설을 설치하는 경우에만 해당한다)(제4호)

⑤ 「폐기물관리법」 제30조[28]에 따른 소각시설 설치검사결과서(동물화장시설을 설치하는 경우에만 해당한다) 또는 멸균분쇄시설 설치검사결과서(동물건조장시설을 설치하는 경우에만 해당한다)(제5호)

⑥ 동물사체에 대한 처리 후 잔재에 대한 처리계획서(동물화장시설 또는 동물건조장시설을 설치하는 경우에만 해당한다)(제6호)

2. 처리절차

주체	내용
신청인	신청서 작성
⇩	
시장 · 군수 · 구청장	접수
⇩	
시장 · 군수 · 구청장	첨부서류 확인 및 검토
⇩	
시장 · 군수 · 구청장	현장실사 및 시설조사
⇩	
시장 · 군수 · 구청장	결재
⇩	
시장 · 군수 · 구청장	등록증 발급

---

1. 학교 · 연구기관 등 환경부령으로 정하는 자가 환경부령으로 정하는 바에 따라 시험 · 연구목적으로 설치 · 운영하는 폐기물처리시설
2. 환경부령으로 정하는 규모의 폐기물처리시설

28) 「폐기물관리법」 제30조(폐기물처리시설의 검사) ① 환경부령으로 정하는 폐기물처리시설의 설치를 마친 자는 환경부령으로 정하는 검사기관으로부터 검사를 받아야 한다. 제29조 제3항에 따른 변경승인을 받거나 변경신고를 한 경우로서 환경부령으로 정하는 경우에도 또한 같다.

② 제1항에 따른 폐기물처리시설을 설치 · 운영하는 자는 환경부령으로 정하는 기간마다 제1항에 따른 검사기관으로부터 정기검사를 받아야 한다. 이 경우 검사기간 내에 「환경기술 및 환경산업 지원법」 제13조에 따라 같은 시설에 대한 기술진단을 받으면 정기 검사를 받은 것으로 본다(「환경기술 및 환경산업 지원법」 제13조 제3항에 따른 요청을 이행하지 아니한 경우는 제외한다).

③ 제1항 또는 제2항에 따른 검사에서 적합 판정을 받지 아니한 폐기물처리시설은 사용할 수 없다. 다만, 검사를 위하여 그 시설을 사용하는 경우에는 그러하지 아니하다.

Ⅲ. 시장 · 군수 · 구청장

1. 서류확인

동물보호법 시행규칙 제37조 제1항에 따른 신청서를 받은 시장 · 군수 · 구청장은 「전자정부법」 제36조 제1항에 따른 행정정보의 공동이용을 통하여 ① 주민등록표 등본 · 초본(법인인 경우에는 법인등기사항증명서), ② 건축물대장 및 토지이용계획 확인서 등의 서류를 확인하여야 한다. 이 경우 신청인이 주민등록표 등본 · 초본의 확인에 동의하지 아니하는 경우에는 해당 서류를 제출하게 하여야 한다(동물보호법 시행규칙 제37조 제2항).

2. 신원확인

시장 · 군수 · 구청장은 동물보호법 시행규칙 제37조 제1항에 따른 신청인이 동물보호법 제33조 제3항 제1호[등록을 하려는 자(법인인 경우에는 임원을 포함한다)가 미성년자, 피한정후견인 또는 피성년후견인인 경우] 또는 제4호(등록을 하려는 자가 이 법을 위반하여 벌금형 이상의 형을 선고받고 그 형이 확정된 날부터 1년이 지나지 아니한 경우)에 해당되는지를 확인할 수 없는 경우에는 해당 신청인에게 동물보호법 시행규칙 제37조 제1항의 서류 외에 신원확인에 필요한 자료를 제출하게 할 수 있다(동물보호법 시행규칙 제37조 제3항).

3. 등록증 발급 및 등록 관리대장 작성 · 관리

시장 · 군수 · 구청장은 동물보호법 시행규칙 제37조 제1항에 따른 등록신청이 별표 9(동물 관련 영업별 시설 및 인력 기준)의 기준에 맞는 경우에는 신청인에게 별지 제16호서식의 등록증을 발급하고, 별지 제17호서식의 동물장묘업 등록(변경신고) 관리대장과 별지 제18호서식의 동물판매업 · 동물수입업 등록(변경신고) 관리대장을 각각 작성 · 관리하여야 한다(동물보호법 시행규칙 제37조 제4항).

4. 전자적 방법으로 작성 · 관리

동물보호법 시행규칙 제37조 제4항의 등록 관리대장은 전자적 처리가 불가능한 특별한 사유가 없으면 전자적 방법으로 작성 · 관리하여야 한다

(동물보호법 시행규칙 제37조 제6항).

Ⅳ. 등록증 재발급 신청

1. 등록증 재발급 신청서 제출 및 첨부서류

동물보호법 시행규칙 제37조 제1항에 따라 등록을 한 영업자가 등록증을 잃어버리거나 헐어 못 쓰게 되어 재발급을 받으려는 경우에는 별지 제19호서식의 등록증(신고확인증) 재발급 신청서(전자문서로 된 신청서를 포함한다)를 시장 · 군수 · 구청장에게 제출하여야 한다(동물보호법 시행규칙 제37조 제5항).

2. 처리절차

주체	내용
신청인	신청서 작성
⇩	
시장 · 군수 · 구청장	접수
⇩	
시장 · 군수 · 구청장	서류 검토
⇩	
시장 · 군수 · 구청장	결재
⇩	
시장 · 군수 · 구청장	등록증(신고확인증) 발급

Ⅴ. 등록영업의 변경 · 폐업 · 휴업신고 등

동물보호법 제33조 제1항에 따라 등록을 한 자는 농림축산식품부령으로 정하는 사항을 변경하거나 폐업 · 휴업 또는 그 영업을 재개하려는 경우에는 미리 농림축산식품부령으로 정하는 바에 따라 시장 · 군수 · 구청장에게 신고를 하여야 한다(동물보호법 제33조 제2항).

Ⅵ. 변경신고 사항

동물보호법 제33조 제2항에서 “농림축산식품부령으로 정하는 사항”이란 ① 영업자의 성명(영업자가 법인인 경우에는 그 대표자의 성명), ② 영업장의 명칭 또는 상호, ③ 영업시설, ④ 영업장의 소재지 등의 사항을 말한다(동물보호법 시행규칙 제38조 제1항).

Ⅶ. 등록사항 변경신고

1. 변경신고서 제출 및 첨부서류

동물보호법 제33조 제2항에 따라 동물장묘업, 동물판매업 또는 동물수입업의 등록사항 변경신고를 하려는 자는 별지 제20호서식의 변경신고서에 다음 각 호의 서류를 첨부하여 관할 시장·군수·구청장에게 제출하여야 한다. 다만, 동물장묘업의 경우 영업장의 소재지를 변경하는 경우에는 다음 각 호의 서류 외에 동물보호법 시행규칙 제37조 제1항 제3호부터 제6호까지의 서류를 첨부하여야 한다(동물보호법 시행규칙 제38조 제2항).

① 등록증
② 영업시설의 변경 내역서(시설변경의 경우만 해당한다)

2. 준용사항

동물보호법 시행규칙 제38조 제2항에 따른 변경신고에 관하여는 동물보호법 시행규칙 제37조 제4항 및 제6항을 준용한다(동물보호법 시행규칙 제38조 제3항).

3. 처리절차

주체	내용
신고인	신고서 작성
⇩	
시장 · 군수 · 구청장	접수
⇩	
시장 · 군수 · 구청장	서류검토
⇩	
시장 · 군수 · 구청장	현장실사 및 시설조사(필요시)
⇩	
시장 · 군수 · 구청장	결재
⇩	
시장 · 군수 · 구청장	등록증(신고확인증) 발급

Ⅷ. 휴업(재개업 · 폐업) 신고

1. 휴업(재개업 · 폐업)신고서 제출 및 첨부서류

동물보호법 제33조 제2항에 따라 동물장묘업 · 동물판매업 또는 동물수입업의 휴업 · 재개업 또는 폐업신고를 하려는 자는 별지 제21호서식의 휴업(재개업 · 폐업)신고서(전자문서로 된 신고서를 포함한다)를 관할 시장 · 군수 · 구청장에게 제출하여야 한다. 다만, 휴업의 기간을 정하여 신고하는 경우 그 기간이 만료되어 재개업할 때에는 신고하지 아니할 수 있다(동물보호법 시행규칙 제39조).

2. 처리절차

주체	내용
신고인	신고서 작성
⇩	
시장 · 군수 · 구청장	접수
⇩	

시장 · 군수 · 구청장	서류검토

⇩

시장 · 군수 · 구청장	결재

Ⅸ. 동물장묘업 등록의 결격사유

다음 각 호의 어느 하나에 해당하는 경우에는 동물보호법 제33조 제1항에 따른 등록을 할 수 없다. 다만, 제5호는 동물보호법 제32조(영업의 종류 및 시설기준 등) 제1항 제1호(동물장묘업)에 따른 영업에만 적용한다(동물보호법 제33조 제3항).

① 등록을 하려는 자(법인인 경우에는 임원을 포함한다. 이하 이 조에서 같다)가 미성년자, 피한정후견인 또는 피성년후견인인 경우(제1호)

② 동물보호법 제32조 제1항 각 호 외의 부분에 따른 시설 및 인력의 기준에 맞지 아니한 경우(제2호)

③ 동물보호법 제38조(등록취소 등) 제1항에 따라 등록이 취소된 후 1년이 지나지 아니한 자(법인인 경우에는 그 대표자를 포함한다)가 취소된 업종과 같은 업종을 등록하려는 경우(제3호)

④ 등록을 하려는 자가 이 법을 위반하여 벌금형 이상의 형을 선고받고 그 형이 확정된 날부터 1년이 지나지 아니한 경우(제4호)

⑤ 「장사 등에 관한 법률」[29] 제17조에 해당하는 지역에 동물장묘시설을 설치하려는 경우(제5호)

➡ 「장사 등에 관한 법률」(2015.1.28. 일부개정, 법률 제13108호)

• 제17조(묘지 등의 설치 제한) 다음 각 호의 어느 하나에 해당하는 지역에는 묘지·화장시설·봉안시설 또는 자연장지를 설치·조성할 수 없다.

---

29) 「장사 등에 관한 법률」(2015.1.28. 일부개정, 법률 제13108호), 정부소관부서 : 보건복지부(노인지원과)

• 제1조(목적) 이 법은 장사(葬事)의 방법과 장사시설의 설치·조성 및 관리 등에 관한 사항을 정하여 보건위생상의 위해(危害)를 방지하고, 국토의 효율적 이용과 공공복리 증진에 이바지하는 것을 목적으로 한다.

1. 「국토의 계획 및 이용에 관한 법률」 제36조 제1항 제1호 라목에 따른 녹지지역 중 대통령령으로 정하는 지역(제1호)
   * 법 제17조 제1호에서 "녹지지역 중 대통령령으로 정하는 지역"이란 국토의 계획 및 이용에 관한 법령에 따라 묘지 · 화장시설 · 봉안시설 · 자연장지의 설치 · 조성이 제한되는 지역을 말한다(법 시행령 제22조 제1항).
2. 「수도법」 제7조 제1항에 따른 상수원보호구역. 다만, 기존의 사원 경내에 설치하는 봉안시설 또는 대통령령으로 정하는 지역주민이 설치하거나 조성하는 일정규모 미만의 개인, 가족 및 종중 · 문중의 봉안시설 또는 자연장지인 경우에는 그러하지 아니하다(제2호).
   * 법 제17조 제2호 단서에서 "대통령령으로 정하는 지역주민이 설치하거나 조성하는 일정규모 미만의 개인, 가족 및 종중 · 문중의 봉안시설 또는 자연장지"란 「수도법」에 따른 상수원보호구역 내에 거주하는 주민으로서 다음 각 호의 어느 하나에 해당하는 자가 설치 · 조성하는 10제곱미터 미만의 봉안시설 또는 20제곱미터 미만의 자연장지를 말한다(법 시행령 제22조 제2항).
     ① 상수원보호구역으로 지정되기 이전부터 해당 구역 내에 계속 거주하여 온 자
     ② 상수원보호구역으로 지정할 당시에 해당 구역 내에 거주하고 있던 자로서 생업이나 그 밖의 사유로 3년 이내의 기간 동안 해당 구역 밖에 거주한 자
     ③ 상수원보호구역으로 지정할 당시에 해당 구역 내에 거주하고 있던 자로서 생업이나 그 밖의 사유로 그 구역 밖에 거주하던 중 상속으로 인하여 해당 구역 안에 거주하고 있던 자의 가업(家業)을 승계한 자
3. 「문화재보호법」 제27조 및 제70조 제3항에 따른 보호구역. 다만, 대통령령으로 정하는 규모 미만의 자연장지로서 문화재청장의 허가를 받은 경우에는 그러하지 아니하다(제3호).
   * 법 제17조 제3호 단서에서 "대통령령으로 정하는 규모"란 3만 제곱미터를 말한다(법 시행령 제22조 제3항).
4. 그 밖에 대통령령으로 정하는 지역(제4호)
   * 법 제17조 제4호에서 "대통령령으로 정하는 지역"이란 다음 각 호의 어느 하나에 해당하는 지역 또는 구역을 말한다(법 시행령 제22조 제4항).
     ① 「국토의 계획 및 이용에 관한 법률」 제36조 제1항 제1호 가목부터 다

목까지의 규정에 따른 주거지역 · 상업지역 및 공업지역. 다만, 다음 각 목의 어느 하나에 해당하는 지역은 제외한다.

가. 화장시설, 봉안시설 및 자연장지의 경우 : 국토의 계획 및 이용에 관한 법령에 따라 해당 시설을 설치 · 조성할 수 있는 지역

나. 법 제16조 제1항 제1호에 따른 개인 · 가족자연장지의 경우 : 「국토의 계획 및 이용에 관한 법률 시행령」 제30조 제1호의 주거지역 중 일반주거지역 · 준주거지역, 같은 조 제2호의 상업지역 중 일반상업지역 · 근린상업지역 · 유통상업지역 및 같은 조 제3호의 공업지역 중 일반공업지역 · 준공업지역

② 다음 각 목의 수변구역 또는 특별대책지역

가. 「한강수계 상수원수질개선 및 주민지원 등에 관한 법률」 제4조, 「낙동강수계 물관리 및 주민지원 등에 관한 법률」 제4조, 「금강수계 물관리 및 주민지원 등에 관한 법률」 제4조, 「영산강 · 섬진강수계 물관리 및 주민지원 등에 관한 법률」 제4조에 따라 지정 · 고시된 수변구역

나. 「환경정책기본법」 제38조에 따라 지정 · 고시된 특별대책지역[상수원 수질보전을 위한 지역에 공설묘지 · 법인묘지, 법 제15조 제3항에 따른 재단법인이 설치하는 10만 제곱미터 이상의 봉안묘 · 봉안탑 · 봉안담(벽과 담의 형태로 된 봉안시설을 말한다. 이하 같다) 또는 이 영 제21조에 따라 법인이 10만 제곱미터 이상의 자연장지를 새로 설치 · 조성하는 경우만 해당한다]

③ 「도로법」 제40조에 따라 지정 · 고시된 접도구역

④ 「하천법」 제10조에 따라 지정 · 고시된 하천구역

⑤ 「농지법」 제28조에 따라 지정된 농업진흥지역

⑥ 「산림보호법」 제7조에 따른 산림보호구역과 「산림자원의 조성 및 관리에 관한 법률」 제19조, 제47조 및 제48조에 따른 채종림등, 시험림 및 특별산림보호구역

⑦ 「국유림의 경영 및 관리에 관한 법률」 제16조 제1항 제1호에 따른 요존국유림(要存國有林). 다만, 자연장지는 요존국유림 내에 조성할 수 있다.

⑧ 「백두대간보호에 관한 법률」 제6조에 따라 지정 · 고시된 백두대간보호지역

⑨ 「사방사업법」 제4조에 따라 지정 · 고시된 사방지(砂防地)
⑩ 「군사기지 및 군사시설 보호법」 제4조에 따라 지정된 군사기지 및 군사시설 보호구역과 「군사기밀보호법」 제5조에 따라 설정된 군사보호구역. 다만, 국방부장관의 인정을 받거나 관할 부대장의 승인을 받은 경우에는 그러하지 아니하다.
⑪ 붕괴 · 침수 등으로 보건위생상 위해를 끼칠 우려가 있는 지역으로서 지방자치단체의 조례로 정하는 지역

X. 영업의 등록 · 신고 수수료

동물보호법 제33조 및 법 제34조에 따라 영업의 등록 · 신고 또는 변경신고를 하려는 자(제3호)는 농림축산식품부령(동물보호법 시행규칙 제48조.[30] 별표 12의 등록 등 수수료)으로 정하는 바에 따라 수수료를 내야 한다(동물보호법 제42조).

XI. 실태조사 및 정보의 공개

1. 수집 · 조사 · 분석 및 정기적 공표

농림축산식품부장관은 동물보호법 제33조에 따른 영업의 등록 · 신고와 운영실태에 관한 사항(제6호)의 정보와 자료를 수집 · 조사 · 분석하고 그 결과를 해마다 정기적으로 공표하여야 한다(동물보호법 제45조 제1항).

2. 실태조사 실시 등

농림축산식품부장관은 동물보호법 제45조 제1항에 따른 업무를 효율적으

---

30) 「동물보호법 시행규칙」 제48조(등록 등의 수수료) 법 제42조에 따른 수수료는 별표 12와 같다. 이 경우 수수료는 정부수입인지, 해당 지방자치단체의 수입증지, 현금, 계좌이체, 신용카드, 직불카드 또는 정보통신망을 이용한 전자화폐 · 전자결제 등의 방법으로 내야 한다.

[별표 12] 등록 등 수수료(제48조 관련)

3. 영업의 등록 · 신고 또는 변경신고
   가. 영업등록 : 1만원
   나. 영업자 지위승계 신고 : 1만원
   다. 등록사항 및 신고사항의 변경 신고 : 1만원
   라. 등록증 및 신고증의 재교부 : 5천원

로 추진하기 위하여 실태조사를 실시할 수 있으며, 실태조사를 위하여 필요한 경우 관계 중앙행정기관의 장, 지방자치단체의 장, 공공기관(「공공기관의 운영에 관한 법률」 제4조에 따른 공공기관을 말한다. 이하 같다)의 장, 관련 기관 및 단체, 동물의 소유자등에게 필요한 자료 및 정보의 제공을 요청할 수 있다. 이 경우 자료 및 정보의 제공을 요청받은 자는 정당한 사유가 없는 한 자료 및 정보를 제공하여야 한다(동물보호법 제45조 제2항).

3. 실태조사의 범위 등

동물보호법 제45조 제2항에 따른 실태조사(현장조사를 포함한다)의 범위, 방법, 그 밖에 필요한 사항은 대통령령[동물보호법 시행령 제17조(실태조사의 범위 등)]으로 정한다(동물보호법 제45조 제3항).

4. 실적보고

시 · 도지사, 시장 · 군수 · 구청장 또는 동물실험시행기관의 장은 동물보호법 제45조 제1항 제6호(동물보호법 제33조에 따른 영업의 등록 · 신고와 운영실태에 관한 사항)의 실적을 다음 해 1월 31일까지 농림축산식품부장관[대통령령으로 정하는 그 소속 기관의 장(검역본부장)을 포함한다]에게 보고하여야 한다(동물보호법 제45조 제4항).

XII. 실태조사의 범위 등

1. 실태조사 계획수립 및 실시

농림축산식품부장관은 동물보호법 제45조 제2항에 따른 실태조사(이하 "실태조사"라 한다)를 할 때에는 실태조사 계획을 수립하고 그에 따라 실시하여야 한다(동물보호법 시행령 제17조 제1항).

2. 효율적 실태조사

농림축산식품부장관은 실태조사를 효율적으로 하기 위하여 동물보호관리시스템, 전자우편 등을 통한 전자적 방법, 서면조사, 현장조사 방법 등을 사용할 수 있으며, 전문연구기관 · 단체 또는 관계 전문가에게 의뢰하여 실태조사를 할 수 있다(동물보호법 시행령 제17조 제2항).

3. 고 시

동물보호법 시행령 제17조 제1항과 제2항에서 규정한 사항 외에 실태조사에 필요한 사항은 농림축산식품부장관이 정하여 고시한다(동물보호법 시행령 제17조 제3항).

XIII. 신고 등

1. 누구든지

누구든지 ① 동물보호법 제8조에 따른 학대를 받는 동물, ② 유실·유기동물 등의 어느 하나에 해당하는 동물을 발견한 때에는 동물보호센터나 지방자치단체의 장에게 신고할 수 있다(동물보호법 제16조 제1항).

2. 동물장묘업자 및 그 종사자

동물보호법 제33조 제1항에 따라 영업등록을 하거나 동물보호법 제34조 제1항에 따라 영업신고를 한 자 및 그 종사자(제6호)에 해당하는 자가 그 직무상 동물보호법 제16조 제1항에 따른 동물을 발견한 때에는 지체 없이 동물보호센터나 지방자치단체의 장에게 신고하여야 한다(동물보호법 제16조 제2항).

3. 신분보장

신고인의 신분은 보장되어야 하며 그 의사에 반하여 신원이 노출되어서는 아니 된다(동물보호법 제16조 제3항).

XIV. 위반시 벌칙 : 벌금

위반시 벌칙으로 ① 동물보호법 제33조에 따른 등록 및 신고를 하지 아니하고 영업을 한 자, ② 거짓이나 그 밖의 부정한 방법으로 동물보호법 제33조에 따른 등록 및 신고를 한 자 등의 어느 하나에 해당하는 자는 100만원 이하의 벌금에 처하도록 하고 있다.

동물생산업의 신고

1. 영업신고
   동물보호법 제32조 제1항 제4호(동물생산업)에 규정된 영업을 하려는 자는 농림축산식품부령으로 정하는 바에 따라 시장·군수·구청장에게 신고하여야 한다(동물보호법 제34조 제1항).
2. 변경신고
   동물보호법 제34조 제1항에 따라 신고를 한 자가 농림축산식품부령으로 정하는 사항을 변경하거나 폐업·휴업 또는 그 영업을 재개하려면 미리 농림축산식품부령으로 정하는 바에 따라 시장·군수·구청장에게 신고를 하여야 한다(동물보호법 제34조 제2항).
3. 신고의 결격사유
   다음 각 호의 어느 하나에 해당하는 경우에는 동물보호법 제34조 제1항에 따른 신고를 할 수 없다(동물보호법 제34조 제3항).
   ① 신고를 하려는 자(법인인 경우에는 임원을 포함한다. 이하 이 조에서 같다)가 미성년자, 피한정후견인 또는 피성년후견인인 경우
   ② 동물보호법 제32조 제1항 각 호 외의 부분에 따른 시설과 인력을 갖추지 아니한 경우
   ③ 동물보호법 제37조 제1항에 따른 교육을 받지 아니한 경우
4. 위반시 벌칙 : 벌금
   위반시 벌칙으로 ① 동물보호법 제34조에 따른 신고를 하지 아니하고 영업을 한 자, ② 거짓이나 그 밖의 부정한 방법으로 동물보호법 제34조에 따른 신고를 한 자는 100만원 이하의 벌금에 처하도록 하고 있다.

제 5 절 동물장묘업의 승계

Ⅰ. 양도 등으로 인한 영업자의 지위승계

동물보호법 제33조 제1항에 따라 영업등록을 하거나 동물보호법 제34조

제1항에 따라 영업신고를 한 자(이하 "영업자"라 한다)가 그 영업을 양도하거나 사망하였을 때 또는 법인의 합병이 있을 때에는 그 양수인 · 상속인 또는 합병 후 존속하는 법인이나 합병으로 설립되는 법인(이하 "양수인등"이라 한다)은 그 영업자의 지위를 승계한다(동물보호법 제35조 제1항).

Ⅱ. 경매 등으로 인한 영업자의 지위승계

다음 각 호의 어느 하나에 해당하는 절차에 따라 영업시설의 전부를 인수한 자는 그 영업자의 지위를 승계한다(동물보호법 제35조 제2항).

① 「민사집행법」에 따른 경매(제1호)

② 「채무자 회생 및 파산에 관한 법률」에 따른 환가(換價)(제2호)

③ 「국세징수법」 · 「관세법」 또는 「지방세법」에 따른 압류재산의 매각(제3호)

④ 제1호부터 제3호까지의 규정 중 어느 하나에 준하는 절차(제4호)

Ⅲ. 승계한 날부터 30일 이내에 신고

동물보호법 제35조 제1항 또는 제2항에 따라 영업자의 지위를 승계한 자는 승계한 날부터 30일 이내에 농림축산식품부령으로 정하는 바에 따라 시장 · 군수 · 구청장에게 신고하여야 한다(동물보호법 제35조 제3항).

Ⅳ. 승계의 결격사유

동물보호법 제35조 제1항 및 제2항에 따른 승계에 관하여는 동물보호법 제33조(영업의 등록) 제3항 및 동물보호법 제34조(영업의 신고) 제3항을 준용하되, 동물보호법 제33조 제3항 중 "등록"은 "신고"로 본다. 다만, 상속인이 동물보호법 제33조 제3항 제1호[등록을 하려는 자(법인인 경우에는 임원을 포함한다)가 미성년자, 피한정후견인 또는 피성년후견인인 경우] 또는 동물보호법 제34조 제3항 제1호[신고를 하려는 자(법인인 경우에는 임원을 포함한다)가 미성년자, 피한정후견인 또는 피성년후견인인 경우]에 해당하는 경우에는 상속을 받은 날부터 3개월 동안은 그러하지 아니하다(동물보호법 第35조 제4항).

V. 영업자의 지위승계 신고

1. 영업자 지위승계 신고서 제출 및 첨부서류

동물보호법 제35조에 따라 영업자의 지위승계 신고를 하려는 자는 별지 제25호서식의 영업자 지위승계 신고서(전자문서로 된 신고서를 포함한다)에 다음 각 호의 구분에 따른 서류를 첨부하여 등록 또는 신고를 한 시장 · 군수 · 구청장에게 제출하여야 한다(동물보호법 시행규칙 제42조 제1항).

① 양도 · 양수의 경우 : 양도 · 양수 계약서 사본 등 양도 · 양수 사실을 확인할 수 있는 서류(제1호)

② 상속의 경우 : 「가족관계의 등록 등에 관한 법률」 제15조 제1항[31]에 따른 가족관계증명서와 상속 사실을 확인할 수 있는 서류(제2호)

③ 제1호와 제2호 외의 경우 : 해당 사유별로 영업자의 지위를 승계하였음을 증명할 수 있는 서류(제3호)

2. 처리절차

주체	내용
신고인	신고서 작성
⇩	
시장 · 군수 · 구청장	접수
⇩	

31) 「가족관계의 등록 등에 관한 법률」(2015.5.18. 일부개정, 법률 제13285호) 제15조(증명서의 종류 및 기록사항) ① 등록부등의 기록사항에 관하여 발급할 수 있는 증명서의 종류와 그 기록사항은 다음 각 호와 같다. 다만, 외국인의 기록사항에 관하여는 성명 · 성별 · 출생연월일 · 국적 및 외국인등록번호를 기재하여 증명서를 발급하여야 한다.

1. 가족관계증명서
   가. 본인의 등록기준지 · 성명 · 성별 · 본 · 출생연월일 및 주민등록번호
   나. 부모의 성명 · 성별 · 본 · 출생연월일 및 주민등록번호(입양의 경우 양부모를 부모로 기록한다. 다만, 단독입양한 양부가 친생모와 혼인관계에 있는 때에는 양부와 친생모를, 단독입양한 양모가 친생부와 혼인관계에 있는 때에는 양모와 친생부를 각각 부모로 기록한다)
   다. 배우자, 자녀의 성명 · 성별 · 본 · 출생연월일 및 주민등록번호

시장 · 군수 · 구청장	첨부서류 확인 및 검토

⇩

시장 · 군수 · 구청장	등록사항 전자적 기록(수정)

⇩

시장 · 군수 · 구청장	결재

⇩

시장 · 군수 · 구청장	등록증 · 신고확인증 발급(폐기)

3. 영업장의 명칭 또는 상호 변경

동물보호법 시행규칙 제42조 제1항에 따라 영업자의 지위승계를 신고하는 자가 동물보호법 시행규칙 제37조(동물장묘업 등의 등록) 제1항 제2호에 따른 영업장의 명칭 또는 상호를 변경하려는 경우에는 이를 함께 신고할 수 있다(동물보호법 시행규칙 제42조 제4항).

Ⅵ. 시장 · 군수 · 구청장

1. 서류확인

동물보호법 시행규칙 제42조 제1항에 따른 신고서를 받은 시장 · 군수 · 구청장은 영업양도의 경우 「전자정부법」 제36조 제1항에 따른 행정정보의 공동이용을 통하여 양도 · 양수를 증명할 수 있는 법인 등기사항증명서, 토지등기부등본, 건물등기부등본, 건축물대장 또는 양도인의 인감증명서를 확인하여야 한다. 다만, 양도인이 인감증명서의 확인에 동의하지 아니하는 경우에는 인감증명서를 제출하게 하여야 하고, 양도인과 양수인이 함께 방문하여 시장 · 군수 · 구청장에게 신고하는 경우에는 인감증명서를 확인하지 아니할 수 있다(동물보호법 시행규칙 제42조 제2항).

2. 신원확인

시장 · 군수 · 구청장은 동물보호법 시행규칙 제42조 제1항에 따른 신고인이 동물보호법 제33조(영업의 등록) 제3항 제1호[등록을 하려는 자(법인인 경우에는 임원을 포함한다)가 미성년자, 피한정후견인 또는 피성년후견인인 경우]·제4호(등록을 하려는 자가 이 법을 위반하여 벌금형 이상의 형을 선고받고 그 형이 확정된 날부터 1년이 지나지 아니한 경우)에 해당되는지를 확인할 수 없는 경우에는 해당 신고인에게 동물보호법 시행규칙 제42조 제1항 각 호의 서류 외에 신원확인에 필요한 자료를 제출하게 할 수 있다(동물보호법 시행규칙 제42조 제3항).

3. 등록증·신고확인증 재발급

시장·군수·구청장은 동물보호법 시행규칙 제42조 제1항의 신고를 받았을 때에는 신고인에게 별지 제16호서식의 등록증 또는 별지 제23호서식의 신고확인증을 재발급하여야 한다(동물보호법 시행규칙 제42조 제5항).

Ⅶ. 위반시 벌칙 : 과태료

위반시 벌칙으로 동물보호법 제35조 제3항을 위반하여 영업자의 지위를 승계하고 그 사실을 신고하지 아니한 자에게는 100만원 이하의 과태료를 부과하도록 하고 있다.

제 6 절 동물장묘업자의 준수사항

Ⅰ. 영업자 등의 준수사항

영업자(법인인 경우에는 그 대표자를 포함한다)와 그 종사자는 다음 각 호에 관하여 농림축산식품부령으로 정하는 사항을 지켜야 한다(동물보호법 제36조).

① 동물의 사육·관리에 관한 사항
② 동물의 판매가능 월령, 건강상태 등 판매에 관한 사항
③ 동물 사체의 적정한 처리에 관한 사항
④ 영업시설 운영기준에 관한 사항
⑤ 영업 종사자의 교육에 관한 사항

⑥ 그 밖에 동물의 보호와 공중위생상의 위해 방지를 위하여 필요한 사항

Ⅱ. 동물장묘업자의 준수사항

동물보호법 제36조에 따른 동물장묘업자 · 동물판매업자 · 동물수입업자 및 동물생산업자의 준수사항은 별표 10과 같다(동물보호법 시행규칙 제43조).[32)]

① 동물 사체를 화장 또는 건조장의 방법으로 처리한 경우에는 동물 소유자에게 동물장묘업 등록번호, 업소명 · 주소, 동물의 종류 및 무게, 처리일자 및 처리 후 잔재에 대한 적법한 처리방법 등을 기록한 서류를 내주어야 한다.

② 화장 및 건조장 작업은 그 상황을 녹화하여 1년간 보관하여야 한다.

③ 동물장묘업자는 별지 제30호서식의 동물장묘업 실적 보고서를 다음 연도 2월 말일까지 시장 · 군수 · 구청장에게 제출하여야 한다.

---

32) • 동물보호법시행규칙 제정(안) 입법예고, 2007년 7월 9일, 농림부장관.
[별표 6] 동물판매업 · 동물장묘업의 영업자와 종업원의 준수사항(제22조 관련)
2. 동물장묘업의 영업자와 종업원의 준수사항
가. 동물장묘시설의 기능이 정상적으로 유지되도록 정기적으로 점검 및 보수를 하여야 한다.
나. 사체를 보관 또는 처리함에 있어 당해 시설의 보관 또는 처리능력을 초과하지 않도록 해야 한다.
다. 영업자 및 종업원은 법에서 규정한대로 교육을 이수하여야 하며 그 증명서를 3년간 보관하여야 한다.
라. 영업자는 일일 사체 반입 수, 처리 수, 무게(kg), 가동시간, 소유자와 동물 정보 등을 기록 또는 전산 등록하여야 한다. 전산 등록하지 않을 시 매월 자료를 시 · 군 · 구에 제출하여야 한다.
마. 동물사체 처리 시 소유자에게 소각증명서를 교부하여야 하며, 증명서에는 장묘업체의 대표자명과 주소, 동물종류, 품종, 성별 및 소유자의 정보가 포함되어 있어야 한다.
바. 동물사체 이외의 대상을 보관, 소각하거나 본래 이외의 다른 용도로 사용하여서는 아니 된다.
사. 동물사체를 공중위생에 해를 끼치지 아니하도록 완전 소각하여야 한다.
아. 냉동시설의 동물사체는 1개월 이상 보관해서는 아니 된다.
자. 동물사체를 화장하고 난 후의 재는 소유자에게 돌려주거나 매립하여야 한다. 이 경우, 소유자는 소각재를 적법한 매립시설이 아닌 곳에 처리하여서는 아니 된다.
차. 화장로 주변에는 화장 대상 및 작업을 확인할 수 있는 폐쇄회로 텔레비전 및 녹화장치 포함하는 설비는 소각 작업상황을 촬영하고 촬영한 자료는 1년 이상 보관하여야 한다.

Ⅲ. 위반시 벌칙 : 등록취소 · 영업정지

위반시 벌칙으로 시장 · 군수 · 구청장은 영업자가 동물보호법 제36조에 따른 준수사항을 지키지 아니한 경우(제6호)에는 농림축산식품부령으로 정하는 바에 따라 그 등록을 취소하거나 6개월 이내의 기간을 정하여 그 영업의 전부 또는 일부의 정지를 명할 수 있도록 하고 있다(동물보호법 제38조 제1항).

제 7 절 행정처분

Ⅰ. 등록취소 등

1. 등록취소 또는 영업정지 명령

시장 · 군수 · 구청장은 영업자가 다음 각 호의 어느 하나에 해당할 경우에는 농림축산식품부령으로 정하는 바에 따라 그 등록을 취소하거나 6개월 이내의 기간을 정하여 그 영업의 전부 또는 일부의 정지를 명할 수 있다. 다만, 제1호에 해당하는 경우에는 등록을 취소하여야 한다(동물보호법 제38조 제1항).

① 거짓이나 그 밖의 부정한 방법으로 등록을 한 것이 판명된 경우(제1호)
② 동물보호법 제8조(동물학대 등의 금지) 제1항부터 제3항까지의 규정을 위반하여 동물에 대한 학대행위 등을 한 경우(제2호)
③ 등록 또는 신고한 날부터 1년이 지나도 영업을 시작하지 아니한 경우(제3호)
④ 동물보호법 제32조(영업의 종류 및 시설기준 등) 제1항 각 호 외의 부분에 따른 기준에 미치지 못하게 된 경우(제4호)
⑤ 동물보호법 제33조(영업의 등록) 제2항 및 제34조(영업의 신고) 제2항에 따라 신고를 하지 아니한 경우(제5호)
⑥ 동물보호법 제36조(영업자 등의 준수사항)에 따른 준수사항을 지키지 아니한 경우(제6호)

2. 양수인등에게 승계

동물보호법 제38조 제1항에 따른 처분의 효과는 그 처분기간이 만료된 날부터 1년간 양수인등에게 승계되며, 처분의 절차가 진행 중일 때에는 양수인등에 대하여 처분의 절차를 행할 수 있다. 다만, 양수인등이 양수·상속 또는 합병 시에 그 처분 또는 위반사실을 알지 못하였음을 증명하는 경우에는 그러하지 아니하다(동물보호법 제38조 제2항).

Ⅱ. 행정처분의 기준 등

1. 행정처분기준

동물보호법 제38조에 따른 영업자에 대한 등록의 취소, 영업의 전부 또는 일부의 정지에 관한 행정처분기준은 별표 11과 같다(동물보호법 시행규칙 제45조 제1항).

2. 행정처분 및 청문 대장

가. 기록, 유지、관리

시장·군수·구청장이 동물보호법 시행규칙 제45조 제1항에 따른 행정처분을 하였을 때에는 별지 제26호서식의 행정처분 및 청문 대장에 그 내용을 기록하고 유지·관리하여야 한다(동물보호법 시행규칙 제45조 제2항).

나. 전자적 방법으로 작성、관리

동물보호법 시행규칙 제45조 제2항의 행정처분 및 청문 대장은 전자적 처리가 불가능한 특별한 사유가 없으면 전자적 방법으로 작성·관리하여야 한다(동물보호법 시행규칙 제45조 제3항).

Ⅲ. [별표 11] 행정처분기준(동물보호법 시행규칙 제45조 관련)

1. 일반기준

가. 법 위반행위에 대한 행정처분은 다른 법률에 별도의 처분기준이 있는 경우 외에는 이 기준에 따르며 영업정지처분기간 1개월은 30일로 본다.

나. 위반행위가 둘 이상인 경우로서 그에 해당하는 각각의 처분기준이 다른 경우에는 그 중 무거운 처분기준에 따르며, 둘 이상의 처분기준이 같은 영업정지인 경우에는 무거운 처분기준의 2분의 1까지 늘릴 수 있다. 이 경우 각 처분기준을 합산한 기간을 초과할 수 없다.

다. 하나의 위반행위에 대한 처분기준이 둘 이상인 경우에는 그 중 무거운 처분기준에 따라 처분한다.

라. 위반행위의 횟수에 따른 행정처분기준은 최근 2년간 같은 위반 행위로 행정처분을 받은 경우에 적용한다. 이 경우 행정처분 기준의 적용은 같은 위반행위에 대하여 최초로 행정처분을 한 날과 다시 같은 유형의 위반행위를 적발한 날을 기준으로 한다.

마. 처분권자는 위반행위의 동기·내용·횟수 및 위반의 정도 등 다음에 해당하는 사유를 고려하여 그 처분을 가중하거나 감경할 수 있다. 이 경우 그 처분이 영업정지인 경우에는 그 처분기준의 2분의 1의 범위에서 가중하거나 감경할 수 있고, 등록취소인 경우에는 6개월 이상의 영업정지 처분으로 감경할(동물보호법 제38조 제1항 제1호에 해당하는 경우는 제외한다) 수 있다.

1) 가중사유

가) 위반행위가 사소한 부주의나 오류가 아닌 고의나 중대한 과실에 의한 것으로 인정되는 경우

나) 위반의 내용·정도가 중대하여 소비자에게 미치는 피해가 크다고 인정되는 경우

2) 감경사유

가) 위반행위가 고의나 중대한 과실이 아닌 사소한 부주의나 오류로 인한 것으로 인정되는 경우

나) 위반의 내용·정도가 경미하여 소비자에게 미치는 피해가 적다고 인정되는 경우

다) 위반 행위자가 처음 해당 위반행위를 한 경우로서 5년 이상 해당 영업을 모범적으로 해온 사실이 인정되는 경우

라) 위반 행위자가 해당 위반행위로 인하여 검사로부터 기소유예 처분을 받거나 법원으로부터 선고유예의 판결을 받은 경우

마) 그 밖에 해당 영업에 대한 정부정책상 필요하다고 인정되는 경우

2. 개별 기준

위반사항	근거 법조문	행정처분기준		
		1차 위반	2차 위반	3차 이상 위반
1. 거짓이나 그 밖의 부정한 방법으로 등록을 한 것이 판명된 경우	법 제38조 제1항 제1호	등록취소		
2. 법 제8조 제1항부터 제3항까지의 규정을 위반하여 동물에 대한 학대행위 등의 행위를 한 경우	법 제38조 제1항 제2호	영업정지 1개월	영업정지 3개월	영업정지 6개월
3. 등록 또는 신고한 날부터 1년이 지나도 영업을 시작하지 않은 경우	법 제38조 제1항 제3호	등록취소 (등록인 경우에만 해당한다) 신고의 수리취소 (신고인 경우에만 해당한다)		
4. 법 제32조 제1항 각 호 외의 부분에 따른 기준에 미달하게 된 경우	법 제38조 제1항 제4호	경고	영업정지 7일	영업정지 15일
5. 법 제33조 제2항 및 제34조 제2항에 따라 신고를 하지 않은 경우	법 제38조 제1항 제5호	경고	영업정지 7일	영업정지 15일
6. 법 제36조에 따른 준수사항을 지키지 않은 경우	법 제38조 제1항 제6호	경고	영업정지 7일	영업정지 15일

Ⅳ. 청　　문

농림축산식품부장관, 시 · 도지사 또는 시장 · 군수 · 구청장은 동물보호법 제38조 제1항에 따른 영업등록의 취소(제3호)에 해당하는 처분을 하려면 청문을 하여야 한다(동물보호법 제43조).

Ⅴ. 위반시 벌칙 : 벌금

위반시 벌칙으로 동물보호법 제38조에 따른 영업정지기간에 영업을 한 영업자는 100만원 이하의 벌금에 처하도록 하고 있다.

제8절 교 육

Ⅰ. 영업정지 처분을 받은 영업자

동물보호법 제32조 제1항 제2호부터 제4호까지의 규정에 해당하는 영업(동물판매업, 동물수입업, 동물생산업)을 하려는 자와 동물보호법 제38조(등록취소 등)에 따른 영업정지 처분을 받은 영업자는 동물의 보호 및 공중위생상의 위해 방지 등에 관한 교육을 받아야 한다(동물보호법 제37조 제1항).

① 동물보호법 제37조 제1항에 따라 교육을 받아야 하는 영업자로서 교육을 받지 아니한 영업자는 그 영업을 하여서는 아니 된다(동물보호법 제37조 제2항).

② 동물보호법 제37조 제1항에 따라 교육을 받아야 하는 영업자가 영업에 직접 종사하지 아니하거나 두 곳 이상의 장소에서 영업을 하는 경우에는 종사자 중에서 책임자를 지정하여 영업자 대신 교육을 받게 할 수 있다(동물보호법 제37조 제3항).

③ 동물보호법 제37조 제1항에 따른 교육의 실시기관, 교육 내용 및 방법 등에 관한 사항은 농림축산식품부령으로 정한다(동물보호법 제37조 제4항).

Ⅱ. 교육 시행

1. 교육대상자별 교육시간

동물보호법 제37조 제1항에 따른 교육대상자별 교육시간은 다음 각 호의 구분에 따른다(동물보호법 시행규칙 제44조 제1항).

① 동물판매업, 동물수입업 또는 동물생산업을 하려는 자: 등록신청일 또는 신고일 이전 1년 이내 3시간
② 동물보호법 제38조에 따라 영업정지 처분을 받은 자: 처분을 받은 날부터 6개월 이내 3시간

2. 교육기관

동물보호법 시행규칙 제44조 제1항에 따른 교육은 다음 각 호의 어느 하나에 해당하는 기관으로서 농림축산식품부장관이 지정하는 기관(이하 "교육기관"이라 한다) 등이 실시하며, 원격교육으로 그 과정을 대체할 수 있다(동물보호법 시행규칙 제44조 제2항).

① 「수의사법」 제23조에 따른 대한수의사회
② 법 시행령 제5조(동물보호 민간단체의 범위) 각 호에 따른 법인 또는 단체
③ 농림축산식품부 소속 교육전문기관

3. 교육내용

교육기관은 다음 각 호의 내용을 포함하여 교육을 실시하여야 한다(동물보호법 시행규칙 제44조 제3항).

① 이 법 및 동물보호정책에 관한 사항
② 동물의 보호 · 복지에 관한 사항
③ 동물의 사육 · 관리 및 질병예방에 관한 사항
④ 영업자 준수사항에 관한 사항
⑤ 그 밖에 교육기관이 필요하다고 인정하는 사항

4. 교육결과 통보 및 기록 유지 · 관리

가. 교육결과 통보

교육기관은 교육을 실시하였을 때에는 동물보호법 시행규칙 제44조 제1항 각 호에 해당하는 교육의 결과를 교육이 끝난 후 30일 이내에 시장 · 군수 ·

구청장에게 통보하여야 한다(동물보호법 시행규칙 第44조 第4항).

나. 기록 유지·관리

동물보호법 시행규칙 제44조 제4항에 따른 통보를 받은 시장 · 군수 · 구청장은 그 기록을 유지 · 관리하고, 교육이 끝난 날부터 2년간 보관하여야 한다(동물보호법 시행규칙 第44조 第5항).

Ⅲ. 위반시 벌칙 : 과태료

위반시 벌칙으로 동물보호법 제37조 제2항을 위반하여 교육을 받지 아니하고 영업을 한 영업자에게는 100만원 이하의 과태료를 부과하도록 하고 있다.

제 4 장 동물보호법

제 1 절 동물보호법의 연혁

Ⅰ. 1991년 5월 31일 제정(법률 제4379호)

1. 제정이유

동물을 적정하게 보호 · 관리하기 위하여 필요한 사항을 정함으로써 동물에 대한 학대행위를 방지하고 국민의 동물보호정신을 함양하고자 하여 동물보호법이 법률 제4379호로 1991년 5월 31일 제정되고 1991년 7월 1일부터 시행되었다. 동물보호법은 동물에 대한 학대행위의 방지 등 동물을 적정하게 보호 · 관리하기 위하여 필요한 사항을 규정함으로써 동물의 생명과 그 안전을 보호하도록 하여, 생명의 존중 등 국민의 정서함양에 이바지함을 목적으로 하여 제정하였다.

2. 주요내용

가. 누구든지 동물을 사육 · 관리 또는 보호함에 있어서는 그 동물이 본래의 습성을 유지하면서 정상적으로 살 수 있게 노력하도록 하였다.

나. 동물을 합리적인 이유없이 죽이거나, 잔인하게 죽이거나 동물에게 불필요한 고통을 주는 등의 동물학대행위를 금지하도록 하였다.

다. 시 · 도는 유기동물의 보호 · 관리에 필요한 사항을 조례로 정하도록 하고, 시장 · 군수 · 구청장은 이에 따라 유기동물을 보호 · 관리하되 그 소요경비는 그 동물의 소유자 및 관리자로부터 받을 수 있도록 하였다.

라. 동물을 죽이지 아니하면 아니되는 경우에는 가능한 한 고통을 주지 아니하도록 하고, 거세 · 제각 · 단미 등 동물에 대한 외과적인 수술을 하는 경우에는 수의학적 방법에 의하도록 하였다.

Ⅱ. 2007년 1월 26일 전부개정(법률 제8282호)

1. 개정이유

동물보호에 관한 국가와 지방자치단체의 책무를 강화하고, 반려(伴侶)동물의 사육 및 유기(遺棄)동물의 증가 등에 따라 반려동물 소유자 등에 대한 등록제 시행근거를 마련하며, 동물 학대행위 방지조항의 실효성을 높이기 위하여 관련 규정을 보완하는 한편, 현행 제도의 운영상 나타난 일부 미비점을 개선 · 보완하고자 하여 동물보호법을 법률 제8282호로 2007년 1월 26일 전부개정하고 2008년 1월 27일부터 시행하였다. 동물보호법은 동물에 대한 학대행위의 방지 등 동물을 적정하게 보호 · 관리하기 위하여 필요한 사항을 규정함으로써 동물의 생명과 그 안전을 보호하고 복지를 증진하며 생명의 존중 등 국민의 정서 함양에 이바지함을 목적으로 하여 전부개정하였다.

2. 주요내용

가. 동물의 등록제를 도입하여 시 · 도지사는 동물의 소유자로 하여금 시장 · 군수 · 구청장에게 소유하고 있는 동물을 등록하게 할 수 있도록 하였다.

나. 반려동물 소유자의 관리의무를 강화하여 동반 외출시 인식표 부착, 안전장구 휴대 등 소유자의 의무를 명시하고, 시 · 도지사는 조례에 따라 예방접종, 특정지역에서의 사육 및 출입제한 등의 조치를 할 수 있도록 하였다.

다. 동물에 대한 금지행위를 구체화하여 목을 매다는 등 잔인한 방법으로 죽이는 행위 및 살아있는 동물의 체액을 채취하는 행위 등 금지되는 행위를 구체적으로 규정하였다.

라. 동물의 운송에 따른 보호규정으로 동물 운송시 적합한 사료의 공급, 상해를 방지하고 고통을 최소화할 수 있는 구조로 된 차량의 사용 등 동물을 운송하는 자의 준수사항을 정하였다.

마. 동물실험윤리위원회 설치로 실험동물의 보호와 윤리적인 취급을 도모하기 위하여 대통령령이 정하는 동물실험시설에는 동물실험윤리위원회를 두도록 하였다.

바. 동물보호감시관 및 명예감시관제를 도입으로 농림부장관, 지방자치단

체장은 동물보호감시관과 명예감시관을 지정 또는 위촉하되, 직무범위 등은 대통령령으로 정하도록 하였다. 또한 동물학대의 신고를 접수한 동물보호감시관에 대하여 동물의 보호와 학대의 방지를 위하여 동물학대행위자로부터 피학대동물의 격리 또는 치료가 필요한 때에는 동물보호전문기관 또는 치료기관의 인도에 필요한 조치 등을 할 수 있도록 하였다.

사. 법령위반에 따른 처벌을 강화하여 동물 학대행위에 대한 벌칙을 현행 20만원 이하의 벌금에서 500만원 이하의 벌금으로 상향조정하고, 의무위반에 대하여도 최고 50만원 이하의 과태료를 부과할 수 있도록 하였다.

아. 동물장묘업(動物葬墓業)의 등록규정으로 동물장묘업으로 동물전용의 장례식장 · 화장장 또는 납골시설을 설치 · 운영하는 업을 하고자 하는 자는 농림부령이 정하는 바에 따라 시장 · 군수에게 등록하도록 하였으며, 또한 동물장묘업의 등록을 하고자 하는 자는 동물의 보호와 공중위생상의 위해를 방지하기 위하여 필요한 시설과 인력을 갖추도록 하였다.

Ⅲ. 2011년 8월 4일 전부개정(법률 제10995호)

1. 개정이유

반려동물 소유자의 동물학대 행위의 양태와 방법도 다양해지면서 매우 잔혹해지고 있을 뿐만 아니라, 극히 열악한 사육환경과 운영비리로 제대로 관리되지 못하는 유기동물보호소 환경에 대한 감독과 개선이 사회적 문제로 대두되고 있음에 따라, 동물복지에 관한 종합적인 계획을 수립하고, 동물보호정책이 체계적이고 효율적으로 추진될 수 있도록 동물복지위원회를 설치하며, 정부 차원의 동물복지축산농장인증제 도입 등을 통해 농장동물에 대한 복지를 장려하고, 동물등록제를 모든 지방자치단체를 대상으로 의무화하며, 피학대 동물의 구조 · 보호조치를 마련하고, 동물학대 행위자에 대한 벌칙을 강화하는 등 동물보호 및 복지수준 향상을 위해 필요한 제도를 정비하고자 하여 동물보호법을 법률 제10995호로 2011년 8월 4일 전부개정하고 2012년 2월 5일부터(일부 규정은 2012년 7월 1일부터 또는 2013년 1월 1일부터) 시행하였다. 동물보호법은 동물에 대한 학대행위의 방지 등 동물을 적정하게 보호 ·

관리하기 위하여 필요한 사항을 규정함으로써 동물의 생명보호, 안전 보장 및 복지 증진을 꾀하고, 동물의 생명 존중 등 국민의 정서를 함양하는 데에 이바지함을 목적으로 하여 전부개정하였다.

2. 주요내용

가. 동물복지위원회의 설치 · 운영으로 동물보호 및 복지에 관한 사항을 자문하기 위하여 농림수산식품부 장관 소속으로 동물복지위원회를 두었다.

나. 학대받는 동물에 대한 구조 · 보호조치를 강화하여 소유자등으로부터 학대받은 동물도 지방자치단체가 구조하여 치료 · 보호할 수 있도록 하고, 학대행위 재발 방지와 소유자의 책임의식 강화 등을 위해 동물의 치료 · 보호에 든 비용을 해당 동물의 소유자가 부담하도록 하였다.

다. 동물실험윤리위원회에 대한 관리 · 감독 강화로 농림수산식품부장관은 동물실험시행기관의 장에게 동물실험윤리위원회의 구성 · 운영 등에 대한 지도 · 감독을 할 수 있도록 하고, 동물실험윤리위원회의 구성 · 운영상 미비점이나 문제점이 발견될 경우 개선명령을 할 수 있도록 하였다.

라. 동물복지축산농장 인증제 도입으로 「축산물위생관리법」에 따른 식용을 목적으로 하는 동물의 보호와 사육과정에서의 복지증진 등을 위해 해당 동물의 보호와 복지증진에 이바지하는 축산농장을 동물복지축산농장으로 인증할 수 있도록 하고, 이러한 농장으로 인증된 축산농장에 대해 동물복지 증진 등을 위해 필요한 축사시설 개선비용 등을 지원할 수 있도록 하였다.

마. 동물학대 및 금지된 동물실험행위에 대한 벌칙 등을 강화하여 「야생동 · 식물보호법」[33] 등 관련 법률에서 규정한 벌칙 수준과의 형평성 및 동물학대의 심각성 등을 고려하여 동물학대행위를 한 자를 500만원 이하의 벌금에 처하던 것을 1년 이하의 징역 또는 1천만원 이하의 벌금에 처하고, 실험금지 동물을 대상으로 실험을 실시한 자는 10만원 이하의 벌금에 처하던 것을 50만원 이하의 벌금에 처하도록 하는 등 벌칙 수준을 상향하였다.

---

33) 「야생생물 보호 및 관리에 관한 법률」(2015.2.3. 일부개정, 법률 제13167호). 정부소관부서: 환경부(자연자원과)

- 제1조(목적) 이 법은 야생생물과 그 서식환경을 체계적으로 보호 · 관리함으로써 야생생물의 멸종을 예방하고, 생물의 다양성을 증진시켜 생태계의 균형을 유지함과 아울러 사람과 야생생물이 공존하는 건전한 자연환경을 확보함을 목적으로 한다.

바. 동물장묘업의 세부범위에 대하여 동물보호법 시행규칙(농림수산식품부령)에서는 동물장묘업은 ① 동물 전용의 장례식장, ② 동물의 사체 또는 유골을 불에 태우는 방법으로 처리하는 시설[동물화장(火葬)시설] 또는 건조·멸균분쇄의 방법으로 처리하는 시설[동물건조장(乾燥葬)시설], ③ 동물 전용의 납골시설 등의 어느 하나 이상의 시설을 설치·운영하는 영업이라고 세부범위를 규정하였다.

Ⅳ. 2013년 4월 5일 일부개정(법률 제11737호)

개정이유 및 주요내용으로, 동물의 생명보호와 가혹행위 방지를 위하여 학대행위에 고의로 사료 또는 물을 주지 않아 동물을 죽음에 이르게 하는 방치행위를 추가하며 동물의 구조·보호 행위의 주체를 시장·군수·구청장까지 확대하고자 하여 동물보호법을 법률 제11737호로 2013년 4월 5일 일부개정하고 공포한 날로부터 시행(2013년 4월 5일부터)하였다.

Ⅴ. 2013년 8월 13일 일부개정(법률 제12051호)

1. 개정이유

동물학대의 개념을 명확히 정의하고, 동물의 운송 및 도살의 기준을 강화하며, 동물학대 장면을 촬영한 영상물의 유포행위를 금지하는 한편, 반려동물 판매시 배송방법을 제한하는 등 동물보호·복지수준을 향상시키기 위하여 관련 제도를 정비하고자 하여 동물보호법을 법률 제12051호로 2013년 8월 13일 일부개정하고 2014년 2월 14일부터(일부 규정은 2014년 8월 14일부터) 시행하였다.

2. 주요내용

가. 동물학대의 개념을 정의하여 동물학대에 대한 사회적 경각심을 제고하였다.

나. 동물학대 행위를 촬영한 영상물의 유포행위를 원칙적으로 금지하고,

이를 위반한 경우 300만원 이하의 벌금에 처하도록 하였다.

다. 동물복지를 고려한 운송이 가능하도록 동물운송 관련 준수사항을 의무화하고, 운송용 우리를 던져 동물을 다치게 하거나 전기 몰이도구를 사용한 경우 과태료를 부과하도록 하였다.

라. 반려동물을 판매하는 경우 구매자에게 직접 전달하거나 동물운송 기준을 준수하여 배송하도록 하고 이를 위반한 경우 과태료를 부과하도록 하였다.

마. 동물을 「축산물위생관리법」등에 따라 도살하거나 매몰하는 경우 반드시 의식이 없는 상태에서 진행하도록 하였다.

Ⅵ. 2014년 3월 24일 일부개정(법률 제12512호)

개정이유 및 주요내용으로, 「민법」의 개정으로 종전의 금치산 · 한정치산 제도가 후견제도(성년후견 · 한정후견 등)[34]로 변경된 것을 반영하여, 동물장묘업 · 동물판매업 · 동물수입업 등록 및 동물생산업 신고의 결격사유에서 금치산자와 한정치산자를 피성년후견인과 피한정후견인으로 대체하고자 하여 동물보호법을 법률 제12512호로 2014년 3월 24일 일부개정하고 공포한 날로부터 시행(2014년 3월 24일부터)하였다.

Ⅶ. 2015년 1월 20일 일부개정(법률 제13023호)

개정이유 및 주요내용으로, 현행법은 반려동물과 함께 외출시 소유자는 동물의 배설물을 즉시 수거해야 하나, 소변의 경우에는 의자 등 사람이 눕거

---

34) 「민법」(2015.2.3. 일부개정, 법률 제13125호). 정부소관부서: 법무부(법무심의관실)

- 제9조(성년후견개시의 심판) ① 가정법원은 질병, 장애, 노령, 그 밖의 사유로 인한 정신적 제약으로 사무를 처리할 능력이 지속적으로 결여된 사람에 대하여 본인, 배우자, 4촌 이내의 친족, 미성년후견인, 미성년후견감독인, 한정후견인, 한정후견감독인, 특정후견인, 특정후견감독인, 검사 또는 지방자치단체의 장의 청구에 의하여 성년후견개시의 심판을 한다.
- 제10조(피성년후견인의 행위와 취소) ① 피성년후견인의 법률행위는 취소할 수 있다.
- 제12조(한정후견개시의 심판) ① 가정법원은 질병, 장애, 노령, 그 밖의 사유로 인한 정신적 제약으로 사무를 처리할 능력이 부족한 사람에 대하여 본인, 배우자, 4촌 이내의 친족, 미성년후견인, 미성년후견감독인, 성년후견인, 성년후견감독인, 특정후견인, 특정후견감독인, 검사 또는 지방자치단체의 장의 청구에 의하여 한정후견개시의 심판을 한다.
- 제13조(피한정후견인의 행위와 동의) ① 가정법원은 피한정후견인이 한정후견인의 동의를 받아야 하는 행위의 범위를 정할 수 있다.

나 앉을 수 있는 기구 위의 소변만 처리하도록 하고 있어 공동주택 등에서 거주자 이웃 상호간에 마찰 · 불편이 발생하고 있는 실정이었다. 따라서 반려동물의 소변의 경우 계단 등 건물 내부의 공용공간에서도 동물의 소변을 처리하도록 개선하여 공동주택 등에서 거주자 상호간의 마찰 · 불편을 해소하고 쾌적한 환경을 제공하고자 하여 동물보호법을 법률 제13023호로 2015년 1월 20일 일부개정하고 공포한 날로부터 시행(2015년 1월 20일부터)하였다.

제 2 절 동물보호법의 목적(법 제1조)

현행 동물보호법 제1조(목적)에 의하면 "이 법은 동물에 대한 학대행위의 방지 등 동물을 적정하게 보호 · 관리하기 위하여 필요한 사항을 규정함으로써 동물의 생명보호, 안전 보장 및 복지 증진을 꾀하고, 동물의 생명 존중 등 국민의 정서를 함양하는 데에 이바지함을 목적으로 한다."라고 규정하고 있다.

대법원 2013.4.25. 선고 2012다118594 판결 [손해배상]

【판시사항】

동물 자체가 위자료 청구권의 귀속주체가 될 수 있는지 여부(소극) 및 그 동물이 반려동물이어도 마찬가지인지 여부(적극)

【이 유】

동물의 생명보호, 안전 보장 및 복지 증진을 꾀하고 동물의 생명 존중 등 국민의 정서를 함양하는 데에 이바지함을 목적으로 한 동물보호법의 입법 취지나 그 규정 내용 등을 고려하더라도, 민법이나 그 밖의 법률에 동물에 대하여 권리능력을 인정하는 규정이 없고 이를 인정하는 관습법도 존재하지 아니하므로, 동물 자체가 위자료 청구권의 귀속주체가 된다고 할 수 없다. 그리고 이는 그 동물이 애완견 등 이른바 반려동물이라고 하더라도 달리 볼 수 없다.

원심은 제1심판결 이유를 인용하여, 피고가 원고 A으로부터 위탁받은 애완견 2마리를 유기견으로 오인하여 안락사시킨 이 사건에서, 안락사당한 위 개 2마리 자체의 위자료 청구 부분은 배척하는 대신 이와 같은 사정까지 참작하여 원고 A의 위자료를 산정하였다. 원심의 이러한 조치는 정당하고, 거기에 상고이유 주장과 같이 동물의 권리능력에 관한 법리를 오해하는 등의 잘못이 없다.

제 3 절 정의(법 제2조)

동물보호법에서는 법에서 사용하는 용어의 뜻을 다음과 같이 규정하고 있다.

(1) "동물"이란 고통을 느낄 수 있는 신경체계가 발달한 척추동물로서 포유류(가목), 조류(나목), 파충류 · 양서류 · 어류 중 농림축산식품부장관이 관계 중앙행정기관의 장과의 협의를 거쳐 대통령령으로 정하는 동물(다목) 등의 어느 하나에 해당하는 동물을 말한다(제1호).

▸▸ **동물의 범위** : 법 제2조 제1호 다목에서 "대통령령으로 정하는 동물"이란 파충류, 양서류 및 어류를 말한다. 다만, 식용(食用)을 목적으로 하는 것은 제외한다(법 시행령 제2조).

(2) "동물학대"란 동물을 대상으로 정당한 사유 없이 불필요하거나 피할 수 있는 신체적 고통과 스트레스를 주는 행위 및 굶주림, 질병 등에 대하여 적절한 조치를 게을리하거나 방치하는 행위를 말한다(제1호의2).

(3) "등록대상동물"이란 질병의 관리, 공중위생상의 위해 방지 등을 위하여 등록이 필요하다고 인정하여 대통령령으로 정하는 동물을 말한다(제2호).

▸▸ **등록대상동물의 범위** : 법 제2조 제2호에서 "대통령령으로 정하는 동물"이란 ① 「주택법」 제2조 제1호 및 제1호의2[35]에 따른 주택 · 준주택에서 기르는 개(제1호), ② 제1호에 따른 주택 · 준주택 외의 장소에서 반려(伴侶) 목적으로 기르는 개(제2호) 등의 어느 하나에 해당하는 월령(月齡) 3개월 이상인 개를 말한다(법 시행령 제3조).

---

35) 「주택법」(2015.1.6. 타법개정, 법률 제12989호). 정부소관부서 : 국토교통부(주택정책과-주택조합제도)

- 제1조(목적) 이 법은 쾌적한 주거생활에 필요한 주택의 건설 · 공급 · 관리와 이를 위한 자금의 조달 · 운용 등에 관한 사항을 정함으로써 국민의 주거안정과 주거수준의 향상에 이바지함을 목적으로 한다.
- 제2조(정의) 이 법에서 사용하는 용어의 뜻은 다음과 같다.

1. "주택"이란 세대(世帶)의 구성원이 장기간 독립된 주거생활을 할 수 있는 구조로 된 건축물의 전부 또는 일부 및 그 부속토지를 말하며, 이를 단독주택과 공동주택으로 구분한다.

1의2. "준주택"이란 주택 외의 건축물과 그 부속토지로서 주거시설로 이용가능한 시설 등을

(4) "소유자등"이란 동물의 소유자와 소유자를 위하여 동물의 사육 · 관리 또는 보호에 종사하는 사람을 말한다(제3호).

제 4 절 동물보호의 기본원칙(법 제3조)

동물보호법에서는 누구든지 동물을 사육 · 관리 또는 보호할 때에는 다음 각 호의 원칙이 준수되도록 노력하여야 한다는 동물보호의 기본원칙에 대한 규정을 두고 있다.

① 동물이 본래의 습성과 신체의 원형을 유지하면서 정상적으로 살 수 있도록 할 것
② 동물이 갈증 및 굶주림을 겪거나 영양이 결핍되지 아니하도록 할 것
③ 동물이 정상적인 행동을 표현할 수 있고 불편함을 겪지 아니하도록 할 것
④ 동물이 고통 · 상해 및 질병으로부터 자유롭도록 할 것
⑤ 동물이 공포와 스트레스를 받지 아니하도록 할 것

제 5 절 국가、지방자치단체 및 국민의 책무(법 제4조)

동물보호법에서는 국가는 동물의 적정한 보호 · 관리를 위하여 5년마다 동물복지종합계획을 수립 · 시행하여야 하며, 모든 국민은 동물의 보호를 위하여 노력하여야 한다는 등의 국가 · 지방자치단체 및 국민의 책무에 대하여 규정을 두고 있다.

Ⅰ. 동물복지종합계획 수립 · 시행 및 협조

국가는 동물의 적정한 보호 · 관리를 위하여 5년마다 다음 각 호의 사항이 포함된 동물복지종합계획을 수립 · 시행하여야 하며, 지방자치단체는 국가의

말하며, 그 범위와 종류는 대통령령으로 정한다.

계획에 적극 협조하여야 한다(제1항).

① 동물학대 방지와 동물복지에 관한 기본방침
② 유실·유기동물 및 피학대 동물의 관리에 관한 사항
③ 동물실험시행기관 및 법 제25조의 동물실험윤리위원회의 운영 등에 관한 사항
④ 동물학대 방지, 동물복지 및 동물실험윤리 등의 교육·홍보에 관한 사항
⑤ 동물복지 축산의 확대와 동물복지축산농장 지원에 관한 사항
⑥ 그 밖에 동물학대 방지와 동물복지에 필요한 사항

Ⅱ. 동물복지계획 수립 및 통보

특별시장·광역시장·도지사 및 특별자치도지사·특별자치시장(이하 "시·도지사"라 한다)은 제1항에 따른 종합계획에 따라 5년마다 특별시·광역시·도·특별자치도·특별자치시(이하 "시·도"라 한다) 단위의 동물복지계획을 수립하여야 하고, 이를 농림축산식품부장관에게 통보하여야 한다(제2항).

Ⅲ. 동물보호운동 권장 및 지원

국가와 지방자치단체는 대통령령으로 정하는 민간단체에 동물보호운동이나 그 밖에 이와 관련된 활동을 권장하거나 필요한 지원을 할 수 있다(제3항).

▸▸ **동물보호 민간단체의 범위** : 법 제4조 제3항에서 "대통령령으로 정하는 민간단체"란 ①「민법」 제32조에 따라 설립된 법인으로서 동물보호를 목적으로 하는 법인(제1호), ②「비영리민간단체지원법」 제4조에 따라 등록된 비영리민간단체로서 동물보호를 목적으로 하는 단체(제2호) 등의 어느 하나에 해당하는 법인 또는 단체를 말한다(법 시행령 제5조).

Ⅳ. 동물보호 노력

모든 국민은 동물을 보호하기 위한 국가와 지방자치단체의 시책에 적극 협조하는 등 동물의 보호를 위하여 노력하여야 한다(제4항).

제 6 절 적정한 사육、관리(법 제7조)

동물보호법에서는 동물의 보호 및 관리에 대한 내용으로 소유자등의 동물의 적절한 사육 · 관리 방법 등에 관한 사항을 규정하고 있다.

① 소유자등은 동물에게 적합한 사료와 물을 공급하고, 운동 · 휴식 및 수면이 보장되도록 노력하여야 한다(제1항).
② 소유자등은 동물이 질병에 걸리거나 부상당한 경우에는 신속하게 치료하거나 그 밖에 필요한 조치를 하도록 노력하여야 한다(제2항).
③ 소유자등은 동물을 관리하거나 다른 장소로 옮긴 경우에는 그 동물이 새로운 환경에 적응하는 데에 필요한 조치를 하도록 노력하여야 한다(제3항).
④ 제1항부터 제3항까지에서 규정한 사항 외에 동물의 적절한 사육 · 관리 방법 등에 관한 사항은 농림축산식품부령(법 시행규칙 제3조. 별표 1의 동물의 적절한 사육 · 관리 방법 등)으로 정한다(제4항).

제 7 절 동물학대 등의 금지(법 제8조)

동물보호법에서는 누구든지 동물에 대하여 다음과 같은 죽이는 행위, 학대행위, 포획 판매 등 및 알선 · 구매행위, 유기행위, 영상물 판매 등 및 인터넷 게재행위 등을 하여서는 아니 된다는 금지규정을 두고 있다.

Ⅰ. 죽이는 행위 금지

누구든지 동물에 대하여 다음 각 호의 행위를 하여서는 아니 된다(제1항).

① 목을 매다는 등의 잔인한 방법으로 죽이는 행위(제1호)

② 노상 등 공개된 장소에서 죽이거나 같은 종류의 다른 동물이 보는 앞에서 죽이는 행위(제2호)

③ 고의로 사료 또는 물을 주지 아니하는 행위로 인하여 동물을 죽음에 이르게 하는 행위(제3호)

④ 그 밖에 수의학적 처치의 필요, 동물로 인한 사람의 생명 · 신체 · 재산의 피해 등 농림축산식품부령으로 정하는 정당한 사유 없이 죽이는 행위(제4호)

> ▸▸ **죽이는 행위의 금지** : 법 제8조 제1항 제4호에서 "농림축산식품부령으로 정하는 정당한 사유 없이 죽이는 행위"란 ① 사람의 생명 · 신체에 대한 직접적 위협이나 재산상의 피해를 방지하기 위하여 다른 방법이 있음에도 불구하고 동물을 죽이는 행위, ② 동물의 습성 및 생태환경 등 부득이한 사유가 없음에도 불구하고 해당 동물을 다른 동물의 먹이로 사용하는 경우 등의 어느 하나를 말한다(법 시행규칙 제4조 제1항).

Ⅱ. 학대행위 금지

누구든지 동물에 대하여 다음 각 호의 학대행위를 하여서는 아니 된다(제2항).

① 도구 · 약물을 사용하여 상해를 입히는 행위. 다만, 질병의 예방이나 치료 등 농림축산식품부령으로 정하는 경우는 제외한다(제1호).

> ▸▸ **학대행위의 금지** : 법 제8조 제2항 제1호 단서에서 "농림축산식품부령으로 정하는 경우"란 ① 질병의 예방이나 치료, ② 법 제23조에 따라 실시하는 동물실험, ③ 긴급한 사태가 발생한 경우 해당 동물을 보호하기 위하여 하는 행위 등의 어느 하나에 해당하는 경우를 말한다(법 시행규칙 제4조 제2항).

② 살아 있는 상태에서 동물의 신체를 손상하거나 체액을 채취하거나 체액을 채취하기 위한 장치를 설치하는 행위. 다만, 질병의 치료 및 동물실험 등 농림축산식품부령으로 정하는 경우는 제외한다(제2호).

> ▸▸ 학대행위의 금지 : 법 제8조 제2항 제2호 단서에서 "농림축산식품부령으로 정하는 경우"란 ① 질병의 예방이나 치료, ② 법 제23조에 따라 실시하는 동물실험, ③ 긴급한 사태가 발생한 경우 해당 동물을 보호하기 위하여 하는 행위 등의 어느 하나에 해당하는 경우를 말한다(법 시행규칙 제4조 제2항).

③ 도박·광고·오락·유흥 등의 목적으로 동물에게 상해를 입히는 행위. 다만, 민속경기 등 농림축산식품부령으로 정하는 경우는 제외한다(제3호).

> ▸▸ 학대행위의 금지 : 법 제8조 제2항 제3호 단서에서 "민속경기 등 농림축산식품부령으로 정하는 경우"란 「전통 소싸움 경기에 관한 법률」에 따른 소싸움으로서 농림축산식품부장관이 정하여 고시하는 것을 말한다(법 시행규칙 제4조 제3항).

④ 그 밖에 수의학적 처치의 필요, 동물로 인한 사람의 생명·신체·재산의 피해 등 농림축산식품부령으로 정하는 정당한 사유 없이 상해를 입히는 행위(제4호)

> ▸▸ 학대행위의 금지 : 법 제8조 제2항 제4호에서 "농림축산식품부령으로 정하는 정당한 사유 없이 상해를 입히는 행위"란 ① 사람의 생명·신체에 대한 직접적 위협이나 재산상의 피해를 방지하기 위하여 다른 방법이 있음에도 불구하고 동물에게 상해를 입히는 행위, ② 열·전기·물 등에 의한 물리적 방법이나 약품 등에 의한 화학적 방법으로 동물에게 상해를 입히는 행위 등의 어느 하나를 말한다(법 시행규칙 제4조 제4항).

Ⅲ. 포획 판매 등 및 알선·구매행위 금지

누구든지 법 제14조(동물의 구조·보호) 제1항 제1호(도로·공원 등의 공공장소에서 소유자등이 없이 배회하거나 종이상자 등에 담겨져 내버려진 동물)

및 제2호(법 제8조 제2항에 따른 학대를 받은 동물 중 소유자를 알 수 없는 동물)에 해당하는 동물에 대하여 다음 각 호의 행위를 하여서는 아니 된다(제3항).

① 포획하여 판매하거나 죽이는 행위
② 법 제14조 제1항에 따른 보호조치의 대상이 되는 동물임을 알면서 알선·구매하는 행위

Ⅳ. 유기행위 금지

소유자등은 동물을 유기(遺棄)하여서는 아니 된다(제4항).

Ⅴ. 영상물 판매 등 및 인터넷 게재행위 금지

누구든지 제1항부터 제3항까지에 해당하는 행위를 촬영한 영상물을 판매·전시·전달·상영하거나 인터넷에 게재하여서는 아니 된다. 다만, 동물보호 의식을 고양시키기 위한 목적이 표시된 홍보 활동 등 농림축산식품부령으로 정하는 경우에는 그러하지 아니하다(제5항).

▸▸ **영상물 판매 등 및 인터넷 게재행위의 금지** : 법 제8조 제5항 단서에서 "동물보호 의식을 고양시키기 위한 목적이 표시된 홍보 활동 등 농림축산식품부령으로 정하는 경우"란 ① 국가기관, 지방자치단체 또는 「동물보호법 시행령」(이하 "영"이라 한다) 제5조에 따른 민간단체가 동물보호 의식을 고양시키기 위한 목적으로 법 제8조 제1항부터 제3항까지에 해당하는 행위를 촬영한 영상물(이하 이 항에서 "영상물"이라 한다)에 기관 또는 단체의 명칭과 해당 목적을 표시하여 판매·전시·전달·상영하거나 인터넷에 게재하는 경우(제1호), ② 언론기관이 보도 목적으로 영상물을 부분 편집하여 전시·전달·상영하거나 인터넷에 게재하는 경우(제2호), ③ 신고 또는 제보의 목적으로 제1호 및 제2호에 해당하는 기관 또는 단체에 영상물을 전달하는 경우(제3호) 등의 어느 하나에 해당하는 경우를 말한다(법 시행규칙 제4조 제5항).

Ⅵ. 위반시 벌칙 : 징역 · 벌금 · 과태료

위반시 벌칙으로 ① 법 제8조 제1항부터 제3항까지의 규정을 위반한 자는 1년 이하의 징역 또는 1천만원 이하의 벌금에 처하도록 하고 있다. ② 법 제8조 제5항을 위반하여 영상물을 판매 · 전시 · 전달 · 상영하거나 인터넷에 게재한 자는 300만원 이하의 벌금에 처하도록 하고 있다. 그리고 ③ 법 제8조 제4항을 위반하여 동물을 유기한 소유자등에게는 100만원 이하의 과태료를 부과하도록 하고 있다.

제 8 절 동물의 운송(법 제9조)

동물보호법에서는 동물을 운송하는 자 중 농림축산식품부령으로 정하는 자(영리를 목적으로 차량을 이용하여 동물을 운송하는 자)는 다음 각 호의 사항을 준수하여야 한다고 규정하고 있다(제1항).

① 운송 중인 동물에게 적합한 사료와 물을 공급하고, 급격한 출발 · 제동 등으로 충격과 상해를 입지 아니하도록 할 것(제1호)
② 동물을 운송하는 차량은 동물이 운송 중에 상해를 입지 아니하고, 급격한 체온 변화, 호흡곤란 등으로 인한 고통을 최소화할 수 있는 구조로 되어 있을 것(제2호)
③ 병든 동물, 어린 동물 또는 임신 중이거나 젖먹이가 딸린 동물을 운송할 때에는 함께 운송 중인 다른 동물에 의하여 상해를 입지 아니하도록 칸막이의 설치 등 필요한 조치를 할 것(제3호)
④ 동물을 싣고 내리는 과정에서 동물이 들어있는 운송용 우리를 던지거나 떨어뜨려서 동물을 다치게 하는 행위를 하지 아니할 것(제4호)
⑤ 운송을 위하여 전기(電氣) 몰이도구를 사용하지 아니할 것(제5호)

위반시 벌칙으로 ① 법 제9조 제1항 제4호 또는 제5호를 위반하여 동물을 운송한 자, ② 법 제9조 제1항을 위반하여 법 제32조(영업의 종류 및 시설기준 등) 제1항의 동물을 운송한 자에게는 100만원 이하의 과태료를 부과하도록 하고 있다.

제 9 절 동물의 도살방법(법 제10조)

동물보호법에서는 모든 동물은 혐오감을 주거나 잔인한 방법으로 도살되어서는 아니 된다 등 동물의 도살방법에 대한 규정을 두고 있다.

① 모든 동물은 혐오감을 주거나 잔인한 방법으로 도살되어서는 아니 되며, 도살과정에 불필요한 고통이나 공포, 스트레스를 주어서는 아니 된다(제1항).

② 「축산물위생관리법」 또는 「가축전염병예방법」에 따라 동물을 죽이는 경우에는 가스법 · 전살법(電殺法) 등 농림축산식품부령으로 정하는 방법[① 가스법, 약물 투여, ② 전살법(電殺法), 타격법(打擊法), 총격법(銃擊法), 자격법(刺擊法)]을 이용하여 고통을 최소화하여야 하며, 반드시 의식이 없는 상태에서 다음 도살 단계로 넘어가야 한다. 매몰을 하는 경우에도 또한 같다(제2항).

③ 제1항 및 제2항의 경우 외에도 동물을 불가피하게 죽여야 하는 경우에는 고통을 최소화할 수 있는 방법에 따라야 한다(제3항).

제 10 절 등록대상동물의 등록 등(법 제12조)

동물보호법에서는 반려동물이 분실되거나 버려지는 것을 방지하고, 반려동물의 보호를 강화하기 위해서 행정기관에 반려동물과 반려동물의 소유자에 대한 정보를 등록하는 동물등록제도로 질병의 관리, 공중위생상의 위해 방지 등을 위하여 등록이 필요하다고 인정하여 대통령령으로 정하는 동물인 등록대상동물에 대하여 등록 등을 하여야 한다는 규정을 두고 있다.

Ⅰ. 월령 3개월 이상인 개 등록

등록대상동물의 소유자는 동물의 보호와 유실 · 유기방지 등을 위하여 시장 · 군수 · 구청장 · 특별자치시장(이하 "시장 · 군수 · 구청장"이라 한다)에게 등록대상동물을 등록하여야 한다. 다만, 농림축산식품부령으로 정하는 바에 따라 시 · 도의 조례로 정하는 지역은 제외한다(제1항).

Ⅱ. 죽은 날부터 30일 이내에 변경신고

제1항에 따라 등록된 등록대상동물의 소유자는 농림축산식품부령으로 정하는 사항이 변경된 경우(① 소유자, ② 소유자의 주소, ③ 소유자의 전화번호, ④ 등록대상동물을 잃어버리거나 등록대상동물이 죽은 경우, ⑤ 등록대상동물 분실 신고 후, 그 동물을 다시 찾은 경우, ⑥ 무선식별장치 또는 등록인식표를 잃어버리거나 헐어 못 쓰게 되는 경우)에는 변경 사유 발생일부터 30일 이내에 시장 · 군수 · 구청장에게 신고하여야 한다(제2항).

Ⅲ. 소유권 이전받은 날부터 30일 이내에 신고

제1항에 따른 등록대상동물의 소유권을 이전받은 자 중 제1항에 따른 등록을 실시하는 지역에 거주하는 자는 그 사실을 소유권을 이전받은 날부터 30일 이내에 자신의 주소지를 관할하는 시장 · 군수 · 구청장에게 신고하여야 한다(제3항).

Ⅳ. 위반시 벌칙 : 과태료

위반시 벌칙으로 ① 법 제12조 제1항을 위반하여 등록대상동물을 등록하지 아니한 소유자에게는 100만원 이하의 과태료를 부과하도록 하고 있다. 그리고 ② 법 제12조 제2항을 위반하여 변경신고를 하지 아니한 소유자, ③ 법

제12조 제3항을 위반하여 변경신고를 하지 아니한 소유권을 이전받은 자에게는 50만원 이하의 과태료를 부과하도록 하고 있다.

제 11 절 등록대상동물의 관리 등(법 제13조)

동물보호법에서는 등록대상동물에 대하여 인식표 부착, 안전조치, 예방접종 등의 등록대상동물의 관리에 대하여 규정하고 있다.

Ⅰ. 인식표 부착

소유자등은 등록대상동물을 기르는 곳에서 벗어나게 하는 경우에는 소유자등의 연락처 등 농림축산식품부령으로 정하는 사항[① 소유자의 성명, ② 소유자의 전화번호, ③ 동물등록번호(등록한 동물만 해당한다)]을 표시한 인식표를 등록대상동물에게 부착하여야 한다(제1항).

Ⅱ. 안전조치

1. 배설물 수거

소유자등은 등록대상동물을 동반하고 외출할 때에는 농림축산식품부령으로 정하는 바에 따라 목줄 등 안전조치를 하여야 하며, 배설물(소변의 경우에는 공동주택의 엘리베이터 · 계단 등 건물 내부의 공용공간 및 평상 · 의자 등 사람이 눕거나 앉을 수 있는 기구 위의 것으로 한정한다)이 생겼을 때에는 즉시 수거하여야 한다(제2항).

2. 목 줄

법 제13조 제2항에 따라 등록대상동물을 동반하고 외출할 때에 등록대상동물에게 사용하여야 하는 목줄은 다른 사람에게 위해(危害)나 혐오감을 주지 아니하는 범위의 길이를 유지하여야 한다(법 시행규칙 제12조 제1항).

3. 입마개

소유자등이 별표 3에 따른 맹견(猛犬)을 동반하고 외출할 때에는 법 시행규칙 제12조 제1항에 따른 목줄 외에 입마개를 하여야 한다. 다만, 월령이 3개월 미만인 맹견은 입마개를 하지 아니할 수 있다(법 시행규칙 제12조 제2항).

Ⅲ. 예방접종 등

시 · 도지사는 등록대상동물의 유실 · 유기 또는 공중위생상의 위해 방지를 위하여 필요할 때에는 시 · 도의 조례로 정하는 바에 따라 소유자등으로 하여금 등록대상동물에 대하여 예방접종을 하게 하거나 특정 지역 또는 장소에서의 사육 또는 출입을 제한하게 하는 등 필요한 조치를 할 수 있다(제3항).

Ⅳ. 위반시 벌칙 : 과태료

위반시 벌칙으로 ① 법 제13조 제1항을 위반하여 인식표를 부착하지 아니한 소유자등, ② 법 제13조 제2항을 위반하여 안전조치를 하지 아니하거나 배설물을 수거하지 아니한 소유자등에게는 50만원 이하의 과태료를 부과하도록 하고 있다.

제 12 절 동물의 구조、보호(법 제14조)

동물보호법에서는 유실 · 유기동물 및 학대를 받은 동물 등을 발견한 때에는 그 동물을 구조하여 치료 · 보호에 필요한 조치를 하여야 한다는 동물의 구조 · 보호에 대하여 규정을 두고 있다.

Ⅰ. 동물구조 및 치료 · 보호 조치

시 · 도지사와 시장 · 군수 · 구청장은 ① 도로 · 공원 등의 공공장소에서 소유자등이 없이 배회하거나 종이상자 등에 담겨져 내버려진 동물(이하 "유실 · 유기동물"이라 한다)(제1호), ② 법 제8조 제2항에 따른 학대를 받은 동물(이하 "피학대 동물"이라 한다) 중 소유자를 알 수 없는 동물(제2호), ③ 소유자로부터 법 제8조 제2항에 따른 학대를 받아 적정하게 치료 · 보호받을 수 없다고 판단되는 동물(제3호) 등의 어느 하나에 해당하는 동물을 발견한 때에는 그 동물을 구조하여 법 제7조에 따라 치료 · 보호에 필요한 조치(이하 "보호조치"라 한다)를 하여야 하며, 제2호 및 제3호에 해당하는 동물은 학대 재발 방지를 위하여 학대행위자로부터 격리하여야 한다. 다만, 제1호에 해당하는 동물 중 농림축산식품부령으로 정하는 동물[도심지나 주택가에서 자연적으로 번식하여 자생적으로 살아가는 고양이로서 개체수 조절을 위해 중성화(中性化)하여 포획장소에 방사(放飼)하는 등의 조치 대상이거나 조치가 된 고양이를 말함]은 구조 · 보호조치의 대상에서 제외한다(제1항).

Ⅱ. 격리조치

시 · 도지사와 시장 · 군수 · 구청장이 제1항 제3호에 따른 동물을 보호할 때에는 농림축산식품부령으로 정하는 바에 따라 기간을 정하여 해당 동물에 대한 보호조치(소유자로부터 학대받은 동물을 보호할 때에는 수의사의 진단에 따라 기간을 정하여 보호조치하되 3일 이상 소유자로부터 격리조치)를 하여야 한다(제2항).

제 13 절 동물보호센터의 설치、지정 등(법 제15조)

Ⅰ. 동물보호센터 설치 · 운영

동물보호법에서는 시 · 도지사와 시장 · 군수 · 구청장은 법 제14조에 따른 동물의 구조 · 보호조치 등을 위하여 농림축산식품부령(법 시행규칙 제15조, 별표 4의 동물보호센터의 시설기준)으로 정하는 기준에 맞는 동물보호센터를 설치 · 운영할 수 있다고 규정하고 있다(제1항).

Ⅱ. 비용 지원

농림축산식품부장관은 제1항에 따라 시 · 도지사가 설치 · 운영하는 동물보호센터의 설치 · 운영에 드는 비용의 전부 또는 일부를 지원할 수 있다고 규정하고 있다(제2항).

Ⅲ. 동물보호센터 지정

1. 동물보호센터 시설기준

시 · 도지사는 농림축산식품부령(법 시행규칙 제15조. 별표 4의 동물보호센터의 시설기준)으로 정하는 기준에 맞는 기관이나 단체를 동물보호센터로 지정하여 법 제14조에 따른 동물의 구조 · 보호조치 등을 하게 할 수 있도록 하였다(제3항).

2. 동물보호센터 지정신청

제3항에 따른 동물보호센터로 지정받으려는 자는 농림축산식품부령으로 정하는 바에 따라 시 · 도지사에게 신청하여야 한다고 규정하고 있다(제4항).

3. 보호비용 지급절차

시 · 도지사는 제3항에 따른 동물보호센터에 동물의 구조 · 보호조치 등에 드는 비용의 전부 또는 일부를 지원할 수 있으며, 보호비용의 지급절차와 그 밖에 필요한 사항은 농림축산식품부령으로 정한다고 규정하고 있다(제5항).

4. 지정 취소사항

시 · 도지사는 제3항에 따라 지정된 동물보호센터가 ① 거짓이나 그 밖의 부정한 방법으로 지정을 받은 경우(제1호), ② 제3항에 따른 지정기준에 맞지 아니하게 된 경우(제2호), ③ 제5항에 따른 보호비용을 거짓으로 청구한 경우(제3호), ④ 법 제8조(동물학대 등의 금지) 제1항부터 제3항까지의 규정을 위반한 경우(제4호), ⑤ 법 제22조(동물의 인도적인 처리 등)를 위반한 경우(제5호), ⑥

법 제39조(출입 · 검사 등) 제1항 제3호의 시정명령을 위반한 경우(제6호), ⑦ 특별한 사유 없이 유실 · 유기동물 및 피학대 동물에 대한 보호조치를 3회 이상 거부한 경우(제7호) 등의 어느 하나에 해당하는 경우에는 그 지정을 취소할 수 있다. 다만 제1호에 해당하는 경우에는 지정을 취소하여야 한다고 규정하고 있다(제6항).

Ⅳ. 동물보호센터 준수사항 등

제1항 및 제3항에 따른 동물보호센터의 준수사항 등에 관한 사항은 농림축산식품부령(법 시행규칙 제19조. 별표 5의 동물보호센터의 준수사항)으로 정하고, 지정절차 및 보호조치의 구체적인 내용 등 그 밖에 필요한 사항은 시 · 도의 조례로 정한다고 하였다(제9항).

제 14 절 동물의 인도적인 처리 등(법 제22조)

동물보호법에서는 보호조치 중인 동물에게 질병 등이 있는 경우에는 인도적인 방법으로 처리하여야 한다는 내용의 동물의 인도적인 처리 등에 대하여 규정하고 있다.

Ⅰ. 인도적인 방법으로 처리

법 제15조 제1항에 따른 동물보호센터의 장 및 운영자는 법 제14조 제1항에 따라 보호조치 중인 동물에게 질병 등 농림축산식품부령으로 정하는 사유가 있는 경우에는 농림축산식품부장관이 정하는 바에 따라 인도적인 방법으로 처리하여야 한다(제1항).

▸▸ **동물의 인도적인 처리** : 법 제22조 제1항에서 "농림축산식품부령으로 정하는 사유"란 ① 동물이 질병 또는 상해로부터 회복될 수 없거나 지속적으로 고통을 받으며 살아야 할 것으로 수의사가 진단한 경우, ② 동물이 사람이나 보호

조치 중인 다른 동물에게 질병을 옮기거나 위해를 끼칠 우려가 매우 높은 것으로 수의사가 진단한 경우, ③ 법 제21조에 따른 기증 또는 분양이 곤란한 경우 등 시 · 도지사가 부득이한 사정이 있다고 인정하는 경우 등의 어느 하나에 해당하는 경우를 말한다(법 시행규칙 제22조).

Ⅱ. 수의사가 시행

제1항에 따른 인도적인 방법에 따른 처리는 수의사에 의하여 시행되어야 한다(제2항).

Ⅲ. 폐기물관리법에 따라 처리

동물보호센터의 장은 제1항에 따라 동물의 사체가 발생한 경우 「폐기물관리법」에 따라 처리하여야 한다(제3항).

제 15 절 동물실험

동물보호법에서는 인류의 복지 증진과 동물 생명의 존엄성을 고려하여 동물실험의 원칙, 동물실험의 금지, 동물실험윤리위원회의 설치 및 기능 등 동물실험에 관한 규정을 두고 있다.

Ⅰ. 동물실험의 원칙(법 제23조)

① 동물실험은 인류의 복지 증진과 동물 생명의 존엄성을 고려하여 실시하여야 한다(제1항).
② 동물실험을 하려는 경우에는 이를 대체할 수 있는 방법을 우선적으로 고려하여야 한다(제2항).

③ 동물실험은 실험에 사용하는 동물의 윤리적 취급과 과학적 사용에 관한 지식과 경험을 보유한 자가 시행하여야 하며 필요한 최소한의 동물을 사용하여야 한다(제3항).

④ 실험동물의 고통이 수반되는 실험은 감각능력이 낮은 동물을 사용하고 진통 · 진정 · 마취제의 사용 등 수의학적 방법에 따라 고통을 덜어주기 위한 적절한 조치를 하여야 한다(제4항).

⑤ 동물실험을 한 자는 그 실험이 끝난 후 지체 없이 해당 동물을 검사하여야 하며, 검사 결과 해당 동물이 회복될 수 없거나 지속적으로 고통을 받으며 살아야 할 것으로 인정되는 경우에는 가능하면 빨리 고통을 주지 아니하는 방법으로 처리하여야 한다(제5항).

⑥ 제1항부터 제5항까지에서 규정한 사항 외에 동물실험의 원칙에 관하여 필요한 사항은 농림축산식품부장관이 정하여 고시한다(제6항).

Ⅱ. 동물실험의 금지(법 제24조)

누구든지 ① 유실 · 유기동물(보호조치 중인 동물을 포함한다)을 대상으로 하는 실험, ② 「장애인복지법」 제40조[36]에 따른 장애인 보조견 등 사람이나

---

36) 「장애인복지법」(2015.3.11. 타법개정, 법률 제13216호). 정부소관부서: 보건복지부(장애인정책과)

- 제1조(목적) 이 법은 장애인의 인간다운 삶과 권리보장을 위한 국가와 지방자치단체 등의 책임을 명백히 하고, 장애발생 예방과 장애인의 의료 · 교육 · 직업재활 · 생활환경개선 등에 관한 사업을 정하여 장애인복지대책을 종합적으로 추진하며, 장애인의 자립생활 · 보호 및 수당지급 등에 관하여 필요한 사항을 정하여 장애인의 생활안정에 기여하는 등 장애인의 복지와 사회활동 참여증진을 통하여 사회통합에 이바지함을 목적으로 한다.
- 제40조(장애인 보조견의 훈련 · 보급 지원 등) ① 국가와 지방자치단체는 장애인의 복지 향상을 위하여 장애인을 보조할 장애인 보조견(補助犬)의 훈련 · 보급을 지원하는 방안을 강구하여야 한다.

  ② 보건복지부장관은 장애인 보조견에 대하여 장애인 보조견표지(이하 "보조견표지"라 한다)를 발급할 수 있다.

  ③ 누구든지 보조견표지를 붙인 장애인 보조견을 동반한 장애인이 대중교통수단을 이용하거나 공공장소, 숙박시설 및 식품접객업소 등 여러 사람이 다니거나 모이는 곳에 출입하려는 때에는 정당한 사유 없이 거부하여서는 아니 된다. 제4항에 따라 지정된 전문훈련기관에 종사하는 장애인 보조견 훈련자 또는 장애인 보조견 훈련 관련 자원봉사자가 보조견표지를 붙인 장애인 보조견을 동반한 경우에도 또한 같다.

  ④ 보건복지부장관은 장애인보조견의 훈련 · 보급을 위하여 전문훈련기관을 지정할 수 있다.

  ⑤ 보조견표지의 발급대상, 발급절차 및 전문훈련기관의 지정에 관하여 필요한 사항은 보건복지부령으로 정한다.

국가를 위하여 사역(使役)하고 있거나 사역한 동물로서 대통령령으로 정하는 동물[㉠ 「장애인복지법」 제40조에 따른 장애인 보조견, ㉡ 국민안전처(그 소속 기관을 포함)에서 효율적인 구조활동을 위해 이용하는 인명구조견, ㉢ 경찰청(그 소속 기관을 포함)에서 수색 · 탐지 등을 위해 이용하는 경찰견, ㉣ 국방부(그 소속 기관을 포함)에서 수색 · 경계 · 추적 · 탐지 등을 위해 이용하는 군견, ㉤ 농림축산식품부(그 소속 기관을 포함) 및 관세청(그 소속 기관을 포함) 등에서 각종 물질의 탐지 등을 위해 이용하는 마약 및 폭발물 탐지견과 검역 탐지견]을 대상으로 하는 실험은 하여서는 아니 된다. 다만, 해당 동물종(種)의 건강, 질병관리연구 등 농림축산식품부령으로 정하는 불가피한 사유로 농림축산식품부령으로 정하는 바에 따라 승인을 받은 경우에는 그러하지 아니하다.

위반시 벌칙으로 법 제24조를 위반하여 동물실험을 한 자는 50만원 이하의 벌금에 처하도록 하고 있다.

Ⅲ. 동물실험윤리위원회의 설치 등(법 제25조)

1. 동물실험윤리위원회 설치 · 운영

동물실험시행기관의 장은 실험동물의 보호와 윤리적인 취급을 위하여 법 제27조(윤리위원회의 구성)에 따라 동물실험윤리위원회를 설치 · 운영하여야 한다(제1항).

2. 윤리위원회의 심의

동물실험시행기관의 장은 동물실험을 하려면 윤리위원회의 심의를 거쳐야 한다(제3항).

위반시 벌칙으로 법 제25조 제3항을 위반하여 윤리위원회의 심의를 거치지 아니하고 동물실험을 한 동물실험시행기관의 장에게는 100만원 이하의 과태료를 부과하도록 하고 있다.

Ⅳ. 동물실험윤리위원회의 기능 등(법 제26조)

1. 동물실험윤리위원회 기능

동물실험윤리위원회는 ① 동물실험에 대한 심의, ② 동물실험이 법 제23조의 원칙에 맞게 시행되도록 지도 · 감독, ③ 동물실험시행기관의 장에게 실험동물의 보호와 윤리적인 취급을 위하여 필요한 조치 요구 등의 기능을 수행한다(제1항).

2. 심의 참여 배제

윤리위원회의 심의대상인 동물실험에 관여하고 있는 위원은 해당 동물실험에 관한 심의에 참여하여서는 아니 된다(제2항).

3. 비밀 누설 금지 등

윤리위원회의 위원은 그 직무를 수행하면서 알게 된 비밀을 누설하거나 도용하여서는 아니 된다(제3항).

위반시 벌칙으로 법 제26조 제3항을 위반하여 비밀을 누설하거나 도용한 윤리위원회의 위원은 500만원 이하의 벌금에 처하도록 하고 있다.

제 16 절 동물복지축산농장의 인증

동물보호법에서는 동물복지 증진에 이바지하기 위해 동물복지축산농장의 인증, 부정행위의 금지, 인증의 승계 등에 관한 규정을 두고 있다.

Ⅰ. 동물복지축산농장의 인증(법 제29조)

1. 동물복지축산농장 인증

농림축산식품부장관은 동물복지 증진에 이바지하기 위하여 「축산물위생관리법」 제2조 제1호[37]에 따른 가축으로서 농림축산식품부령으로 정하는 동물(소, 돼지, 닭, 오리, 그 밖에 검역본부장이 정하여 고시하는 동물을 말함)이 본래의 습성 등을 유지하면서 정상적으로 살 수 있도록 관리하는 축산농장을 동물복지축산농장으로 인증(법 시행규칙 제30조, 별표 6의 동물복지축산농장 인증기준)할 수 있다(제1항).

2. 인증신청

제1항에 따라 인증을 받으려는 자는 농림축산식품부령으로 정하는 바에 따라 농림축산식품부장관에게 신청하여야 한다(제2항).

3. 인증된 축산농장 지원

농림축산식품부장관은 동물복지축산농장으로 인증된 축산농장에 대하여 ① 동물의 보호 및 복지 증진을 위하여 축사시설 개선에 필요한 비용, ② 동물복지축산농장의 환경개선 및 경영에 관한 지도·상담 및 교육 등의 지원을 할 수 있다(제3항).

4. 인증 취소사항

농림축산식품부장관은 동물복지축산농장으로 인증을 받은 자가 거짓이나 그 밖의 부정한 방법으로 인증을 받은 경우 그 인증을 취소하여야 하고, 제7항에 따른 인증기준에 맞지 아니하게 된 경우 그 인증을 취소할 수 있다(제4항).

5. 동물복지축산농장 인증 기준·절차 등

제1항부터 제6항까지에서 규정한 사항 외에 동물복지축산농장의 인증 기준·절차(법 시행규칙 제32조, 별표 7의 동물복지축산농장 인증심사의 세부절차

---

37) 「축산물위생관리법」(2015.2.3. 타법개정, 법률 제13201호). 정부소관부서 : 식품의약품안전처(농축수산물정책과)

- 제1조(목적) 이 법은 축산물의 위생적인 관리와 그 품질의 향상을 도모하기 위하여 가축의 사육·도살·처리와 축산물의 가공·유통 및 검사에 필요한 사항을 정함으로써 축산업의 건전한 발전과 공중위생의 향상에 이바지함을 목적으로 한다.
- 제2조(정의) 이 법에서 사용하는 용어의 뜻은 다음과 같다.
  1. "가축"이란 소, 말, 양(염소 등 산양을 포함한다. 이하 같다), 돼지(사육하는 멧돼지를 포함한다. 이하 같다), 닭, 오리, 그 밖에 식용(食用)을 목적으로 하는 동물로서 대통령령으로 정하는 동물을 말한다.

및 방법) 및 인증농장의 표시(법 시행규칙 제33조. 별표 8의 동물복지축산농장의 표시방법) 등에 관한 사항은 농림축산식품부령으로 정한다(제7항).

Ⅱ. 부정행위의 금지(법 제30조)

누구든지 ① 거짓이나 그 밖의 부정한 방법으로 동물복지축산농장 인증을 받은 행위(제1호), ② 법 제29조에 따른 인증을 받지 아니한 축산농장을 동물복지축산농장으로 표시하는 행위(제2호) 등에 해당하는 행위를 하여서는 아니 된다.

위반시 벌칙으로 ① 법 제30조 제1호를 위반하여 거짓이나 그 밖의 부정한 방법으로 동물복지축산농장 인증을 받은 자, ② 법 제30조 제2호를 위반하여 인증을 받지 아니한 농장을 동물복지축산농장으로 표시한 자는 500만원 이하의 벌금에 처하도록 하고 있다.

Ⅲ. 인증의 승계(법 제31조)

1. 인증을 받은 자의 지위 승계

동물보호법에서는 ① 동물복지축산농장 인증을 받은 사람이 사망한 경우 그 농장을 계속하여 운영하려는 상속인, ② 동물복지축산농장 인증을 받은 사람이 그 사업을 양도한 경우 그 양수인, ③ 동물복지축산농장 인증을 받은 법인이 합병한 경우 합병 후 존속하는 법인이나 합병으로 설립되는 법인 등의 어느 하나에 해당하는 자는 동물복지축산농장 인증을 받은 자의 지위를 승계한다고 규정하고 있다(제1항).

2. 승계한 날부터 30일 이내에 신고

동물보호법에서는 제1항에 따라 동물복지축산농장 인증을 받은 자의 지위를 승계한 자는 30일 이내에 농림축산식품부장관에게 신고하여야 한다고 규정하고 있다(제2항).

위반시 벌칙으로 법 제31조 제2항을 위반하여 동물복지축산농장 인증을 받은 자의 지위를 승계하고 그 사실을 신고하지 아니한 자에게는 100만원 이하의 과태료를 부과하도록 하고 있다.

제 17 절 영업의 종류 및 시설기준 등(법 제32조)

동물보호법에서는 가정에서 반려(伴侶)의 목적으로 기르는 동물과 관련되어 있는 영업의 종류 및 시설기준, 영업의 세부범위 등에 관한 규정을 두고 있다.

Ⅰ. 영업의 종류 및 시설기준

농림축산식품부령으로 정하는 개 · 고양이 · 토끼 등 가정에서 반려(伴侶)의 목적으로 기르는 동물과 관련된 ① 동물장묘업(動物葬墓業)(제1호), ② 동물판매업(제2호), ③ 동물수입업(제3호), ④ 동물생산업(제4호) 등의 영업을 하려는 자는 농림축산식품부령으로 정하는 기준에 맞는 시설과 인력을 갖추어야 한다(제1항).

> ▸▸ 영업의 범위 및 시설기준 : 법 제32조 제1항에서 "농림축산식품부령으로 정하는 개 · 고양이 · 토끼 등 동물"이란 가정에서 반려(伴侶)의 목적으로 사육하는 개 · 고양이 · 토끼 · 페럿 · 기니피그 · 햄스터를 말한다(법 시행규칙 제35조 제1항).

Ⅱ. 영업의 세부범위

제1항 각 호에 따른 영업의 세부범위는 농림축산식품부령으로 정하고 있다(제2항). 법 제32조 제2항에 따른 동물 관련 영업의 세부범위는 다음 각 호와 같다(법 시행규칙 제36조).

1. 동물장묘업

동물장묘업은 ① 동물 전용의 장례식장, ② 동물의 사체 또는 유골을 불에 태우는 방법으로 처리하는 시설[이하 "동물화장(火葬)시설"이라 한다] 또는 건조·멸균분쇄의 방법으로 처리하는 시설[이하 "동물건조장(乾燥葬)시설"이라 한다], ③ 동물 전용의 납골시설 중 어느 하나 이상의 시설을 설치·운영하는 영업을 말한다(제1호).

2. 동물판매업

동물판매업은 소비자에게 법 시행규칙 제35조 제1항에 따른 동물을 판매하거나 알선하는 영업을 말한다(제2호).

3. 동물수입업

동물수입업은 법 시행규칙 제35조 제1항에 따른 동물을 수입하여 동물판매업자, 동물생산업자 등 영업자에게 판매하는 영업을 말한다(제3호).

4. 동물생산업

동물생산업은 법 시행규칙 제35조 제1항에 따른 동물을 번식시켜 동물판매업자, 동물수입업자 등 영업자에게 판매하는 영업을 말한다(제4호).

「동물보호법」 제32조 및 같은 법 시행규칙 제36조 제2호에 따른 동물판매업의 범위(「동물보호법 시행규칙」 제36조 제2호 등 관련)
[법제처 14-0130, 2014.4.28, 농림축산식품부]

【질의요지】

「동물보호법」 제32조 제1항 제2호 및 같은 법 시행규칙 제36조 제2호에서는 같은 법 시행규칙 제35조 제1항에 따른 동물(이하 "반려동물"이라고 함)과 관련된 영업 중 하나인 동물판매업의 세부범위를 정하면서 동물판매업을 "소비자에게 반려동물을 판매하거나 알선하는 영업"으로 규정하고 있는바, 「동물보호법」 제32조 제1항에 따른 동물생산업자와 동물판매업자 사이에서 반려동물의 매매를 중개하는 영업도 같은 법 제32조 제1항 제2호 및 같은 법 시행규칙 제36조 제2호에 따른 동물판매업에 포함되는지?

【회답】

「동물보호법」 제32조 제1항에 따른 동물생산업자와 동물판매업자 사이에서 반

> 려동물의 매매를 중개하는 영업도 같은 법 제32조 제1항 제2호 및 같은 법 시행규칙 제36조 제2호에 따른 동물판매업에 포함된다고 할 것입니다.

제 18 절 영업의 등록(법 제33조)

Ⅰ. 영업등록

동물보호법에서는 법 제32조 제1항 제1호부터 제3호까지(동물장묘업, 동물판매업, 동물수입업)의 규정에 따른 영업을 하려는 자는 농림축산식품부령으로 정하는 바에 따라 시장 · 군수 · 구청장에게 등록하여야 한다고 규정하고 있다(제1항).

Ⅱ. 변경신고

동물보호법에서는 제1항에 따라 등록을 한 자는 농림축산식품부령으로 정하는 사항을 변경하거나 폐업 · 휴업 또는 그 영업을 재개하려는 경우에는 미리 농림축산식품부령으로 정하는 바에 따라 시장 · 군수 · 구청장에게 신고를 하여야 한다고 규정하고 있다(제2항).

Ⅲ. 등록의 결격사유

동물보호법에서는 동물장묘업, 동물판매업, 동물수입업을 하려는 자가 등록할 때 ① 등록을 하려는 자(법인인 경우에는 임원을 포함)가 미성년자, 피한정후견인 또는 피성년후견인인 경우(제1호), ② 법 제32조 제1항 각 호 외의 부분에 따른 시설 및 인력의 기준에 맞지 아니한 경우(제2호), ③ 법 제38조 제1항에 따라 등록이 취소된 후 1년이 지나지 아니한 자(법인인 경우에는 그 대표자를 포함)가 취소된 업종과 같은 업종을 등록하려는 경우(제3호), ④ 등록을 하려는 자가 이 법을 위반하여 벌금형 이상의 형을 선고받고 그 형이 확정된 날부터 1년이 지나지 아니한 경우(제4호), ⑤ 「장사 등에 관한 법률」 제17조에 해당하는 지역에 동물장묘시설을 설치하려는 경우(제5호) 등의 어느 하나에 해당하는 경우에는 제1항에 따른 등록을 할 수 없다. 다만, 제5호는 법 제32조 제1항 제1호(동물장묘업)에 따른 영업에만 적용한다고 규정하고 있다(제3항).

Ⅳ. 위반시 벌칙 : 벌금

위반시 벌칙으로 ① 법 제33조에 따른 등록 및 신고를 하지 아니하고 영업을 한 자, ② 거짓이나 그 밖의 부정한 방법으로 법 제33조에 따른 등록 및 신고를 한 자는 100만원 이하의 벌금에 처하도록 하고 있다.

「동물보호법」 제15조 제1항(동물판매업 등록에 관하여 건축허가 등에 관한 「건축법」의 관련 규정이 적용되는지 여부)관련
[법제처 08-0268, 2008.12.17, 부산광역시부산진구청장]

【질의요지】

개정 「동물보호법」(2007. 1. 26. 법률 제8282호로 전부개정되어 2008. 1. 27. 시행된 것을 말함. 이하 같음) 제15조 제1항에 따라 동물판매업을 하고자 하는 자가 시장 · 군수에게 등록을 해야 하는 동물판매업 등록제가 신설된 한편, 「건축법」은 건축물에 대한 건축 허가 및 용도에 관하여 규정하고 있는바, 개정 「동물보호법」 시행 전에 무허가건축물, 단독주택, 공동주택, 축사에서 자유업으로 동물판매업을 해오던 자가 개정 「동물보호법」 시행 후에 같은 장소에서 동물판매업의 등록을 할 수 있는지?

【회답】

개정 「동물보호법」 제15조 제1항에 따른 동물판매업의 등록에 관하여 건축허가 및 건축물의 용도에 관한 「건축법」의 관련 규정이 적용되므로, 무허가건축물에서는 동물판매업의 등록을 할 수 없고, 단독주택이나 공동주택은 그 용도가 「건축법 시행령」 별표 1 제4호의 제2종 근린생활시설 또는 같은 표 제21호의 동물 및 식물관련시설 용도로 변경되지 않았다면 그 단독주택이나 공동주택에서도 동물의 판매를 영업내용으로 하는 동물판매업의 등록을 할 수 없으며, 축사는 「건축법 시행령」 별표 1 제21호의 동물 및 식물관련시설 용도에 해당되므로 축사에서는 동물의 생산 · 수입 또는 판매를 영업내용으로 하는 동물 판매업의 등록을 할 수 있습니다.

제 19 절 영업의 신고(법 제34조)

Ⅰ. 영업신고

동물보호법에서는 법 제32조 제1항 제4호(동물생산업)에 규정된 영업을 하려는 자는 농림축산식품부령으로 정하는 바에 따라 시장 · 군수 · 구청장에게 신고하여야 한다고 규정하고 있다(제1항).

Ⅱ. 변경신고

동물보호법에서는 제1항에 따라 신고를 한 자가 농림축산식품부령으로 정하는 사항을 변경하거나 폐업 · 휴업 또는 그 영업을 재개하려면 미리 농림축산식품부령으로 정하는 바에 따라 시장 · 군수 · 구청장에게 신고를 하여야 한다고 규정하고 있다(제2항).

Ⅲ. 신고의 결격사유

동물보호법에서는 동물생산업을 하려는 자가 신고할 때 ① 신고를 하려는 자(법인인 경우에는 임원을 포함)가 미성년자, 피한정후견인 또는 피성년후견인인 경우, ② 법 제32조 제1항 각 호 외의 부분에 따른 시설과 인력을 갖추지 아니한 경우, ③ 법 제37조 제1항에 따른 교육을 받지 아니한 경우 등의 어느 하나에 해당하는 경우에는 제1항에 따른 신고를 할 수 없다고 규정하고 있다(제3항).

Ⅳ. 위반시 벌칙 : 벌금

위반시 벌칙으로 ① 법 제34조에 따른 신고를 하지 아니하고 영업을 한 자, ② 거짓이나 그 밖의 부정한 방법으로 법 제34조에 따른 신고를 한 자는 100만원 이하의 벌금에 처하도록 하고 있다.

제 20 절 영업의 승계(법 제35조)

Ⅰ. 양도 등으로 인한 영업자의 지위승계

동물보호법에서는 법 제33조 제1항에 따라 영업등록을 하거나 법 제34조 제1항에 따라 영업신고를 한 자(이하 "영업자"라 한다)가 그 영업을 양도하거나 사망하였을 때 또는 법인의 합병이 있을 때에는 그 양수인 · 상속인 또는 합병 후 존속하는 법인이나 합병으로 설립되는 법인(이하 "양수인등"이라 한다)은 그 영업자의 지위를 승계한다고 규정하고 있다(제1항).

Ⅱ. 경매 등으로 인한 영업자의 지위승계

동물보호법에서는 ① 「민사집행법」에 따른 경매(제1호), ② 「채무자 회생 및 파산에 관한 법률」에 따른 환가(換價)(제2호), ③ 「국세징수법」 · 「관세법」 또는 「지방세법」에 따른 압류재산의 매각(제3호), ④ 제1호부터 제3호까지의 규정 중 어느 하나에 준하는 절차(제4호) 등의 어느 하나에 해당하는 절차에 따라 영업시설의 전부를 인수한 자는 그 영업자의 지위를 승계한다고 규정하고 있다(제2항).

Ⅲ. 승계한 날부터 30일 이내에 신고

동물보호법에서는 제1항 또는 제2항에 따라 영업자의 지위를 승계한 자는 승계한 날부터 30일 이내에 농림축산식품부령으로 정하는 바에 따라 시장 · 군수 · 구청장에게 신고하여야 한다고 규정하고 있다(제3항).

위반시 벌칙으로 법 제35조 제3항을 위반하여 영업자의 지위를 승계하고 그 사실을 신고하지 아니한 자에게는 100만원 이하의 과태료를 부과하도록 하고 있다.

제 21 절 영업자 등의 준수사항(법 제36조)

동물보호법에서는 영업자(법인인 경우에는 그 대표자를 포함)와 그 종사자는 ① 동물의 사육 · 관리에 관한 사항, ② 동물의 판매가능 월령, 건강상태 등 판매에 관한 사항, ③ 동물 사체의 적정한 처리에 관한 사항, ④ 영업시설 운영기준에 관한 사항, ⑤ 영업 종사자의 교육에 관한 사항, ⑥ 그 밖에 동물의 보호와 공중위생상의 위해 방지를 위하여 필요한 사항 등에 관하여 농림축산식품부령으로 정하는 사항을 지켜야 한다고 규정하고 있다.

위반시 벌칙으로 시장 · 군수 · 구청장은 영업자가 법 제36조에 따른 준수사항을 지키지 아니한 경우에는 농림축산식품부령으로 정하는 바에 따라 그 등록을 취소하거나 6개월 이내의 기간을 정하여 그 영업의 전부 또는 일부의 정지를 명할 수 있도록 하고 있다.

제 22 절 교육(법 제37조)

동물보호법에서는 법 제32조 제1항 제2호부터 제4호까지(동물판매업, 동물수입업, 동물생산업)의 규정에 해당하는 영업을 하려는 자와 법 제38조에 따른 영업정지 처분을 받은 영업자는 동물의 보호 및 공중위생상의 위해 방지 등에 관한 교육을 받아야 하고(제1항), 제1항에 따라 교육을 받아야 하는 영업자로서 교육을 받지 아니한 영업자는 그 영업을 하여서는 아니 된다고 규정하고 있으며(제2항), 제1항에 따라 교육을 받아야 하는 영업자가 영업에 직접 종사하지 아니하거나 두 곳 이상의 장소에서 영업을 하는 경우에는 종사자 중에서 책임자를 지정하여 영업자 대신 교육을 받게 할 수 있다고 규정하고 있다(제3항). 그리고 제1항에 따른 교육의 실시기관, 교육 내용 및 방법 등에 관한 사항은 농림축산식품부령으로 정하도록 하였다(제4항).

위반시 벌칙으로 법 제37조 제2항을 위반하여 교육을 받지 아니하고 영업을 한 영업자에게는 100만원 이하의 과태료를 부과하도록 하고 있다.

제 23 절 등록취소 등(법 제38조)

동물보호법에서는 시장 · 군수 · 구청장은 영업자가 ① 거짓이나 그 밖의 부정한 방법으로 등록을 한 것이 판명된 경우(제1호), ② 법 제8조 제1항부터 제3항까지의 규정을 위반하여 동물에 대한 학대행위 등을 한 경우(제2호), ③ 등록 또는 신고한 날부터 1년이 지나도 영업을 시작하지 아니한 경우(제3호), ④ 법 제32조 제1항 각 호 외의 부분에 따른 기준에 미치지 못하게 된 경우(제4호), ⑤ 법 제33조 제2항 및 제34조 제2항에 따라 신고를 하지 아니한 경우(제5호), ⑥ 법 제36조에 따른 준수사항을 지키지 아니한 경우(제6호) 등의 어느 하나에 해당할 경우에는 농림축산식품부령으로 정하는 바에 따라 그 등록을 취소하거나 6개월 이내의 기간을 정하여 그 영업의 전부 또는 일부의 정지를 명할 수 있다. 다만, 제1호에 해당하는 경우에는 등록을 취소하여야 한다고 규정하고 있다(제1항).

위반시 벌칙으로 법 제38조에 따른 영업정지기간에 영업을 한 영업자는 100만원 이하의 벌금에 처하도록 하고 있다.

제 24 절 출입、검사 등(법 제39조)

동물보호법에서는 동물의 소유자등에 대하여 조치, 영업자 등에게 보고 및 자료제출 요구 등 해당 시설 등에 출입 · 검사 등에 관한 규정을 두고 있다.

Ⅰ. 동물의 소유자등

농림축산식품부장관, 시 · 도지사 또는 시장 · 군수 · 구청장은 동물의 보호 및 공중위생상의 위해 방지 등을 위하여 필요하면 동물의 소유자등에 대하여 ① 동물 현황 및 관리실태 등 필요한 자료제출의 요구(제1호), ② 동물이 있는 장소에 대한 출입 · 검사(제2호), ③ 동물에 대한 위해 방지 조치의 이행 등 농림축산식품부령으로 정하는 시정명령(제3호) 등의 조치를 할 수 있다(제1항).

Ⅱ. 영업자 등

농림축산식품부장관, 시 · 도지사 또는 시장 · 군수 · 구청장은 동물보호 등과 관련하여 필요하면 영업자나 ① 법 제15조 제1항 및 제3항에 따른 동물보호센터의 장, ② 법 제25조 제1항 및 제2항에 따라 윤리위원회를 설치한 동물실험시행기관의 장, ③ 법 제29조 제1항에 따라 동물복지축산농장으로 인증받은 자 등의 어느 하나에 해당하는 자에게 필요한 보고를 하도록 명하거나 자료를 제출하게 할 수 있으며, 관계 공무원으로 하여금 해당 시설 등에 출입하여 운영실태를 조사하게 하거나 관계 서류를 검사하게 할 수 있다(제2항).

Ⅲ. 출입 · 검사 계획 통지

농림축산식품부장관, 시 · 도지사 또는 시장 · 군수 · 구청장이 법 제39조

제1항 제2호 및 제2항에 따른 출입·검사를 할 때에는 출입·검사 시작 7일 전까지 대상자에게 ① 출입·검사 목적, ② 출입·검사 기간 및 장소, ③ 관계 공무원의 성명과 직위, ④ 출입·검사의 범위 및 내용, ⑤ 제출할 자료 등의 사항이 포함된 출입·검사 계획을 통지하여야 한다. 다만, 출입·검사 계획을 미리 통지할 경우 그 목적을 달성할 수 없다고 인정하는 경우에는 출입·검사를 착수할 때에 통지할 수 있다(제3항).

Ⅳ. 위반시 벌칙 : 과태료

위반시 벌칙으로 (1) ① 법 제39조 제1항 제1호에 따른 자료제출 요구에 응하지 아니하거나 거짓 자료를 제출한 동물의 소유자등, ② 법 제39조 제1항 제2호에 따른 출입·검사를 거부·방해 또는 기피한 동물의 소유자등, ③ 법 제39조 제1항 제3호에 따른 시정명령을 이행하지 아니한 동물의 소유자등에게는 100만원 이하의 과태료를 부과하도록 하고 있으며, (2) 법 제39조 제2항에 따른 보고·자료제출을 하지 아니하거나 거짓으로 보고·자료제출을 한 자 또는 같은 항에 따른 출입·조사를 거부·방해·기피한 자에게는 100만원 이하의 과태료를 부과하도록 하고 있다.

제 25 절 동물보호감시원、동물보호명예감시원

동물보호법에서는 동물의 학대 방지 등 동물보호를 위해 동물보호감시원 및 동물보호명예감시원에 관한 규정을 두고 있다.

Ⅰ. 동물보호감시원(법 제40조)

1. 동물보호감시원 지정

농림축산식품부장관(대통령령으로 정하는 소속 기관의 장을 포함), 시·도지사 및 시장·군수·구청장은 동물의 학대 방지 등 동물보호에 관한 사무를 처리하기 위하여 소속 공무원 중에서 동물보호감시원을 지정하여야 한다(제1항).

2. 동물보호감시원 자격

제1항에 따른 동물보호감시원(이하 "동물보호감시원"이라 한다)의 자격, 임명, 직무 범위 등에 관한 사항은 대통령령으로 정한다(제2항).

3. 동물보호감시원 증표 제시

동물보호감시원이 제2항에 따른 직무를 수행할 때에는 농림축산식품부령으로 정하는 증표를 지니고 이를 관계인에게 보여주어야 한다(제3항).

4. 동물보호감시원의 직무수행 거부·방해 또는 기피 금지

누구든지 동물의 특성에 따른 출산, 질병 치료 등 부득이한 사유가 없으면 제2항에 따른 동물보호감시원의 직무수행을 거부·방해 또는 기피하여서는 아니 된다(제4항).

위반시 벌칙으로 법 제40조 제4항을 위반하여 동물보호감시원의 직무수행을 거부·방해 또는 기피한 자에게는 100만원 이하의 과태료를 부과하도록 하고 있다.

Ⅱ. 동물보호명예감시원(법 제41조)

1. 동물보호명예감시원 위촉

농림축산식품부장관, 시·도지사 및 시장·군수·구청장은 동물의 학대 방지 등 동물보호를 위한 지도·계몽 등을 위하여 동물보호명예감시원을 위촉할 수 있다(제1항).

2. 동물보호명예감시원 자격

제1항에 따른 동물보호명예감시원(이하 "명예감시원"이라 한다)의 자격, 위촉, 해촉, 직무, 활동 범위와 수당의 지급 등에 관한 사항은 대통령령으로 정한다(제2항).

3. 동물보호명예감시원의 부정한 행위 금지

명예감시원은 제2항에 따른 직무를 수행할 때에는 부정한 행위를 하거나 권한을 남용하여서는 아니 된다(제3항).

4. 동물보호명예감시원 증표 제시

명예감시원이 그 직무를 수행하는 경우에는 신분을 표시하는 증표를 지니고 이를 관계인에게 보여주어야 한다(제4항).

제26절 과태료(법 제47조)

동물보호법에서는 과태료는 대통령령으로 정하는 바에 따라 농림축산식품부장관, 시・도지사 또는 시장・군수・구청장이 부과・징수한다고 규정을 두고 있다(제3항).

Ⅰ. 과태료의 부과기준

법 제47조 제3항에 따른 과태료의 부과기준은 별표와 같다(법 시행령 제20조).

Ⅱ. [별표] 과태료의 부과기준(법 시행령 제20조 관련)

1. 일반기준

가. 위반행위의 횟수에 따른 과태료의 부과기준은 최근 1년간 같은 유형의 위반행위로 처분을 받은 경우에 적용한다. 이 경우 위반횟수는 같은 유형의 위반행위에 대하여 최초로 처분을 한 날과 다시 같은 유형의 위반행위를 적발한 날을 기준으로 하여 계산한다.

나. 다음의 어느 하나에 해당하는 경우에는 제2호의 개별기준에 따른 과태료 금액의 2분의 1의 범위에서 그 금액을 줄일 수 있다. 다만, 과태료를 체납하고 있는 위반행위자에 대해서는 그렇지 않다.

1) 위반행위자가 「질서위반행위규제법 시행령」 제2조의2제1항 각 호의 어느 하나에 해당하는 경우
2) 위반행위자가 자연재해·화재 등으로 재산에 현저한 손실이 발생하거나 사업여건의 악화로 사업이 중대한 위기에 처하는 등의 사정이 있는 경우
3) 위반행위가 사소한 부주의나 오류 등 과실로 인한 것으로 인정되는 경우
4) 위반행위자가 같은 위반행위로 다른 법률에 따라 과태료·벌금·영업정지 등의 처분을 받은 경우
5) 위반행위자가 위법행위로 인한 결과를 시정하거나 해소한 경우
6) 그 밖에 위반행위의 정도, 위반행위의 동기와 그 결과 등을 고려하여 그 금액을 줄일 필요가 있다고 인정되는 경우

2. 개별기준

(단위: 만원)

위반행위	근거 법조문	과태료 금액		
		1차 위반	2차 위반	3차 이상 위반
가. 소유자등이 법 제8조 제4항을 위반하여 동물을 유기한 경우	법 제47조 제1항 제1호	30	50	100
나. 법 제9조 제1항 제4호 또는 제5호를 위반하여 동물을 운송한 경우	법 제47조 제1항 제2호	10	20	40
다. 법 제9조 제1항을 위반하여 법 제32조 제1항의 동물을 운송한 경우	법 제47조 제1항 제3호	10	20	40
라. 법 제9조의2를 위반하여 법 제32조 제1항의 동물을 판매한 경우	법 제47조 제1항 제4호	30	50	100
마. 소유자가 법 제12조 제1항을 위반하여 등록대상동물을 등록하지 않은 경우	법 제47조 제1항 제5호	0	20	40
바. 소유자가 법 제12조 제2항을 위반하여 변경신고를 하지 않은 경우	법 제47조 제2항 제1호	0	20	40

사. 법 제12조 제3항을 위반하여 변경신고를 하지 않고 소유권을 이전받은 경우	법 제47조 제2항 제2호	0	20	40
아. 소유자등이 법 제13조 제1항을 위반하여 인식표를 부착하지 않은 경우	법 제47조 제2항 제3호	5	10	20
자. 소유자등이 법 제13조 제2항을 위반하여 안전조치를 하지 않거나 배설물을 수거하지 않은 경우	법 제47조 제2항 제4호	5	7	10
차. 동물실험시행기관의 장이 법 제25조 제3항에 위반하여 윤리위원회의 심의를 거치지 않고 동물실험을 한 경우	법 제47조 제1항 제6호	30	50	100
카. 동물실험시행기관의 장이 법 제28조 제2항을 위반하여 개선명령을 이행하지 않은 경우	법 제47조 제1항 제7호	30	50	100
타. 법 제31조 제2항을 위반하여 동물복지축산농장 인증을 받은 자의 지위를 승계하고 그 사실을 신고하지 않은 경우	법 제47조 제1항 제8호	30	50	100
파. 법 제35조 제3항을 위반하여 영업자의 지위를 승계하고 그 사실을 신고하지 않은 경우	법 제47조 제1항 제9호	30	50	100
하. 영업자가 법 제37조 제2항을 위반하여 교육을 받지 않고 영업을 한 경우	법 제47조 제1항 제10호	30	50	100
거. 동물의 소유자등이 법 제39조 제1항 제1호에 따른 자료제출 요구에 응하지 않거나 거짓 자료를 제출한 경우	법 제47조 제1항 제11호	10	20	40
너. 동물의 소유자등이 법 제39조 제1항 제2호에 따른 출입·검사를 거부·방해 또는 기피한 경우	법 제47조 제1항 제12호	10	20	40
더. 동물의 소유자등이 법 제39조 제1항 제3호에 따른 시정명령을 이행하지 않은 경우	법 제47조 제1항 제13호	30	50	100
러. 법 제39조 제2항에 따른 보고·자료제출을 하지 않거나 거짓으로 보고·자료제출을 한 경우 또는 같은 항에 따른 출입·조사를 거부·방해·기피한 경우	법 제47조 제1항 제14호	10	20	40
머. 법 제40조 제4항을 위반하여 동물보호감시원의 직무 수행을 거부·방해 또는 기피한 경우	법 제47조 제1항 제15호	10	20	40

제 5 장 폐기물관리법

제 1 절 폐기물관리법의 목적(법 제1조)

현행 폐기물관리법 제1조(목적)에 의하면 “이 법은 폐기물의 발생을 최대한 억제하고 발생한 폐기물을 친환경적으로 처리함으로써 환경보전과 국민생활의 질적 향상에 이바지하는 것을 목적으로 한다.”라고 규정하고 있다.

제 2 절 정의(법 제2조)

폐기물관리법에서는 법에서 사용하는 용어의 뜻을 다음과 같이 규정하고 있다.

(1) “폐기물”이란 쓰레기, 연소재(燃燒滓), 오니(汚泥), 폐유(廢油), 폐산(廢酸), 폐알칼리 및 동물의 사체(死體) 등으로서 사람의 생활이나 사업활동에 필요하지 아니하게 된 물질을 말한다(제1호).

(2) “생활폐기물”이란 사업장폐기물 외의 폐기물을 말한다(제2호).

(3) “사업장폐기물”이란 「대기환경보전법」, 「수질 및 수생태계 보전에 관한 법률」 또는 「소음 · 진동관리법」에 따라 배출시설을 설치 · 운영하는 사업장이나 그 밖에 대통령령으로 정하는 사업장에서 발생하는 폐기물을 말한다(제3호).

▸▸ **사업장의 범위**: 법 제2조 제3호에서 “그 밖에 대통령령으로 정하는 사업장”이란 다음 각 호의 어느 하나에 해당하는 사업장을 말한다(법 시행령 제2조).[38]

---

38) 1. 「수질 및 수생태계 보전에 관한 법률」 제48조 제1항에 따라 폐수종말처리시설을 설치 · 운영하는 사업장

(4) "지정폐기물"이란 사업장폐기물 중 폐유·폐산 등 주변 환경을 오염시킬 수 있거나 의료폐기물(醫療廢棄物) 등 인체에 위해(危害)를 줄 수 있는 해로운 물질로서 대통령령으로 정하는 폐기물을 말한다(제4호).

▶▶ **지정폐기물의 종류** : 법 제2조 제4호에 따른 지정폐기물은 별표 1과 같다(법 시행령 제3조).

▶▶ **의료폐기물 발생 의료기관 및 시험·검사기관 등** : 법 시행령 별표 1 제10호에서 "환경부령으로 정하는 의료기관이나 시험·검사기관 등"이란 별표 3의 기관을 말한다(법 시행규칙 제2조 제3항).

(5) "의료폐기물"이란 보건·의료기관, 동물병원, 시험·검사기관 등에서 배출되는 폐기물 중 인체에 감염 등 위해를 줄 우려가 있는 폐기물과 인체 조직 등 적출물(摘出物), 실험 동물의 사체 등 보건·환경보호상 특별한 관리가 필요하다고 인정되는 폐기물로서 대통령령으로 정하는 폐기물을 말한다(제5호).

▶▶ **의료폐기물의 종류** : 법 제2조 제5호에 따른 의료폐기물은 별표 2와 같다(법 시행령 제4조).

(6) "처분"이란 폐기물의 소각(燒却)·중화(中和)·파쇄(破碎)·고형화(固形化) 등의 중간처분과 매립하거나 해역(海域)으로 배출하는 등의 최종처분을 말한다(제6호).

(7) "폐기물처리시설"이란 폐기물의 중간처분시설, 최종처분시설 및 재활용시설로서 대통령령으로 정하는 시설을 말한다(제8호).

---

2. 「하수도법」 제2조 제9호에 따른 공공하수처리시설을 설치·운영하는 사업장
3. 「하수도법」 제2조 제11호에 따른 분뇨처리시설을 설치·운영하는 사업장
4. 「가축분뇨의 관리 및 이용에 관한 법률」 제24조에 따른 공공처리시설
5. 법 제29조 제2항에 따른 폐기물처리시설(법 제25조 제3항에 따라 폐기물처리업의 허가를 받은 자가 설치하는 시설을 포함한다)을 설치·운영하는 사업장
6. 법 제2조 제4호에 따른 지정폐기물을 배출하는 사업장
7. 폐기물을 1일 평균 300킬로그램 이상 배출하는 사업장
8. 「건설산업기본법」 제2조 제4호에 따른 건설공사로 폐기물을 5톤(공사를 착공할 때부터 마칠 때까지 발생되는 폐기물의 양을 말한다)이상 배출하는 사업장
9. 일련의 공사(제8호에 따른 건설공사는 제외한다) 또는 작업으로 폐기물을 5톤(공사를 착공하거나 작업을 시작할 때부터 마칠 때까지 발생하는 폐기물의 양을 말한다)이상 배출하는 사업장

▸▸ **폐기물처리시설의 종류** : 법 제2조 제8호에 따른 폐기물처리시설은 별표 3과 같다(법 시행령 제5조).[39]

제 3 절 적용 범위(법 제3조)

폐기물관리법에서는 「동물보호법」 제32조 제1항에 따른 동물장묘업의 등록을 한 자가 설치·운영하는 동물장묘시설에서 처리되는 동물의 사체(제9호)에 해당하는 물질에 대하여는 적용하지 아니한다고 규정하고 있다(제1항).

제 4 절 폐기물 관리의 기본원칙(법 제3조의2)

폐기물관리법에서는 사업자는 폐기물의 발생을 최대한 억제하고, 누구든지 폐기물을 배출하는 경우에는 주변 환경 등에 위해를 끼치지 아니하도록 하여야 한다는 등의 폐기물 관리의 기본원칙에 대한 규정을 두고 있다.

① 사업자는 제품의 생산방식 등을 개선하여 폐기물의 발생을 최대한 억제하고, 발생한 폐기물을 스스로 재활용함으로써 폐기물의 배출을 최소화하여야 한다(제1항).

② 누구든지 폐기물을 배출하는 경우에는 주변 환경이나 주민의 건강에 위해를 끼치지 아니하도록 사전에 적절한 조치를 하여야 한다(제2항).

③ 폐기물은 그 처리과정에서 양과 유해성(有害性)을 줄이도록 하는 등

---

39) 1. 중간처분시설
가. 소각시설
나. 기계적 처분시설
8) 탈수·건조 시설
2. 최종 처분시설
가. 매립시설
1) 차단형 매립시설
2) 관리형 매립시설(침출수 처리시설, 가스 소각·발전·연료화 시설 등 부대시설을 포함한다)

환경보전과 국민건강보호에 적합하게 처리되어야 한다(제3항).

④ 폐기물로 인하여 환경오염을 일으킨 자는 오염된 환경을 복원할 책임을 지며, 오염으로 인한 피해의 구제에 드는 비용을 부담하여야 한다(제4항).

⑤ 국내에서 발생한 폐기물은 가능하면 국내에서 처리되어야 하고, 폐기물의 수입은 되도록 억제되어야 한다(제5항).

⑥ 폐기물은 소각, 매립 등의 처분을 하기보다는 우선적으로 재활용함으로써 자원생산성의 향상에 이바지하도록 하여야 한다(제6항).

제 5 절 국가와 지방자치단체의 책무(법 제4조)

폐기물관리법에서는 특별자치시장, 특별자치도지사, 시장 · 군수 · 구청장은 관할 구역의 폐기물이 적정하게 처리될 수 있도록 폐기물처리시설을 설치 · 운영하여야 하며, 주민과 사업자의 청소 의식 함양과 폐기물 발생 억제를 위하여 노력하여야 한다는 등의 국가와 지방자치단체의 책무에 대하여 규정하고 있다.

Ⅰ. 폐기물처리시설 설치 · 운영 및 폐기물 발생 억제 노력

특별자치시장, 특별자치도지사, 시장 · 군수 · 구청장(자치구의 구청장을 말한다)은 관할 구역의 폐기물의 배출 및 처리상황을 파악하여 폐기물이 적정하게 처리될 수 있도록 폐기물처리시설을 설치 · 운영하여야 하며, 폐기물의 처리방법의 개선 및 관계인의 자질 향상으로 폐기물 처리사업을 능률적으로 수행하는 한편, 주민과 사업자의 청소 의식 함양과 폐기물 발생 억제를 위하여 노력하여야 한다(제1항).

Ⅱ. 기술적 · 재정적 지원 및 폐기물 처리사업 조정

특별시장 · 광역시장 · 도지사는 시장 · 군수 · 구청장이 제1항에 따른 책무를 충실하게 하도록 기술적 · 재정적 지원을 하고, 그 관할 구역의 폐기물 처리사업에 대한 조정을 하여야 한다(제2항).

Ⅲ. 지정폐기물 배출 및 처리 상황 파악과 필요한 조치 마련

국가는 지정폐기물의 배출 및 처리 상황을 파악하고 지정폐기물이 적정하게 처리되도록 필요한 조치를 마련하여야 한다(제3항).

Ⅳ. 폐기물 처리에 대한 기술 연구 · 개발 · 지원

국가는 폐기물 처리에 대한 기술을 연구 · 개발 · 지원하고, 특별시장 · 광역시장 · 특별자치시장 · 도지사 · 특별자치도지사(이하 "시 · 도지사"라 한다) 및 시장 · 군수 · 구청장이 제1항과 제2항에 따른 책무를 충실하게 하도록 필요한 기술적 · 재정적 지원을 하며, 특별시 · 광역시 · 특별자치시 · 도 · 특별자치도(이하 "시 · 도"라 한다) 간의 폐기물 처리사업에 대한 조정을 하여야 한다(제4항).

제 6 절 국민의 책무(법 제7조)

폐기물관리법에서는 모든 국민은 자연환경과 생활환경을 청결히 유지하도록 노력하여야 한다는 등의 국민의 책무에 대하여 규정하고 있다.

Ⅰ. 폐기물의 감량화와 자원화 노력

모든 국민은 자연환경과 생활환경을 청결히 유지하고, 폐기물의 감량화(減量化)와 자원화를 위하여 노력하여야 한다(제1항).

Ⅱ. 토지나 건물의 청결 유지 노력 및 대청소

토지나 건물의 소유자 · 점유자 또는 관리자는 그가 소유 · 점유 또는 관리하고 있는 토지나 건물의 청결을 유지하도록 노력하여야 하며, 특별자치시장, 특별자치도지사, 시장 · 군수 · 구청장이 정하는 계획에 따라 대청소를 하여야 한다(제2항).

제 7 절 폐기물의 투기 금지 등(법 제8조)

폐기물관리법에서는 누구든지 폐기물의 수집을 위하여 마련한 장소 외의 장소에 폐기물을 버려서는 아니 되며, 폐기물처리시설이 아닌 곳에서 폐기물을 매립하거나 소각하여서는 아니 된다는 등의 폐기물의 투기 금지에 관한 규정을 두고 있다.

Ⅰ. 폐기물 수집 장소나 설비 외의 장소에 폐기물 투기 금지

누구든지 특별자치시장, 특별자치도지사, 시장 · 군수 · 구청장이나 공원 · 도로 등 시설의 관리자가 폐기물의 수집을 위하여 마련한 장소나 설비 외의 장소에 폐기물을 버려서는 아니 된다(제1항).

Ⅱ. 폐기물처리시설이 아닌 곳에 폐기물 매립 또는 소각 금지

누구든지 이 법에 따라 허가 또는 승인을 받거나 신고한 폐기물처리시설이 아닌 곳에서 폐기물을 매립하거나 소각하여서는 아니 된다. 다만, 법 제14조 제1항 단서에 따른 지역에서 해당 특별자치시, 특별자치도, 시 · 군 · 구의 조례로 정하는 바에 따라 소각하는 경우에는 그러하지 아니하다(제2항).

Ⅲ. 토지나 건물의 청결 유지 조치명령

특별자치시장, 특별자치도지사, 시장 · 군수 · 구청장은 토지나 건물의 소유자 · 점유자 또는 관리자가 법 제7조 제2항에 따라 청결을 유지하지 아니하면 해당 지방자치단체의 조례에 따라 필요한 조치를 명할 수 있다(제3항).

Ⅳ. 위반시 벌칙 : 징역 · 벌금 · 과태료

위반시 벌칙으로 (1) ① 법 제8조 제1항을 위반하여 사업장폐기물을 버린 자, ② 법 제8조 제2항을 위반하여 사업장폐기물을 매립하거나 소각한 자는 7년 이하의 징역이나 7천만원 이하의 벌금에 처하도록 하고 있다. 이 경우 징역형과 벌금형은 병과(倂科)할 수 있도록 하였다. 그리고 (2) ① 법 제8조 제1항 또는 제2항을 위반하여 생활폐기물을 버리거나 매립 또는 소각한 자, ② 법 제8조 제3항에 따른 조치명령을 이행하지 아니한 자에게는 100만원 이하의 과태료를 부과하도록 하고 있다.

제 8 절 폐기물의 처리 기준 등(법 제13조)

폐기물관리법에서는 누구든지 폐기물을 처리하려는 자는 폐기물의 처리 기준 및 방법 등을 따라서 처리하여야 한다는 규정을 두고 있다.

Ⅰ. 폐기물 처리 기준과 방법

누구든지 폐기물을 처리하려는 자는 대통령령으로 정하는 기준과 방법을 따라야 한다. 다만, 법 제13조의2(폐기물의 재활용 원칙 및 준수사항)에 따른 폐기물의 재활용 원칙 및 준수사항에 따라 재활용을 하기 쉬운 상태로 만든 폐기물(이하 "중간가공 폐기물"이라 한다)에 대하여는 완화된 처리기준과 방법을 대통령령으로 따로 정할 수 있다(제1항).

▸▸ **폐기물의 처리기준 등** : 법 시행령 제7조 제1항에 따른 폐기물의 처리에 관한 구체적인 기준과 방법은 환경부령으로 정한다(법 시행령 제7조 제2항).
▸▸ **폐기물 처리 등의 구체적인 기준 · 방법** : 법 시행령 제7조 제2항에 따른 폐기물의 처리에 관한 구체적인 기준과 방법은 별표 5와 같다(법 시행규칙 제14조).[40]

Ⅱ. 의료폐기물 전용용기 사용

의료폐기물은 법 제25조의2(전용용기 제조업) 제4항에 따라 검사를 받아 합격한 의료폐기물 전용용기만을 사용하여 처리하여야 한다(제2항).

Ⅲ. 위반시 벌칙 : 징역 · 벌금 · 과태료

위반시 벌칙으로 ① 법 제13조를 위반하여 폐기물을 매립한 자는 3년 이하의 징역이나 3천만원 이하의 벌금에 처하도록 하고 있다(법 제65조 제1호). 이 경우

40) 1. 생활폐기물의 기준 및 방법
가. 공통사항
1) 생활폐기물은 특별자치시장, 특별자치도지사, 시장 · 군수 · 구청장 또는 법 제14조 제2항에 따라 생활폐기물의 처리를 대행하는 자, 법 제46조 제1항에 따라 폐기물처리 신고를 한 자(수집 · 운반 또는 재활용으로 한정한다)가 이를 처리하여야 한다.
다. 처리의 경우
1) 재활용이 가능한 폐기물은 법 제13조의2에 따라 재활용하여야 한다.
3. 사업장일반폐기물의 기준 및 방법
라. 처리의 경우
2) 사업장일반폐기물의 종류별 처리기준 및 방법
라) 동물성 잔재물 및 동물의 사체는 다음의 어느 하나에 해당하는 방법으로 처분하여야 한다.
(1) 소각하거나 관리형 매립시설에 매립하여야 한다. 다만, 「수도법」에 따른 상수원보호구역, 마을상수도 또는 소규모급수시설의 취수원, 「자연공원법」에 따른 공원구역, 「지하수법」에 따른 지하수보전구역 및 하천 · 호수와 늪 · 바다의 경계로부터 500미터 이상 떨어진 지역으로서 특별자치시장, 특별자치도지사, 시장 · 군수 · 구청장이 인정하는 지역에서 「가축전염병예방법」 제22조부터 제24조까지의 규정에 따라 동물의 사체를 묻는 경우에는 그러하지 아니한다.

징역형과 벌금형은 병과할 수 있도록 하였다. ② 법 제13조를 위반하여 폐기물을 처리하여 주변 환경을 오염시킨 자(법 제65조 제1호의 경우는 제외)는 2년 이하의 징역이나 2천만원 이하의 벌금에 처하도록 하고 있다(법 제66조 제1호). 그리고 ③ 법 제13조를 위반하여 폐기물을 처리한 자(법 제65조 제1호와 제66조 제1호의 경우는 제외)에게는 1천만원 이하의 과태료를 부과하도록 하고 있다.

제 9 절 생활폐기물의 처리 등(법 제14조)

폐기물관리법에서는 특별자치시장, 특별자치도지사, 시장 · 군수 · 구청장은 관할 구역에서 배출되는 생활폐기물을 처리하여야 하며, 생활폐기물을 처리할 때에는 배출되는 생활폐기물의 종류, 양 등에 따라 폐기물 종량제(從量制) 봉투 등을 판매하는 방법으로 수수료를 징수할 수 있도록 하는 등의 생활폐기물의 처리에 관한 규정을 두고 있다.

Ⅰ. 관할 구역에서 배출되는 생활폐기물 처리

특별자치시장, 특별자치도지사, 시장 · 군수 · 구청장은 관할 구역에서 배출되는 생활폐기물을 처리하여야 한다. 다만, 환경부령(생활폐기물관리 제외지역의 지정 : ① 가구 수가 50호 미만인 지역, ② 산간 · 오지 · 섬지역 등으로서 차량의 출입 등이 어려워 생활폐기물을 수집 · 운반하는 것이 사실상 불가능한 지역)으로 정하는 바에 따라 특별자치시장, 특별자치도지사, 시장 · 군수 · 구청장이 지정하는 지역은 제외한다(제1항).

Ⅱ. 생활폐기물 처리 대행

특별자치시장, 특별자치도지사, 시장 · 군수 · 구청장은 해당 지방자치단체의 조례로 정하는 바에 따라 대통령령으로 정하는 자[① 폐기물처리업자, ② 폐기물처리 신고자, ③ 「한국환경공단법」에 따른 한국환경공단(농업활동으로 발생하는 폐플라스틱 필름 · 시트류를 재활용하거나 폐농약용기 등 폐농약포장재를 재활용 또는 소각하는 것만 해당), ④「전기·전자제품 및 자동차의 자원순환에 관한 법률」 제15조 전단에 따른 전기·전자제품 재활용의무생산자 또는 같은 법 제16조의4 제1항에 따른 전기·전자제품 판매업자(전기·전자제품 재활용의무생산자 또는 전기·전자제품 판매업자로부터 회수·재활용을 위탁받은 자를 포함) 중 전기·전자제품을 재활용하기 위하여 스스로 회수하는 체계를 갖춘 자, ⑤「자원의 절약과 재활용촉진에 관한 법률」 제13조의2에 따른 재활용센터를 운영하는 자(같은 법 제2조 제13호에 따른 대형폐기물을 수집·운반 및 재활용하는 것만 해당), ⑥「자원의 절약과 재활용촉진에 관한 법률」 제16조에 따른 재활용의무생산자 중 제품·포장재를 스스로 회수하여 재활용하는 체계를 갖춘 자(재활용의무생산자로부터 재활용을 위탁받은 자를 포함)]에게 제1항에 따른 처리를 대행하게 할 수 있다(제2항).

Ⅲ. 생활폐기물 수집·운반 또는 재활용

제1항 본문 및 제2항에도 불구하고 법 제46조 제1항에 따라 폐기물처리 신고를 한 자(이하 "폐기물처리 신고자"라 한다)는 생활폐기물 중 폐지, 고철, 폐식용유(생활폐기물에 해당하는 폐식용유를 유출 우려가 없는 전용 탱크·용기로 수집·운반하는 경우만 해당) 등 환경부령으로 정하는 폐기물을 수집·운반 또는 재활용할 수 있다(제3항).

Ⅳ. 생활폐기물 재활용하는 자 등에게 운반

제3항에 따라 생활폐기물을 수집·운반하는 자는 수집한 생활폐기물 중 환경부령으로 정하는 폐기물을 ①「자원의 절약과 재활용촉진에 관한 법률」 제16조 제1항에 따른 제품·포장재의 제조업자 또는 수입업자 중 제조·수입하거나 판매한 제품·포장재로 인하여 발생한 폐기물을 직접 회수하여 재활용하는 자(재활용을 위탁받은 자 중 환경부령으로 정하는 자를 포함), ② 법 제25조 제5항 제5호 또는 제7호에 해당하는 폐기물 재활용업의 허가를 받은 자, ③ 폐기물처리 신고자, ④ 그 밖에 환경부령으로 정하는 자 등에게 운반할 수 있다(제4항).

Ⅴ. 생활폐기물 종류, 양 등에 따라 수수료 징수

특별자치시장, 특별자치도지사, 시장 · 군수 · 구청장은 제1항에 따라 생활폐기물을 처리할 때에는 배출되는 생활폐기물의 종류, 양 등에 따라 수수료를 징수할 수 있다. 이 경우 수수료는 해당 지방자치단체의 조례로 정하는 바에 따라 폐기물 종량제(從量制) 봉투 또는 폐기물임을 표시하는 표지 등(이하 "종량제 봉투등"으로 한다)을 판매하는 방법으로 징수하되, 음식물류 폐기물의 경우에는 배출량에 따라 산출한 금액을 부과하는 방법으로 징수할 수 있다(제5항).

Ⅵ. 음식물류 폐기물에 수수료 부과 · 징수

특별자치시장, 특별자치도지사, 시장 · 군수 · 구청장이 제5항에 따라 음식물류 폐기물에 대하여 수수료를 부과 · 징수하려는 경우에는 법 제45조 제2항에 따른 전자정보처리프로그램을 이용할 수 있다. 이 경우 수수료 산정에 필요한 내용을 환경부령으로 정하는 바에 따라 법 제45조 제2항에 따른 전자정보처리프로그램에 입력하여야 한다(제6항).

Ⅶ. 종량제 봉투등 제작 · 유통 · 판매 대행

특별자치시장, 특별자치도지사, 시장 · 군수 · 구청장은 조례로 정하는 바에 따라 종량제 봉투등의 제작 · 유통 · 판매를 대행하게 할 수 있다(제7항).

위반시 벌칙으로 ① 법 제14조 제7항에 따라 대행계약을 체결하지 아니하고 종량제 봉투등을 제작 · 유통한 자는 5년 이하의 징역이나 5천만원 이하의 벌금에 처하도록 하고 있다. 그리고 ② 법 제14조 제7항에 따라 대행계약을 체결하지 아니하고 종량제 봉투등을 판매한 자에게는 300만원 이하의 과태료를 부과하도록 하고 있다.

제 10 절 생활폐기물배출자의 처리 협조 등(법 제15조)

Ⅰ. 생활폐기물을 스스로 처리 또는 양을 줄여서 배출

폐기물관리법에서는 생활폐기물이 배출되는 토지나 건물의 소유자 · 점유자 또는 관리자(이하 "생활폐기물배출자"라 한다)는 관할 특별자치시, 특별자치도, 시 · 군 · 구의 조례로 정하는 바에 따라 생활환경 보전상 지장이 없는 방법으로 그 폐기물을 스스로 처리하거나 양을 줄여서 배출하여야 한다고 규정하고 있다(제1항).

Ⅱ. 생활폐기물을 종류별, 성질 · 상태별로 분리 및 보관

폐기물관리법에서는 생활폐기물배출자는 특별자치시, 특별자치도, 시 · 군 · 구의 조례로 정하는 바에 따라 제1항에 따라 스스로 처리할 수 없는 생활폐기물을 종류별, 성질 · 상태별로 분리하여 보관하여야 한다고 규정하고 있다(제2항).

Ⅲ. 위반시 벌칙 : 과태료

위반시 벌칙으로 법 제15조 제1항 또는 제2항을 위반한 자에게는 100만원 이하의 과태료를 부과하도록 하고 있다.

제 11 절 사업장폐기물배출자의 의무 등(법 제17조)

폐기물관리법에서는 사업장폐기물을 배출하는 사업자에 대하여 준수하여야 할 의무사항 등에 관하여 규정하고 있다.

Ⅰ. 사업장폐기물배출자 의무사항

사업장폐기물을 배출하는 사업자(이하 "사업장폐기물배출자"라 한다)는 다음 각 호의 사항을 지켜야 한다(제1항).

1. 지정폐기물에 해당되는지 미리 확인

사업장에서 발생하는 폐기물 중 환경부령으로 정하는 유해물질의 함유량에 따라 지정폐기물로 분류될 수 있는 폐기물에 대해서는 환경부령으로 정하는 바에 따라 법 제17조의2 제1항에 따른 폐기물분석전문기관에 의뢰하여 지정폐기물에 해당되는지를 미리 확인하여야 한다(제1호).

2. 폐기물 처리 기준과 방법 등에 적합하게 처리

사업장에서 발생하는 모든 폐기물을 법 제13조에 따른 폐기물의 처리 기준과 방법 및 법 제13조의2에 따른 폐기물의 재활용 원칙 및 준수사항에 적합하게 처리하여야 한다(제1호의2).

3. 사업장폐기물 발생을 최대한 억제

생산 공정(工程)에서는 폐기물감량화시설의 설치, 기술개발 및 재활용 등의 방법으로 사업장폐기물의 발생을 최대한으로 억제하여야 한다(제2호).

4. 폐기물 처리 능력이 있는지 확인한 후 위탁

법 제18조 제1항에 따라 폐기물의 처리를 위탁하려면 사업장폐기물배출자는 수탁자가 법 제13조에 따른 폐기물의 처리 기준과 방법 또는 법 제13조의2에 따른 폐기물의 재활용 원칙 및 준수사항에 맞게 폐기물을 처리할 능력이 있는지를 환경부령으로 정하는 바에 따라 확인한 후 위탁하여야 한다. 다만, 법 제4조나 제5조에 따른 폐기물처리시설을 설치·운영하는 자에게 위탁하는 경우에는 그러하지 아니하다(제3호).

Ⅱ. 사업장폐기물 종류와 발생량 등을 신고

환경부령으로 정하는 사업장폐기물배출자는 사업장폐기물의 종류와 발생량 등을 환경부령으로 정하는 바에 따라 특별자치시장, 특별자치도지사, 시장·군수·구청장에게 신고하여야 한다. 신고한 사항 중 환경부령으로 정하는 사항을 변경할 때에도 또한 같다(제2항).

Ⅲ. 지정폐기물 처리하기 전에 폐기물처리계획서 등을 제출 및 확인

환경부령으로 정하는 지정폐기물을 배출하는 사업자는 그 지정폐기물을 법 제18조 제1항에 따라 처리하기 전에 ① ㉠ 상호, 사업장 소재지 및 업종, ㉡ 폐기물의 종류, 배출량 및 배출주기, ㉢ 폐기물의 운반 및 처리 계획, ㉣ 폐기물의 공동 처리에 관한 계획(공동 처리하는 경우만 해당), ㉤ 그 밖에 환경부령으로 정하는 사항 등을 적은 폐기물처리계획서, ② 법 제17조의2 제1항에 따른 폐기물분석전문기관이 작성한 폐기물분석결과서, ③ 지정폐기물의 처리를 위탁하는 경우에는 수탁처리자의 수탁확인서 등의 서류를 환경부장관에게 제출하여 확인을 받아야 한다. 다만, 「자동차관리법」 제2조 제8호에 따른 자동차정비업을 하는 자 등 환경부령으로 정하는 자가 지정폐기물을 공동으로 수집·운반하는 경우에는 그 대표자가 환경부장관에게 제출하여 확인을 받아야 한다(제3항).

Ⅳ. 변경사항 및 변경확인

제3항에 따른 확인을 받은 자는 ① 상호를 변경하려는 경우, ② 사업장 소재지를 변경하려는 경우, ③ 지정폐기물의 월평균 배출량(확인 또는 변경확인을 받은 후 1년간의 배출량을 기준으로 산정)이 100분의 10 이상으로서 환경부령으로 정하는 비율 이상 증가하는 경우, ④ 새로 배출되거나 추가로 배출되

는 지정폐기물의 양(추가로 배출되는 경우는 종전에 배출되던 양을 더하여 산정)이 제3항에 따른 지정폐기물 처리계획 확인을 받아야 하는 경우에 해당하는 경우, ⑤ 지정폐기물의 종류별 처리방법이나 처리자를 변경하려는 경우, ⑥ 공동 처리하는 사업장의 수 또는 공동 처리하는 폐기물의 종류를 변경하려는 경우(공동 처리하는 경우만 해당) 등의 어느 하나에 해당하는 경우에는 그와 관련된 서류를 환경부장관에게 제출하여 변경확인을 받아야 한다(제4항).

Ⅴ. 고시한 지침 준수의무

대통령령으로 정하는 업종 및 규모 이상의 사업장폐기물배출자는 제1항 제2호에 따른 사업장폐기물의 발생 억제를 위하여 환경부장관과 관계 중앙행정기관의 장이 환경부령으로 정하는 기본 방침과 절차에 따라 통합하여 고시하는 지침을 지켜야 한다(제5항).

Ⅵ. 사업장폐기물 관련 권리와 의무 승계

1. 양도 등으로 인한 승계

사업장폐기물배출자가 그 사업을 양도하거나 사망한 경우 또는 법인이 합병한 경우에는 그 양수인·상속인 또는 합병 후 존속하는 법인이나 합병에 의하여 설립되는 법인은 그 사업장폐기물과 관련한 권리와 의무를 승계한다(제6항).

2. 경매 등으로 인한 승계

「민사집행법」에 따른 경매, 「채무자 회생 및 파산에 관한 법률」에 따른 환가(換價)나 「국세징수법」·「관세법」 또는 「지방세기본법」에 따른 압류재산의 매각, 그 밖에 이에 준하는 절차에 따라 사업장폐기물배출자의 사업장 전부 또는 일부를 인수한 자는 그 사업장폐기물과 관련한 권리와 의무를 승계한다(제7항).

Ⅶ. 위반시 벌칙 : 징역 · 벌금 · 과태료

위반시 벌칙으로 (1) 법 제17조 제3항에 따른 확인 또는 제17조 제4항(제1호에 따른 상호의 변경은 제외)에 따른 변경확인을 받지 아니하거나 확인 · 변경확인을 받은 내용과 다르게 지정폐기물을 배출 · 운반 또는 처리한 자는 2년 이하의 징역이나 2천만원 이하의 벌금에 처하도록 하고 있다. (2) 법 제17조 제2항을 위반하여 신고를 하지 아니하거나 거짓으로 신고를 한 자에게는 1천만원 이하의 과태료를 부과하도록 하고 있다. 그리고 (3) ① 법 제17조 제1항 제1호에 따른 확인을 하지 아니한 자, ② 법 제17조 제1항 제3호에 따라 확인을 하지 아니하고 위탁한 자, ③ 법 제17조 제4항 제1호에 따른 상호의 변경확인을 받지 아니한 자, ④ 법 제17조 제5항에 따라 고시한 지침의 준수의무를 이행하지 아니한 자, ⑤ 법 제17조 제2항에 따른 변경신고를 하지 아니하고 신고사항을 변경한 자에게는 300만원 이하의 과태료를 부과하도록 하고 있다.

제 12 절 사업장폐기물의 처리(법 제18조)

폐기물관리법에서는 사업장폐기물배출자가 그의 사업장에서 발생하는 폐기물에 대하여 처리하는 방법 등과 관련하여 처리규정을 두고 있다.

Ⅰ. 폐기물을 스스로 처리 또는 위탁 처리

사업장폐기물배출자는 그의 사업장에서 발생하는 폐기물을 스스로 처리하거나 법 제25조 제3항에 따른 폐기물처리업의 허가를 받은 자, 폐기물처리 신고자, 법 제4조나 제5조에 따른 폐기물처리시설을 설치 · 운영하는 자, 「건설폐기물의 재활용촉진에 관한 법률」 제21조에 따라 건설폐기물 처리업의 허가를 받은 자 또는 「해양환경관리법」 제70조 제1항 제1호에 따라 폐기물 해양 배출업의 등록을 한 자에게 위탁하여 처리하여야 한다(제1항).

Ⅱ. 전자정보처리프로그램에 입력

환경부령으로 정하는 사업장폐기물을 배출, 수집 · 운반, 재활용 또는 처분하는 자는 그 폐기물을 배출, 수집 · 운반, 재활용 또는 처분할 때마다 폐기물의 인계 · 인수에 관한 내용을 환경부령으로 정하는 바에 따라 법 제45조 제2항에 따른 전자정보처리프로그램에 입력하여야 한다. 다만, 의료폐기물은 환경부령으로 정하는 바에 따라 무선주파수인식방법을 이용하여 그 내용을 법 제45조 제2항에 따른 전자정보처리프로그램에 입력하여야 한다(제3항).

Ⅲ. 폐기물 인계 · 인수 내용 확인 · 출력 등

환경부장관은 제3항에 따라 입력된 폐기물 인계 · 인수 내용을 해당 폐기물을 배출하는 자, 수집 · 운반하는 자, 재활용하는 자 또는 처분하는 자가 확인 · 출력할 수 있도록 하여야 하며, 그 폐기물을 배출하는 자, 수집 · 운반하는 자, 재활용하는 자 또는 처분하는 자를 관할하는 시장 · 군수 · 구청장 또는 시 · 도지사가 그 폐기물의 배출, 수집 · 운반, 재활용 및 처분 과정을 검색 · 확인할 수 있도록 하여야 한다(제4항).

Ⅳ. 공동 수집, 운반, 재활용 또는 처분 등

환경부령으로 정하는 둘 이상의 사업장폐기물배출자는 각각의 사업장에서 발생하는 폐기물을 환경부령으로 정하는 바에 따라 공동으로 수집, 운반, 재활용 또는 처분할 수 있다. 이 경우 사업장폐기물배출자는 공동 운영기구를 설치하고 그 중 1명을 공동 운영기구의 대표자로 선정하여야 하며, 폐기물처리시설을 공동으로 설치 · 운영할 수 있다(제5항).

Ⅴ. 위반시 벌칙 : 징역 · 벌금 · 과태료

위반시 벌칙으로 ① 법 제18조 제1항을 위반하여 사업장폐기물을 처리한 자는 3년 이하의 징역이나 3천만원 이하의 벌금에 처하도록 하고 있다. 이 경우 징역형과 벌금형은 병과할 수 있도록 하였다. 그리고 ② 법 제18조 제3항을 위반하여 폐기물 인계 · 인수에 관한 내용을 입력하지 아니하거나 환경부령으로 정하는 방법에 따라 입력하지 아니한 자 또는 거짓으로 입력한 자에게는 1천만원 이하의 과태료를 부과하도록 하고 있고, ③ 법 제18조 제3항을 위반하여 폐기물의 인계 · 인수에 관한 내용을 기간 내에 전자정보처리프로그램에 입력하지 아니하거나 부실하게 입력한 자에게는 100만원 이하의 과태료를 부과하도록 하고 있다.

제 13 절 폐기물처리업(법 제25조)

폐기물관리법에서는 폐기물처리업의 업종 구분과 영업 내용, 폐기물처리업 허가 사항, 폐기물처리업의 허가를 받은 자가 지켜야하는 준수사항 등과 관련하여 폐기물처리업 규정을 두고 있다.

Ⅰ. 폐기물처리 사업계획서 제출 및 첨부서류

폐기물의 수집 · 운반, 재활용 또는 처분을 업(이하 "폐기물처리업"이라 한다)으로 하려는 자(음식물류 폐기물을 제외한 생활폐기물을 재활용하려는 자와 폐기물처리 신고자는 제외)는 환경부령으로 정하는 바에 따라 지정폐기물을 대상으로 하는 경우에는 폐기물처리 사업계획서를 환경부장관에게 제출하고, 그 밖의 폐기물을 대상으로 하는 경우에는 시 · 도지사에게 제출하여야 한다. 환경부령으로 정하는 중요 사항을 변경하려는 때에도 또한 같다(제1항).

▶▶ 폐기물처리업의 허가 : 법 제25조 제1항에 따라 폐기물처리업의 허가를 받으려는 자는 별지 제17호서식의 폐기물처리 사업계획서에 다음[41] 각 호의 구분에 따른 서류를 첨부하여 폐기물 중간처분시설 및 최종처분시설(이하 "폐기물 처분시설"이라 한다) 또는 재활용시설 설치예정지(지정폐기물 수집·운반업의 경우에는 주차장 소재지, 지정폐기물 외 폐기물 수집·운반업의 경우에는 연락장소 또는 사무실 소재지)를 관할하는 시·도지사 또는 지방환경관서의 장에게 제출하여야 한다(법 시행규칙 제28조 제1항).

Ⅱ. 폐기물처리 사업계획서 검토 및 적합여부 통보

환경부장관이나 시·도지사는 제1항에 따라 제출된 폐기물처리 사업계획서를 ① 폐기물처리업 허가를 받으려는 자(법인의 경우에는 임원을 포함)가 법 제26조에 따른 결격사유[42]에 해당하는지 여부, ② 폐기물처리시설의 입지

---

41) 1. 폐기물 수집·운반업: 수집·운반대상 폐기물의 수집·운반계획서(시설 설치, 장비 및 기술능력의 확보계획을 포함한다)
2. 폐기물 중간처분업, 폐기물 최종처분업 및 폐기물 종합처분업
가. 처분대상 폐기물의 처분계획서(시설 설치, 장비 및 기술능력의 확보계획을 포함한다)
나. 배출시설의 설치허가 신청 또는 신고 시의 첨부서류(배출시설에 해당하는 폐기물 처분시설을 설치하는 경우만 제출하며, 가목의 서류와 중복되면 그에 해당하는 서류는 제출하지 아니할 수 있다)
다. 환경부장관이 정하여 고시하는 사항을 포함하는 환경성조사서(소각시설과 매립시설로 한정하되, 「환경영향평가법」에 따른 전략환경영향평가 대상사업, 환경영향평가 대상사업 또는 소규모 환경영향평가 대상사업인 경우에는 전략환경영향평가서, 환경영향평가서나 소규모 환경영향평가서로 대체할 수 있다)
3. 폐기물 중간재활용업, 폐기물 최종재활용업 및 폐기물 종합재활용업
가. 재활용대상 폐기물의 재활용계획서(시설 설치, 장비 및 기술능력의 확보계획을 포함한다)
나. 배출시설의 설치허가 신청 또는 신고 시의 첨부서류(배출시설에 해당하는 폐기물 재활용시설을 설치하는 경우만 제출하며, 가목의 서류와 중복되면 그에 해당하는 서류는 제출하지 아니할 수 있다)
다. 환경부장관이 정하여 고시하는 사항을 포함하는 환경성조사서(폐기물을 연료로 사용하는 시멘트 소성로와 소각열회수시설로 한정하되, 「환경영향평가법」에 따른 전략환경영향평가 대상사업, 환경영향평가 대상사업 또는 소규모 환경영향평가 대상사업인 경우에는 전략환경영향평가서, 환경영향평가서나 소규모 환경영향평가서로 대체할 수 있다)

42) 「폐기물관리법」 제26조(결격 사유) 다음 각 호의 어느 하나에 해당하는 자는 폐기물처리업의 허가를 받거나 전용용기 제조업의 등록을 할 수 없다.
1. 미성년자, 피성년후견인 또는 피한정후견인
2. 파산선고를 받고 복권되지 아니한 자
3. 이 법을 위반하여 징역 이상의 형을 선고받고 그 형의 집행이 끝나거나 집행을 받지 아니

등이 다른 법률에 저촉되는지 여부, ③ 폐기물처리 사업계획서상의 시설 · 장비와 기술능력이 제3항에 따른 허가기준에 맞는지 여부, ④ 폐기물처리시설의 설치 · 운영으로 「수도법」 제7조에 따른 상수원보호구역의 수질이 악화되거나 「환경정책기본법」 제12조에 따른 환경기준의 유지가 곤란하게 되는 등 사람의 건강이나 주변 환경에 영향을 미치는지 여부 등의 사항에 관하여 검토한 후 그 적합여부를 폐기물처리 사업계획서를 제출한 자에게 통보하여야 한다(제2항).

Ⅲ. 적합통보 받은 날부터 2년 이내에 허가신청 및 허가

제2항에 따라 적합통보를 받은 자는 그 통보를 받은 날부터 2년(제5항 제1호에 따른 폐기물 수집 · 운반업의 경우에는 6개월, 폐기물처리업 중 소각시설과 매립시설의 설치가 필요한 경우에는 3년) 이내에 환경부령으로 정하는 기준에 따른 시설 · 장비 및 기술능력을 갖추어 업종, 영업대상 폐기물 및 처리분야별로 지정폐기물을 대상으로 하는 경우에는 환경부장관의, 그 밖의 폐기물을 대상으로 하는 경우에는 시 · 도지사의 허가를 받아야 한다. 이 경우 환경부장관 또는 시 · 도지사는 제2항에 따라 적합통보를 받은 자가 그 적합통보를 받은 사업계획에 따라 시설 · 장비 및 기술인력 등의 요건을 갖추어 허가신청을 한 때에는 지체 없이 허가하여야 한다(제3항).

▸▸ 폐기물처리업의 허가 : (1) 법 제25조 제3항에 따라 허가를 받고자 하는 자는 별지 제18호서식의 허가신청서에 다음[43] 각 호의 구분에 따른 서류를 첨

하기로 확정된 후 2년이 지나지 아니한 자
4. 이 법을 위반하여 징역 이상의 형의 집행유예를 선고받고 그 집행유예 기간이 지나지 아니한 자
5. 제27조(제1항 제2호 및 제2항 제20호는 제외한다)에 따라 폐기물처리업의 허가가 취소되거나 제27조의2(제1항 제2호 및 제2항 제2호는 제외한다)에 따라 전용용기 제조업의 등록이 취소된 자로서 그 허가 또는 등록이 취소된 날부터 2년이 지나지 아니한 자
6. 임원 중에 제1호부터 제4호까지 규정의 어느 하나에 해당하는 자가 있는 법인

43) 1. 폐기물 수집 · 운반업
가. 시설 및 장비명세서
나. 수집 · 운반 대상 폐기물의 수집 · 운반계획서
다. 기술능력의 보유 현황 및 그 자격을 증명하는 서류

부하여 시·도지사나 지방환경관서의 장에게 제출하여야 한다(법 시행규칙 제28조 제4항). (2) 법 제25조 제3항에 따른 폐기물처리업을 하려는 자가 갖추어야 할 시설·장비·기술능력의 기준은 별표 7과 같다(법 시행규칙 제28조 제6항).

---

2. 폐기물 중간처분업, 폐기물 최종처분업 및 폐기물 종합처분업
   가. 시설 및 장비명세서
   나. 처분시설 설치명세서 및 그 도면과 처분공정도
   다. 처분대상 폐기물의 처분공정도
   라. 기술능력의 보유 현황 및 그 자격을 증명하는 서류
   마. 보관시설의 용량 및 그 산출근거를 확인할 수 있는 서류
   바. 폐기물매립시설 사후관리계획서
   사. 배출시설의 설치허가 신청 또는 신고 시의 첨부서류(법 제25조 제1항 및 제2항에 따른 절차를 거치지 아니한 자로서 배출시설에 해당하는 폐기물 처분시설을 설치하는 경우만 제출하며, 나목의 서류와 중복되면 그에 해당하는 서류는 제출하지 아니할 수 있다)
   아. 환경부장관이 정하여 고시하는 사항을 포함하는 환경성조사서(법 제25조 제1항 및 제2항에 따른 절차를 거치지 아니한 자의 소각시설과 매립시설로 한정하되, 「환경영향평가법」에 따른 전략환경영향평가 대상사업, 환경영향평가 대상사업 또는 소규모 환경영향평가 대상사업인 경우에는 전략환경영향평가서, 환경영향평가서나 소규모 환경영향평가서로 대체할 수 있다)
3. 폐기물 중간재활용업, 폐기물 최종재활용업 및 폐기물 종합재활용업
   가. 시설 및 장비명세서
   나. 재활용시설 설치명세서 및 그 도면과 재활용공정도
   다. 재활용대상 폐기물의 재활용공정도(음식물류 폐기물을 재활용하는 경우에는 물질수지도를 포함하며, 별표 5의2 제2호 가목의 폐기물을 같은 표의 용도 및 방법으로 재활용하려면 성토재·보조기층재 등으로 직접 이용하는 공사의 발주자 또는 토지소유자의 동의서를 포함한다)
   라. 기술능력의 보유 현황 및 그 자격을 증명하는 서류
   마. 보관시설의 용량 및 그 산출근거를 확인할 수 있는 서류
   바. 배출시설의 설치허가 신청 또는 신고 시의 첨부서류(법 제25조 제1항 및 제2항에 따른 절차를 거치지 아니한 자로서 배출시설에 해당하는 폐기물 재활용시설을 설치하는 경우만 제출하며, 나목의 서류와 중복되면 그에 해당하는 서류는 제출하지 아니할 수 있다)
   사. 환경부장관이 정하여 고시하는 사항을 포함하는 환경성조사서(법 제25조 제1항 및 제2항에 따른 절차를 거치지 아니한 자의 폐기물을 연료로 사용하는 시멘트 소성로나 소각열회수시설로 한정하되, 「환경영향평가법」에 따른 전략환경영향평가 대상사업, 환경영향평가 대상사업 또는 소규모 환경영향평가 대상사업인 경우에는 전략환경영향평가서, 환경영향평가서나 소규모 환경영향평가서로 대체할 수 있다)

Ⅳ. 1년의 범위에서 허가신청기간 연장

환경부장관 또는 시·도지사는 천재지변이나 그 밖의 부득이한 사유로 제3항의 기간 내에 허가신청을 하지 못한 자에 대하여는 신청에 따라 총 연장기간 1년(제5항 제1호에 따른 폐기물 수집·운반업의 경우에는 총 연장기간 6개월, 같은 항 제3호에 따른 폐기물 최종처분업과 같은 항 제4호에 따른 폐기물 종합처분업의 경우에는 총 연장기간 2년)의 범위에서 허가신청기간을 연장할 수 있다(제4항).

Ⅴ. 폐기물처리업의 업종 구분과 영업 내용

폐기물처리업의 업종 구분과 영업 내용은 다음과 같다(제5항).

① 폐기물 수집·운반업 : 폐기물을 수집하여 재활용 또는 처분 장소로 운반하거나 폐기물을 수출하기 위하여 수집·운반하는 영업(제1호)
② 폐기물 중간처분업 : 폐기물 중간처분시설을 갖추고 폐기물을 소각 처분, 기계적 처분, 화학적 처분, 생물학적 처분, 그 밖에 환경부장관이 폐기물을 안전하게 중간처분할 수 있다고 인정하여 고시하는 방법으로 중간처분하는 영업(제2호)
③ 폐기물 최종처분업 : 폐기물 최종처분시설을 갖추고 폐기물을 매립 등(해역 배출은 제외)의 방법으로 최종처분하는 영업(제3호)
④ 폐기물 종합처분업 : 폐기물 중간처분시설 및 최종처분시설을 갖추고 폐기물의 중간처분과 최종처분을 함께 하는 영업(제4호)
⑤ 폐기물 중간재활용업 : 폐기물 재활용시설을 갖추고 중간가공 폐기물을 만드는 영업(제5호)
⑥ 폐기물 최종재활용업 : 폐기물 재활용시설을 갖추고 중간가공 폐기물을 법 제13조의2에 따른 폐기물의 재활용 원칙 및 준수사항에 따라 재활용하는 영업(제6호)
⑦ 폐기물 종합재활용업 : 폐기물 재활용시설을 갖추고 중간재활용업과

최종재활용업을 함께 하는 영업(제7호)

Ⅵ. 처리 대상 폐기물을 스스로 수집 · 운반

제5항 제2호부터 제7호까지의 규정에 해당하는 폐기물처리업 허가를 받은 자는 같은 항 제1호에 따른 폐기물 수집 · 운반업의 허가를 받지 아니하고 그 처리 대상 폐기물을 스스로 수집 · 운반할 수 있다(제6항).

Ⅶ. 허가를 할 때 필요조건 제시

환경부장관 또는 시 · 도지사는 제3항에 따라 허가를 할 때에는 주민생활의 편익, 주변 환경보호 및 폐기물처리업의 효율적 관리 등을 위하여 필요한 조건을 붙일 수 있다. 다만, 영업 구역을 제한하는 조건은 생활폐기물의 수집 · 운반업에 대하여 붙일 수 있으며, 이 경우 시 · 도지사는 시 · 군 · 구 단위 미만으로 제한하여서는 아니 된다(제7항).

Ⅷ. 폐기물처리업 허가증 대여 금지

제3항에 따른 폐기물처리업의 허가를 받은 자(이하 "폐기물처리업자"라 한다)는 다른 사람에게 자기의 성명이나 상호를 사용하여 폐기물을 처리하게 하거나 그 허가증을 다른 사람에게 빌려주어서는 아니 된다(제8항).

Ⅸ. 폐기물처리업자의 준수사항

폐기물처리업자는 다음 각 호의 준수사항을 지켜야 한다(제9항).

① 환경부령으로 정하는 바에 따라 폐기물을 허가받은 사업장 내 보관시설이나 승인받은 임시보관시설 등 적정한 장소에 보관할 것(제1호)
② 환경부령으로 정하는 양 또는 기간을 초과하여 폐기물을 보관하지 말 것(제2호)

③ 자신의 처리시설에서 처리가 어렵거나 처리능력을 초과하는 경우에는 폐기물의 처리를 위탁받지 말 것(제3호)

④ 그 밖에 폐기물 처리 계약 시 계약서 작성 · 보관 등 환경부령으로 정하는 준수사항을 지킬 것(제4호)

▸▸ **폐기물처리업자의 준수사항** : 법 제25조 제9항에서 "환경부령으로 정하는 준수사항"이란 별표 8과 같다(법 시행규칙 제32조).

Ⅹ. 의료폐기물과 다른 폐기물 분리 등

의료폐기물의 수집 · 운반 또는 처분을 업(業)으로 하려는 자는 다른 폐기물과 분리하여 별도로 수집 · 운반 또는 처분하는 시설 · 장비 및 사업장을 설치 · 운영하여야 한다(제10항).

Ⅺ. 변경허가 및 변경신고

제3항에 따라 허가를 받은 자가 환경부령으로 정하는 중요사항을 변경하려면 변경허가를 받아야 하고, 그 밖의 사항 중 환경부령으로 정하는 사항을 변경하려면 변경신고를 하여야 한다(제11항).

Ⅻ. 적합 통보 · 허가 또는 변경허가 · 변경신고 의제

지정폐기물과 지정폐기물 외의 폐기물을 동일한 폐기물처리시설에서 처리하려는 자가 지정폐기물과 관련하여 ① 제2항에 따라 환경부장관으로부터 폐기물 처리 사업계획서의 적합 통보를 받은 경우, ② 제3항에 따라 환경부장관으로부터 폐기물처리업의 허가를 받은 경우, ③ 제11항에 따라 환경부장관으로부터 폐기물처리업의 변경허가를 받거나 환경부장관에게 변경신고를 한 경우 등의 어느 하나에 해당하면 지정폐기물 외의 폐기물과 관련하여 각각 그에 해당하는 시 · 도지사의 적합 통보 · 허가 또는 변경허가를 받거나 시 ·

도지사에게 변경신고를 한 것으로 본다(제12항).

XIII. 의제를 받으려는 자는 관련서류 함께 제출

지정폐기물 외의 폐기물과 관련하여 제12항에 따른 시 · 도지사의 적합 통보 · 허가 · 변경허가 · 변경신고의 의제(擬制)를 받으려는 자는 환경부장관에게 폐기물처리 사업계획서의 제출, 폐기물처리업의 허가신청, 변경허가 신청 또는 변경신고를 할 때에 환경부령으로 정하는 관련서류를 함께 제출하여야 한다(제13항).

XIV. 의견청취 및 내용 통보

환경부장관은 제13항에 따라 관련서류를 제출받으면 관할 시 · 도지사의 의견을 들어야 하며, 적합통보 · 허가 · 변경허가를 하거나 변경신고를 받으면 관할 시 · 도지사에게 그 내용을 알려야 한다(제14항).

XV. 산업단지에서 폐기물처리업을 하려는 자 등의 허가신청

폐기물처리업을 하려는 자 중 ①「산업입지 및 개발에 관한 법률」 제2조 제8호에 따른 산업단지에서 폐기물처리업을 하려는 자, ②「자원의 절약과 재활용촉진에 관한 법률」 제34조에 따른 재활용단지에서 폐기물처리업을 하려는 자, ③ 제5항 제5호부터 제7호까지의 규정에 따른 폐기물 재활용업을 하려는 자 등의 어느 하나에 해당하는 자는 제1항 및 제2항에 따른 절차를 거치지 아니하고 제3항에 따른 허가를 신청할 수 있다(제15항).

XVI. 위반시 벌칙 : 징역 · 벌금 · 과태료

위반시 벌칙으로 (1) ① 법 제25조 제3항에 따른 허가를 받지 아니하고 폐기물처리업을 한 자, ② 거짓이나 그 밖의 부정한 방법으로 법 제25조 제3항에 따른 폐기물처리업 허가를 받은 자는 5년 이하의 징역이나 5천만원 이하의 벌금에 처하도록 하고 있고, (2) 법 제25조 제11항에 따른 변경허가를 받지 아니하고 폐기물처리업의 허가사항을 변경한 자는 3년 이하의 징역이나 3천만원 이하의 벌금에 처하도록 하고 있으며, (3) ① 법 제25조 제5항에 따른 업종 구분과 영업 내용의 범위를 벗어나는 영업을 한 자, ② 법 제25조 제7항의 조건을 위반한 자, ③ 법 제25조 제8항을 위반하여 다른 사람에게 자기의 성명이나 상호를 사용하여 폐기물을 처리하게 하거나 그 허가증을 다른 사람에게 빌려준 자, ④ 법 제25조 제9항 제1호 또는 제2호를 위반하여 폐기물을 보관한 자는 2년 이하의 징역이나 2천만원 이하의 벌금에 처하도록 하고 있다. 그리고 (4) 법 제25조 제9항 제3호 또는 제4호에 따른 준수 사항을 지키지 아니한 자에게는 1천만원 이하의 과태료를 부과하도록 하고 있으며, (5) 법 제25조 제11항에 따른 변경신고를 하지 아니하고 신고사항을 변경한 자에게는 300만원 이하의 과태료를 부과하도록 하고 있다.

제 14 절 폐기물처리시설의 설치(법 제29조)

폐기물관리법에서는 폐기물처리시설 설치기준, 폐기물처리시설 설치승인 · 설치신고, 중요사항 변경승인 · 변경신고, 폐기물처리시설 사용신고 등 폐기물처리시설의 설치와 관련하여 규정을 두고 있다.

I. 폐기물처리시설 설치기준

폐기물처리시설은 환경부령으로 정하는 기준에 맞게 설치하되, 환경부령으로 정하는 규모 미만의 폐기물 소각 시설을 설치 · 운영하여서는 아니 된다(제1항).

▶▶ **폐기물처리시설의 설치기준** : 법 제29조 제1항에 따른 폐기물처리시설의 설치기준은 별표 9와 같다(법 시행규칙 제35조 제1항).
▶▶ **설치가 금지되는 폐기물 소각 시설** : 법 제29조 제1항에서 "환경부령으로 정하는 규모 미만의 폐기물 소각 시설"이란 시간당 폐기물 소각 능력이 25킬로그램 미만인 폐기물 소각 시설을 말한다(법 시행규칙 제36조).

Ⅱ. 폐기물처리시설 설치승인 · 설치신고

법 제25조 제3항에 따른 폐기물처리업의 허가를 받았거나 받으려는 자 외의 자가 폐기물처리시설을 설치하려면 환경부장관의 승인을 받아야 한다. 다만, 제1호의 폐기물처리시설을 설치하는 경우는 제외하며, 제2호의 폐기물처리시설을 설치하려면 환경부장관에게 신고하여야 한다(제2항).

① 학교 · 연구기관 등 환경부령으로 정하는 자가 환경부령으로 정하는 바에 따라 시험 · 연구목적으로 설치 · 운영하는 폐기물처리시설(제1호)
② 환경부령으로 정하는 규모의 폐기물처리시설(제2호)

Ⅲ. 폐기물처리시설 설치 승인 · 신고의 제외 대상 등

1. 폐기물처리시설 설치승인 제외 대상

법 제29조 제2항 제1호에서 "환경부령으로 정하는 자"란 ①「환경기술 및 환경산업 지원법」 제5조 제1항에 따른 기관, ②「고등교육법」 제2조에 따른 대학 · 산업대학 · 전문대학 · 기술대학 및 그 부설연구기관, ③ 국 · 공립연구기관, ④「기초연구진흥 및 기술개발지원에 관한 법률」 제14조 제1항 제2호에 따른 기업부설연구소 및 기업의 연구개발전담부서, ⑤「산업기술연구조합 육성법」에 따른 산업기술연구조합, ⑥「환경친화적 산업구조로의 전환촉진에 관한 법률」 제6조 제2항에 따른 기관 및 단체, ⑦ 그 밖에 환경부장관이 정하여 고시하는 자 등의 자를 말한다(법 시행규칙 제37조 제1항).

2. 설치 · 운영계획서 제출 및 확인결과 통보

법 제29조 제2항 제1호에 따른 폐기물처리시설을 설치 · 운영하려는 자는 별지 제22호서식의 폐기물 처분시설 또는 재활용시설 설치 · 운영계획서를 시 · 도지사나 지방환경관서의 장에게 제출하여야 하며, 이를 제출받은 시 · 도지사나 지방환경관서의 장은 그 시설을 설치 · 운영하려는 자가 제1항 각 호의 어느 하나에 해당하는 자인지 여부, 적절한 환경시설을 설치하였는지 여부 및 시험 · 연구 목적을 확인하고 그 확인결과(환경시설의 경우 보완할 사항이 있으면 그 보완할 사항을 포함)를 신청인에게 알려야 한다(법 시행규칙 제37조 제2항).

Ⅳ. 설치신고대상 폐기물처리시설

법 제29조 제2항 제2호에서 "환경부령으로 정하는 규모의 폐기물처리시설"이란 ① 일반소각시설로서 1일 처분능력이 100톤(지정폐기물의 경우에는 10톤) 미만인 시설, ② 고온소각시설 · 열분해시설 · 고온용융시설 또는 열처리조합시설로서 시간당 처분능력이 100킬로그램 미만인 시설, ③ 기계적 처분시설 또는 재활용시설 중 증발 · 농축 · 정제 또는 유수분리시설로서 시간당 처분능력 또는 재활용능력이 125킬로그램 미만인 시설, ④ 기계적 처분시설 또는 재활용시설 중 압축 · 압출 · 성형 · 주조 · 파쇄 · 분쇄 · 탈피 · 절단 · 용융 · 용해 · 연료화 · 소성(시멘트 소성로는 제외) 또는 탄화시설로서 1일 처분능력 또는 재활용능력이 100톤 미만인 시설, ⑤ 기계적 처분시설 또는 재활용시설 중 탈수 · 건조시설, 멸균분쇄시설 및 화학적 처분시설 또는 재활용시설, ⑥ 생물학적 처분시설 또는 재활용시설로서 1일 처분능력 또는 재활용능력이 100톤 미만인 시설, ⑦ 소각열회수시설로서 1일 재활용능력이 100톤 미만인 시설 등의 시설을 말한다(법 시행규칙 제38조).

Ⅴ. 폐기물처리시설의 설치 승인

1. 설치승인신청서 제출 및 첨부서류

법 제29조 제2항에 따라 폐기물처리시설을 설치하려는 자는 별지 제23호서식의 폐기물 처분시설 또는 재활용시설 설치승인신청서에 ① 처분 또는 재활용 대상 폐기물 배출업체의 제조공정도 및 폐기물배출명세서(사업장폐기물배출자가 설치하는 경우만 제출)(제1호), ② 폐기물의 종류, 성질·상태 및 예상배출량명세서(사업장폐기물배출자가 설치하는 경우만 제출)(제2호), ③ 처분 또는 재활용 대상 폐기물의 처분 또는 재활용 계획서(재활용시설의 경우에는 재활용 용도 또는 방법을 포함)(제3호), ④ 폐기물 처분시설 또는 재활용시설의 설치 및 장비확보 계획서(제4호), ⑤ 폐기물 처분시설 또는 재활용시설의 설계도서(음식물류 폐기물을 처분 또는 재활용하는 시설인 경우에는 물질수지도를 포함)(제5호), ⑥ 처분 또는 재활용 후에 발생하는 폐기물의 처분 또는 재활용계획서(제6호), ⑦ 공동폐기물 처분시설 또는 재활용시설의 설치·운영에 드는 비용부담 등에 관한 규약(법 제18조 제5항에 따라 폐기물처리시설을 공동으로 설치·운영하는 경우만 제출)(제7호), ⑧ 폐기물 매립시설의 사후관리계획서(제8호), ⑨ 환경부장관이 고시하는 사항을 포함한 시설설치의 환경성조사서[면적이 1만 제곱미터 이상이거나 매립용적이 3만 세제곱미터 이상인 매립시설, 1일 처분능력이 100톤 이상(지정폐기물의 경우에는 10톤 이상)인 소각시설, 1일 재활용능력이 100톤 이상인 소각열회수시설이나 폐기물을 연료로 사용하는 시멘트 소성로의 경우만 제출]. 다만, 「환경영향평가법」에 따른 전략환경영향평가 대상사업, 환경영향평가 대상사업 또는 소규모 환경영향평가 대상사업의 경우에는 전략환경영향평가서, 환경영향평가서나 소규모 환경영향평가서로 대체할 수 있다(제9호). ⑩ 배출시설의 설치허가 신청 또는 신고 시의 첨부서류(배출시설에 해당하는 폐기물 처분시설 또는 재활용시설을 설치하는 경우만 제출하며 제1호부터 제8호까지의 서류와 중복되면 그 서류는 제출하지 아니할 수 있다)(제10호) 등의 서류를 첨부하여 그 시설의 소재지를 관할하는 시·도지사나 지방환경관서의 장에게 제출하여야 한다(법 시행규칙 제39조 제1항).

2. 설치승인서 발급

시·도지사나 지방환경관서의 장은 제1항에 따른 폐기물 처분시설 또는 재활용시설 설치승인 신청이 ① 법 시행규칙 제14조에 따른 폐기물처리에 관한 구체적인 기준 및 방법, ② 법 시행규칙 제35조 제1항에 따른 폐기물처리시설의 설치기준 등의 기준 및 방법에 적합하면 별지 제24호서식의 폐기물

처분시설 또는 재활용시설 설치승인서를 신청인에게 내주어야 한다(법 시행규칙 제39조 제2항).

Ⅵ. 폐기물처리시설의 설치신고

1. 설치신고서 제출 및 첨부서류

법 제29조 제2항 단서에 따라 폐기물처리시설의 설치신고를 하려는 자는 별지 제25호서식의 폐기물 처분시설 또는 재활용시설 설치신고서에 ① 폐기물 처분시설 또는 재활용시설의 설치 및 장비확보 계획서(제1호), ② 환경부장관이 고시하는 사항을 포함한 시설설치의 환경성조사서(1일 소각용량이 50톤 이상인 소각시설 또는 소각열회수시설의 경우만 제출)(제2호), ③ 배출시설의 설치허가 신청 또는 신고 시의 첨부서류(배출시설에 해당하는 폐기물 처분시설 또는 재활용시설의 경우만 제출)(제3호), ④ 공동폐기물 처분시설 또는 재활용시설의 설치 · 운영에 드는 비용부담 등에 관한 규약(법 제18조 제5항에 따라 폐기물처리시설을 공동으로 설치 · 운영하는 경우만 제출)(제4호) 등의 서류를 첨부하여 시 · 도지사나 지방환경관서의 장에게 제출하여야 한다(법 시행규칙 제40조 제1항).

2. 신고증명서 발급

시 · 도지사나 지방환경관서의 장은 제1항에 따른 신고서를 받으면 별지 제26호서식의 신고증명서를 신고인에게 내주어야 한다(법 시행규칙 제40조 제2항).

Ⅶ. 변경승인 · 변경신고

법 제29조 제2항의 경우에 승인을 받았거나 신고한 사항 중 환경부령으로 정하는 중요사항을 변경하려면 각각 변경승인을 받거나 변경신고를 하여야 한다(제3항).

1. 변경승인을 받아야 할 중요사항

법 제29조 제3항에 따라 변경승인을 받아야 할 중요사항은 ① 상호의 변경(사업장폐기물배출자가 설치하는 경우만 해당)(제1호), ② 처분 또는 재활용 대상 폐기물의 변경(제2호), ③ 처분시설 또는 재활용시설 소재지의 변경(제3호), ④ 승인 또는 변경승인을 받은 처분 또는 재활용 용량의 합계 또는 누계의 100분의 30 이상의 증가(제4호), ⑤ 매립시설 제방의 증·개축(제5호), ⑥ 주요설비의 변경[다만, 다음(가. 폐기물 처분시설의 구조변경으로 별표 9 제1호 나목 2) 가)의 (1)·(2), 나)의 (1)·(2), 다)의 (2)·(3), 라)의 (1)·(2)의 기준이 변경되는 경우, 나. 폐기물 재활용시설의 구조 변경으로 별표 9 제3호 마목 13)·14) 또는 사목 11)·12)의 기준이 변경되는 경우, 다. 차수시설·침출수 처리시설이 변경되는 경우, 라. 별표 9 제2호 나목 2) 바)에 따른 가스 처리시설 또는 가스 활용시설이 설치되거나 변경되는 경우, 마. 배출시설의 변경허가 또는 변경신고 대상이 되는 경우) 각 목의 경우만 해당](제6호) 등과 같다(법 시행규칙 제39조 제3항).

2. 설치변경승인신청서 제출 및 첨부서류

법 시행규칙 제39조 제3항에 따라 변경승인을 받으려는 자는 제3항 제2호부터 제6호까지의 규정에 해당하면 변경 전에, 제3항 제1호에 해당하면 승인 사유가 발생한 날부터 30일 이내에 각각 별지 제23호서식의 폐기물 처분시설 또는 재활용시설 설치변경승인신청서에 ① 폐기물 처분시설 또는 재활용시설 설치승인서, ② 변경내용을 확인할 수 있는 서류(제3항 제1호의 경우만 제출), ③ 폐기물 처분시설 또는 재활용시설의 설치변경계획서(제3항 제4호부터 제6호까지의 경우만 제출), ④ 배출시설의 변경허가 신청 또는 변경신고의 첨부서류(처분 또는 재활용 용량이나 주요 설비의 변경 등으로 배출시설의 변경허가 또는 변경신고 대상에 해당되는 경우만 제출), ⑤ 환경성조사서(처분 또는 재활용 용량의 증가로 제1항 제9호에 해당되는 경우만 제출) 등의 서류를 첨부하여 시·도지사나 지방환경관서의 장에게 제출하여야 한다(법 시행규칙 제39조 제4항).

3. 변경신고를 하여야 할 중요사항

법 제29조 제3항에 따라 변경신고를 하여야 할 중요사항은 ① 상호의 변경(사업장폐기물배출자가 설치하는 경우만 해당)(제1호), ② 처분시설 또는 재활용시설 소재지의 변경(제2호), ③ 처분 또는 재활용 대상 폐기물의 변경(제3호), ④ 신고 또는 변경신고를 한 처분 또는 재활용 용량의 합계 또는 누계의 100분의 30 이상의 증가(제4호), ⑤ 주요 설비의 변경[다만, 폐기물 처분시설의 구조

변경으로 별표 9 제1호 나목 2) 가)의 (1)·(2), 나)의 (1)·(2), 다)의 (2)·(3), 라)의 (1)·(2)의 기준이 변경되는 경우, 폐기물 재활용시설의 구조변경으로 별표 9 제3호 마목 13)·14) 또는 사목 11)·12)의 기준이 변경되는 경우 및 배출시설의 변경허가 또는 변경신고 대상이 되는 경우만 해당](제5호) 등과 같다(법 시행규칙 제40조 제3항).

4. 설치변경신고서 제출 및 첨부서류

법 시행규칙 제40조 제3항에 따른 변경신고를 하려는 자는 제3항 제2호부터 제5호까지의 규정에 해당하면 변경 전에, 제3항 제1호에 해당하면 신고사유가 발생한 날부터 30일 이내에 각각 별지 제25호서식의 폐기물 처분시설 또는 재활용시설 설치변경신고서에 ① 폐기물 처분시설 또는 재활용시설 설치신고증명서, ② 변경내용을 확인할 수 있는 서류(제3항 제1호의 경우만 제출), ③ 폐기물 처분시설 또는 재활용시설의 설치변경계획서(제3항 제4호 및 제5호의 경우만 제출), ④ 배출시설의 변경허가 신청 또는 변경신고의 첨부서류(처분 또는 재활용 용량이나 주요 설비의 변경 등으로 배출시설의 변경허가 또는 변경신고 대상에 해당되는 경우만 제출) 등의 서류를 첨부하여 시·도지사나 지방환경관서의 장에게 제출하여야 한다(법 시행규칙 제40조 제4항).

Ⅷ. 폐기물처리시설 사용개시신고

폐기물처리시설을 설치하는 자는 그 설치공사를 끝낸 후 그 시설의 사용을 시작하려면 ① 폐기물처리업자가 설치한 폐기물처리시설의 경우 : 법 제25조 제3항에 따른 허가관청(제1호), ② 제1호 외의 폐기물처리시설의 경우 : 법 제29조 제2항에 따른 승인관청 또는 신고관청(제2호) 등의 구분에 따라 해당 행정기관의 장에게 신고하여야 한다(제4항).

▸▸ 사용개시신고서 및 첨부서류 : 법 제29조 제4항에 따라 폐기물처리시설의 설치자(법 시행규칙 제29조[44]) 제1항 제2호 가목, 나목 및 라목부터 바목까지와

44) 「폐기물관리법 시행규칙」 제29조(폐기물처리업의 변경허가) ① 법 제25조 제11항에 따라 폐기물처리업의 변경허가를 받아야 할 중요사항은 다음 각 호와 같다.
1. 폐기물 수집 · 운반업
가. 수집 · 운반대상 폐기물의 변경
나. 영업구역의 변경
다. 주차장 소재지의 변경(지정폐기물을 대상으로 하는 수집 · 운반업만 해당한다)
라. 운반차량(임시차량은 제외한다)의 증차
2. 폐기물 중간처분업, 폐기물 최종처분업 및 폐기물 종합처분업
가. 처분대상 폐기물의 변경
나. 폐기물 처분시설 소재지의 변경
다. 운반차량(임시차량은 제외한다)의 증차
라. 폐기물 처분시설의 신설
마. 처분용량의 100분의 30 이상의 변경(허가 또는 변경허가를 받은 후 변경되는 누계를 말한다)
바. 주요 설비의 변경. 다만, 다음 1)부터 4)까지의 경우만 해당한다.
1) 폐기물 처분시설의 구조 변경으로 인하여 별표 9 제1호 나목 2) 가)의 (1) · (2), 나)의 (1) · (2), 다)의 (2) · (3), 라)의 (1) · (2)의 기준이 변경되는 경우
2) 차수시설 · 침출수 처리시설이 변경되는 경우
3) 별표 9 제2호 나목 2) 바)에 따른 가스처리시설 또는 가스활용시설이 설치되거나 변경되는 경우
4) 배출시설의 변경허가 또는 변경신고의 대상이 되는 경우
사. 매립시설 제방의 증 · 개축
아. 허용보관량의 변경
3. 폐기물 중간재활용업, 폐기물 최종재활용업 및 폐기물 종합재활용업
가. 재활용대상 폐기물의 변경
나. 재활용 용도 또는 방법의 변경
다. 폐기물 재활용시설 소재지의 변경
라. 운반차량(임시차량은 제외한다)의 증차
마. 폐기물 재활용시설의 신설
바. 허가 또는 변경허가를 받은 재활용 용량의 100분의 30 이상(금속을 회수하는 최종재활용업 또는 종합재활용업의 경우에는 100분의 50 이상)의 변경(허가 또는 변경허가를 받은 후 변경되는 누계를 말한다)
사. 주요 설비의 변경. 다만, 다음 1) 및 2)의 경우만 해당한다.
1) 폐기물 재활용시설의 구조 변경으로 인하여 별표 9 제3호 마목 13) · 14) 또는 사목 11) · 12)에 따른 기준이 변경되는 경우
2) 배출시설의 변경허가 또는 변경신고의 대상이 되는 경우
아. 허용보관량의 변경
② 제1항에 따른 변경허가를 받으려는 자는 미리 별지 제18호서식의 변경허가신청서에 다음 각 호의 서류를 첨부하여 시 · 도지사나 지방환경관서의 장에게 제출하여야 한다.
1. 허가증 원본
2. 변경내용을 확인할 수 있는 서류
3. 배출시설의 설치허가 신청 또는 신고 시의 첨부서류(배출시설에 해당하는 폐기물처리시설을 신설하는 경우만 제출한다)
4. 배출시설의 변경허가 신청 또는 변경신고 시의 첨부서류(처리용량이나 주요 설비의 변경으로 배출시설의 변경허가 또는 변경신고를 받아야 될 경우만 제출한다)

같은 항 제3호 가목부터 다목까지 및 마목부터 사목까지의 규정에 따라 폐기물처리업의 변경허가를 받은 자를 포함)는 해당 시설의 사용개시일 10일 전까지 별지 제27호서식이나 별지 제28호서식의 사용개시신고서에 ① 해당 시설의 유지관리계획서(제1호), ② 가. 소각시설, 나. 매립시설, 다. 멸균분쇄시설(법 시행령 별표 3 제1호 나목 9)에 해당하는 시설로서 의료폐기물을 대상으로 하는 시설을 포함), 라. 음식물류 폐기물을 처리하는 시설로서 1일 처리능력 100킬로그램 이상인 시설(이하 "음식물류 폐기물 처리시설"이라 한다). 다만, 1일 재활용능력이 100킬로그램 이상 200 킬로그램 미만인 음식물류 폐기물 소멸화 시설은 2015년 7월 1일부터 2017년 6월 30일까지 제외한다. 마. 시멘트 소성로(폐기물을 연료로 사용하는 경우로 한정), 바. 소각열회수시설 등의 어느 하나에 해당하는 시설(법 제29조 제2항 제1호에 따른 시설은 제외)의 경우에는 제3항에 따른 검사기관에서 발행한 그 시설의 검사결과서(제2호) 등의 서류를 첨부하여 시 · 도지사나 지방환경관서의 장에게 제출하여야 한다. 다만, 「대기환경보전법」 제2조 제12호[45]에 따른 대기오염방지시설만을 증설하거나 교체하였을 때에는 제2호의 서류를 첨부하지 아니할 수 있다(법 시행규칙 제41조 제1항).

---

5. 환경부장관이 정하여 고시하는 사항을 포함하는 환경성조사서(소각시설, 매립시설, 소각열회수시설 또는 폐기물을 연료로 사용하는 시멘트 소성로의 소재지가 변경된 경우로 한정하되, 「환경영향평가법」에 따른 전략환경영향평가 대상사업, 환경영향평가 대상사업 또는 소규모 환경영향평가 대상사업인 경우에는 전략환경영향평가서, 환경영향평가서나 소규모 환경영향평가서로 대체할 수 있다)
6. 그 밖에 시 · 도지사 또는 지방환경관서의 장이 제3항에 따른 검토에 필요하다고 인정하는 서류

③ 시 · 도지사나 지방환경관서의 장은 제1항 제1호 다목, 제2호 나목 및 제3호 다목에 대하여 변경허가를 하려는 경우에는 다음 각 호의 사항을 검토하여야 한다.

1. 법 제25조 제2항 제2호 및 제4호
2. 법 제33조 제2항에 따른 경매, 환가, 압류재산의 매각 및 그 밖에 이에 준하는 절차의 진행여부

45) • 「대기환경보전법」(2015.1.20. 일부개정, 법률 제13034호) 제2조(정의) 이 법에서 사용하는 용어의 뜻은 다음과 같다.

12. "대기오염방지시설"이란 대기오염물질배출시설로부터 나오는 대기오염물질을 연소조절에 의한 방법 등으로 없애거나 줄이는 시설로서 환경부령으로 정하는 것을 말한다.

• 「대기환경보전법 시행규칙」(2015.7.21. 일부개정, 환경부령 제608호) 제6조(대기오염방지시설) 법 제2조 제12호에 따른 대기오염방지시설(이하 "방지시설"이라 한다)은 별표 4와 같다.

[별표 4] 대기오염방지시설(제6조 관련)

1. 중력집진시설
2. 관성력집진시설
3. 원심력집진시설
4. 세정집진시설
5. 여과집진시설

Ⅸ. 위반시 벌칙: 징역 · 벌금 · 과태료

위반시 벌칙으로 (1) 법 제29조 제2항을 위반하여 승인을 받지 아니하고 폐기물처리시설을 설치한 자는 3년 이하의 징역이나 3천만원 이하의 벌금에 처하도록 하고 있으며, (2) ① 법 제29조 제1항을 위반하여 설치가 금지되는 폐기물 소각시설을 설치 · 운영한 자, ② 법 제29조 제2항을 위반하여 신고를 하지 아니하고 폐기물처리시설을 설치한 자, ③ 법 제29조 제3항에 따른 변경승인을 받지 아니하고 승인받은 사항을 변경한 자는 2년 이하의 징역이나 2천만원 이하의 벌금에 처하도록 하고 있다. 그리고 (3) 법 제29조 제3항에 따른 변경신고를 하지 아니하고 신고사항을 변경한 자에게는 300만원 이하의 과태료를 부과하도록 하고 있으며, (4) 법 제29조 제4항에 따른 신고를 하지 아니하고 해당 시설의 사용을 시작한 자에게는 100만원 이하의 과태료를 부과하도록 하고 있다.

제 15 절 폐기물처리시설의 검사(법 제30조)

폐기물관리법에서는 검사기관으로부터 검사의무, 검사대상, 검사기관, 정기검사, 정기검사기간, 적합판정여부, 검사절차 및 기준 등 폐기물처리시설의 검사와 관련하여 규정을 두고 있다.

---

6. 전기집진시설
7. 음파집진시설
8. 흡수에 의한 시설
9. 흡착에 의한 시설
10. 직접연소에 의한 시설
11. 촉매반응을 이용하는 시설
12. 응축에 의한 시설
13. 산화 · 환원에 의한 시설
14. 미생물을 이용한 처리시설
15. 연소조절에 의한 시설
16. 위 제1호부터 제15호까지의 시설과 같은 방지효율 또는 그 이상의 방지효율을 가진 시설로서 환경부장관이 인정하는 시설

※ 비고 : 방지시설에는 대기오염물질을 포집하기 위한 장치(후드), 오염물질이 통과하는 관로(덕트), 오염물질을 이송하기 위한 송풍기 및 각종 펌프 등 방지시설에 딸린 기계 · 기구류 (예비용을 포함한다) 등을 포함한다.

Ⅰ. 검사의무

환경부령으로 정하는 폐기물처리시설의 설치를 마친 자는 환경부령으로 정하는 검사기관으로부터 검사를 받아야 한다. 법 제29조 제3항에 따른 변경승인을 받거나 변경신고를 한 경우로서 환경부령으로 정하는 경우에도 또한 같다(제1항).

Ⅱ. 검사대상

법 제30조 제1항 전단에서 "환경부령으로 정하는 폐기물처리시설"이란 법 제29조 제2항 제1호에 따른 시설을 제외한 ① 소각시설, ② 매립시설, ③ 멸균분쇄시설, ④ 음식물류 폐기물처리시설(음식물류 폐기물에 대한 중간처리 후 새로 발생한 폐기물을 처리하는 시설을 포함), ⑤ 시멘트 소성로(폐기물을 연료로 사용하는 경우로 한정), ⑥ 소각열회수시설 등의 시설을 말한다(법 시행규칙 제41조 제2항).

Ⅲ. 검사기관

법 제30조 제1항 전단에서 "환경부령으로 정하는 검사기관"이란 다음[46)]

---

46) 1. 소각시설의 검사기관: 다음 각 목의 기관
가. 한국환경공단
나. 한국기계연구원
다. 한국산업기술시험원
라. 대학, 정부출연기관, 그 밖에 소각시설을 검사할 수 있다고 인정하여 환경부장관이 고시하는 기관
2. 매립시설의 검사기관: 다음 각 목의 기관
가. 한국환경공단
나. 「정부출연연구기관 등의 설립 · 운영 및 육성에 관한 법률」에 따라 설립된 한국건설기술연구원
다. 「한국농어촌공사 및 농지관리기금법」에 따른 한국농어촌공사
라. 수도권매립지관리공사
3. 멸균분쇄시설의 검사기관 : 다음 각 목의 기관
가. 한국환경공단
나. 보건환경연구원
다. 한국산업기술시험원
4. 음식물류 폐기물 처리시설의 검사기관: 다음 각 목의 기관

각 호의 기관을 말한다(법 시행규칙 제41조 제3항).

Ⅳ. 변경승인 · 변경신고 경우

법 제30조 제1항 후단에서 "환경부령으로 정하는 경우"란 ① 법 시행규칙 제39조 제3항 제2호 및 제4호 부터 제6호까지 규정 중 어느 하나에 해당하여 변경승인을 받은 경우, ② 법 시행규칙 제40조 제3항 제3호부터 제5호까지의 규정 중 어느 하나에 해당하여 변경신고를 한 경우 등을 말한다(법 시행규칙 제41조 제4항).

Ⅴ. 정기검사

법 제30조 제1항에 따른 폐기물처리시설을 설치 · 운영하는 자는 환경부령으로 정하는 기간마다 제1항에 따른 검사기관으로부터 정기검사를 받아야 한다. 이 경우 검사기간 내에 「환경기술 및 환경산업 지원법」 제13조[47]에 따라 같은 시설에 대한 기술진단을 받으면 정기 검사를 받은 것으로 본다(「환경기술 및 환경산업 지원법」 제13조 제3항에 따른 요청을 이행하지 아니한 경우는 제외)(제2항).

가. 한국환경공단
나. 한국산업기술시험원
다. 그 밖에 환경부장관이 정하여 고시하는 기관
5. 시멘트 소성로의 검사기관: 제1호 각 목의 기관
6. 소각열회수시설의 검사기관: 다음 각 목의 기관
가. 제3조 제3항 각 호의 기관(에너지회수기준의 검사)
나. 제1호 각 목의 기관(에너지회수기준 외의 검사)

47) 「환경기술 및 환경산업 지원법」(2015.2.3. 일부개정, 법률 제13174호). 정부소관부서: 환경부(환경기술경제과)

- 제1조(목적) 이 법은 환경기술의 개발 · 지원 및 보급을 촉진하고 환경산업을 육성함으로써 환경보전, 녹색성장 촉진 및 국민경제의 지속가능한 발전에 이바지함을 목적으로 한다.
- 제13조(기술진단) ① 환경부장관은 공공의 환경시설의 고장을 예방하고 적정한 운영을 도모하기 위하여 공공의 환경시설에 대한 기술진단을 할 수 있다.
② 환경부장관은 제1항에 따른 기술진단 결과 시설의 개선이 필요하다고 인정되는 경우에는 시설 개선 경비의 일부를 지원할 수 있다.
③ 환경부장관은 공공의 환경시설관리자에게 제1항에 따른 기술진단의 결과에 따라 시설의 보완 등 필요한 조치를 요청할 수 있다.
④ 공공의 환경시설관리자는 제1항에 따른 기술진단에 협조하여야 한다.
⑤ 제1항에 따른 기술진단의 대상 시설, 진단 주기 및 진단 비용 등에 필요한 사항은 환경부령으로 정한다.

Ⅵ. 정기검사기간

법 제30조 제2항에서 "환경부령으로 정하는 기간"이란 다음 각 호의 기간을 말한다(법 시행규칙 제41조 제5항).

① 소각시설, 소각열회수시설 : 최초 정기검사는 사용개시일부터 3년(「대기환경보전법」 제32조에 따른 측정기기를 설치하고 같은 법 시행령 제19조에 따른 굴뚝원격감시체계관제센터와 연결하여 정상적으로 운영되는 경우에는 사용개시일부터 5년), 2회 이후의 정기검사는 최종 정기검사일(법 시행규칙 제41조 제8항에 따라 검사결과서를 발급받은 날을 말한다. 이하 같다)부터 3년

② 매립시설 : 최초 정기검사는 사용개시일부터 1년, 2회 이후의 정기검사는 최종 정기검사일부터 3년

③ 멸균분쇄시설 : 최초 정기검사는 사용개시일부터 3개월, 2회 이후의 정기검사는 최종 정기검사일부터 3개월

④ 음식물류 폐기물 처리시설 : 최초 정기검사는 사용개시일부터 1년, 2회 이후의 정기검사는 최종 정기검사일부터 1년. 다만, 법 시행령 별표 3 제3호 다목 1) 가) 단서에 따른 시설 중 2015년 6월 30일 이전에 설치된 시설로 2017년 7월 1일 이후 처음 정기검사를 받는 경우에는 해당 정기검사가 최초 정기검사이면 사용개시일부터 3년, 2회 이후의 정기검사이면 최종 정기검사일부터 3년으로 한다.

⑤ 시멘트 소성로 : 최초 정기검사는 사용개시일부터 3년(「대기환경보전법」 제32조에 따른 측정기기를 설치하고 같은 법 시행령 제13조의2에 따른 굴뚝원격감시체계관제센터와 연결하여 정상적으로 운영되는 경우에는 사용개시일부터 5년), 2회 이후의 정기검사는 최종 정기검사일부터 3년

Ⅶ. 적합판정여부

법 제30조 제1항 또는 제2항에 따른 검사에서 적합 판정을 받지 아니한 폐기물처리시설은 사용할 수 없다. 다만, 검사를 위하여 그 시설을 사용하는

경우에는 그러하지 아니하다(제3항).

Ⅷ. 검사 절차 · 기준 등

법 제30조 제1항 및 제2항에 따른 검사의 절차 · 기준 및 검사기관의 관리기준, 그 밖에 필요한 사항은 환경부령으로 정한다(제4항).

▸▸ **폐기물처리시설의 사용신고 및 검사** : 법 제30조에 따른 검사를 위한 검사기준은 별표 10과 같다(법 시행규칙 제41조 제6항).

Ⅸ. 검사신청서 제출 및 첨부서류

법 제30조에 따른 검사를 받으려는 자는 검사를 받으려는 날 15일 전까지 별지 제29호서식이나 별지 제30호서식의 검사신청서에 다음[48] 각 호의 서류를 첨부하여 제3항에 따른 검사기관(이하 이 조에서 "검사기관"이라 한다)에 제출하여야 한다(법 시행규칙 제41조 제7항).

---

48) 1. 소각시설, 소각열회수시설이나 멸균분쇄시설의 경우
가. 설계도면
나. 폐기물조성비 내용
다. 운전 및 유지관리계획서
2. 매립시설의 경우
가. 설계도서 및 구조계산서 사본
나. 시방서 및 재료시험성적서 사본
다. 설치 및 장비확보 명세서
라. 환경부장관이 고시하는 사항을 포함한 시설설치의 환경성조사서(면적이 1만 제곱미터 이상이거나 매립용적이 3만 세제곱미터 이상인 매립시설의 경우만 제출한다). 다만, 「환경영향평가법」에 따른 전략환경영향평가 대상사업, 환경영향평가 대상사업 또는 소규모 환경영향평가 대상사업의 경우에는 전략환경영향평가서, 환경영향평가서나 소규모 환경영향평가서로 대체할 수 있다.
마. 종전에 받은 정기검사 결과서 사본(종전에 검사를 받은 경우에 한정한다)
3. 음식물류 폐기물 처리시설의 경우
가. 설계도면
나. 운전 및 유지관리계획서(물질수지도를 포함한다)
다. 재활용제품의 사용 또는 공급계획서(재활용의 경우만 제출한다)
4. 시멘트 소성로의 경우
가. 설계도면
나. 폐기물 성질 · 상태, 양, 조성비 내용
다. 운전 및 유지관리계획서

X. 검사결과서 발급 등

1. 검사결과서 발급

검사기관은 법 제30조 제1항 및 제2항에 따른 검사를 마치면 지체 없이 별지 제31호서식이나 별지 제32호서식의 검사결과서를 검사를 신청한 자에게 내주어야 한다(법 시행규칙 제41조 제8항).

2. 검사방법

멸균분쇄시설의 검사는 아포균 검사로 하고, 그 밖의 세부검사방법은 환경부장관이 정하여 고시한다(법 시행규칙 제41조 제9항).

3. 검사실적 보고

검사기관의 장은 분기별 검사실적을 별지 제33호서식 또는 별지 제34호서식에 따라 매 분기 다음달 20일까지 환경부장관에게 보고하고, 검사결과서 부본이나 그 밖에 검사와 관련된 서류를 5년간 보존하여야 한다(법 시행규칙 제41조 제10항).

XI. 위반시 벌칙 : 징역 · 벌금

위반시 벌칙으로 법 제30조 제1항부터 제3항까지의 규정을 위반하여 검사를 받지 아니하거나 적합 판정을 받지 아니하고 폐기물처리시설을 사용한 자는 3년 이하의 징역이나 3천만원 이하의 벌금에 처하도록 하고 있다.

제 16 절 폐기물처리시설의 관리(법 제31조)

폐기물관리법에서는 폐기물처리시설의 관리기준, 오염물질 측정 및 결과공개, 오염물질 측정기관 등, 주변지역 영향 조사 및 결과공개, 측정명령 · 주변지역 영향조사명령, 시설 개선명령 · 사용중지명령 등 폐기물처리시설의 관리와 관련하여 규정을 두고 있다.

Ⅰ. 폐기물처리시설의 관리기준

폐기물처리시설을 설치 · 운영하는 자는 환경부령으로 정하는 관리기준에 따라 그 시설을 유지 · 관리하여야 한다(제1항).

> ▸▸ **폐기물처리시설의 관리기준** : 법 제31조 제1항에 따른 폐기물처리시설의 관리기준은 별표 11과 같다(법 시행규칙 제42조 제1항).

Ⅱ. 오염물질 측정 및 결과 공개

1. 오염물질 측정 및 결과 제출

대통령령으로 정하는 폐기물처리시설을 설치 · 운영하는 자는 그 처리시설에서 배출되는 오염물질을 측정하거나 환경부령으로 정하는 측정기관으로 하여금 측정하게 하고, 그 결과를 환경부장관에게 제출하여야 한다(제2항).

> ▸▸ **오염물질 측정대상 폐기물처리시설** : 법 제31조 제2항에서 "대통령령으로 정하는 폐기물처리시설"이란 폐기물매립시설을 말한다(법 시행령 제13조).

2. 측정대상 오염물질 등

제2항에 따라 측정하여야 하는 오염물질, 측정주기, 측정결과의 보고, 그 밖에 필요한 사항은 환경부령으로 정한다(제8항).

3. 측정결과 공개

환경부장관은 「공공기관의 정보 공개에 관한 법률」로 정하는 바에 따라 제2항에 따른 측정결과를 공개하여야 한다(제10항).

Ⅲ. 오염물질 측정기관 등

1. 측정기관

법 제31조 제2항에서 "환경부령으로 정하는 측정기관"이란 ① 보건환경연구원, ② 한국환경공단, ③「환경분야 시험 · 검사 등에 관한 법률」 제16조 제1항에 따라 수질오염물질 측정대행업의 등록을 한 자, ④ 수도권매립지관리공사, ⑤ 그 밖에 국립환경과학원장이 정하여 고시하는 기관 등의 기관을 말한다(법 시행규칙 제43조 제1항).

2. 측정결과 보고 및 보존

폐기물처리시설을 설치 · 운영하는 자는 법 제31조 제2항에 따른 오염물질의 측정결과를 매분기가 끝나는 달의 다음 달 10일까지 시 · 도지사나 지방환경관서의 장에게 보고하고, 사후관리가 끝날 때까지 보존하여야 한다(법 시행규칙 제43조 제2항).

3. 측정대상 오염물질의 종류 및 측정주기

법 제31조 제2항에 따른 측정대상 오염물질의 종류 및 측정주기는 별표 12와 같다(법 시행규칙 제43조 제3항).

Ⅳ. 주변지역 영향 조사 및 결과 공개

1. 주변지역 영향 조사 및 결과 제출

대통령령으로 정하는 폐기물처리시설을 설치 · 운영하는 자는 그 폐기물처리시설의 설치 · 운영이 주변지역에 미치는 영향을 3년마다 조사하고, 그 결과를 환경부장관에게 제출하여야 한다(제3항).

▸▸ **주변지역 영향 조사대상 폐기물처리시설** : 법 제31조 제3항에서 "대통령령으로 정하는 폐기물처리시설"이란 폐기물처리업자가 설치 · 운영하는 ① 1일 처분능력이 50톤 이상인 사업장폐기물 소각시설(같은 사업장에 여러 개의 소각시설이 있는 경우에는 각 소각시설의 1일 처분능력의 합계가 50톤 이상인 경우를 말함), ② 매립면적 1만 제곱미터 이상의 사업장 지정폐기물 매립시설, ③ 매립면적 15만 제곱미터 이상의 사업장 일반폐기물 매립시설, ④ 시멘트 소성로(폐기물을 연료로 사용하는 경우로 한정), ⑤ 1일 재활용능력이 50톤 이상인 사업장폐기물 소각열회수시설(같은 사업장에 여러 개의 소각열회수시설이 있는 경우에는 각 소각열회수시설의 1일 재활용능력의 합계가 50톤 이상인 경우를 말함) 등의 시설을 말한다(법 시행령 제14조).

2. 조사의 방법 · 범위 등

제3항에 따른 조사의 방법 · 범위, 결과보고, 그 밖에 필요한 사항은 환경부령으로 정한다(제9항).

▸▸ **주변지역 영향조사의 기준** : 법 제31조 제9항에 따른 폐기물처리시설 설치 · 운영자의 주변지역 영향조사의 방법 · 범위 · 결과보고 등에 대한 구체적인 기준은 별표 13과 같다(법 시행규칙 제46조).

3. 조사결과 공개

환경부장관은 「공공기관의 정보 공개에 관한 법률」로 정하는 바에 따라 제3항에 따른 조사결과를 공개하여야 한다(제10항).

V. 측정명령 · 주변지역 영향조사명령

환경부장관은 폐기물처리시설을 설치 · 운영하는 자가 제2항에 따른 오염물질의 측정의무를 이행하지 아니하거나 제3항에 따라 주변지역에 미치는 영향을 조사하지 아니하면 환경부령으로 정하는 바에 따라 기간을 정하여 오염물질의 측정 또는 주변지역에 미치는 영향의 조사를 명령할 수 있다(제7항).

▶▶ **오염물질의 측정명령이나 주변지역 영향조사명령의 이행기간** : ① 법 제31조 제7항에 따라 시·도지사나 지방환경관서의 장이 오염물질의 측정을 명하려면 1개월의 범위에서 기간을 정하여 명하여야 한다(제1항). ② 법 제31조 제7항에 따라 시·도지사나 지방환경관서의 장이 주변지역에 대한 영향조사를 명하려면 6개월의 범위에서 기간을 정하여 명하여야 한다(제2항). ③ 시·도지사나 지방환경관서의 장은 폐기물처리시설의 설치·운영자가 천재지변이나 그 밖의 부득이한 사유로 제1항이나 제2항의 기간 내에 측정이나 조사를 끝내지 못하면 각각 1개월 또는 3개월의 범위에서 그 기간을 연장할 수 있다(제3항)(법 시행규칙 제45조).

Ⅵ. 시설 개선명령·사용중지명령

환경부장관은 폐기물처리시설의 설치 또는 유지·관리가 법 제29조 제1항에 따른 설치기준 또는 이 조 제1항에 따른 관리기준에 맞지 아니하거나 법 제30조 제1항 또는 제2항에 따른 검사 결과 부적합 판정을 받은 경우에는 그 시설을 설치·운영하는 자에게 환경부령으로 정하는 바에 따라 기간을 정하여 그 시설의 개선을 명하거나 그 시설의 사용중지(법 제30조 제1항 또는 제2항에 따른 검사 결과 부적합 판정을 받은 경우는 제외)를 명할 수 있다(제4항).

Ⅶ. 폐기물처리시설의 개선기간 등

1. 개선명령·사용중지명령 기간

법 제31조 제4항에 따라 시·도지사나 지방환경관서의 장이 폐기물처리시설의 개선 또는 사용중지를 명할 때에는 개선등에 필요한 조치의 내용, 시설의 종류 등을 고려하여 개선명령의 경우에는 1년의 범위에서, 사용중지명령의 경우에는 6개월의 범위에서 각각 그 기간을 정하여야 한다(법 시행규칙 제44조 제1항).

2. 개선기간 연장

시·도지사나 지방환경관서의 장은 천재지변이나 그 밖의 부득이한 사유로 제1항의 개선기간내에 그 조치를 끝내지 못한 자에 대하여는 6개월의 범위에서 그 기간을 연장할 수 있다(법 시행규칙 제44조 제2항).

3. 사용중지기간 내에 보고

폐기물처리시설의 설치자 또는 관리자는 제1항의 사용중지기간 내에 그 명령의 원인이 된 사유가 없어졌을 때에는 시 · 도지사나 지방환경관서의 장에게 보고하여야 한다(법 시행규칙 제44조 제3항).

4. 사용중지명령 철회

시 · 도지사나 지방환경관서의 장은 제3항에 따른 보고를 받으면 지체 없이 그 사실을 조사 · 확인하고, 그 사유가 없어졌다고 인정되면 그 명령을 철회하여야 한다(법 시행규칙 제44조 제4항).

Ⅷ. 시설 폐쇄명령 및 폐쇄절차 대행

1. 시설 폐쇄명령

환경부장관은 제4항에 따른 개선명령과 사용중지명령을 받은 자가 이를 이행하지 아니하거나 그 이행이 불가능하다고 판단되면 해당 시설의 폐쇄를 명할 수 있다(제5항).

2. 폐쇄절차 대행

환경부장관은 폐기물을 매립하는 시설을 설치한 자가 제5항에 따른 폐쇄명령을 받고도 그 기간에 그 시설의 폐쇄를 하지 아니하면 대통령령으로 정하는 자에게 최종복토(最終覆土) 등 폐쇄절차를 대행하게 하고 법 제52조 제1항에 따라 폐기물을 매립하는 시설을 설치한 자가 예치한 사후관리이행보증금 사전적립금을 그 비용으로 사용할 수 있다. 이 경우 그 비용이 사후관리이행보증금 사전적립금을 초과하면 그 초과 금액을 그 명령을 받은 자로부터 징수할 수 있다(제6항).

Ⅸ. 위반시 벌칙 : 징역 · 벌금 · 과태료

위반시 벌칙으로 (1) 법 제31조 제5항에 따른 폐쇄명령을 이행하지 아니한 자는 5년 이하의 징역이나 5천만원 이하의 벌금에 처하도록 하고 있고, (2) 법 제31조 제4항에 따른 개선명령을 이행하지 아니하거나 사용중지 명령을 위반한 자는 3년 이하의 징역이나 3천만원 이하의 벌금에 처하도록 하고 있으며, (3) ① 법 제31조 제1항에 따른 관리기준에 적합하지 아니하게 폐기물처리시설을 유지 · 관리하여 주변환경을 오염시킨 자, ② 법 제31조 제7항에 따른 측정이나 조사명령을 이행하지 아니한 자는 2년 이하의 징역이나 2천만원 이하의 벌금에 처하도록 하고 있다. 그리고 (4) 법 제31조 제1항부터 제3항까지의 규정을 위반하여 관리기준에 맞지 아니하게 폐기물처리시설을 유지 · 관리하거나 오염물질 및 주변지역에 미치는 영향을 측정 또는 조사하지 아니한 자[법 제66조 제14호(법 제31조 제7항에 따른 측정이나 조사명령을 이행하지 아니한 자)의 경우는 제외]에게는 1천만원 이하의 과태료를 부과하도록 하고 있다.

제 17 절 기술관리인(법 제34조)

폐기물관리법에서는 기술관리인 임명, 기술관리인을 두어야 할 폐기물처리시설, 기술관리대행자, 기술관리인 자격 · 기술관리 대행계약 등 기술관리인 기준과 관련하여 규정을 두고 있다.

Ⅰ. 기술관리인 임명

대통령령으로 정하는 폐기물처리시설을 설치 · 운영하는 자는 그 시설의 유지 · 관리에 관한 기술업무를 담당하게 하기 위하여 기술관리인을 임명(기술관리인의 자격을 갖추어 스스로 기술관리하는 경우를 포함)하거나 기술관리 능력이 있다고 대통령령으로 정하는 자와 기술관리 대행계약을 체결하여야 한다(제1항).

Ⅱ. 기술관리인을 두어야 할 폐기물처리시설

법 제34조 제1항에서 "대통령령으로 정하는 폐기물처리시설"이란 다음 각 호의 시설을 말한다. 다만, 폐기물처리업자가 운영하는 폐기물처리시설은 제외한다(법 시행령 제15조).

① 매립시설의 경우
가. 지정폐기물을 매립하는 시설로서 면적이 3천300 제곱미터 이상인 시설. 다만, 별표 3의 제2호 최종처분시설 중 가목의 1) 차단형 매립시설에서는 면적이 330 제곱미터 이상이거나 매립용적이 1천 세제곱미터 이상인 시설로 한다.
나. 지정폐기물 외의 폐기물을 매립하는 시설로서 면적이 1만 제곱미터 이상이거나 매립용적이 3만 세제곱미터 이상인 시설
② 소각시설로서 시간당 처분능력이 600킬로그램(의료폐기물을 대상으로 하는 소각시설의 경우에는 200킬로그램)이상인 시설
③ 압축 · 파쇄 · 분쇄 또는 절단시설로서 1일 처분능력 또는 재활용능력이 100톤 이상인 시설
④ 사료화 · 퇴비화 또는 연료화시설로서 1일 재활용능력이 5톤 이상인 시설
⑤ 멸균분쇄시설로서 시간당 처분능력이 100킬로그램 이상인 시설
⑥ 시멘트 소성로
⑦ 용해로(폐기물에서 비철금속을 추출하는 경우로 한정한다)로서 시간당 재활용능력이 600킬로그램 이상인 시설
⑧ 소각열회수시설로서 시간당 재활용능력이 600킬로그램 이상인 시설

Ⅲ. 기술관리대행자

법 제34조 제1항에 따라 폐기물처리시설의 유지 · 관리에 관한 기술관리를 대행할 수 있는 자는 ① 「한국환경공단법」에 따른 한국환경공단, ② 「엔

지니어링산업 진흥법」 제21조에 따라 신고한 엔지니어링사업자, ③ 「기술사법」 제6조에 따른 기술사사무소(법 제34조 제2항에 따른 자격을 가진 기술사가 개설한 사무소로 한정), ④ 그 밖에 환경부장관이 기술관리를 대행할 능력이 있다고 인정하여 고시하는 자 등의 자로 한다(법 시행령 제16조).

Ⅳ. 기술관리인 자격 · 기술관리 대행계약

제1항에 따른 기술관리인의 자격 · 기술관리 대행계약 등에 필요한 사항은 환경부령으로 정한다(제2항).

> ▸▸ **기술관리인의 자격기준** : 법 제34조 제2항에 따른 기술관리인의 자격기준은 별표 14와 같다(법 시행규칙 제48조).
> ▸▸ **기술관리대행계약** : (1) 법 제34조 제2항에 따른 기술관리 대행계약에는 ① 법 시행령 제15조에 따른 해당 처리시설별 점검항목(제1호), ② 기술관리의 횟수 또는 방법(제2호) 등의 사항이 포함되어야 한다(제1항). (2) 제1항 제1호에 따른 점검항목은 별표 15와 같다(제2항)(법 시행규칙 제49조).

Ⅴ. 위반시 벌칙 : 과태료

위반시 벌칙으로 법 제34조 제1항을 위반하여 기술관리인을 임명하지 아니하고 기술관리 대행 계약을 체결하지 아니한 자에게는 1천만원 이하의 과태료를 부과하도록 하고 있다.

제 18 절 행정처분

Ⅰ. 허가의 취소 등(법 제27조)

1. 허가취소

환경부장관이나 시 · 도지사는 폐기물처리업자가 다음 각 호의 어느 하나에 해당하면 그 허가를 취소하여야 한다(제1항).

① 속임수나 그 밖의 부정한 방법으로 허가를 받은 경우
② 법 제26조 각 호의 결격사유 중 어느 하나에 해당되는 경우. 다만, 다음 각 목의 어느 하나에 해당하는 경우 그 구분에 따른 조치를 한 경우를 제외한다.
   가. 법인의 임원 중 법 제26조 제6호에 해당하는 자가 있는 경우 : 결격사유가 발생한 날부터 2개월 이내에 그 임원을 바꾸어 임명
   나. 법 제33조 제1항에 따라 권리·의무를 승계한 상속인이 법 제26조 각 호의 어느 하나에 해당하는 경우 : 상속이 시작된 날부터 6개월 이내에 그 권리·의무를 다른 자에게 양도
③ 법 제40조 제1항 본문에 따른 조치를 하지 아니한 경우
④ 법 제40조 제8항에 따른 계약 갱신 명령을 이행하지 아니한 경우
⑤ 영업정지기간 중 영업 행위를 한 경우

2. 허가취소 또는 영업정지 명령

환경부장관이나 시·도지사는 폐기물처리업자가 다음 각 호의 어느 하나에 해당하면 그 허가를 취소하거나 6개월 이내의 기간을 정하여 영업의 전부 또는 일부의 정지를 명령할 수 있다(제2항).

① 법 제8조 제1항 또는 제2항을 위반하여 사업장폐기물을 버리거나 매립 또는 소각한 경우
② 법 제13조 또는 제13조의2를 위반하여 폐기물을 처리한 경우
③ 법 제13조의5 제5항에 따른 조치명령을 이행하지 아니한 경우
④ 법 제18조 제3항을 위반하여 폐기물의 인계·인수에 관한 내용을 전자정보처리프로그램에 입력하지 아니한 경우
⑤ 법 제19조 제1항을 위반하여 운반 중에 서류 등을 지니지 아니하거나 관계 행정기관이나 그 소속 공무원이 요구하여도 인계번호를 알려주지 아니한 경우
⑥ 법 제25조 제5항에 따른 업종 구분과 영업 내용의 범위를 벗어나는 영업을 한 경우

⑦ 법 제25조 제7항에 따른 조건을 위반한 경우
⑧ 법 제25조 제8항을 위반하여 다른 사람에게 자기의 성명이나 상호를 사용하여 폐기물을 처리하게 하거나 그 허가증을 다른 사람에게 빌려준 경우
⑨ 법 제25조 제9항을 위반하여 폐기물을 보관하거나 준수사항을 위반한 경우
⑩ 법 제25조 제10항을 위반하여 별도로 수집·운반·처분하는 시설·장비 및 사업장을 설치·운영하지 아니한 경우
⑪ 법 제25조 제11항에 따른 변경허가를 받거나 변경신고를 하지 아니하고 허가사항이나 신고사항을 변경한 경우
⑫ 법 제30조 제1항·제2항을 위반하여 검사를 받지 아니하거나 같은 조 제3항을 위반하여 적합판정을 받지 아니한 폐기물처리시설을 사용한 경우
⑬ 법 제31조 제1항에 따른 관리기준에 맞지 아니하게 폐기물처리시설을 운영한 경우
⑭ 법 제31조 제4항에 따른 개선명령이나 사용중지명령을 이행하지 아니한 경우
⑮ 법 제31조 제5항에 따른 폐쇄명령을 이행하지 아니한 경우
⑯ 법 제31조 제7항에 따른 측정명령이나 조사명령을 이행하지 아니한 경우
⑰ 법 제33조 제3항에 따른 권리·의무의 승계신고를 하지 아니한 경우
⑱ 법 제36조 제1항을 위반하여 장부를 기록·보존하지 아니한 경우
⑲ 법 제39조의3, 제40조 제2항·제3항 또는 제48조에 따른 명령을 이행하지 아니한 경우
⑳ 법 제52조 제1항에 따라 사후관리이행보증금을 사전에 적립하지 아니한 경우
㉑ 허가를 받은 후 1년 이내에 영업을 시작하지 아니하거나 정당한 사유 없이 계속하여 1년 이상 휴업한 경우

Ⅱ. 배출자에 대한 폐기물 처리명령(법 제39조의2)

1. 보관기간을 초과하여 폐기물을 보관하는 경우

환경부장관 또는 시·도지사는 사업장폐기물배출자가 법 제13조에 따른 폐기물의 처리 기준과 방법으로 정한 보관기간을 초과하여 폐기물을 보관하는 경우에는 사업장폐기물배출자에게 기간을 정하여 폐기물의 처리를 명할 수 있다(제1항).

2. 처리되지 아니한 폐기물이 있는 경우

환경부장관 또는 시·도지사는 법 제39조의2 제1항에 따라 사업장폐기물배출자에게 처리명령을 하였음에도 불구하고 처리되지 아니한 폐기물이 있으면 법 제17조 제6항 또는 제7항에 따라 권리와 의무를 승계한 자에게 기간을 정하여 폐기물의 처리를 명할 수 있다(제2항).

Ⅲ. 폐기물처리업자 등에 대한 폐기물 처리명령(법 제39조의3)

환경부장관 또는 시·도지사는 폐기물처리업자에 대하여 법 제27조에 따른 허가취소 또는 영업정지를 명하거나, 폐기물처리 신고자에 대하여 법 제46조 제7항[49]에 따른 폐쇄명령 또는 처리금지명령을 하려는 경우에는 폐기물처리업자 또는 폐기물처리 신고자에게 기간을 정하여 보관하는 폐기물의 처리를 명하여야 한다.

---

49) 「폐기물관리법」 제46조(폐기물처리 신고) ⑦ 시·도지사는 폐기물처리 신고자가 다음 각 호의 어느 하나에 해당하면 그 시설의 폐쇄를 명령하거나 6개월 이내의 기간을 정하여 폐기물의 반입금지 등 폐기물처리의 금지(이하 "처리금지"라 한다)를 명령할 수 있다.

1. 제6항에 따른 준수사항을 지키지 아니한 경우
2. 제13조에 따른 폐기물의 처리 기준과 방법 또는 제13조의2에 따른 폐기물의 재활용 원칙 및 준수사항을 지키지 아니한 경우
3. 제40조제1항 본문에 따른 조치를 하지 아니한 경우

Ⅳ. 폐기물 처리에 대한 조치명령(법 제48조)

환경부장관, 시·도지사 또는 시장·군수·구청장은 폐기물이 법 제13조에 따른 폐기물의 처리 기준과 방법 또는 법 제13조의2에 따른 폐기물의 재활용 원칙 및 준수사항에 맞지 아니하게 처리되거나 법 제8조 제1항 또는 제2항을 위반하여 버려지거나 매립되면 다음 각 호의 어느 하나에 해당하는 자에게 기간을 정하여 폐기물의 처리방법 변경, 폐기물의 처리 또는 반입 정지 등 필요한 조치를 명할 수 있다.

① 폐기물을 처리한 자
② 법 제17조 제1항 제3호에 따른 확인을 하지 아니하고 위탁한 자
③ 폐기물을 직접 처리하거나 다른 사람에게 자기 소유의 토지 사용을 허용한 경우 폐기물이 버려지거나 매립된 토지의 소유자

Ⅴ. 행정처분의 기준(법 제60조)

1. 명령을 위반한 행위에 대한 행정처분의 기준

이 법 또는 이 법에 따른 명령을 위반한 행위에 대한 행정처분의 기준은 환경부령으로 정한다.

▸▸ **행정처분기준** : 법 제60조에 따른 행정처분기준은 별표 21과 같다(법 시행규칙 제83조 제1항).

2. 행정처분기준 감경

시·도지사나 지방환경관서의 장은 다음 각 호의 어느 하나에 해당하는 경우에는 별표 21에 따른 영업정지 기간의 2분의 1의 범위에서 그 행정처분을 가볍게 할 수 있다(법 시행규칙 제83조 제2항).

① 위반의 정도가 경미하고 그로 인한 주변 환경오염이 없거나 미미하여

사람의 건강에 영향을 미치지 아니한 경우

② 고의성이 없이 불가피하게 위반행위를 한 경우로서 신속히 적절한 사후조치를 취한 경우

③ 위반행위에 대하여 행정처분을 하는 것이 지역주민의 건강과 생활환경에 심각한 피해를 줄 우려가 있는 경우

④ 공익을 위하여 특별히 행정처분을 가볍게 할 필요가 있는 경우

Ⅵ. 청문(법 제61조)

환경부장관 또는 시・도지사는 다음 각 호의 어느 하나에 해당하는 처분을 하려면 청문을 실시하여야 한다.

① 법 제13조의3 제6항에 따른 승인 취소
② 법 제13조의4 제6항에 따른 재활용환경성평가기관의 지정 취소
③ 법 제17조의5에 따른 폐기물분석전문기관 지정의 취소
④ 법 제27조에 따른 허가의 취소
⑤ 법 제27조의2에 따른 등록의 취소
⑥ 법 제31조 제5항에 따른 폐기물처리시설의 폐쇄명령
⑦ 법 제46조 제7항에 따른 폐기물처리시설의 폐쇄명령

제 19 절 과태료(법 제68조)

폐기물관리법에서는 과태료는 대통령령으로 정하는 바에 따라 소관별로 환경부장관, 시・도지사 또는 시장・군수・구청장이 부과・징수한다고 규정을 두고 있다(제4항).

Ⅰ. 과태료의 부과기준

법 제68조에 따른 과태료의 부과기준은 별표 8과 같다(법 시행령 제38조의4).

Ⅱ. [별표 8] 과태료의 부과기준(법 시행령 제38조의4 관련)

1. 일반기준

가. 위반행위의 횟수에 따른 과태료의 부과기준은 최근 1년간 같은 위반행위로 과태료 부과처분을 받은 경우에 적용한다. 이 경우 위반행위에 대하여 과태료를 부과처분한 날과 다시 같은 위반행위(처분 후의 위반행위만 해당한다)를 적발한 날을 각각 기준으로 하여 위반횟수를 계산한다.

나. 부과권자는 다음의 어느 하나에 해당하는 경우에는 제2호에 따른 과태료 금액의 2분의 1의 범위에서 그 금액을 감경할 수 있다. 다만, 과태료를 체납하고 있는 위반행위자의 경우에는 그러하지 아니하다.

1) 위반행위자가 「질서위반행위규제법 시행령」 제2조의2 제1항 각 호의 어느 하나에 해당하는 경우
2) 위반행위자의 사소한 부주의나 오류 등 과실로 인한 것으로 인정되는 경우
3) 위반행위자가 위반행위를 바로 정정하거나 시정하여 해소한 경우
4) 그 밖에 위반행위의 정도, 동기와 그 결과 등을 고려하여 감경할 필요가 있다고 인정되는 경우

2. 개별기준

(단위 : 만원)

위반행위	근거 법조문	과태료 부과금액		
		1차 위반	2차 위반	3차 이상 위반
가. 법 제8조 제1항 또는 제2항을 위반하여 생활폐기물을 버리거나 매립 또는 소각한 경우	법 제68조 제3항 제1호			
1) 생활폐기물을 버린 경우				
가) 담배꽁초, 휴지 등 휴대하고 있는 생활폐기물		5	5	5

을 버린 경우				
나) 비닐봉지, 천보자기 등 간이보관 기구를 이용하여 생활폐기물을 버린 경우		20	20	20
다) 휴식 또는 행락 중 발생한 쓰레기를 버린 경우		20	20	20
라) 차량, 손수레 등 운반장비를 이용하여 생활폐기물을 버린 경우		50	50	50
마) 사업활동 과정에서 발생되는 생활폐기물을 버린 경우		100	100	100
2) 생활폐기물을 매립한 경우				
가) 사업활동 과정에서 발생되는 생활폐기물을 매립한 경우		100	100	100
나) 그 밖의 생활폐기물을 매립한 경우		70	70	70
3) 생활폐기물을 소각한 경우				
가) 사업활동 과정에서 발생되는 생활폐기물을 소각한 경우		100	100	100
나) 그 밖의 생활폐기물을 소각한 경우		50	50	50
나. 법 제8조 제3항에 따른 조치명령을 이행하지 않은 경우	법 제68조 제3항 제2호	30	70	100
다. 법 제13조, 제13조의2 또는 제24조의3 제4항을 위반하여 폐기물을 처리한 경우	법 제68조 제1항 제1호			
1) 제7조 제1항 및 제2항에 따른 수집·운반 기준 및 방법을 위반한 경우				
가) 폐기물을 정당한 사유 없이 종류별, 성질·상태별로 구분하여 수집·운반하지 않은 경우		300	500	700
나) 폐기물을 적정하게 처분, 재활용 또는 보관할 수 있는 장소 외의 곳으로 운반한 경우		500	700	1,000
다) 운반차량의 차체를 도색하지 않거나 폐기물 수집·운반차량명, 회사명 등을 규정대로 표기하지 않은 경우		200	300	500
라) 폐기물 수집·운반차량 외의 차량으로 폐기물을 수집·운반하거나 폐기물의 종류별로 정한 전용운반차량으로 운반하지 않은 경우		300	500	700
마) 운반차량의 적재함에 덮개를 덮지 않은 경우(덮개를 설치하여야 하는 차량으로 한정한다)		300	500	700
바) 폐기물을 누출 또는 흩날리게 하거나 침출수를 유출시킨 경우		300	500	700

사) 전용의 용기 등을 사용하지 않고 폐기물을 운반한 경우		300	500	700
아) 폐기물 수집·운반증을 부착 또는 휴대하지 않고 운반한 경우		200	300	500
자) 그 밖의 수집·운반 기준 및 방법을 위반한 경우				
(1) 생활폐기물의 경우		50	70	100
(2) 사업장폐기물의 경우(지정폐기물은 제외한다)		300	500	700
(3) 지정폐기물의 경우		400	600	1,000
2) 제7조 제1항 및 제2항에 따른 보관 기준 및 방법을 위반한 경우				
가) 보관기간을 초과한 경우				
(1) 1일 이상 1개월 미만 초과 시		200	400	600
(2) 1개월 이상 3개월 미만 초과 시		400	600	800
(3) 3개월 이상 초과 시		1,000	1,000	1,000
나) 폐기물을 종류별, 성질·상태별로 구분하여 보관하지 않은 경우				
(1) 생활폐기물의 경우		10	20	30
(2) 음식물류 폐기물(사업장폐기물인 경우로 한정한다)의 경우		100	200	300
(3) (1) 및 (2)를 제외한 지정폐기물 외의 폐기물의 경우		200	400	600
(4) 지정폐기물의 경우		500	700	1,000
다) 적정 보관시설 또는 보관용기(의료폐기물 보관용기의 경우 법 제13조 제2항에 따른 검사를 받은 전용용기를 말한다)를 사용하지 않은 경우				
(1) 생활폐기물의 경우		10	20	30
(2) 음식물류 폐기물(사업장폐기물인 경우로 한정한다)의 경우		100	200	300
(3) (1) 및 (2)를 제외한 지정폐기물외의 폐기물의 경우		200	400	600
(4) 지정폐기물의 경우		300	500	1,000
라) 보관 표지판을 설치하지 않거나 표지판의 내		100	200	300

용을 허위 또는 부실하게 작성한 경우				
마) 의료폐기물의 전용용기에 표기사항을 표기하지 않은 경우		100	200	300
바) 그 밖의 보관 기준 및 방법을 위반한 경우				
(1) 생활폐기물의 경우		50	70	100
(2) 사업장폐기물의 경우(지정폐기물은 제외한다)		300	500	700
(3) 지정폐기물의 경우		400	600	1,000
3) 제7조 제1항 및 제2항에 따른 처리 기준 및 방법을 위반한 경우				
가) 매립 기준 및 방법을 위반하여 처분한 경우		500	700	1,000
나) 소각 기준 및 방법을 위반하여 처분한 경우		400	600	800
다) 재활용 기준 및 방법을 위반하여 재활용한 경우				
(1) 지정폐기물 외의 폐기물의 경우		500	700	1,000
(2) 지정폐기물의 경우		500	700	1,000
라) 그 밖의 처리 기준 및 방법을 위반하여 처리한 경우				
(1) 지정폐기물 외의 폐기물의 경우		500	700	1,000
(2) 지정폐기물의 경우		500	700	1,000
4) 폐기물처리 신고자 및 광역폐기물처리시설 설치·운영자가 수탁받은 폐기물을 처리기간 내에 처리하지 않은 경우		400	600	800
라. 법 제13조의3 제2항을 위반하여 유해성기준에 적합하지 않게 폐기물을 재활용한 제품 또는 물질을 제조하거나 유통한 경우	법 제68조 제1항 제9호	500	700	1,000
마. 법 제14조 제7항에 따른 대행계약을 체결하지 않고 종량제 봉투등을 판매한 경우	법 제68조 제2항 제12호	100	200	300
바. 법 제15조 제1항 또는 제2항을 위반한 경우	법 제68조 제3항 제3호			
1) 단독주택·연립주택·아파트 등의 건물에서 주거생활과 관련하여 폐기물을 배출한 경우		10	20	30
2) 동일 건물 또는 일정 토지 내에서 해당 건물에 입주한 경우 또는 토지를 이용하는 자가 개별적으로 폐기물을 배출한 경우(사업활동과 관련하여 배출하는 경우로 한정한다)		20	30	50

3) 동일 건물 또는 일정 토지 내에서 해당 건물에 입주한 경우 또는 토지를 이용하는 자가 폐기물을 배출하여 공동으로 관리한 경우(사업활동과 관련하여 배출하는 경우로 한정한다)		50	70	100
사. 법 제15조의2 제1항을 위반하여 조례로 정하는 준수사항을 지키지 않은 경우	법 제68조 제3항 제4호	50	70	100
아. 법 제15조의2 제2항을 위반하여 음식물류 폐기물의 발생 억제 및 처리 계획을 신고하지 않은 경우	법 제68조 제3항 제4호의2	50	70	100
자. 법 제15조의2 제3항을 위반하여 생활폐기물 중 음식물류 폐기물을 수집·운반 또는 재활용한 경우	법 제68조 제1항 제1호의2	300	600	1,000
차. 법 제17조 제1항 제3호에 따라 확인을 하지 않고 위탁한 경우	법 제68조 제2항 제1호	100	200	300
카. 법 제17조 제2항을 위반하여 신고를 하지 않거나 거짓으로 신고를 한 경우	법 제68조 제1항 제1호의3	300	600	1,000
타. 법 제17조 제2항, 제24조의2 제2항, 제25조 제11항, 제29조 제3항 또는 제46조 제3항에 따른 변경신고를 하지 않고 신고사항을 변경한 경우	법 제68조 제2항 제5호	100	200	300
파. 법 제17조 제5항에 따라 고시한 지침의 준수의무를 이행하지 않은 경우	법 제68조 제2항 제2호	100	200	300
하. 법 제18조 제2항을 위반하여 폐기물 처리 가격의 최저액보다 낮은 가격으로 폐기물 처리를 위탁한 경우	법 제68조 제2항 제3호	100	200	300
거. 법 제18조 제3항이나 제24조의3 제2항을 위반하여 폐기물의 인계·인수에 관한 내용을 기간 내에 전자정보처리프로그램에 입력하지 않거나 부실하게 입력한 경우	법 제68조 제3항 제4호의3	50	70	100
너. 법 제19조 제1항이나 제24조의3 제3항을 위반하여 관계 행정기관이나 그 소속 공무원이 요구하여도 인계번호를 알려주지 않은 경우	법 제68조 제2항 제6호	300	300	300
더. 법 제19조 제2항을 위반하여 통보하지 않은 경우	법 제68조 제2항 제7호	100	200	300
러. 법 제25조 제9항을 위반하여 폐기물 처리 가격의 최고액보다 높거나 최저액보다 낮은 가격으로 폐기물을 수탁한 경우	법 제68조 제1항 제2호	500	700	1,000

머. 법 제25조 제9항에 따른 준수 사항을 지키지 않은 경우	법 제68조 제1항 제3호			
1) 폐기물 수집·운반 차량에 폐기물과 폐기물 외의 물건을 함께 수집·운반한 경우		300	500	700
2) 위탁계약서의 작성·체결 및 보관에 관한 준수 사항을 위반한 경우				
가) 위탁계약서를 작성·체결하지 않은 경우		500	700	1,000
나) 운반비·처분비·재활용비 또는 운반·처분 또는 재활용 장소의 내용을 누락 또는 허위로 작성한 경우		500	700	1,000
다) 운반비 및 처분비 또는 재활용비를 구분하지 않고 작성한 경우(배출자, 수집·운반업자와 처분업자 또는 재활용업자가 하나의 계약서로 계약을 체결하거나 폐기물 수집·운반업자가 수집·운반 외에 처분 또는 재활용까지 계약을 체결하여 공공처리시설에 반입하는 경우로 한정한다)		500	700	1,000
라) 나)의 내용 외의 사항을 누락 또는 허위로 작성한 경우		300	500	700
마) 위탁계약서를 3년간 보관하지 않은 경우		500	700	1,000
3) 폐기물 수집·운반업자가 공공처리시설에 폐기물을 반입하는 경우로서 그 처리비를 기한 내에 사후정산하지 않은 경우		500	700	1,000
4) 위탁받은 폐기물을 성질·상태 그대로 재위탁하거나 재위탁을 받은 경우(수집·운반업자의 경우에는 수집·운반을 말한다)		500	700	1,000
5) 수집·운반능력, 처분능력 또는 재활용능력을 초과하여 수집·운반, 처분 또는 재활용을 위탁받은 경우				
가) 50퍼센트 미만 초과 시		300	500	700
나) 50퍼센트 이상 초과 시		500	700	1,000
6) 그 밖의 준수 사항을 위반한 경우		300	500	1,000
버. 법 제29조 제4항에 따른 신고를 하지 않고 해당 시설의 사용을 시작한 경우	법 제68조 제3항 제5호	100	100	100
서. 법 제31조 제1항부터 제3항까지의 규정을 위반	법 제68조			

하여 관리기준에 맞지 않게 폐기물처리시설을 유지·관리하거나, 오염물질 및 주변지역에 미치는 영향을 측정 또는 조사하지 않은 경우	제1항 제4호			
1) 중간처분시설 중 소각시설의 관리기준을 위반하여 유지·관리한 경우				
가) 연소실의 출구온도를 규정 온도 이상 유지하지 않은 경우		200	500	1,000
나) 연소실의 연소가스가 규정 시간 이상 체류하지 않은 경우		200	500	1,000
다) 바닥재가 강열감량 기준을 초과한 경우		200	500	600
라) 그 밖의 관리기준을 위반하여 유지·관리한 경우		300	500	1,000
2) 1) 외의 중간처분시설의 관리기준을 위반하여 유지·관리한 경우		300	500	1,000
3) 매립시설의 관리기준을 위반하여 유지·관리한 경우				
가) 옹벽 및 제방이 구조적으로 안정성이 유지되지 않은 경우		700	1,000	1,000
나) 복토기준에 적합하지 않게 복토한 경우		400	600	1,000
다) 그 밖의 관리기준을 위반하여 유지·관리한 경우		500	700	1,000
4) 재활용시설 중 시멘트 소성로의 관리기준을 위반하여 유지·관리한 경우				
가) 예열기 최하단 원심력 집진시설의 출구온도를 규정 온도 이상 유지하지 않은 경우		200	500	1,000
나) 연소실의 연소가스가 규정 시간 이상 체류하지 않은 경우		200	500	1,000
다) 그 밖의 관리기준을 위반하여 유지·관리한 경우		300	500	1,000
5) 4) 외의 재활용시설의 관리기준을 위반하여 유지·관리한 경우		300	500	1,000
6) 매립시설의 침출수 배출허용기준 대상항목을 측정하지 않은 경우		300	500	1,000
7) 주변지역 영향조사를 하지 않은 경우		1,000	1,000	1,000
어. 법 제34조 제1항을 위반하여 기술관리인을 임명하지 않거나 기술관리 대행계약을 체결하지 않	법 제68조 제1항 제5호	300	500	1,000

은 경우				
저. 법 제35조 제1항 또는 제2항을 위반하여 교육을 받지 않은 경우 또는 교육을 받게 하지 않은 경우	법 제68조 제3항 제6호	50	70	100
처. 법 제36조 제1항에 따른 장부를 기록 또는 보전하지 않거나 거짓으로 기록한 경우	법 제68조 제3항 제7호	100	100	100
커. 법 제37조 제1항을 위반하여 신고를 하지 않거나 같은 조 제2항을 위반하여 폐기물을 전부 처리하지 않은 경우	법 제68조 제2항 제9호			
1) 폐기물처리업자의 경우		300	300	300
2) 폐기물처리 신고자의 경우		100	200	300
터. 법 제38조 제1항에 따른 보고서를 기한까지 제출하지 않거나 거짓으로 작성하여 제출한 경우(법 제68조 제2항 제9호의2의 경우는 제외한다)	법 제68조 제3항 제8호	50	70	100
퍼. 법 제38조 제1항에 따른 보고서를 기한까지 제출하지 않거나 거짓으로 작성하여 제출한 경우(법 제38조 제1항 제3호에 따른 경우만 해당한다)	법 제68조 제2항 제9호의2	100	200	300
허. 법 제38조 제2항에 따른 제출명령을 이행하지 않은 경우(법 제38조 제1항 제3호 및 제4호의 자만 해당한다)	법 제68조 제1항 제6호	300	600	1,000
고. 법 제38조 제2항에 따른 제출명령을 이행하지 않은 경우(법 제68조 제1항 제6호의 경우는 제외한다)	법 제68조 제2항 제9호의3	100	200	300
노. 법 제38조 제3항에 따른 보고서 작성에 필요한 자료를 기한까지 제출하지 않거나 거짓으로 작성하여 제출한 경우	법 제68조 제3항 제9호	50	70	100
도. 법 제39조 제1항에 따른 보고를 하지 않거나 거짓 보고를 한 경우	법 제68조 제3항 제10호	50	70	100
로. 법 제39조 제1항에 따른 출입·검사를 거부·방해 또는 기피한 경우	법 제68조 제3항 제11호	100	100	100
모. 법 제40조 제1항 각 호의 조치를 하지 않은 경우	법 제68조 제1항 제6호의2	1,000	1,000	1,000
보. 법 제40조 제7항에 따른 처리이행보증보험의 계약을 갱신하지 않은 경우	법 제68조 제2항 제10호	300	300	300

소. 법 제40조 제8항에 따른 계약갱신명령을 이행하지 않은 경우	법 제68조 제1항 제8호	1,000	1,000	1,000
오. 법 제40조 제9항에 따른 보험증서 원본을 제출하지 않은 경우	법 제68조 제3항 제12호	100	100	100
조. 법 제40조 제10항에 따른 변경사실을 알리지 않은 경우	법 제68조 제3항 제13호	100	100	100
초. 법 제46조 제6항에 따른 준수사항을 지키지 않은 경우	법 제68조 제2항 제11호			
1) 신고한 재활용 용도 및 방법에 따라 재활용하지 않은 경우		100	200	300
2) 자신의 재활용시설에서 재활용할 수 없는 폐기물을 위탁받거나 재활용할 수 있는 능력을 초과하여 위탁받은 경우		100	200	300
3) 허용보관량을 초과하여 폐기물을 보관하거나, 보관시설 외의 장소에 폐기물을 보관한 경우		100	200	300
4) 다른 자에게 자기의 성명 또는 상호를 사용하여 폐기물을 위탁받게 하거나 신고증명서를 다른 자에게 빌려준 경우		100	200	300
5) 폐기물 배출자에게 수탁처리 능력확인서, 폐기물처리 신고증명서 사본 및 방치폐기물처리이행보증을 확인할 수 있는 서류 사본의 제출을 거부하거나 허위로 제출한 경우		100	200	300
6) 그 밖의 준수 사항을 지키지 않은 경우		30	50	100
코. 법 제46조 제7항에 따른 처리금지 기간 중 폐기물의 처리를 계속한 경우	법 제68조 제1항 제10호	500	700	1,000
토. 법 제50조 제1항에 따른 신고를 하지 않은 경우	법 제68조 제3항 제14호	100	100	100

부 록

◇별표 · 서식◇

◎동물보호법 시행령

[별표] 과태료의 부과기준(제20조 관련)

◎동물보호법 시행규칙

[별표 1] 동물의 적절한 사육 · 관리 방법 등(제3조 관련)
[별표 2] 동물등록번호의 부여방법 등(제8조제2항 관련)
[별표 3] 목줄과 입마개를 하여야 하는 맹견의 종류(제12조제2항 관련)
[별표 4] 동물보호센터의 시설기준(제15조제1항 관련)
[별표 5] 동물보호센터의 준수사항(제19조 관련)
[별표 6] 동물복지축산농장 인증기준(제30조 관련)
[별표 7] 동물복지축산농장 인증심사의 세부절차 및 방법(제32조제3항 관련)
[별표 8] 동물복지축산농장의 표시방법(제33조제2항 관련)
[별표 9] 동물 관련 영업별 시설 및 인력 기준(제35조제2항 관련)
[별표 10] 영업자의 준수사항(제43조 관련)
[별표 11] 행정처분기준(제45조 관련)
[별표 12] 등록 등 수수료(제48조 관련)
[서식 1] 동물등록(신청서, 변경신고서)
[서식 2] 동물등록증
[서식 3] 동물등록증 재발급 신청서
[서식 15] 영업 등록 신청서
[서식 16] (동물장묘업, 동물판매업, 동물수입업) 등록증
[서식 17] 동물장묘업 등록(변경신고) 관리대장
[서식 19] (동물장묘업, 동물판매업, 동물수입업)등록증, (동물생산업)신고확인증 재발급 신청서
[서식 20] (동물장묘업, 동물판매업, 동물수입업)등록사항, (동물생산업)신고사항 변경신고서
[서식 21] (휴업, 재개업, 폐업) 신고서
[서식 23] 신고확인증
[서식 25] 영업자 지위승계 신고서
[서식 26] 행정처분 및 청문대장
[서식 30] 동물장묘업 실적 보고서

◎폐기물관리법 시행령

[별표 1] 지정폐기물의 종류(제3조 관련)
[별표 2] 의료폐기물의 종류(제4조 관련)
[별표 3] 폐기물 처리시설의 종류(제5조 관련)
[별표 8] 과태료의 부과기준(제38조의4 관련)

◎폐기물관리법 시행규칙

[별표 3] 의료폐기물 발생 의료기관 및 시험·검사기관 등(제2조제3항 관련)
[별표 5] 폐기물의 처리에 관한 구체적 기준 및 방법(제14조 관련)
[별표 7] 폐기물처리업의 시설·장비·기술능력의 기준(제28조제6항 관련)
[별표 8] 폐기물처리업자의 준수사항(제32조 관련)
[별표 9] 폐기물 처분시설 또는 재활용시설의 설치기준(제35조 관련)
[별표 10] 폐기물 처분시설 또는 재활용시설의 검사기준(제41조제6항 관련)
[별표 11] 폐기물 처분시설 또는 재활용시설의 관리기준(제42조제1항 관련)
[별표 12] 측정대상 오염물질의 종류 및 측정주기(제43조제3항 관련)
[별표 13] 폐기물처리시설 주변지역 영향조사 기준(제46조 관련)
[별표 14] 기술관리인의 자격기준(제48조 관련)
[별표 15] 폐기물처리시설에 대한 기술관리대행계약에 포함될 점검항목(제49조제2항 관련)
[서식 17] 폐기물처리(사업, 사업변경) 계획서
[서식 18] 폐기물처리업(허가, 변경허가) 신청서
[서식 22] 폐기물 처분시설 또는 재활용시설 설치·운영계획서
[서식 23] 폐기물 처분시설 또는 재활용시설 설치(승인, 변경승인) 신청서
[서식 24] 폐기물 처분시설 또는 재활용시설 설치승인서
[서식 25] 폐기물 처분시설 또는 재활용시설 설치(신고서, 변경신고서)
[서식 26] 폐기물 처분시설 또는 재활용시설 설치신고증명서
[서식 27] 폐기물 처분시설 또는 재활용시설 사용개시신고서
[서식 28] 폐기물 매립시설 사용개시신고서
[서식 29] [소각시설, 소각열회수시설, 멸균분쇄시설, 음식물류 폐기물 처리시설, 시멘트 소성로(설치, 정기)]검사신청서
[서식 30] 매립시설(설치, 정기, 사용종료·폐쇄, 사후관리 정기)검사신청서
[서식 31] [소각시설, 소각열회수시설, 멸균분쇄시설, 음식물류폐기물처리시설, 시멘트 소성로(설치, 정기)]검사결과서
[서식 32] 매립시설(설치, 정기, 사용종료·폐쇄, 사후관리 정기)검사결과서
[서식 33] 소각시설, 멸균분쇄시설, 음식물류 폐기물 처리시설, 시멘트 소성로, 소각열회수시설 검사실적보고
[서식 34] 매립시설 검사실적 보고

◇판례◇

대구지방법원 2014.2.13. 선고 2013가소35765 판결 [손해배상]
대구지방법원 2014.8.20. 선고 2014구합20539 판결 [동물장묘업등록불가처분취소]

[별표] <개정 2014.2.11> [시행일 : 2014.8.14] 제2호 다목 및 라목

과태료의 부과기준(제20조 관련)

1. 일반기준

가. 위반행위의 횟수에 따른 과태료의 부과기준은 최근 1년간 같은 유형의 위반행위로 처분을 받은 경우에 적용한다. 이 경우 위반횟수는 같은 유형의 위반행위에 대하여 최초로 처분을 한 날과 다시 같은 유형의 위반행위를 적발한 날을 기준으로 하여 계산한다.

나. 다음의 어느 하나에 해당하는 경우에는 제2호의 개별기준에 따른 과태료 금액의 2분의 1의 범위에서 그 금액을 줄일 수 있다. 다만, 과태료를 체납하고 있는 위반행위자에 대해서는 그렇지 않다.

1) 위반행위자가 「질서위반행위규제법 시행령」 제2조의2제1항 각 호의 어느 하나에 해당하는 경우

2) 위반행위자가 자연재해·화재 등으로 재산에 현저한 손실이 발생하거나 사업여건의 악화로 사업이 중대한 위기에 처하는 등의 사정이 있는 경우

3) 위반행위가 사소한 부주의나 오류 등 과실로 인한 것으로 인정되는 경우

4) 위반행위자가 같은 위반행위로 다른 법률에 따라 과태료·벌금·영업정지 등의 처분을 받은 경우

5) 위반행위자가 위법행위로 인한 결과를 시정하거나 해소한 경우

6) 그 밖에 위반행위의 정도, 위반행위의 동기와 그 결과 등을 고려하여 그 금액을 줄일 필요가 있다고 인정되는 경우

2. 개별기준

(단위 : 만원)

위반행위	근거 법조문	과태료 금액		
		1차 위반	2차 위반	3차 이상 위반
가. 소유자등이 법 제8조제4항을 위반하여 동물을 유기한 경우	법 제47조 제1항제1호	30	50	100
나. 법 제9조제1항제4호 또는 제5호를 위반하여 동물을 운송한 경우	법 제47조 제1항제2호	10	20	40
다. 법 제9조제1항을 위반하여 법 제32조제1항의 동물을 운송한 경우	법 제47조 제1항제3호	10	20	40
라. 법 제9조의2를 위반하여 법 제32조제1항의 동물을 판매한 경우	법 제47조 제1항제4호	30	50	100

위반행위	근거 법조문	과태료 금액		
		1차 위반	2차 위반	3차 이상 위반
마. 소유자가 법 제12조제1항을 위반하여 등록대상동물을 등록하지 않은 경우	법 제47조 제1항제5호	0	20	40
바. 소유자가 법 제12조제2항을 위반하여 변경신고를 하지 않은 경우	법 제47조 제2항제1호	0	20	40
사. 법 제12조제3항을 위반하여 변경신고를 하지 않고 소유권을 이전받은 경우	법 제47조 제2항제2호	0	20	40
아. 소유자등이 법 제13조제1항을 위반하여 인식표를 부착하지 않은 경우	법 제47조 제2항제3호	5	10	20
자. 소유자등이 법 제13조제2항을 위반하여 안전조치를 하지 않거나 배설물을 수거하지 않은 경우	법 제47조 제2항제4호	5	7	10
차. 동물실험시행기관의 장이 법 제25조제3항에 위반하여 윤리위원회의 심의를 거치지 않고 동물실험을 한 경우	법 제47조 제1항제6호	30	50	100
카. 동물실험시행기관의 장이 법 제28조제2항을 위반하여 개선명령을 이행하지 않은 경우	법 제47조 제1항제7호	30	50	100
타. 법 제31조제2항을 위반하여 동물복지축산농장 인증을 받은 자의 지위를 승계하고 그 사실을 신고하지 않은 경우	법 제47조 제1항제8호	30	50	100
파. 법 제35조제3항을 위반하여 영업자의 지위를 승계하고 그 사실을 신고하지 않은 경우	법 제47조 제1항제9호	30	50	100
하. 영업자가 법 제37조제2항을 위반하여 교육을 받지 않고 영업을 한 경우	법 제47조 제1항제10호	30	50	100
거. 동물의 소유자등이 법 제39조제1항제1호에 따른 자료제출 요구에 응하지 않거나 거짓 자료를 제출한 경우	법 제47조 제1항제11호	10	20	40
너. 동물의 소유자등이 법 제39조제1항제2호에 따른 출입·검사를 거부·방해 또는 기피한 경우	법 제47조 제1항제12호	10	20	40
더. 동물의 소유자등이 법 제39조제1항제3호에 따른 시정명령을 이행하지 않은 경우	법 제47조 제1항제13호	30	50	100

위반행위	근거 법조문	과태료 금액		
		1차 위반	2차 위반	3차 이상 위반
러. 법 제39조제2항에 따른 보고·자료제출을 하지 않거나 거짓으로 보고·자료제출을 한 경우 또는 같은 항에 따른 출입·조사를 거부·방해·기피한 경우	법 제47조 제1항제14호	10	20	40
머. 법 제40조제4항을 위반하여 동물보호감시원의 직무 수행을 거부·방해 또는 기피한 경우	법 제47조 제1항제15호	10	20	40

[별표 1]

동물의 적절한 사육·관리 방법 등(제3조 관련)

1. 일반기준
 가. 동물의 소유자등은 동물을 사육·관리할 때에 동물의 생명과 그 안전을 보호하고 복지를 증진하기 위하여 성실히 노력하여야 한다.
 나. 동물의 소유자등은 동물로 하여금 갈증·배고픔, 영양불량, 불편함, 통증·부상·질병, 두려움과 정상적으로 행동할 수 없는 것으로 인하여 고통을 받지 아니하도록 노력하여야 한다.
 다. 동물의 소유자등은 사육·관리하는 동물의 습성을 이해함으로써 최대한 본래의 습성에 가깝게 사육·관리하고, 동물의 보호와 복지에 책임감을 가져야 한다.

2. 개별기준
 가. 사육환경
  1) 동물의 종류, 크기, 특성, 건강상태, 사육 목적 등을 고려하여 최대한 적절한 사육환경을 제공하여야 한다.
  2) 동물의 사육공간 및 사육시설은 동물이 자연스러운 자세로 일어나거나 눕거나 움직이는 등 일상적인 동작을 하는 데에 지장이 없는 크기이어야 한다.
 나. 건강관리
  1) 전염병 예방을 위하여 정기적으로 동물의 특성에 따른 예방접종을 하여야 한다.
  2) 개는 분기마다 1회 이상 구충을 하여야 한다.

[별표 2] 〈개정 2013.12.31〉

동물등록번호의 부여방법 등(제8조제2항 관련)

1. 동물등록번호의 부여방법
 가. 검역본부장은 동물보호관리시스템을 통하여 등록대상동물의 동물등록번호를 부여한다.
 나. 외국에서 등록된 등록대상동물은 해당 국가에서 부여된 등록번호를 사용하되, 호환되지 않는 번호체계인 경우 제2호나목의 규격에 맞는 번호를 부여한다.
 다. 검역본부장은 무선식별장치 공급업체에 대하여 제4호에 따라 정한 범위 내에서 동물등록번호 영역을 할당·부여한다.
 라. 동물등록번호 체계에 따라 이미 등록된 동물등록번호는 재사용할 수 없으며, 무선식별장치의 훼손 및 분실 등으로 무선식별장치를 재주입하거나 재부착하는 경우에는 동물등록번호를 다시 부여받아야 한다.

2. 무선식별장치 및 인식표의 규격
 가. 무선식별장치의 등록번호 체계는 동물개체식별-코드구조(KS C ISO 11784 : 2009)에 따라 다음 각 호와 같이 구성된다.
  1) 구성: 총 15자리(국가코드3 + 개체식별코드 12)
  2) 표시

코드종류	기관코드 (5-9비트)	국가코드 (17-26비트)	개체식별코드 (27-64비트)
KS C ISO 11784	1	410	12자리

  가) 기관코드(1자리) : 농림축산식품부는 "1"로 등록하되, 리더기로 인식(표시)할 때에는 표시에서 제외
  나) 국가코드(3자리): 대한민국을 "410"으로 표시
  다) 개체식별코드(12자리): 검역본부장이 무선식별장치 공급업체별로 일괄 할당한 번호체계
 나. 무선식별장치 및 인식표의 표준규격은 다음에 따라야 한다.
  1) 「산업표준화법」 제5조에 따른 동물개체식별-코드구조(KS C ISO 11784 : 2009)와 동물개체식별 무선통신-기술적개념(KS C ISO 11785 : 2007)에 따를 것
  2) 동물의 체내에 주입하는 무선식별장치의 경우에는 「의료기기법」 제39조에 따른 동물용 의료기기 개체인식장치 기준규격에 따를 것
  3) 외장형 무선식별장치의 경우에는 등록동물 및 외부충격 등에 의하여 쉽게 훼손되지 않는 재질로 제작되어야 할 것

다. 인식표는 가목의 등록번호 체계에 따라 등록하되, 등록동물 및 외부충격 등에 의하여 쉽게 삭제 및 훼손되지 않는 재질로 사용되어야 하며, 등록번호를 수정할 수 없는 구조로 제작된 것을 사용하여야 한다.

3. 무선식별장치의 주입 또는 부착방법

가. 등록대상동물을 등록할 때 내장형의 무선식별장치를 주입하도록 하며, 주입위치는 양쪽 어깨뼈 사이의 피하에 주입한다.

나. 외장형 무선식별장치 및 등록인식표는 해당동물이 기르던 곳에서 벗어나는 경우 반드시 부착하고 있어야 한다.

4. 그 밖에 동물등록번호 체계, 무선식별장치 공급업체에 할당·부여할 수 있는 동물등록번호 영역 범위 및 운영규정 등에 관한 사항은 검역본부장이 정하는 바에 따른다.

[별표 3]

목줄과 입마개를 하여야 하는 맹견의 종류(제12조제2항 관련)

1. 도사견과 그 잡종의 개
2. 아메리칸 핏불 테리어와 그 잡종의 개
3. 아메리칸 스태퍼드셔 테리어와 그 잡종의 개
4. 스태퍼드셔 불 테리어와 그 잡종의 개
5. 로트와일러와 그 잡종의 개
6. 그밖에 사람을 공격하여 상해를 입힐 가능성이 높은 개

[별표 4]

동물보호센터의 시설기준(제15조제1항 관련)

1. 일반기준

가. 진료실, 사육실, 격리실 및 사료보관실을 각각 구분하여 설치하여야 하며, 동물구조 및 운반용 차량을 보유하여야 한다. 다만, 시·도지사 또는 위탁보호센터 운영자가 동물에 대한 진료를 동물병원에 위탁하는 경우에는 진료실을 설치하지 아니할 수 있다.

나. 동물의 탈출 및 도난방지, 방역 등을 위하여 방범시설 및 외부인의 출입을 통제할 수 있는 장치가 있어야 한다.

다. 시설의 청결유지와 위생관리에 필요한 급수시설 및 배수시설을 갖추어야 하며, 바닥은 청소와 소독이 용이한 재질이어야 한다. 다만, 운동장은 제외한다.

라. 보호동물을 인도적인 방법으로 처리하기 위하여 동물의 수용시설과 독립된 별도의 처리공간이 있어야 한다. 다만, 동물보호센터 내 독립된 진료실을 갖춘 경우 그 시설로 대체할 수 있다.

마. 동물 사체를 보관할 수 있는 잠금장치가 있는 냉동시설을 갖추어야 한다.

2. 개별기준

가. 진료실에는 진료대, 소독장비 등 동물의 진료에 필요한 기구·장비를 갖추어야 하며, 2차 감염을 막기 위해 진료대 및 진료기구를 위생적으로 관리하여야 한다.

나. 사육실은 다음의 시설조건을 갖추어야 한다.

1) 동물을 위생적으로 건강하게 관리하기 위하여 온도 및 습도 조절이 가능하여야 한다.

2) 채광과 환기가 충분히 이루어질 수 있도록 하여야 한다.

3) 사육실이 외부에 노출된 경우, 직사광선, 비바람 등을 피할 수 있는 시설을 갖추어야 한다.

다. 격리실은 다음의 시설조건을 갖추어야 한다.

1) 독립된 건물이거나, 다른 용도로 사용되는 시설과 분리되어야 한다.

2) 외부환경에 노출되어서는 아니 되고, 온도 및 습도 조절이 가능하며, 채광과 환기가 충분히 이루어질 수 있어야 한다.

3) 전염성 질병에 걸린 동물은 질병이 다른 동물에게 전염되지 않도록 별도로 구획되어야 하며, 출입구에 소독조를 설치하여야 한다.

4) 격리실에 보호중인 동물에 대해서는 외부에서 상태를 수시로 관찰할 수 있는 구조여야 한다. 다만, 해당 동물의 습성상 사정이 있는 경우는 제외한다.

라. 사료보관실은 청결하게 유지하고, 해충이나 쥐 등이 침입할 수 없도록 하여야

하며, 상호 오염원이 될 수 있는 그 밖의 관리물품을 보관하는 경우 서로 분리하여 구별할 수 있어야 한다.

마. 진료실, 사육실 또는 격리실 내에서 개별 동물을 분리하여 수용할 수 있는 시설은 다음의 조건을 갖추어야 한다.

1) 크기는 동물이 자유롭게 움직일 수 있는 충분한 크기이어야 하며, 개와 고양이의 경우 권장하는 크기는 아래와 같다.

가) 소형견(5kg 미만): 50 × 70 × 60(cm)

나) 중형견(5kg 이상 15kg 미만): 70 × 100 × 80(cm)

다) 대형견(15kg 이상): 100 × 150 × 100(cm)

라) 고양이: 50 × 70 × 60(cm)

2) 시설의 바닥이 철망 등으로 된 경우 철망의 간격이 동물의 발이 빠지지 않는 규격이어야 한다.

3) 시설의 재질은 청소, 소독 및 건조가 쉽게 되고 부식성이 없으며 동물에 의해 쉽게 부서지거나 동물에게 상해를 입히지 아니하는 것이어야 하며, 시설을 2단 이상 쌓은 경우 충격에 의해 무너지지 않도록 설치하여야 한다.

4) 배설물을 처리할 수 있는 장치를 갖추고, 매일 1회 이상 분변 등을 청소하여 동물이 위생적으로 관리될 수 있어야 한다.

5) 동물을 개별적으로 확인할 수 있도록 외부에 표지판이 붙어 있어야 한다.

바. 동물구조 및 운송용 차량은 동물을 안전하게 운송할 수 있도록 개별 수용장치를 설치하여야 하며, 화물자동차인 경우 직사광선, 비바람 등을 피할 수 있는 장치가 설치되어야 한다.

[별표 5]

동물보호센터의 준수사항(제19조 관련)

1. 일반사항

가. 동물보호센터에 입소되는 모든 동물은 안전하고, 위생적이며 불편함이 없도록 관리하여야 한다.

나. 동물은 종류별, 성별(어리거나 중성화되어있는 동물은 제외한다), 크기별로 질환이 있는 동물(상해를 입은 동물을 포함한다), 공격성이 있는 동물, 늙은 동물, 어린 동물(어미와 함께 있는 경우는 제외한다) 및 새끼를 배거나 젖을 먹이고 있는 동물은 분리하여 보호하여야 한다.

다. 축종, 품종, 나이, 체중에 맞는 사료 등 먹이를 적절히 공급하고 항상 깨끗한 물을 공급하며, 그 용기는 청결한 상태로 유지하여야 한다.

라. 소독약과 소독장비를 가지고 정기적으로 소독 및 청소를 실시하여야 한다.

마. 보호센터는 방문목적이 합당한 경우, 누구에게나 개방하여야 하며, 방문시 방문자 성명, 방문일시, 방문목적, 연락처 등을 기록하여야 한다. 다만, 보호 중인 동물의 적절한 관리를 위해 개방시간을 정하는 등의 제한을 둘 수 있다.

바. 보호 중인 동물은 진료 등 특별한 사정이 없는 한 보호시설 내에서 보호함을 원칙으로 한다.

2. 개별사항

가. 동물의 구조 및 포획은 구조자와 해당 동물 양측에게 안전한 방법으로 실시하며, 구조직후 동물의 상태를 확인하여 건강하지 아니한 개체는 추가로 응급조치 등의 조치를 취하여야 한다.

나. 보호동물 입소 시 개체별로 별지 제7호서식의 보호동물 개체관리카드를 작성하고, 처리결과 및 그 관련서류를 3년간 보관하여야 한다(전자적 방법을 포함한다).

다. 보호 동물의 반환 시 소유자임을 증명할 수 있는 사진이나 기록, 해당 동물의 반응 등을 참고하여 반환하도록 하며, 재분실되지 않도록 교육을 실시하여야 한다.

라. 보호 동물의 분양 시 번식 등 상업적인 목적으로 이용을 방지하기 위해 중성화 수술에 동의하는 자를 우선으로 하되, 재유기 방지 교육을 실시하며, 미성년자에게 분양해서는 아니 된다.

마. 제22조에 해당하는 동물을 인도적으로 처리하는 경우 동물보호센터 종사자 1명 이상의 입회하에 수의사가 시행하도록 하며, 마취제 사용 후 심장에 직접 작용하는 약물 등을 사용하는 등 인도적인 방법을 사용하여 동물의 고통을 최소화하여야 한다.

바. 동물보호센터 내에서 발생한 사체는 별도의 냉동장치에 보관 후, 「폐기물관리법」에 따라 처리한다.

[별표 6] 〈개정 2014.4.8〉

동물복지축산농장 인증기준(제30조 관련)

1. 이 표에서 사용하는 용어의 정의는 다음과 같다.
 가. "관리자"란 동물을 사육하는 농업인 또는 농업인이 축산농장 관리를 직접 할 수 없는 경우 해당 농장의 관리를 책임지고 있는 사람을 말한다.
 나. "자유방목"이란 축사 외 실외에 방목장을 갖추고 방목장에서 동물이 자유롭게 돌아다닐 수 있도록 하는 것을 말한다.

2. 일반 기준
 가. 사육시설 및 환경
  1) 「축산법」 제22조에 따라 축산업 허가를 받거나 가축사육업 등록을 한 농장이어야 하며, 축산업 허가를 받거나 가축사육업 등록을 한 농장 전체를 동물복지 인증기준에 따라 관리・운영하여야 한다.
  2) 농장 내에서 동물복지 사육 방법과 일반(관행) 사육 방법을 병행해서는 안 된다.
  3) 동물복지 자유방목 농장으로 표시하려는 자는 검역본부장이 정하여 고시하는 실외 방목장 기준을 갖추어야 한다.

 나. 관리자의 의무
  1) 관리자는 사육하고 있는 동물의 복지와 관련된 법과 규정 및 급이(給餌), 급수, 환기, 보온, 질병 등 관리방법에 대한 지식을 갖추어야 한다.
  2) 관리자는 동물의 생리적 요구에 맞는 적절한 사양관리로 동물의 불필요한 고통과 스트레스를 최소화하면서 항상 인도적인 방식으로 동물을 취급하고 질병예방과 건강유지를 위해 노력하여야 한다.
  3) 관리자는 검역본부장이 주관하거나 교육전문기관에 위탁한 동물복지 규정과 사양 관리 방법 등에 대한 정기교육(원격 교육도 포함한다)을 매년 4시간 이상 받아야 하며, 해당 농장에 동물과 직접 접촉하는 고용인이 있을 경우 교육 내용을 전달하여야 한다.
  4) 관리자는 검역본부장 또는 인증심사원이 심사를 위하여 필요한 정보를 요구하는 때에는 해당 정보를 제공하여야 한다.

 다. 동물의 입식 및 관리
  1) 다른 농장에서 동물을 입식하려는 경우 해당 동물은 동물복지축산농장으로 인증된 농장에서 사육된 동물이어야 한다. 다만, 동물의 특성, 사육기간, 사육방법 등을 고려하여 축종별로 검역본부장이 정하여 고시하는 경우에는 일반 농장에서

사육된 동물을 입식할 수 있다.

2) 농장 내 동물이 전체적으로 활기가 있고 털에 윤기가 나며, 걸음걸이가 활발하며, 사료와 물의 섭취 행동에 활력이 있어야 한다.
3) 수의사의 처방에 따른 질병 치료 목적을 제외하고, 사료 및 음수에 항생제·합성항균제·성장촉진제 및 호르몬제 등의 동물용의약품을 첨가하여서는 안 된다.
4) 질병예방을 위한 적절한 조치를 취하였음에도 불구하고 질병이 발생한 경우에는 동물의 건강과 복지를 위하여 수의사의 처방 및 감독 하에 치료용 동물용의약품을 사용할 수 있다. 이 경우 동물용의약품을 사용한 동물은 해당 약품 휴약기간의 2배가 지나야 해당 축산물에 동물복지축산농장 표시를 할 수 있다.

3. 축종별 개별기준

축종별 인증 기준은 검역본부장이 정하여 고시한다.

[별표 7] 〈개정 2013.3.23〉

동물복지축산농장 인증심사의 세부절차 및 방법(제32조제3항 관련)

1. 검역본부장은 제32조에 따라 인증신청인이 제출한 서류의 적합성을 검토하고 '서류 부적합'으로 판정할 경우에는 신청일로부터 30일 이내에 그 사유를 구체적으로 밝혀 신청인에게 서류를 반려하여야 한다.
2. 검역본부장은 '서류 적합'으로 판정할 경우에는 신청일로부터 30일 이내에 신청인에게 인증심사일정을 알리고 그 계획에 따라 현장 인증심사를 하여야 한다.
3. 인증심사원은 인증신청인의 농장을 방문하여 동물의 관리방법, 사육 시설 및 환경, 동물의 상태 점검 등 동물복지 축산농장 평가기준에 따라 인증평가를 실시하고 별지 제28호서식의 동물복지축산농장 인증심사 결과보고서를 작성하여야 한다.
4. 인증심사원은 인증심사를 완료한 때에는 인증평가 관련 자료 및 사진 등과 함께 인증심사결과보고서를 검역본부장에게 제출하여야 한다.
5. 검역본부장은 인증심사원으로부터 받은 인증심사결과보고서를 참고로 하여 제30조의 인증기준에 따라 적합 여부를 판정하여야 한다. 만일, 적합 여부를 판정하기 어려울 경우에는 자문위원회를 구성하여 자문할 수 있다.
6. 인증 부적합으로 판정할 경우에는 그 사유를 명시하여 신청인에게 서면으로 통지하여야 한다.
7. 인증심사원과 동물복지축산농장 인증 자문위원은 인증신청인과 관련된 자료와 심사내용에 대하여 비밀을 유지하여야 한다.

[별표 8] 〈개정 2014.4.8〉

<u>동물복지축산농장의 표시방법</u>(제33조제2항 관련)

1. 제33조에 따라 동물복지축산농장임을 농장에 표시하려는 자는 아래의 형식에 맞추어 동물복지축산농장 표시간판을 설치할 수 있다.

비고

1. 간판의 크기: 가로 80㎝, 세로 60㎝
2. 글자 및 심벌의 크기
   가. 농장명: 세로 10㎝(청색)
   나. 인증번호 제　　호: 세로 5㎝(청색)
   다. 동물복지축산농장 심벌 원: 반지름 15㎝(외부 원은 녹색, 내부 원은 노란색, 산 모양은 녹색, 목책 및 농장도로는 검정색, 동물복지축산농장 글자는 흰색)
   라. 농림축산식품부 심벌 및 글자: 세로 10㎝
3. 바탕색: 흰색
4. 심벌의 받침 반 타원: 회색
5. 간판 및 글자의 크기는 조정이 가능하나, 간판의 내용 및 심벌의 형태와 색깔은 위 기준에 따라야 한다. 다만, 별표 6 제2호가목3)에 따라 검역본부장이 정하여 고시하는 실외 방목장 기준을 준수하는 농장의 경우에는 동물복지 자유방목 농장이라는 표시를 추가적으로 할 수 있다.

2. 제33조에 따라 축산물의 포장·용기 등에 동물복지축산농장의 표시를 하려는 경우에는 다음 각 목의 표시방법에 따른다.
   가. 제3호가목의 동물복지축산농장 표시도형과 동물복지축산농장 인증을 받은 자의 성명 또는 농장명, 인증번호, 축종, 농장 소재지를 함께 표시하여야 하며, 별표 6 제2호가목3)에 따라 검역본부장이 정하여 고시하는 실외 방목장 기준을 준수하는 농장에서 유래한 축산물인 경우에는 동물복지 자유방목 농장이라는 표시를 추가적으로 할 수 있다.
   나. 별표 6 제2호가목3)에 따라 검역본부장이 정하여 고시하는 실외 방목장 기준을 준수하는 농장에서 유래한 축산물이 아닌 경우에는 동물복지 자유방목 농장으로 표시하거나 방목, 방사 등 소비자가 동물복지 자유방목 농장으로 오인·혼동할 우려가 있는 표시를 해서는 아니 된다.

3. 동물복지축산농장 표시도형
   가. 표시도형

인 증 기 관　　　Organization Name

   나. 작도법
   동물복지축산농장의 작도법에 관하여는 「친환경농업육성법 시행규칙」 별표 2를 준용한다.

4. 삭제 〈2014.4.8〉

[별표 9] 〈개정 2013.11.29〉

동물 관련 영업별 시설 및 인력 기준(제35조제2항 관련)

1. 동물판매업, 동물수입업 및 동물생산업의 시설 및 인력 기준

가. 공통 기준

1) 영업장은 독립된 건물이거나, 다른 용도로 사용되는 시설과 같은 건물에 있을 경우에는 해당 시설과 구분되어야 한다. 다만, 동물판매업의 경우에 그 영업장은 금붕어, 앵무새, 이구아나, 거북이나 그 밖에 이에 준하는 관상용·애완용 동물을 판매하는 시설과 구분되지 않아도 된다.

2) 건물의 구조는 판매, 생산, 수입하려는 동물의 습성 및 특징에 따라 채광 및 환기가 잘 될 수 있어야 한다.

3) 영업장은 사육실과 격리실이 구분 설치되어야 하며, 동물을 위생적으로 건강하게 관리하기 위하여 온도 및 습도 조절이 가능하여야 한다.

4) 시설의 청결유지와 위생 관리에 필요한 급수시설 및 배수시설을 갖추어야 하며, 바닥은 청소와 소독이 용이한 재질이어야 한다. 다만, 동물판매업 중 토끼, 페럿, 기니피그, 햄스터를 판매하는 경우에는 급수시설 또는 배수시설을 갖추지 않더라도 같은 건물에 있는 급수시설 및 배수시설을 이용하여 청결유지와 위생관리가 가능한 경우에는 필요한 급수시설 및 배수시설을 갖춘 것으로 본다.

5) 쥐나 유해해충 등의 출입을 막을 수 있는 설비를 하여야 한다.

6) 소독약과 소독장비를 갖추고 정기적으로 청소 및 소독을 실시하여야 한다.

7) 개와 고양이의 경우 사육하고 있는 동물 100마리당 1명 이상의 사육·관리 인력을 확보하여야 한다.

나. 사육실

1) 개별 동물을 분리하여 사육할 수 있는 설비는 동물이 자유롭게 움직일 수 있는 충분한 크기여야하며, 권장하는 크기는 아래와 같다.

가) 가로 : 사육하는 동물의 체장(코부터 꼬리까지의 길이)의 2배

나) 세로 : 사육하는 동물의 체장의 1.5배

다) 높이 : 뒷발로 충분히 일어설 수 있는 높이

2) 설비의 재질은 청소, 소독 및 건조가 쉽게 되고 부식성이 없으며, 동물에 의해 쉽게 부서지거나 동물에게 상해를 입히지 아니하는 것이어야 하며, 설비를 2단 이상 쌓은 경우 충격에 의해 무너지지 않도록 설치하여야 한다.

3) 바닥은 청소 및 소독이 용이하도록 콘크리트 등으로 내수 및 배수 등 배설물을 처리할 수 있는 장치를 갖추어야 한다. 다만, 바닥이 철망 등으로 된 설비의 경우 철망의 간격은 사육하는 동물의 발이 빠지지 않는 규격이어야 한다.
4) 젖을 먹이거나 새끼를 가진 동물을 별도로 사육할 수 있는 시설을 갖추어야 한다.
5) 사육실이 외부에 노출된 경우 직사광선, 비바람 등을 피할 수 있는 시설이 설치되어야 한다.

다. 격리실
1) 격리실은 전염성 질병이 다른 동물에게 전염되지 아니하도록 별도로 구획되어야 한다. 다만, 토끼, 페렛, 기니피그, 햄스터에 대한 개별사육시설의 바닥, 천장 및 모든 벽(환기구를 제외한다)이 유리 또는 플라스틱이나 그 밖에 이에 준하는 재질로 만들어진 경우 그 개별사육시설을 격리실로 볼 수 있다.
2) 격리실에 보호 중인 동물에 대해서는 외부에서 상태를 수시로 관찰할 수 있는 구조여야 한다. 다만, 해당 동물의 습성상 사정이 있는 경우를 제외한다.

2. 동물장묘업의 시설 및 인력 기준

가. 장례식장은 분향실을 갖추어야 한다.

나. 납골시설은 유골을 안전하게 보관할 수 있어야 하며, 유골을 개별적으로 확인할 수 있도록 표지판이 붙어 있어야 한다.

다. 동물화장시설의 화장로는 「폐기물관리법」에 따른 폐기물처리시설의 설치·검사·관리기준 및 기술관리인 기준에 적합하여야 하는 외에 다음의 조건을 갖추어야 한다.
1) 화장로는 동물의 사체 또는 유골을 완전 연소시킬 수 있는 구조여야 하고 다른 시설과 격리되어야 한다.
2) 화장로의 작업내용을 확인할 수 있는 폐쇄회로 녹화장치를 설치하여야 한다.
3) 동물 사체를 보관할 수 있는 냉동시설을 갖추어야 한다.

라. 동물건조장시설의 건조 및 멸균분쇄시설은 「폐기물관리법」에 따른 폐기물처리시설의 설치·검사·관리기준 및 기술관리인 기준에 적합하여야 하는 외에 다음의 조건을 갖추어야 한다.
1) 건조장시설은 동물의 사체 또는 유골을 완전히 건조시켜 멸균분쇄할 수 있는 구조여야 하고 다른 시설과 격리되어야 한다.
2) 건조장시설의 작업내용을 확인할 수 있는 폐쇄회로 녹화장치를 설치하여야 한다.
3) 동물 사체를 보관할 수 있는 냉동시설을 갖추어야 한다.

[별표 10] <개정 2013.12.31>

영업자의 준수사항(제43조 관련)

1. 동물판매업자, 동물수입업자, 동물생산업자의 준수사항

가. 모든 동물은 안전하고 위생적으로 사육·관리하여야 한다.

나. 동물은 종류별, 성별(어리거나 중성화된 동물은 제외한다), 크기별로 분리하여 관리하고, 질환이 있는 동물(상해를 입은 동물을 포함한다), 공격성이 있는 동물, 늙은 동물, 어린 동물(어미와 함께 있는 경우를 제외한다), 새끼를 배거나 젖을 먹이고 있는 동물은 분리하여 관리하여야 한다.

다. 영업장에 새로 들어온 동물에 대하여는 체온과 외부 기생충 및 피부병, 배설물의 상태 등 건강상태를 확인하여야 한다.

라. 관리하는 모든 동물에 대해 별지 제29호서식의 개체관리카드를 작성하고 비치하여야 하며, 우리 또는 개별사육시설에 개체별 정보를 표시하여야 한다. 다만, 토끼, 기니피그, 햄스터의 경우 무리별로 개체관리카드를 작성할 수 있다.

마. 동물에게는 항상 깨끗한 물을 공급하도록 하며, 용기는 청결한 상태를 유지하여야 한다.

바. 영업자는 입수, 판매되는 동물에 대해서 그 내역을 기록한 거래내역서를 1년 이상 보관하여야 한다.

사. 등록 또는 시장·군수·구청장의 시정명령, 시설개수명령 등의 명령을 받은 영업자는 그 명령에 따른 사후조치를 이행한 후 그 결과를 지체없이 해당 관청에 보고하여야 한다.

아. 판매 또는 거래할 수 있는 동물의 월령(月齡)은 다음과 같다.

1) 개·고양이 : 2개월 이상

2) 그 외 동물 : 이유 후 스스로 사료 등의 먹이를 먹을 수 있는 월령

자. 동물판매업자는 14세 미만인 자에게는 동물을 판매하여서는 아니 된다. 다만, 보호자를 동반한 경우에는 그러하지 아니하다.

차. 동물판매업자는 「소비자기본법 시행령」 제8조제3항에 따른 소비자분쟁해결기준에서 정하는 계약서를 판매 시에 제공하여야하며, 아래의 내용을 반드시 포함하여야 한다.

1) 동물판매업 등록번호

2) 업소명 및 주소, 전화번호

3) 동물의 출생일자(일자를 모르는 경우 그 월) 및 판매업자가 입수한 날

4) 동물의 축종, 품종, 색상 및 판매당시 특징사항

5) 예방접종, 약물투여 등 수의사의 치료기록 등

6) 등록된 동물인 경우 그 등록내역

7) 판매일 및 판매금액

카. 동물판매업자는 동물을 판매할 때 해당 동물에 관한 다음의 사항을 구입자에게 최대한 상세히 알려주어야 한다.

1) 동물의 습성 및 특징
2) 동물 사육 시 지켜야할 관련 법령
3) 등록방법, 등록기한 등 동물등록제도의 세부내용(등록대상동물을 판매하는 경우만 해당한다)

타. 동물수입업자는 수입국, 수입일 등 검역관련 서류 등을 수입일로부터 1년이상 보관하여야 한다.

파. 동물생산업자는 사육·관리 중인 모든 번식용 동물에 대한 관리카드에 번식자 및 출산날짜, 출산동물 수 등 번식 및 출산에 관한 정보를 반드시 포함하여 작성·관리하여야 한다.

2. 동물장묘업자의 준수사항

가. 동물 사체를 화장 또는 건조장의 방법으로 처리한 경우에는 동물 소유자에게 동물장묘업 등록번호, 업소명·주소, 동물의 종류 및 무게, 처리일자 및 처리 후 잔재에 대한 적법한 처리방법 등을 기록한 서류를 내주어야 한다.

나. 화장 및 건조장 작업은 그 상황을 녹화하여 1년간 보관하여야 한다.

다. 동물장묘업자는 별지 제30호서식의 동물장묘업 실적 보고서를 다음 연도 2월 말일까지 시장·군수·구청장에게 제출하여야 한다.

[별표 11]

행정처분기준(제45조 관련)

1. 일반기준

가. 법 위반행위에 대한 행정처분은 다른 법률에 별도의 처분기준이 있는 경우 외에는 이 기준에 따르며 영업정지처분기간 1개월은 30일로 본다.

나. 위반행위가 둘 이상인 경우로서 그에 해당하는 각각의 처분기준이 다른 경우에는 그 중 무거운 처분기준에 따르며, 둘 이상의 처분기준이 같은 영업정지인 경우에는 무거운 처분기준의 2분의 1까지 늘릴 수 있다. 이 경우 각 처분기준을 합산한 기간을 초과할 수 없다.

다. 하나의 위반행위에 대한 처분기준이 둘 이상인 경우에는 그 중 무거운 처분기준에 따라 처분한다.

라. 위반행위의 횟수에 따른 행정처분기준은 최근 2년간 같은 위반 행위로 행정처분을 받은 경우에 적용한다. 이 경우 행정처분 기준의 적용은 같은 위반행위에 대하여 최초로 행정처분을 한 날과 다시 같은 유형의 위반행위를 적발한 날을 기준으로 한다.

마. 처분권자는 위반행위의 동기·내용·횟수 및 위반의 정도 등 다음에 해당하는 사유를 고려하여 그 처분을 가중하거나 감경할 수 있다. 이 경우 그 처분이 영업정지인 경우에는 그 처분기준의 2분의 1의 범위에서 가중하거나 감경할 수 있고, 등록취소인 경우에는 6개월 이상의 영업정지 처분으로 감경할(법 제38조 제1항제1호에 해당하는 경우는 제외한다) 수 있다.

1) 가중사유

가) 위반행위가 사소한 부주의나 오류가 아닌 고의나 중대한 과실에 의한 것으로 인정되는 경우

나) 위반의 내용·정도가 중대하여 소비자에게 미치는 피해가 크다고 인정되는 경우

2) 감경사유

가) 위반행위가 고의나 중대한 과실이 아닌 사소한 부주의나 오류로 인한 것으로 인정되는 경우

나) 위반의 내용·정도가 경미하여 소비자에게 미치는 피해가 적다고 인정되는 경우

다) 위반 행위자가 처음 해당 위반행위를 한 경우로서 5년 이상 해당 영업을 모범적으로 해온 사실이 인정되는 경우

라) 위반 행위자가 해당 위반행위로 인하여 검사로부터 기소유예 처분을 받거나 법원으로부터 선고유예의 판결을 받은 경우

마) 그 밖에 해당 영업에 대한 정부정책상 필요하다고 인정되는 경우

2. 개별 기준

위반사항	근거 법조문	행정처분기준		
		1차 위반	2차 위반	3차 이상 위반
1. 거짓이나 그 밖의 부정한 방법으로 등록을 한 것이 판명된 경우	법 제38조 제1항제1호	등록취소		
2. 법 제8조제1항부터 제3항까지의 규정을 위반하여 동물에 대한 학대행위 등의 행위를 한 경우	법 제38조 제1항제2호	영업정지 1개월	영업정지 3개월	영업정지 6개월
3. 등록 또는 신고한 날부터 1년이 지나도 영업을 시작하지 않은 경우	법 제38조 제1항제3호	등록취소 (등록인 경우에만 해당한다) 신고의 수리취소(신고인 경우에만 해당한다)		
4. 법 제32조제1항 각 호 외의 부분에 따른 기준에 미달하게 된 경우	법 제38조 제1항제4호	경고	영업정지 7일	영업정지 15일
5. 법 제33조제2항 및 제34조제2항에 따라 신고를 하지 않은 경우	법 제38조 제1항제5호	경고	영업정지 7일	영업정지 15일
6. 법 제36조에 따른 준수사항을 지키지 않은 경우	법 제38조 제1항제6호	경고	영업정지 7일	영업정지 15일

[별표 12] 〈개정 2013.12.31〉

등록 등 수수료(제48조 관련)

1. 등록대상동물의 등록
 가. 신규
  1) 내장형 무선식별장치를 삽입하는 경우: 1만원(무선식별장치는 소유자가 직접 구매하거나 지참하여야 한다)
  2) 외장형 무선식별장치 또는 등록인식표를 부착하는 경우: 3천원(무선식별장치 또는 등록인식표는 소유자가 직접 구매하거나 지참하여야 한다)
 나. 변경신고
  소유자가 변경된 경우, 소유자의 주소, 전화번호가 변경된 경우, 등록대상동물을 잃어버리거나 죽은 경우 또는 등록대상동물 분실신고 후 다시 찾은 경우 시장·군수·구청장에게 서면을 통해 신고하는 경우: 무료

2. 동물복지축산농장 인증
 가. 신청비: 1건당 10만원
 나. 인증심사원의 출장비
  1) 「공무원여비규정」에 따른 5급공무원 상당의 지급기준을 적용하고, 인증신청인이 부담한다.
  2) 출장기간은 인증심사에 소요되는 기간 및 목적지까지 왕복에 소요되는 기간을 적용하고, 출장인원은 실제 심사에 필요한 인원을 적용한다.

3. 영업의 등록·신고 또는 변경신고
 가. 영업등록 : 1만원
 나. 영업자 지위승계 신고 : 1만원
 다. 등록사항 및 신고사항의 변경 신고 : 1만원
 라. 등록증 및 신고증의 재교부 : 5천원

■ 동물보호법 시행규칙 [별지 제1호서식] <개정 2014.2.14>

동물등록 [ ] 신청서 [ ] 변경신고서

※ 아래의 신청서(신고서) 작성 유의사항을 참고하시어 작성하시고 바탕색이 어두운 난은 신청인(신고인)이 적지 않으며, [ ]에는 해당되는 곳에 √ 표시를 합니다.
※ 동물등록번호란과 변경사항란은 변경신고 시 해당사항이 있는 경우에만 적습니다.
(앞쪽)

<table>
<tr><td colspan="2">접수번호</td><td colspan="3">접수일</td><td colspan="4">처리일</td><td colspan="2">처리기간 10일</td></tr>
<tr><td rowspan="2">신청인
(신고인)</td><td colspan="4">성명</td><td colspan="4">주민등록번호</td><td colspan="2">전화번호</td></tr>
<tr><td colspan="6">주민등록주소</td><td colspan="4">현거주지주소</td></tr>
<tr><td rowspan="4">동물</td><td colspan="10">동물등록번호</td></tr>
<tr><td rowspan="2">이름</td><td rowspan="2">품종</td><td rowspan="2">털색깔</td><td colspan="2">성별</td><td colspan="2">중성화</td><td rowspan="2">생년월(일)</td><td rowspan="2">취득일</td><td rowspan="2">특이사항</td></tr>
<tr><td>암</td><td>수</td><td>여</td><td>부</td></tr>
<tr><td></td><td></td><td></td><td colspan="2"></td><td colspan="2"></td><td></td><td></td><td></td></tr>
<tr><td rowspan="7">변경사항</td><td colspan="3">구 분</td><td colspan="5">변경 전</td><td colspan="2">변경 후</td></tr>
<tr><td colspan="3">소유자</td><td colspan="5"></td><td colspan="2"></td></tr>
<tr><td colspan="3">주 소</td><td colspan="5"></td><td colspan="2"></td></tr>
<tr><td colspan="3">전화번호</td><td colspan="5"></td><td colspan="2"></td></tr>
<tr><td colspan="3">무선식별장치 및 등록인식표의 분실 또는 훼손으로 인한 동물등록번호</td><td colspan="5"></td><td colspan="2"></td></tr>
<tr><td rowspan="2">기 타</td><td colspan="9">[ ] 등록동물의 분실 [ ] 등록동물의 폐사</td></tr>
<tr><td colspan="9">[ ] 등록동물의 분실 후 회수</td></tr>
<tr><td colspan="11">변경사유 발생일</td></tr>
<tr><td colspan="11">등록동물 분실·폐사 장소</td></tr>
<tr><td colspan="11">등록동물 분실·폐사 원인</td></tr>
</table>

「동물보호법」 제12조제1항·제2항 및 같은 법 시행규칙 제8조제1항 및 제9조제2항에 따라 위와 같이 동물등록(변경)을 신청(신고)합니다.

년 월 일

신청인(신고인) (서명 또는 인)

(시장·군수·구청장) 귀하

210mm×297mm[보존용지(1종) 70g/㎡]

(뒤쪽)

첨부서류	1. 동물등록증(변경신고 시) 2. 등록동물의 분실 경위서 (분실 시) 3. 등록동물의 폐사 증명서류 (폐사 시)	수수료	
		신규 · 무선식별장치 및 등록인식표의 분실 또는 훼손	변경
		1. 무선식별장치 체내삽입: 1만원 2. 무선식별장치 체외부착: 3천원 3. 등록인식표의 부착: 3천원	무료
담당공무원 확인사항(동의하지 않는 경우 해당 제출 서류)	1. 동물소유자의 주민등록표 등본 · 초본(등록, 소유자 변경 신고 시)		

행정정보 공동이용 동의서

본인은 이 건 업무처리와 관련하여 「전자정부법」 제36조제1항에 따른 행정정보의 공동이용을 통하여 담당 공무원이 주민등록표 등본 · 초본을 확인하는 것에 동의합니다.

* 동의하지 않는 경우 해당 서류를 제출하여야 합니다.

신청인
(신고인) (서명 또는 인)

[동의]

1. 동물등록 업무처리를 목적으로 위 신청인(신고인) 정보와 신청 신고내용을 등록 유효기간 동안 수집.이용함에 동의합니다.
   신청인(신고인) (서명 또는 인)

2. 유기 · 유실동물의 반환 등의 목적으로 등록대상동물의 소유자의 정보와 등록내용을 활용할 수 있도록 해당 지방자치단체 등에 제공함에 동의합니다.
   신청인(신고인) (서명 또는 인)

유의사항

1. 다음의 사항이 변경된 경우에는 변경된 날부터 30일 이내에 변경신고를 하여야 합니다.
   가. 소유자
   나. 소유자의 주소 및 전화번호
   다. 등록동물의 분실 또는 폐사
   라. 등록동물의 분실 후 회수
   마. 무선식별장치 또는 등록인식표의 분실 또는 훼손
2. 잃어버린 동물에 대한 정보는 동물보호관리시스템(www.animal.go.kr)에 공고됩니다.
3. 소유자의 주소가 변경된 경우, 전입신고 시 변경신고가 있는 것으로 봅니다.
4. 전화번호가 변경된 경우, 등록동물의 분실 또는 폐사의 경우 또는 등록동물의 분실 후 회수에 해당하는 경우에는 동물보호관리시스템(www.animal.go.kr)을 통해 변경 신고를 할 수 있습니다.

처리절차

신청서(신고서) 작성	→	접 수	→	첨부서류 확인 및 검토	→	등록사항 전자적 기록(수정)	→	결재	→	동물등록증 발급(폐기)
신청인(신고인)		시장·군수·구청장		시장·군수·구청장		시장·군수·구청장		시장·군수·구청장		시장·군수·구청장

■ 동물보호법 시행규칙 [별지 제2호서식]

(앞쪽)

동물등록증

동물등록번호 :

소유자 정보

성명 :

주소 :

전화번호 :

동물의 정보

이름: 성별: 중성화: O/X

축종: 품종: 털색:

생년월(일): 기타특징:

「동물보호법」 제12조제1항과 같은 법 시행규칙 제8조제2항, 제9조제3항에 따라 위와 같이 등록되었음을 증명합니다.

년 월 일

시장 · 군수 · 구청장 [직인]

100㎜×60㎜[보존용지(1종) 120g/㎡]

(뒤쪽)

변경내용		일자/확인 인
(변경항목)	(변경내용)	(일자)/(확인서명)

* 이 등록증을 습득하신 분은 가까운 우체통에 넣어주십시오.
시장 · 군수 · 구청장: 주소 및 전화번호

비고 : 동물등록증의 재질과 규격은 지방자치단체의 여건을 고려하여 변경 가능

■ 동물보호법 시행규칙 [별지 제3호서식]

동물등록증 재발급 신청서

※ 바탕색이 어두운 난은 신청인이 적지 않으며, [ ]에는 해당되는 곳에 √ 표시를 합니다.

접수번호	접수일	처리일	처리기간 3일

소유자	성명	주민등록번호	전화번호
	주민등록주소	현거주지주소	

동물	동물등록번호									
	이름	품종	털색깔	성별		중성화		생년월(일)	취득일	특이사항
				암	수	여	부			

신청사유	[ ] 동물등록증 분실	신청사유 발생일	
	[ ] 동물등록증 훼손	동물등록증 분실장소	
	[ ] 그 밖의 사유:		

「동물보호법」 제12조제1항·제2항과 같은 법 시행규칙 제8조제3항에 따라 위와 같이 동물등록증의 재발급을 신청합니다.

년 월 일

신청인 (서명 또는 인)

(시장·군수·구청장) 귀하

첨부서류	없음	수수료
담당 공무원 확인사항 (동의하지 않는 경우 해당 제출 서류)	동물 소유자의 주민등록표 등본·초본	무료

행정정보 공동이용 동의서

본인은 이 건 업무처리와 관련하여 「전자정부법」 제36조제1항에 따른 행정정보의 공동이용을 통하여 담당 공무원이 주민등록표 등본·초본을 확인하는 것에 동의합니다.

신청인 (서명 또는 인)

처리절차

신청서 작성	→	접 수	→	첨부서류 확인 및 검토	→	동물등록증 재발급
신청인		시장·군수·구청장		시장·군수·구청장		시장·군수·구청장

210㎜×297㎜[일반용지 60g/㎡]

■ 동물보호법 시행규칙 [별지 제15호서식] <개정 2012.12.26>

영업 등록 신청서

※ 뒤쪽의 신청서 작성 유의사항을 참고하시기 바라며, 바탕색이 어두운 난은 신청인이 적지 않습니다. (앞쪽)

접수번호	접수일	발급일	처리기간 15일

<table>
<tr><td rowspan="2">신청인</td><td colspan="2">성명(법인명)</td><td>주민등록번호(법인등록번호)</td></tr>
<tr><td colspan="3">주소
(전화번호:)</td></tr>
<tr><td rowspan="3">영업장</td><td>명칭(상호)</td><td colspan="2"></td></tr>
<tr><td>소재지</td><td colspan="2">(전화번호:)</td></tr>
<tr><td>신청업종</td><td>[ ] 동물장묘업
– 장례식장: 설치 / 미설치
– 동물화장시설: 설치 / 미설치
– 동물건조장시설: 설치 / 미설치
– 납골시설: 설치 / 미설치</td><td>[ ] 동물판매업
[ ] 동물수입업</td></tr>
</table>

「동물보호법」 제33조제1항 및 같은 법 시행규칙 제37조제1항에 따라 위와 같이 영업의 등록을 신청합니다.

년 월 일

신청인 (서명 또는 인)

(시장 · 군수 · 구청장) 귀하

210mm×297mm(일반용지 60g/㎡(재활용품))

(뒤쪽)

첨부서류	1. 인력 현황 2. 영업장의 시설 내역 및 배치도 3. 사업계획서(동물장묘업의 등록에만 해당한다) 4. 「폐기물관리법」 제29조제2항에 따른 폐기물처리시설 설치승인서 또는 설치신고증명서 사본(동물화장시설 또는 동물건조장시설을 설치하는 경우에만 해당한다) 5. 「폐기물관리법」 제30조에 따른 소각시설 설치검사결과서(동물화장시설을 설치하는 경우에만 해당한다) 또는 멸균분쇄시설 설치검사결과서(동물건조장시설을 설치하는 경우에만 해당한다) 6. 동물사체에 대한 처리 후 잔재에 대한 처리계획서(동물화장시설 또는 동물건조장시설을 설치하는 경우에만 해당한다)	수수료 1만원
담당공무원 확인사항	1. 등록신청인의 주민등록표 등본・초본(법인인 경우에는 법인등기사항증명서) 2. 건축물대장 및 토지 이용계획 확인서	

행정정보 공동이용 동의서

본인은 이 건 업무처리와 관련하여 「전자정부법」 제36조제1항에 따른 행정정보의 공동이용을 통하여 담당공무원이 위의 담당공무원 확인사항을 확인하는 것에 동의합니다.

* 동의하지 않는 경우 해당 서류를 제출하여야 합니다.

신청인 (서명 또는 인)

유의사항

1. 신청인의 업종에 따라 신청업종란의 동물장묘업, 동물판매업, 동물수입업 중 해당되는 업종의 “[ ]”란에 √ 표시를 합니다. 해당 업종을 동시에 신청하려면 해당되는 업종 모두에 √ 표시를 합니다.
2. 동물장묘업을 신청하려는 자는 장례식장, 동물화장시설, 동물건조장시설, 납골시설 중 설치・운영하려는 시설 모두에 대하여 설치 여부를 표시합니다.

처리절차

신청서 작성	→	접 수	→	첨부서류 확인 및 검토	→	현장실사 및 시설조사	→	결재	→	등록증 발급
신청인		시장・군수・구청장		시장・군수・구청장		시장・군수・구청장		시장・군수・구청장		시장・군수・구청장

■ 동물보호법 시행규칙 [별지 제16호서식] <개정 2014.4.8>

등록번호 제 호

[ ] 동물장묘업
[ ] 동물판매업 등록증
[ ] 동물수입업

업소명	
소재지	
대표자	
주 소	
영업의 종류	※ 동물장묘업의 경우에는 시설(장례식장, 동물화장시설, 동물건조장시설, 납골시설) 설치 여부를 함께 표시
등록조건	

「동물보호법」 제33조제1항 및 같은 법 시행규칙 제37조 제4항에 따라 [ ] 동물장묘업 [ ] 동물판매업 [ ] 동물수입업 으로

등록하였음을 증명합니다.

년 월 일

특별자치시장 · 시장 · 군수 · 구청장 직인

210㎜×297㎜[백상지 120g/㎡]

■ 동물보호법 시행규칙 [별지 제17호서식] <개정 2012.12.26>

동물장묘업 등록(변경신고) 관리대장

1. 영업등록사항

영업장의 명칭(상호)			
등록번호		등록일자	년 월 일
영업의 종류	동물장묘업	시설의 종류	장례식장/동물화장시설/ 동물건조장시설/납골시설
소재지	(전화번호:)		
대표자	성명		
	주민등록번호		
	주소	(전화번호:)	

2. 영업등록의 변경사항

연 월 일	변경내용	기재자 (직급 · 성명)	연 월 일	변경내용	기재자 (직급 · 성명)

3. 영업장 현황

시설	면적	장례식장	m^2	동물화장시설/ 동물건조장시설	m^2	납골시설	m^2
	화장로/ 건조장 시설	규격 (수량)					
종업원 수			명				

4. 기타 행정조치사항

연 월 일	구분	조치내용	기재자 (직급 · 성명)	연 월 일	구분	조치 내용	기재자 (직급 · 성명)

5. 행정처분사항

처 분 연 월 일	문서번호	위반사항	처분의 내용 및 기간	기재자 (직급 · 성명)

6. 비고

210㎜×594㎜[보존용지(2종) 70g/㎡(재활용품)]

■ 동물보호법 시행규칙 [별지 제19호서식]

[ ]동물장묘업 [ ]동물판매업 [ ]동물수입업 [ ]동물생산업 등록증 신고확인증 재발급 신청서

※ 바탕색이 어두운 난은 신청인이 적지 않으며, [ ]에는 해당되는 곳에 √ 표시를 합니다.

접수번호	접수일	발급일	처리기간 즉시

신청인	성명(법인명)	주민등록번호(법인등록번호)	대표자 성명
	주소 (전화번호:)		
영업장	명칭(상호)		
	소재지	(전화번호:)	
	신청업종	[ ] 동물장묘업 [ ] 동물판매업 [ ] 동물수입업 [ ] 동물생산업	
재발급 사유			
등록증(신고확인증) 분실사유	*등록증(신고확인증)을 분실한 경우에만 작성합니다.*		

「동물보호법」 제33조 및 같은 법 시행규칙 제37조제5항에 따라 위와 같이 [ ] 동물장묘업 [ ] 동물판매업 [ ] 동물수입업 등록증 또는 「동물보호법」 제34조 및 같은 법 시행규칙 제40조제5항에 따라 [ ] 동물생산업 신고확인증의 재발급을 신청합니다.

년 월 일

신청인 (서명 또는 인)

(시장 · 군수 · 구청장) 귀하

첨부서류	등록증 또는 신고확인증	수수료 5천원

처리절차

신청서 작성	→	접 수	→	서류 검토	→	결재	→	등록증(신고확인증) 발급
신청인		시장·군수·구청장		시장·군수·구청장		시장·군수·구청장		시장·군수·구청장

210mm×297mm(일반용지 60g/㎡(재활용품))

■ 동물보호법 시행규칙 [별지 제20호서식] <개정 2012.12.26>

[ ]동물장묘업 [ ]동물판매업 [ ]동물수입업 등록사항 / [ ]동물생산업 신고사항 변경신고서

※ 해당되는 곳에 √ 표시를 하고, 바탕색이 어두운 난은 신고인이 적지 않습니다. (앞쪽)

접수번호	접수일	처리일	처리기간 7일
신고인 성명(법인명)		주민등록번호 (법인등록번호)	
영업의 종류		등록(신고)번호	

	구분	변경 전	변경 후
변경사항	영업자의 성명 (법인인 경우에는 대표자의 성명)		
	영업장의 명칭 (상호)		
	영업시설		
	영업장의 소재지		
변경사유			
등록증(신고확인증) 분실사유	*등록증(신고확인증)을 분실한 경우에만 작성합니다.*		

「동물보호법」 제33조제2항과 같은 법 시행규칙 제38조제2항에 따라 [ ]동물장묘업 [ ]동물판매업 [ ]동물수입업의 등록사항 또는 「동물보호법」 제34조제2항과 같은 법 시행규칙 제41조제2항에 따라 [ ]동물생산업의 신고사항 중 변경사항을 신고합니다.

년 월 일

신고인 (서명 또는 인)

(시장 · 군수 · 구청장) 귀하

210㎜×297㎜[일반용지 60g/㎡(재활용품)]

(뒤쪽)

<table>
<tr><td rowspan="3">첨부서류</td><td>영업장 명칭 또는 상호를 변경할 때</td><td>등록증 또는 신고확인증</td><td>수수료</td></tr>
<tr><td>영업시설을 변경할 때</td><td>1. 등록증 또는 신고확인증
2. 영업시설의 변경내역서</td><td rowspan="2">1만원</td></tr>
<tr><td>영업장 소재지를 변경할 때</td><td>1. 등록증 또는 신고확인증
2. 인력 현황
3. 영업장의 시설 내역 및 배치도
4. 「폐기물관리법」 제29조제2항에 따른 폐기물처리시설 설치승인서 또는 설치신고증명서 사본(동물화장시설 또는 동물건조장시설을 설치하는 경우에만 해당한다)
5. 「폐기물관리법」 제30조에 따른 소각시설 설치검사결과서(동물화장시설을 설치하는 경우에만 해당한다) 또는 멸균분쇄시설 설치검사결과서(동물건조장시설을 설치하는 경우에만 해당한다)
6. 동물사체에 대한 처리 후 잔재에 대한 처리계획서(동물화장시설 또는 동물건조장시설을 설치하는 경우에만 해당한다)</td></tr>
<tr><td>담당 공무원 확인사항</td><td colspan="3">1. 신고인의 주민등록표 등본·초본(법인인 경우에는 법인 등기사항증명서)
2. 건축물대장 및 토지이용계획확인서</td></tr>
</table>

행정정보 공동이용 동의서

본인은 이 건 업무처리와 관련하여 「전자정부법」 제36조제1항에 따른 행정정보의 공동이용을 통하여 담당공무원이 주민등록표 등본·초본을 확인하는 것에 동의합니다.

* 동의하지 않는 경우 해당 서류를 제출하여야 합니다.

신고인 (서명 또는 인)

처리절차

신고서 작성	→	접 수	→	서류검토	→	현장실사 및 시설조사 (필요시)	→	결재	→	등록증(신고확인증) 발급
신고인		시장·군수·구청장		시장·군수·구청장		시장·군수·구청장		시장·군수·구청장		시장·군수·구청장

■ 동물보호법 시행규칙 [별지 제21호서식]

[ ]휴업 [ ]재개업 [ ]폐업 신고서

※ 아래의 신고서 작성 유의사항을 참고하시어 작성하시고 바탕색이 어두운 난은 신고인이 적지 않으며, [ ]에는 해당되는 곳에 √ 표시를 합니다.
(앞쪽)

접수번호	접수일	발급일	처리기간 즉시

<table>
<tr><td rowspan="2">신고인</td><td colspan="2">성명(법인명)</td><td>주민등록번호(법인등록번호)</td></tr>
<tr><td colspan="3">주소
(전화번호:)</td></tr>
<tr><td rowspan="3">영업장</td><td>명칭(상호)</td><td colspan="2"></td></tr>
<tr><td>소재지</td><td colspan="2">(전화번호:)</td></tr>
<tr><td>신고업종</td><td colspan="2">[ ] 동물장묘업 [ ] 동물판매업 [ ] 동물수입업
[ ] 동물수입업</td></tr>
<tr><td>재개업
(폐업)일</td><td colspan="3">년 월 일</td></tr>
<tr><td>휴업기간</td><td colspan="3">년 월 일부터 년 월 일까지</td></tr>
<tr><td>사유</td><td colspan="3"></td></tr>
<tr><td>사육・관리 중인 동물의 처리방안</td><td colspan="3"></td></tr>
<tr><td>보관중인 사체의 처리방안</td><td colspan="3"></td></tr>
</table>

「동물보호법」 제33조제2항 및 같은 법 시행규칙 제39조 또는 「동물보호법」 제34조제2항 및 같은 법 시행규칙 제41조제3항에 따라 위와 같이 영업의 [ ]휴업 [ ]재개업 [ ]폐업을 하기 위하여 신고합니다.

년 월 일

신고인 (서명 또는 인)

(시장・군수・구청장) 귀하

10mm×297mm[보존용지(1종) 70g/㎡]

(뒤쪽)

첨부서류	1. 등록증 또는 신고확인증(폐업의 경우만 해당)	수수료 없음

유의사항

1. 사육 · 관리 중인 동물의 처리방안 난은 동물판매업을 휴업하거나 폐업하는 경우에만 적습니다.
2. 보관 중인 사체의 처리방안 난은 동물장묘업을 휴업하거나 폐업하는 경우에만 적습니다.
3. 휴업의 기간을 정하여 신고한 경우 그 기간이 만료되어 재개업을 할 때에는 재개업 신고를 하지 않아도 됩니다.

처리절차

신고서 작성	→	접 수	→	서류검토	→	결재
신고인		시장·군수·구청장		시장·군수·구청장		시장·군수·구청장

■ 동물보호법 시행규칙 [별지 제23호서식]

신고번호 제　　　호

신 고 확 인 증

업소명	
소재지	
대표자	(생년월일 :　　　년　　　월　　　일)
주소	

「동물보호법」 제34조제1항 및 같은 법 시행규칙 제40조제4항에 따라 동물생산업 영업의 신고를 수리합니다.

년　　　월　　　일

(시장・군수・구청장) 직인

210㎜×297㎜[보존용지(1종) 120g/㎡]

■ 동물보호법 시행규칙 [별지 제25호서식]

영업자 지위승계 신고서

※ 아래의 신고서 작성 유의사항을 참고하시어 작성하시고 바탕색이 어두운 난은 신고인이 적지 않으며, [ ]에는 해당되는 곳에 √ 표시를 합니다.

접수번호	접수일	처리일	처리기간 3일

승계를 하는 사람	성명 (법인명)		주민등록번호 (법인등록번호)
	주소		전화번호
승계를 받는 사람	성명 (법인명)		주민등록번호 (법인등록번호)
	주소		전화번호
영업장	명칭 (상호)	변경 전	변경 후
	영업의 종류		
	등록(신고)번호		
	소재지		
승계사유	[ ] 양도·양수 [ ] 상속 [ ] 기타( )		

「동물보호법」 제35조제3항 및 같은 법 시행규칙 제42조제1항에 따라 위와 같이 신고합니다.

년 월 일

신고인 (서명 또는 인)

(시장·군수·구청장) 귀하

210mm×297mm[보존용지(1종) 70g/㎡]

(뒤 쪽)

구분	영업양도의 경우	상속의 경우	그 외의 경우	수수료
첨부서류	양도·양수를 증명할 수 있는 양도·양수계약서 사본 등	가족관계증명서, 상속인임을 증명하는 서류	해당 사유별로 영업자의 지위를 승계하였음을 증명할 수 있는 서류	1만원
담당공무원 확인사항	양도·양수를 증명할 수 있는 법인 등기사항증명서, 토지등기부등본, 건물등기부등본 또는 건축물대장, 양도인의 인감증명서(양도인이 확인에 동의하지 않는 경우에는 인감증명서를 제출하게 하고, 양도인과 양수인이 시장·군수·구청장에게 함께 방문하여 신고하는 경우에는 인감증명서를 확인하지 않을 수 있다)	없음	없음	

행정정보 공동이용 동의서

본인은 이 건 업무처리와 관련하여 「전자정부법」 제36조제1항에 따른 행정정보의 공동이용을 통하여 담당 공무원이 위의 담당 공무원 확인사항을 확인하는 것에 동의합니다.

* 동의하지 아니하는 경우 해당 서류를 제출하여야 합니다.

신고인 (서명 또는 인)

행정처분내용 고지 및 가중처분 대상업소 확인서

1. 양도인은 최근 1년 이내에 다음과 같이 「동물보호법」 제38조 및 같은 법 시행규칙 제45조에 따라 행정처분을 받았다는 사실(최근 1년 이내에 행정처분을 받은 사실이 없는 경우에는 없다는 사실)을 양수인에게 알려 주었습니다.

<최근 1년 이내에 양도인이 받은 행정처분>

처분받은 날짜	행정처분 내용	행정처분 사유

※ 최근 1년 이내에 행정처분을 받은 사실이 없는 경우에는 위 표의 왼쪽 난에 "없음"이라고 적습니다.

※ 양도·양수신고 담당공무원은 위 행정처분의 내용을 행정처분대장과 대조하여 일치하는지를 확인하여야 하며, 일치하지 아니하는 경우에는 양도인 및 양수인에게 그 사실을 알려 주고 위 난을 보완하도록 하여야 합니다.

2. 양수인은 위 행정처분에서 지정된 기간 내에 처분내용대로 이행하지 아니하거나, 행정처분을 받은 위반사항이 재적발되었을 때에는 「동물보호법」 제38조제2항, 같은 법 시행규칙 제45조 및 별표 11에 따라 양도인이 받은 행정처분의 효과가 양수인에게 승계되어 가중 처분된다는 사실을 알고 있음을 확인합니다.

년 월 일

양도인 성 명: (서명 또는 인)
주 소:
양수인 성 명: (서명 또는 인)
주 소:

유의사항

1. 영업자 지위승계의 신고를 하지 아니하는 경우에는 100만원 이하의 과태료에 처하게 됩니다.
2. 영업자의 지위를 승계한 자는 30일 이내에 신고하여야 합니다.
3. 양도인의 소재불명 등으로 인하여 해당 서류를 첨부할 수 없는 경우로서 허가관청 또는 시장·군수·구청장이 다른 방법으로 양도·양수사실을 확인할 수 있는 경우에는 해당 서류를 첨부하지 않을 수도 있으니 참고하시기 바랍니다.
4. 영업장의 영업의 종류란에는 동물장묘업, 동물판매업, 동물수입업, 동물생산업 중 해당되는 영업을 적습니다[예 : 동물판매업].

처리절차

신고서 작성	→	접 수	→	첨부서류 확인 및 검토	→	등록사항 전자적 기록(수정)	→	결재	→	등록증·신고확인증 발급(폐기)
신고인		시장·군수·구청장		시장·군수·구청장		시장·군수·구청장		시장·군수·구청장		시장·군수·구청장

■ 동물보호법 시행규칙 [별지 제26호서식]

행정처분 및 청문대장

연번	문서번호 (발송일)	영업장의 명칭(상호)	소 재 지	대표자 (영업자)	위반사항	청문일	처분기준	처분내용 및 기간
1								
2								
3								
4								
5								
6								
7								
8								
9								
10								

364mm×257mm(보존용지 70g/㎡)

■ 동물보호법 시행규칙 [별지 제30호서식] <신설 2012.12.26>

동물장묘업 실적 보고서

1. 영업등록사항

영업장의 명칭 (상호)			
등록번호		등록일자	년 월 일
영업의 종류	동물장묘업	시설의 종류	장례식장/동물화장시설/ 동물건조장시설/납골시설
소재지	(전화 :)		
대표자	성명		
	주민등록번호		
	주소	(전화 :)	

2. 영업장 현황

시설	면적	장례식장	m^2	동물화장시설/ 동물건조장시설	m^2	납골시설	m^2
	화장로/ 건조시설	규격 (수량)					
종업원 수			명				

3. 운영실적

구분	처리용량	잔재물 배출 및 처리 내용			
		배출량	성질・상태	납골량	기타처리용량(방식)
합계					

4. 비고

210㎜×594㎜[보존용지(2종) 70g/㎡(재활용품)]

[별표 1] 〈개정 2015.7.24.〉

지정폐기물의 종류(제3조 관련)

1. 특정시설에서 발생되는 폐기물
   가. 폐합성 고분자화합물
      1) 폐합성 수지(고체상태의 것은 제외한다)
      2) 폐합성 고무(고체상태의 것은 제외한다)
   나. 오니류(수분함량이 95퍼센트 미만이거나 고형물함량이 5퍼센트 이상인 것으로 한정한다)
      1) 폐수처리 오니(환경부령으로 정하는 물질을 함유한 것으로 환경부장관이 고시한 시설에서 발생되는 것으로 한정한다)
      2) 공정 오니(환경부령으로 정하는 물질을 함유한 것으로 환경부장관이 고시한 시설에서 발생되는 것으로 한정한다)
   다. 폐농약(농약의 제조·판매업소에서 발생되는 것으로 한정한다)
2. 부식성 폐기물
   가. 폐산(액체상태의 폐기물로서 수소이온 농도지수가 2.0 이하인 것으로 한정한다)
   나. 폐알칼리(액체상태의 폐기물로서 수소이온 농도지수가 12.5 이상인 것으로 한정하며, 수산화칼륨 및 수산화나트륨을 포함한다)
3. 유해물질함유 폐기물(환경부령으로 정하는 물질을 함유한 것으로 한정한다)
   가. 광재(鑛滓)[철광 원석의 사용으로 인한 고로(高爐)슬래그(slag)는 제외한다]
   나. 분진(대기오염 방지시설에서 포집된 것으로 한정하되, 소각시설에서 발생되는 것은 제외한다)
   다. 폐주물사 및 샌드블라스트 폐사(廢砂)
   라. 폐내화물(廢耐火物) 및 재벌구이 전에 유약을 바른 도자기 조각
   마. 소각재
   바. 안정화 또는 고형화·고화 처리물
   사. 폐촉매
   아. 폐흡착제 및 폐흡수제[광물유·동물유 및 식물유{폐식용유(식용을 목적으로 식품 재료와 원료를 제조·조리·가공하는 과정, 식용유를 유통·사용하는 과정 또는 음식물류 폐기물을 재활용하는 과정에서 발생하는 기름을 말한다. 이하 같다)는 제외한다}의 정제에 사용된 폐토사(廢土砂)를 포함한다]
4. 폐유기용제
   가. 할로겐족(환경부령으로 정하는 물질 또는 이를 함유한 물질로 한정한다)
   나. 그 밖의 폐유기용제(가목 외의 유기용제를 말한다)

5. 폐페인트 및 폐래커(다음 각 목의 것을 포함한다)
   가. 페인트 및 래커와 유기용제가 혼합된 것으로서 페인트 및 래커 제조업, 용적 5세제곱미터 이상 또는 동력 3마력 이상의 도장(塗裝)시설, 폐기물을 재활용하는 시설에서 발생되는 것
   나. 페인트 보관용기에 남아 있는 페인트를 제거하기 위하여 유기용제와 혼합된 것
   다. 폐페인트 용기(용기 안에 남아 있는 페인트가 건조되어 있고, 그 잔존량이 용기 바닥에서 6밀리미터를 넘지 아니하는 것은 제외한다)
6. 폐유[기름성분을 5퍼센트 이상 함유한 것을 포함하며, 폴리클로리네이티드비페닐(PCBs)함유 폐기물, 폐식용유와 그 잔재물, 폐흡착제 및 폐흡수제는 제외한다]
7. 폐석면
   가. 건조고형물의 함량을 기준으로 하여 석면이 1퍼센트 이상 함유된 제품·설비(뿜칠로 사용된 것은 포함한다) 등의 해체·제거 시 발생되는 것
   나. 슬레이트 등 고형화된 석면 제품 등의 연마·절단·가공 공정에서 발생된 부스러기 및 연마·절단·가공 시설의 집진기에서 모아진 분진
   다. 석면의 제거작업에 사용된 바닥비닐시트(뿜칠로 사용된 석면의 해체·제거작업에 사용된 경우에는 모든 비닐시트)·방진마스크·작업복 등
8. 폴리클로리네이티드비페닐 함유 폐기물
   가. 액체상태의 것(1리터당 2밀리그램 이상 함유한 것으로 한정한다)
   나. 액체상태 외의 것(용출액 1리터당 0.003밀리그램 이상 함유한 것으로 한정한다)
9. 폐유독물질[「화학물질관리법」 제2조제2호의 유독물질을 폐기하는 경우로 한정하되, 제1호다목의 폐농약(농약의 제조·판매업소에서 발생되는 것으로 한정한다), 제2호의 부식성 폐기물, 제4호의 폐유기용제 및 제8호의 폴리클로리네이티드비페닐 함유 폐기물은 제외한다]
10. 의료폐기물(환경부령으로 정하는 의료기관이나 시험·검사 기관 등에서 발생되는 것으로 한정한다)
11. 그 밖에 주변환경을 오염시킬 수 있는 유해한 물질로서 환경부장관이 정하여 고시하는 물질

[별표 2] <개정 2013.5.28>

의료폐기물의 종류(제4조 관련)

1. 격리의료폐기물 :「감염병의 예방 및 관리에 관한 법률」 제2조제1호의 감염병으로부터 타인을 보호하기 위하여 격리된 사람에 대한 의료행위에서 발생한 일체의 폐기물
2. 위해의료폐기물
   가. 조직물류폐기물 : 인체 또는 동물의 조직·장기·기관·신체의 일부, 동물의 사체, 혈액·고름 및 혈액생성물(혈청, 혈장, 혈액제제)
   나. 병리계폐기물 : 시험·검사 등에 사용된 배양액, 배양용기, 보관균주, 폐시험관, 슬라이드, 커버글라스, 폐배지, 폐장갑
   다. 손상성폐기물 : 주사바늘, 봉합바늘, 수술용 칼날, 한방침, 치과용침, 파손된 유리재질의 시험기구
   라. 생물·화학폐기물 : 폐백신, 폐항암제, 폐화학치료제
   마. 혈액오염폐기물 : 폐혈액백, 혈액투석 시 사용된 폐기물, 그 밖에 혈액이 유출될 정도로 포함되어 있어 특별한 관리가 필요한 폐기물
3. 일반의료폐기물 : 혈액·체액·분비물·배설물이 함유되어 있는 탈지면, 붕대, 거즈, 일회용 기저귀, 생리대, 일회용 주사기, 수액세트

비고 : 의료폐기물이 아닌 폐기물로서 의료폐기물과 혼합되거나 접촉된 폐기물은 혼합되거나 접촉된 의료폐기물과 같은 폐기물로 본다.

[별표 3] 〈개정 2015.7.24.〉

폐기물 처리시설의 종류(제5조 관련)

1. 중간처분시설
  가. 소각시설
    1) 일반 소각시설
    2) 고온 소각시설
    3) 열 분해시설(가스화시설을 포함한다)
    4) 고온 용융시설
    5) 열처리 조합시설 [1)에서 4)까지의 시설 중 둘 이상의 시설이 조합된 시설]
  나. 기계적 처분시설
    1) 압축시설(동력 10마력 이상인 시설로 한정한다)
    2) 파쇄·분쇄 시설(동력 20마력 이상인 시설로 한정한다)
    3) 절단시설(동력 10마력 이상인 시설로 한정한다)
    4) 용융시설(동력 10마력 이상인 시설로 한정한다)
    5) 증발·농축 시설
    6) 정제시설(분리·증류·추출·여과 등의 시설을 이용하여 폐기물을 처분하는 단위시설을 포함한다)
    7) 유수 분리시설
    8) 탈수·건조 시설
    9) 멸균분쇄 시설
  다. 화학적 처분시설
    1) 고형화·고화·안정화 시설
    2) 반응시설(중화·산화·환원·중합·축합·치환 등의 화학반응을 이용하여 폐기물을 처분하는 단위시설을 포함한다)
    3) 응집·침전 시설
  라. 생물학적 처분시설
    1) 소멸화 시설(1일 처분능력 100킬로그램 이상인 시설로 한정한다)
    2) 호기성·혐기성 분해시설
  마. 그 밖에 환경부장관이 폐기물을 안전하게 중간처분할 수 있다고 인정하여 고시하는 시설
2. 최종 처분시설
  가. 매립시설
    1) 차단형 매립시설
    2) 관리형 매립시설(침출수 처리시설, 가스 소각·발전·연료화 시설 등 부대시

설을 포함한다)

나. 그 밖에 환경부장관이 폐기물을 안전하게 최종처분할 수 있다고 인정하여 고시하는 시설

3. 재활용시설

가. 기계적 재활용시설

1) 압축·압출·성형·주조시설(동력 10마력 이상인 시설로 한정한다)

2) 파쇄·분쇄·탈피 시설(동력 20마력 이상인 시설로 한정한다)

3) 절단시설(동력 10마력 이상인 시설로 한정한다)

4) 용융·용해시설(동력 10마력 이상인 시설로 한정한다)

5) 연료화시설

6) 증발·농축 시설

7) 정제시설(분리·증류·추출·여과 등의 시설을 이용하여 폐기물을 재활용하는 단위시설을 포함한다)

8) 유수 분리 시설

9) 탈수·건조 시설

10) 세척시설(철도용 폐목재 받침목을 재활용하는 경우로 한정한다)

나. 화학적 재활용시설

1) 고형화·고화 시설

2) 반응시설(중화·산화·환원·중합·축합·치환 등의 화학반응을 이용하여 폐기물을 재활용하는 단위시설을 포함한다)

3) 응집·침전 시설

다. 생물학적 재활용시설

1) 1일 재활용능력이 100킬로그램 이상인 다음의 시설

가) 소멸화 시설. 다만, 1일 재활용능력이 100킬로그램 이상 200킬로그램 미만인 음식물류 폐기물 소멸화 시설은 2015년 7월 1일부터 2017년 6월 30일까지 제외한다.

나) 사료화 시설(건조에 의한 사료화 시설을 포함한다)

다) 퇴비화 시설(건조에 의한 퇴비화 시설, 지렁이분변토 생산시설 및 생석회 처리시설을 포함한다)

라) 동애등에분변토 생산시설

마) 부숙토(腐熟土) 생산시설

2) 호기성·혐기성 분해시설

3) 버섯재배시설

라. 시멘트 소성로

마. 용해로(폐기물에서 비철금속을 추출하는 경우로 한정한다)

바. 소성(시멘트 소성로는 제외한다)·탄화 시설

사. 골재가공시설

아. 의약품 제조시설

자. 소각열회수시설(시간당 재활용능력이 200킬로그램 이상인 시설로서 법 제13조의2제1항제5호에 따라 에너지를 회수하기 위하여 설치하는 시설만 해당한다)

차. 그 밖에 환경부장관이 폐기물을 안전하게 재활용할 수 있다고 인정하여 고시하는 시설

비고 : 제3호다목1)가) 단서에 따른 시설을 2015년 7월 1일부터 2017년 6월 30일까지 설치(설치 후 변경한 경우를 포함한다)한 자는 시설의 설치일 및 설치장소를 환경부장관에게 통보(변경한 경우에는 변경통보를 포함한다)하여야 한다.

[별표 8] 〈개정 2014.12.31.〉

과태료의 부과기준(제38조의4 관련)

1. 일반기준

가. 위반행위의 횟수에 따른 과태료의 부과기준은 최근 1년간 같은 위반행위로 과태료 부과처분을 받은 경우에 적용한다. 이 경우 위반행위에 대하여 과태료를 부과처분한 날과 다시 같은 위반행위(처분 후의 위반행위만 해당한다)를 적발한 날을 각각 기준으로 하여 위반횟수를 계산한다.

나. 부과권자는 다음의 어느 하나에 해당하는 경우에는 제2호에 따른 과태료 금액의 2분의 1의 범위에서 그 금액을 감경할 수 있다. 다만, 과태료를 체납하고 있는 위반행위자의 경우에는 그러하지 아니하다.

1) 위반행위자가 「질서위반행위규제법 시행령」 제2조의2제1항 각 호의 어느 하나에 해당하는 경우

2) 위반행위자의 사소한 부주의나 오류 등 과실로 인한 것으로 인정되는 경우

3) 위반행위자가 위반행위를 바로 정정하거나 시정하여 해소한 경우

4) 그 밖에 위반행위의 정도, 동기와 그 결과 등을 고려하여 감경할 필요가 있다고 인정되는 경우

2. 개별기준

(단위 : 만원)

위반행위	근거 법조문	과태료 부과금액		
		1차 위반	2차 위반	3차 이상 위반
가. 법 제8조제1항 또는 제2항을 위반하여 생활폐기물을 버리거나 매립 또는 소각한 경우	법 제68조 제3항제1호			
1) 생활폐기물을 버린 경우				
가) 담배꽁초, 휴지 등 휴대하고 있는 생활폐기물을 버린 경우		5	5	5
나) 비닐봉지, 천보자기 등 간이보관 기구를 이용하여 생활폐기물을 버린 경우		20	20	20
다) 휴식 또는 행락 중 발생한 쓰레기를 버린 경우		20	20	20
라) 차량, 손수레 등 운반장비를 이용하여 생활폐기물을 버린 경우		50	50	50

위반행위	근거 법조문	과태료 부과금액		
		1차 위반	2차 위반	3차 이상 위반
마) 사업활동 과정에서 발생되는 생활폐기물을 버린 경우		100	100	100
2) 생활폐기물을 매립한 경우				
가) 사업활동 과정에서 발생되는 생활폐기물을 매립한 경우		100	100	100
나) 그 밖의 생활폐기물을 매립한 경우		70	70	70
3) 생활폐기물을 소각한 경우				
가) 사업활동 과정에서 발생되는 생활폐기물을 소각한 경우		100	100	100
나) 그 밖의 생활폐기물을 소각한 경우		50	50	50
나. 법 제8조제3항에 따른 조치명령을 이행하지 않은 경우	법 제68조 제3항제2호	30	70	100
다. 법 제13조, 제13조의2 또는 제24조의3제4항을 위반하여 폐기물을 처리한 경우	법 제68조 제1항제1호			
1) 제7조제1항 및 제2항에 따른 수집·운반 기준 및 방법을 위반한 경우				
가) 폐기물을 정당한 사유 없이 종류별, 성질·상태별로 구분하여 수집·운반하지 않은 경우		300	500	700
나) 폐기물을 적정하게 처분, 재활용 또는 보관할 수 있는 장소 외의 곳으로 운반한 경우		500	700	1,000
다) 운반차량의 차체를 도색하지 않거나 폐기물 수집·운반차량명, 회사명 등을 규정대로 표기하지 않은 경우		200	300	500
라) 폐기물 수집·운반차량 외의 차량으로 폐기물을 수집·운반하거나 폐기물의 종류별로 정한 전용운반차량으로 운반하지 않은 경우		300	500	700
마) 운반차량의 적재함에 덮개를 덮지 않은 경우(덮개를 설치하여야 하는 차량으로 한정한다)		300	500	700
바) 폐기물을 누출 또는 흩날리게 하거나 침출수를 유출시킨 경우		300	500	700
사) 전용의 용기 등을 사용하지 않고 폐기물을 운반한 경우		300	500	700

위반행위	근거 법조문	과태료 부과금액		
		1차 위반	2차 위반	3차 이상 위반
아) 폐기물 수집·운반증을 부착 또는 휴대하지 않고 운반한 경우		200	300	500
자) 그 밖의 수집·운반 기준 및 방법을 위반한 경우				
(1) 생활폐기물의 경우		50	70	100
(2) 사업장폐기물의 경우(지정폐기물은 제외한다)		300	500	700
(3) 지정폐기물의 경우		400	600	1,000
(4) 삭제 <2014.12.31.>				
2) 제7조제1항 및 제2항에 따른 보관 기준 및 방법을 위반한 경우				
가) 보관기간을 초과한 경우				
(1) 1일 이상 1개월 미만 초과 시		200	400	600
(2) 1개월 이상 3개월 미만 초과 시		400	600	800
(3) 3개월 이상 초과 시		1,000	1,000	1,000
나) 폐기물을 종류별, 성질·상태별로 구분하여 보관하지 않은 경우				
(1) 생활폐기물의 경우		10	20	30
(2) 음식물류 폐기물(사업장폐기물인 경우로 한정한다)의 경우		100	200	300
(3) (1) 및 (2)를 제외한 지정폐기물 외의 폐기물의 경우		200	400	600
(4) 지정폐기물의 경우		500	700	1,000
다) 적정 보관시설 또는 보관용기(의료폐기물 보관용기의 경우 법 제13조제2항에 따른 검사를 받은 전용용기를 말한다)를 사용하지 않은 경우				
(1) 생활폐기물의 경우		10	20	30
(2) 음식물류 폐기물(사업장폐기물인 경우로 한정한다)의 경우		100	200	300
(3) (1) 및 (2)를 제외한 지정폐기물외의 폐기물의 경우		200	400	600
(4) 지정폐기물의 경우		300	500	1,000
라) 보관 표지판을 설치하지 않거나 표지판의 내용을 허위 또는 부실하게		100	200	300

위반행위	근거 법조문	과태료 부과금액		
		1차 위반	2차 위반	3차 이상 위반
작성한 경우				
마) 의료폐기물의 전용용기에 표기사항을 표기하지 않은 경우		100	200	300
바) 그 밖의 보관 기준 및 방법을 위반한 경우				
(1) 생활폐기물의 경우		50	70	100
(2) 사업장폐기물의 경우(지정폐기물은 제외한다)		300	500	700
(3) 지정폐기물의 경우		400	600	1,000
3) 제7조제1항 및 제2항에 따른 처리 기준 및 방법을 위반한 경우				
가) 매립 기준 및 방법을 위반하여 처분한 경우		500	700	1,000
나) 소각 기준 및 방법을 위반하여 처분한 경우		400	600	800
다) 재활용 기준 및 방법을 위반하여 재활용한 경우				
(1) 지정폐기물 외의 폐기물의 경우		500	700	1,000
(2) 지정폐기물의 경우		500	700	1,000
라) 그 밖의 처리 기준 및 방법을 위반하여 처리한 경우				
(1) 지정폐기물 외의 폐기물의 경우		500	700	1,000
(2) 지정폐기물의 경우		500	700	1,000
4) 폐기물처리 신고자 및 광역폐기물처리시설 설치·운영자가 수탁받은 폐기물을 처리기간 내에 처리하지 않은 경우		400	600	800
라. 법 제13조의3제2항을 위반하여 유해성기준에 적합하지 않게 폐기물을 재활용한 제품 또는 물질을 제조하거나 유통한 경우	법 제68조 제1항제9호	500	700	1,000
마. 법 제14조제7항에 따른 대행계약을 체결하지 않고 종량제 봉투등을 판매한 경우	법 제68조 제2항제12호	100	200	300
바. 법 제15조제1항 또는 제2항을 위반한 경우	법 제68조 제3항제3호			

위반행위	근거 법조문	과태료 부과금액		
		1차 위반	2차 위반	3차 이상 위반
1) 단독주택·연립주택·아파트 등의 건물에서 주거생활과 관련하여 폐기물을 배출한 경우		10	20	30
2) 동일 건물 또는 일정 토지 내에서 해당 건물에 입주한 경우 또는 토지를 이용하는 자가 개별적으로 폐기물을 배출한 경우(사업활동과 관련하여 배출하는 경우로 한정한다)		20	30	50
3) 동일 건물 또는 일정 토지 내에서 해당 건물에 입주한 경우 또는 토지를 이용하는 자가 폐기물을 배출하여 공동으로 관리한 경우(사업활동과 관련하여 배출하는 경우로 한정한다)		50	70	100
사. 법 제15조의2제1항을 위반하여 조례로 정하는 준수사항을 지키지 않은 경우	법 제68조 제3항제4호	50	70	100
아. 법 제15조의2제2항을 위반하여 음식물류 폐기물의 발생 억제 및 처리 계획을 신고하지 않은 경우	법 제68조 제3항 제4호의2	50	70	100
자. 법 제15조의2제3항을 위반하여 생활폐기물 중 음식물류 폐기물을 수집·운반 또는 재활용한 경우	법 제68조 제1항 제1호의2	300	600	1,000
차. 법 제17조제1항제3호에 따라 확인을 하지 않고 위탁한 경우	법 제68조 제2항제1호	100	200	300
카. 법 제17조제2항을 위반하여 신고를 하지 않거나 거짓으로 신고를 한 경우	법 제68조 제1항 제1호의3	300	600	1,000
타. 법 제17조제2항, 제24조의2제2항, 제25조제11항, 제29조제3항 또는 제46조제3항에 따른 변경신고를 하지 않고 신고사항을 변경한 경우	법 제68조 제2항제5호	100	200	300
파. 법 제17조제5항에 따라 고시한 지침의 준수의무를 이행하지 않은 경우	법 제68조 제2항제2호	100	200	300
하. 법 제18조제2항을 위반하여 폐기물 처리 가격의 최저액보다 낮은 가격으로 폐기물 처리를 위탁한 경우	법 제68조 제2항제3호	100	200	300
거. 법 제18조제3항이나 제24조의3제2항을 위반하여 폐기물의 인계·인수에	법 제68조 제3항	50	70	100

위반행위	근거 법조문	과태료 부과금액		
		1차 위반	2차 위반	3차 이상 위반
관한 내용을 기간 내에 전자정보처리 프로그램에 입력하지 않거나 부실하게 입력한 경우	제4호의3			
너. 법 제19조제1항이나 제24조의3제3항을 위반하여 관계 행정기관이나 그 소속 공무원이 요구하여도 인계번호를 알려주지 않은 경우	법 제68조 제2항제6호	300	300	300
더. 법 제19조제2항을 위반하여 통보하지 않은 경우	법 제68조 제2항제7호	100	200	300
러. 법 제25조제9항을 위반하여 폐기물 처리 가격의 최고액보다 높거나 최저액보다 낮은 가격으로 폐기물을 수탁한 경우	법 제68조 제1항제2호	500	700	1,000
머. 법 제25조제9항에 따른 준수 사항을 지키지 않은 경우	법 제68조 제1항제3호			
1) 폐기물 수집·운반 차량에 폐기물과 폐기물 외의 물건을 함께 수집·운반한 경우		300	500	700
2) 위탁계약서의 작성·체결 및 보관에 관한 준수 사항을 위반한 경우				
가) 위탁계약서를 작성·체결하지 않은 경우		500	700	1,000
나) 운반비·처분비·재활용비 또는 운반·처분 또는 재활용 장소의 내용을 누락 또는 허위로 작성한 경우		500	700	1,000
다) 운반비 및 처분비 또는 재활용비를 구분하지 않고 작성한 경우(배출자, 수집·운반업자와 처분업자 또는 재활용업자가 하나의 계약서로 계약을 체결하거나 폐기물 수집·운반업자가 수집·운반 외에 처분 또는 재활용까지 계약을 체결하여 공공처리시설에 반입하는 경우로 한정한다)		500	700	1,000
라) 나)의 내용 외의 사항을 누락 또는 허위로 작성한 경우		300	500	700
마) 위탁계약서를 3년간 보관하지 않은 경우		500	700	1,000

위반행위	근거 법조문	과태료 부과금액		
		1차 위반	2차 위반	3차 이상 위반
3) 폐기물 수집·운반업자가 공공처리시설에 폐기물을 반입하는 경우로서 그 처리비를 기한 내에 사후정산하지 않은 경우		500	700	1,000
4) 위탁받은 폐기물을 성질·상태 그대로 재위탁하거나 재위탁을 받은 경우(수집·운반업자의 경우에는 수집·운반을 말한다)		500	700	1,000
5) 수집·운반능력, 처분능력 또는 재활용능력을 초과하여 수집·운반, 처분 또는 재활용을 위탁받은 경우				
가) 50퍼센트 미만 초과 시		300	500	700
나) 50퍼센트 이상 초과 시		500	700	1,000
6) 그 밖의 준수 사항을 위반한 경우		300	500	1,000
버. 법 제29조제4항에 따른 신고를 하지 않고 해당 시설의 사용을 시작한 경우	법 제68조 제3항제5호	100	100	100
서. 법 제31조제1항부터 제3항까지의 규정을 위반하여 관리기준에 맞지 않게 폐기물처리시설을 유지·관리하거나, 오염물질 및 주변지역에 미치는 영향을 측정 또는 조사하지 않은 경우	법 제68조 제1항제4호			
1) 중간처분시설 중 소각시설의 관리기준을 위반하여 유지·관리한 경우				
가) 연소실의 출구온도를 규정 온도 이상 유지하지 않은 경우		200	500	1,000
나) 연소실의 연소가스가 규정 시간 이상 체류하지 않은 경우		200	500	1,000
다) 바닥재가 강열감량 기준을 초과한 경우		200	500	600
라) 그 밖의 관리기준을 위반하여 유지·관리한 경우		300	500	1,000
2) 1) 외의 중간처분시설의 관리기준을 위반하여 유지·관리한 경우		300	500	1,000
3) 매립시설의 관리기준을 위반하여 유지·관리한 경우				
가) 옹벽 및 제방이 구조적으로 안정성이 유지되지 않은 경우		700	1,000	1,000

위반행위	근거 법조문	과태료 부과금액		
		1차 위반	2차 위반	3차 이상 위반
나) 복토기준에 적합하지 않게 복토한 경우		400	600	1,000
다) 그 밖의 관리기준을 위반하여 유지·관리한 경우		500	700	1,000
4) 재활용시설 중 시멘트 소성로의 관리기준을 위반하여 유지·관리한 경우				
가) 예열기 최하단 원심력 집진시설의 출구온도를 규정 온도 이상 유지하지 않은 경우		200	500	1,000
나) 연소실의 연소가스가 규정 시간 이상 체류하지 않은 경우		200	500	1,000
다) 그 밖의 관리기준을 위반하여 유지·관리한 경우		300	500	1,000
5) 4) 외의 재활용시설의 관리기준을 위반하여 유지·관리한 경우		300	500	1,000
6) 매립시설의 침출수 배출허용기준 대상항목을 측정하지 않은 경우		300	500	1,000
7) 주변지역 영향조사를 하지 않은 경우		1,000	1,000	1,000
어. 법 제34조제1항을 위반하여 기술관리인을 임명하지 않거나 기술관리 대행계약을 체결하지 않은 경우	법 제68조 제1항제5호	300	500	1,000
저. 법 제35조제1항 또는 제2항을 위반하여 교육을 받지 않은 경우 또는 교육을 받게 하지 않은 경우	법 제68조 제3항제6호	50	70	100
처. 법 제36조제1항에 따른 장부를 기록 또는 보전하지 않거나 거짓으로 기록한 경우	법 제68조 제3항제7호	100	100	100
커. 법 제37조제1항을 위반하여 신고를 하지 않거나 같은 조 제2항을 위반하여 폐기물을 전부 처리하지 않은 경우	법 제68조 제2항제9호			
1) 폐기물처리업자의 경우		300	300	300
2) 폐기물처리 신고자의 경우		100	200	300
터. 법 제38조제1항에 따른 보고서를 기한까지 제출하지 않거나 거짓으로 작성하여 제출한 경우(법 제68조제2항 제9호의2의 경우는 제외한다)	법 제68조 제3항제8호	50	70	100

위반행위	근거 법조문	과태료 부과금액		
		1차 위반	2차 위반	3차 이상 위반
퍼. 법 제38조제1항에 따른 보고서를 기한까지 제출하지 않거나 거짓으로 작성하여 제출한 경우(법 제38조제1항 제3호에 따른 경우만 해당한다)	법 제68조 제2항 제9호의2	100	200	300
허. 법 제38조제2항에 따른 제출명령을 이행하지 않은 경우(법 제38조제1항 제3호 및 제4호의 자만 해당한다)	법 제68조 제1항제6호	300	600	1,000
고. 법 제38조제2항에 따른 제출명령을 이행하지 않은 경우(법 제68조제1항 제6호의 경우는 제외한다)	법 제68조 제2항 제9호의3	100	200	300
노. 법 제38조제3항에 따른 보고서 작성에 필요한 자료를 기한까지 제출하지 않거나 거짓으로 작성하여 제출한 경우	법 제68조 제3항제9호	50	70	100
도. 법 제39조제1항에 따른 보고를 하지 않거나 거짓 보고를 한 경우	법 제68조 제3항제10호	50	70	100
로. 법 제39조제1항에 따른 출입·검사를 거부·방해 또는 기피한 경우	법 제68조 제3항제11호	100	100	100
모. 법 제40조제1항 각 호의 조치를 하지 않은 경우	법 제68조 제1항 제6호의2	1,000	1,000	1,000
보. 법 제40조제7항에 따른 처리이행보증보험의 계약을 갱신하지 않은 경우	법 제68조 제2항제10호	300	300	300
소. 법 제40조제8항에 따른 계약갱신명령을 이행하지 않은 경우	법 제68조 제1항제8호	1,000	1,000	1,000
오. 법 제40조제9항에 따른 보험증서 원본을 제출하지 않은 경우	법 제68조 제3항제12호	100	100	100
조. 법 제40조제10항에 따른 변경사실을 알리지 않은 경우	법 제68조 제3항제13호	100	100	100
초. 법 제46조제6항에 따른 준수사항을 지키지 않은 경우	법 제68조 제2항제11호			
1) 신고한 재활용 용도 및 방법에 따라 재활용하지 않은 경우		100	200	300
2) 자신의 재활용시설에서 재활용할 수 없는 폐기물을 위탁받거나 재활용할 수 있는 능력을 초과하여 위탁받은 경우		100	200	300

위반행위	근거 법조문	과태료 부과금액		
		1차 위반	2차 위반	3차 이상 위반
3) 허용보관량을 초과하여 폐기물을 보관하거나, 보관시설 외의 장소에 폐기물을 보관한 경우		100	200	300
4) 다른 자에게 자기의 성명 또는 상호를 사용하여 폐기물을 위탁받게 하거나 신고증명서를 다른 자에게 빌려준 경우		100	200	300
5) 폐기물 배출자에게 수탁처리 능력확인서, 폐기물처리 신고증명서 사본 및 방치폐기물처리이행보증을 확인할 수 있는 서류 사본의 제출을 거부하거나 허위로 제출한 경우		100	200	300
6) 그 밖의 준수 사항을 지키지 않은 경우		30	50	100
코. 법 제46조제7항에 따른 처리금지 기간 중 폐기물의 처리를 계속한 경우	법 제68조 제1항제10호	500	700	1,000
토. 법 제50조제1항에 따른 신고를 하지 않은 경우	법 제68조 제3항제14호	100	100	100

[별표 3] 〈개정 2013.5.31〉

의료폐기물 발생 의료기관 및 시험·검사기관 등(제2조제3항 관련)

1. 「의료법」 제3조에 따른 의료기관
2. 「지역보건법」 제7조 및 제10조에 따른 보건소 및 보건지소
3. 「농어촌 등 보건의료를 위한 특별조치법」 제15조에 따른 보건진료소
4. 「혈액관리법」 제2조제3호의 혈액원
5. 「검역법」 제30조제1항에 따른 검역소 및 「가축전염병예방법」 제30조에 따른 동물검역기관
6. 「수의사법」 제2조제4호에 따른 동물병원
7. 국가나 지방자치단체의 시험·연구기관(의학·치과의학·한의학·약학 및 수의학에 관한 기관을 말한다)
8. 대학·산업대학·전문대학 및 그 부속 시험·연구기관(의학·치과의학·한의학·약학 및 수의학에 관한 기관을 말한다)
9. 학술연구나 제품의 제조·발명에 관한 시험·연구를 하는 연구소(의학·치과의학·한의학·약학 및 수의학에 관한 연구소를 말한다)
10. 「장사 등에 관한 법률」 제29조에 따른 장례식장
11. 「형의 집행 및 수용자의 처우에 관한 법률」 제11조의 교도소·소년교도소·구치소 등에 설치된 의무시설
12. 「의료법」 제35조에 따라 설치된 기업체의 부속 의료기관으로서 면적이 100제곱미터 이상인 의무시설
13. 「국군의무사령부령」에 따라 사단급 이상 군부대에 설치된 의무시설
14. 「노인복지법」 제34조제1항제1호에 따른 노인요양시설
15. 의료폐기물 중 태반을 대상으로 법 제25조제5항제5호부터 제7호까지의 규정 중 어느 하나에 해당하는 폐기물 재활용업의 허가를 받은 사업장
16. 「인체조직 안전 및 관리 등에 관한 법률」 제13조제1항에 따른 조직은행
17. 그 밖에 환경부장관이 정하여 고시하는 기관

[별표 5] 〈개정 2015.7.29.〉

폐기물의 처리에 관한 구체적 기준 및 방법(제14조 관련)

1. 생활폐기물의 기준 및 방법
  가. 공통사항
    1) 생활폐기물은 특별자치시장, 특별자치도지사, 시장·군수·구청장 또는 법 제14조제2항에 따라 생활폐기물의 처리를 대행하는 자, 법 제46조제1항에 따라 폐기물처리 신고를 한 자(수집·운반 또는 재활용으로 한정한다)가 이를 처리하여야 한다. 다만, 생활폐기물 중 일련의 공사·작업 등으로 인하여 5톤 미만으로 발생되는 폐기물(이하 "공사장 생활폐기물"이라 한다)을 배출하는 자(최초로 공사의 전부를 도급받은 자를 포함한다)는 특별자치시, 특별자치도, 시·군·구의 조례에서 정하는 바에 따라 그 폐기물의 처리를 대행하는 자나 폐기물 처분시설 또는 재활용시설의 설치·운영자에게 운반할 수 있다.
    2) 「건설폐기물의 재활용촉진에 관한 법률」 제21조제3항에 따른 건설폐기물처리업자가 공사장 생활폐기물을 처리하는 경우에는 특별자치시, 특별자치도, 시·군·구의 조례에서 정하는 바에 따라 건설폐기물에 관한 기준과 방법으로 처리할 수 있다.
    3) 폐가전제품을 수집·운반·보관하는 과정에서 일부 또는 전부를 해체하거나 의도적으로 파손하지 않아야 하며, 파손·낙하·붕괴 등이 일어나지 아니하도록 필요한 조치를 하여야 한다.
  나. 보관의 경우
    1) 생활폐기물은 특별자치시, 특별자치도, 시·군·구의 조례에서 정하는 방법에 따라 보관하여야 한다.
    2) 생활폐기물은 특별자치시, 특별자치도, 시·군·구의 조례에서 정하는 바에 따라 분리수집이 쉬운 구조와 내구성이 있는 재질로 된 보관시설 또는 보관용기를 사용하여 보관하여야 한다.
    3) 생활폐기물의 보관장소는 악취가 나거나, 쥐·모기·파리 등 해충이 생기지 아니하도록 필요한 조치를 하여야 한다.
    4) 제66조제6항제5호에 따른 폐기물을 수집·운반하는 폐기물처리 신고자가 제9조제3항에 따라 승인(변경승인을 포함한다)받은 임시보관장소에서 폐기물을 보관하는 경우에는 기름성분 등이 흘러나올 우려가 없는 전용의 탱크·용기를 사용하고 흔들림 등으로 인한 위험이 없도록 하여야 하며, 내용물이 보관장소 밖으로 흘러나오지 않도록 바닥을 시멘트·아스팔트 등으로 포장하고 방류턱을 갖춘 시설로서 외부인의 출입을 방지할 수 있는 시설에 보관하여야 한다.

다. 처리의 경우

1) 재활용이 가능한 폐기물은 법 제13조의2에 따라 재활용하여야 한다.

2) 매립되는 생활폐기물로 인하여 매립층 안에 공간이 생길 수 있는 건설폐재류·폐합성고분자화합물 및 폐고무류(가연성은 제외한다)에 해당하는 생활폐기물은 매립 시 공간이 최소화되도록 해체·압축·파쇄·절단 또는 용융한 후 매립하여야 하며, 오니의 경우에는 탈수·건조 등에 의하여 수분함량 85퍼센트 이하로 사전처리를 한 후에 매립하여야 한다.

3) 폐타이어, 폐가구류 및 폐가전제품은 매립공간이 최소화되도록 해체·압축·파쇄·절단 등을 한 후 매립하되, 그 잔재물 중 가연성폐기물은 소각하여야 한다.

가) 삭제 〈2011.9.29〉

나) 삭제 〈2011.9.29〉

4) 사용이 끝난 폐가전제품 중에 염화불화탄소 등의 냉매물질(오존층 파괴지수가 0인 물질은 제외한다)이 함유된 경우 이를 안전하게 회수하여야 한다.

5) 폐의약품은 소각하여야 한다.

2. 음식물류 폐기물의 기준 및 방법

가. 수집·운반의 경우

1) 음식물류 폐기물을 재활용하기 위하여 수집·운반하는 경우에는 악취가 나거나 오수가 흘러나오는 것을 방지하기 위하여 적재함이 밀폐된 전용 운반차량으로 수집·운반하거나 밀폐된 전용 수거용기에 담아 운반하여야 한다.

2) 음식물류 폐기물의 전용 운반차량 및 전용 수거용기는 씻거나 소독하여 청결을 유지하여야 한다.

3) 외국에서 들어오는 선박·항공기에서 발생하는 음식물류 폐기물은 방역을 위하여 소독을 철저히 하여야 한다.

나. 보관의 경우

1) 음식물류 폐기물은 특별자치시, 특별자치도, 시·군·구의 조례에서 정하는 바에 따라 전용봉투 또는 전용 수거용기에 분리하여 보관하여야 한다.

2) 음식물류 폐기물을 재활용하는 자는 악취가 나거나 오수가 흘러나오지 아니하도록 밀폐된 보관용기 또는 보관시설에 보관하여야 한다.

다. 처리의 경우

1) 재활용이 가능한 폐기물은 법 제13조의2에 따라 재활용하여야 한다.

2) 삭제 〈2014.1.17〉

3) 영 제8조의4 각 호의 어느 하나에 해당하는 자가 음식물류 폐기물을 스스로 감량하는 경우에는 단독이나 공동으로 다음의 어느 하나에 해당하는 방법으로 감량하여야 하며, 감량된 음식물류 폐기물은 법 제13조의2에 따라 재활용

하여야 한다.

가) 가열에 의한 건조의 방법으로 부산물의 수분함량을 25퍼센트 미만으로 감량하여야 한다.

나) 발효 또는 발효건조에 따라 퇴비화·사료화 또는 소멸화하여 부산물의 수분함량을 40퍼센트 미만으로 하여야 한다.

4) 외국에서 들어오는 선박·항공기에서 발생하는 음식물류 폐기물은 소각하여야 한다.

5) "특별시·광역시·특별자치시·특별자치도 또는 시 지역에서 발생하는 음식물류 폐기물은 바로 매립하여서는 아니되며, 소각, 퇴비화, 사료화, 소멸화, 탄화, 소화 또는 부숙토 생산 등의 공정에서 발생하는 재활용 용도에 맞지 아니한 협잡물(挾雜物)과 잔재물만을 매립하여야 한다. 다만, "특별시·광역시·특별자치시·특별자치도 또는 시 지역 중 환경부장관이 고시하여 정하는 산간·오지 또는 도서 지역에서 발생하는 음식물류 폐기물은 그러하지 아니하다.

6) 삭제 〈2011.9.29〉

7) 삭제 〈2011.9.29〉

8) 음식물류 폐기물 처분시설 또는 재활용시설을 설치·운영하는 경우에는 해당 시설에 유입된 음식물류에 포함된 고형물 중에서 무게 기준으로 2012년 12월 31일까지는 60퍼센트 이상, 2013년 1월 1일부터는 70퍼센트 이상을 동물 등의 먹이, 퇴비 등의 재활용제품의 원료로 사용(에너지 생산, 액비 생산 등을 위하여 다른 시설로 옮겨서 재활용하는 경우를 포함한다)하여야 한다.

3. 사업장일반폐기물의 기준 및 방법

가. 공통사항

1) 법 제2조제3호에 따른 배출시설 또는 영 제2조제1호부터 제5호까지의 규정에 따른 시설의 운영으로 배출되는 폐기물(이하 "사업장배출시설계 폐기물"이라 한다)은 해당 사업장에서 배출되는 사업장배출시설계 폐기물 외의 폐기물 및 영 제2조제7호 및 제9호에 따른 사업장에서 배출되는 폐기물(이하 "사업장생활계 폐기물"이라 한다)과 혼합되지 아니하도록 하여야 한다.

2) 사업장생활계 폐기물로서 생활폐기물과 성질과 상태가 비슷하여 생활폐기물의 기준 및 방법으로 처리할 수 있는 폐기물과 『자원의 절약과 재활용촉진에 관한 법률』 제16조에 따른 재활용의무 대상 포장재를 단순 선별하는 과정에서 발생하는 폐기물은 특별자치시, 특별자치도, 시·군·구의 조례에서 정하는 바에 따라 생활폐기물의 기준 및 방법으로 처리할 수 있다.

3) 사업장일반폐기물 중 레미콘·콘크리트·아스팔트콘크리트 제품의 제조공정에서 발생하거나 건설현장 등에서 반품한 폐레미콘·폐콘크리트·폐아스팔트콘크리트 제품 및 영 제2조제9호에 따른 일련의 공사 또는 작업으로 발생하

는 폐콘크리트, 폐아스팔트콘크리트, 폐벽돌, 폐블록, 폐기와 및 건설폐토석은 건설폐기물의 기준 및 방법으로 처리할 수 있으며, 「건설폐기물의 재활용촉진에 관한 법률」 제21조제3항에 따른 건설폐기물처리업자에게 위탁하여 처리할 수 있다.

나. 수집ㆍ운반의 경우

1) 사업장배출시설계 폐기물은 사업장배출시설계 폐기물 수집ㆍ운반업자가 수집ㆍ운반하고, 사업장생활계 폐기물은 사업장생활계 폐기물 수집ㆍ운반업자가 수집ㆍ운반하여야 한다.

2) 사업장생활계 폐기물로서 생활폐기물과 성질과 상태가 비슷하여 생활폐기물의 기준 및 방법으로 수집ㆍ운반할 수 있는 폐기물은 특별자치시, 특별자치도, 시ㆍ군ㆍ구의 조례로 정하는 바에 따라 생활폐기물 수집ㆍ운반업자가 수집ㆍ운반할 수 있다.

3) 액상(수분함량이 85퍼센트를 초과하는 것을 말한다. 이하 같다)의 사업장일반폐기물은 누출의 우려가 없는 전용의 탱크ㆍ용기ㆍ파이프 또는 이와 비슷한 설비를 사용하여야 한다.

4) 폐기물을 수집ㆍ운반하는 과정에서 일부 또는 전부를 해체하거나 의도적으로 파손하지 않아야 하며, 파손ㆍ낙하ㆍ붕괴 등이 일어나지 아니하도록 필요한 조치를 하여야 한다.

다. 보관의 경우

1) 사업장일반폐기물은 해당 폐기물에 의하여 부식되거나 파손되지 아니하는 재질로 된 보관용기에 보관하여야 한다.

2) 자체하중 및 보관하려는 폐기물의 최대량 보관 시의 적재하중에 견딜 수 있고 물이 스며들지 아니하도록 시멘트ㆍ아스팔트 등의 재료로 바닥이 포장되고, 지붕과 벽면을 갖춘 보관창고에 보관하여야 한다. 다만, 다음의 경우는 그러하지 아니하다.

가) 광재ㆍ폐내화물(廢耐火物)ㆍ폐지ㆍ철강슬래그ㆍ고철ㆍ폐유리조각ㆍ폐목재ㆍ폐타이어 및 밀폐된 보관용기에 보관한 폐기물을 보관하는 경우

나) 폐합성수지ㆍ폐용기류ㆍ폐주물사(廢鑄物沙) 등으로서 침출수가 발생하지 아니하는 경우

다) 침출수의 발생으로 주변환경오염의 우려가 없다고 시ㆍ도지사가 인정하는 경우

3) 사업장일반폐기물배출자는 그의 사업장에서 발생하는 폐기물을 보관이 시작되는 날부터 90일(중간가공 폐기물의 경우는 120일을 말한다)을 초과하여 보관하여서는 아니 된다. 다만, 보관하는 사업장일반폐기물의 양이 3톤 미만인 경우와 「자원의 절약과 재활용촉진에 관한 법률」 제25조에 따라 숙성방법을 지정하고 있는 철강슬래그, 「산지관리법」 제25조에 따른 토석채취허가를 받

아 자체 석산의 적지복구용으로 재활용하는 석분토 및 천재지변이나 그 밖의 부득이한 사유로 장기보관할 필요성이 있다고 시·도지사가 기간을 정하여 인정하는 경우에는 그러하지 아니하다.

4) 석면(뿜칠로 사용된 것은 제외한다)의 해체·제거작업에 사용된 비닐시트중 바닥용으로 사용된 것이 아닌 것은 포대에 담아 보관하여야 한다.

비고 : 3)에 따른 사업장일반폐기물의 양 산정 시 2012년 11월 1일부터 2014년 12월 31일까지는 제2조의2에 따른 사업장폐기물의 분류번호에 해당하는 폐기물별로 각각 산정한다. 다만, 영 제7조제1항제1호 각 목의 어느 하나에 해당되어 혼합하여 보관하고 있는 경우에는 그 혼합하여 보관하고 있는 양으로 산정한다.

라. 처리의 경우

1) 공통기준

가) 재활용하지 아니하는 소각 가능한 사업장일반폐기물이 1일 평균 100킬로그램 이상 배출되는 경우에는 소각하여야 한다.

나) 재활용이 가능한 폐기물은 법 제13조의2에 따라 재활용하여야 한다.

2) 사업장일반폐기물의 종류별 처리기준 및 방법

가) 소각재는 다음의 어느 하나에 해당하는 방법으로 처분하여야 한다.

(1) 관리형 매립시설에 매립하여야 한다.

(2) 안정화처분하여야 한다.

(3) 시멘트·합성고분자화합물을 이용하거나 그 밖에 이와 비슷한 방법으로 고형화처분하여야 한다.

나) 오니

(1) 유기성 오니(고형물 중 유기성물질의 함량이 40퍼센트 이상인 것을 말한다. 이하 같다)는 다음의 어느 하나에 해당하는 방법으로 처분하여야 한다.

(가) 소각하거나 시멘트·합성고분자화합물의 이용, 그 밖에 이와 비슷한 방법으로 고형화 또는 고화 처분하여야 한다.

(나) 수분함량이 85퍼센트 이하로 탈수·건조한 후 관리형 매립시설에 매립하여야 한다. 다만, 물을 이용하여 폐기물을 운반한 후 침전처리하는 경우에는 탈수·건조처분을 하지 아니할 수 있다.

(다) 「수질 및 수생태계 보전에 관한 법률」 제48조제1항에 따른 1일 처리용량 1만세제곱미터 이상인 폐수종말처리시설, 「하수도법」 제2조제9호에 따른 1일 처리용량 1만세제곱미터 이상인 공공하수처리시설과 「수질 및 수생태계 보전에 관한 법률」 제2조제10호에 따른 1일 폐수배출량 2천세제곱미터 이상인 폐수배출시설의 유기성 오니는 (나)에도 불구하고 바로 매립하여서는 아니 된다.

(라) 축산폐수처리시설·분뇨처리시설 및 1일 폐수배출량 700세제곱미터

이상 2천세제곱미터 미만인 배출업소의 유기성 오니도 (다)와 같이 처분하여야 한다.

(마) 매립가스를 회수하여 재이용하는 시설이 설치된 매립시설의 경우에는 (다)와 (라)에도 불구하고 수분함량 75퍼센트 이하로 처리하여 매립할 수 있다. 다만, 1일 500톤 이상은 매립할 수 없다.

(바) 삭제 〈2011.9.29〉

(2) 무기성 오니(유기성 오니 외의 오니를 말한다)는 다음의 어느 하나에 해당하는 방법으로 처분하여야 한다.

(가) 소각하여야 한다.

(나) 수분함량이 85퍼센트 이하로 탈수·건조한 후 관리형 매립시설에 매립하여야 한다. 다만, 물을 이용하여 폐기물을 운반한 후 침전처리하는 경우에는 탈수·건조처분을 하지 아니할 수 있다.

다) 폐지류·폐목재류 및 폐섬유류는 소각하여야 한다.

라) 동물성 잔재물 및 동물의 사체는 다음의 어느 하나에 해당하는 방법으로 처분하여야 한다.

(1) 소각하거나 관리형 매립시설에 매립하여야 한다. 다만, 「수도법」에 따른 상수원보호구역, 마을상수도 또는 소규모급수시설의 취수원, 「자연공원법」에 따른 공원구역, 「지하수법」에 따른 지하수보전구역 및 하천·호수와 늪·바다의 경계로부터 500미터 이상 떨어진 지역으로서 특별자치시장, 특별자치도지사, 시장·군수·구청장이 인정하는 지역에서 「가축전염병예방법」 제22조부터 제24조까지의 규정에 따라 동물의 사체를 묻는 경우에는 그러하지 아니한다.

(2) 삭제 〈2011.9.29〉

(3) 삭제 〈2011.9.29〉

마) 폐고무류는 소각하여야 한다. 다만, 소각이 곤란한 경우에는 최대지름 15센티미터 이하의 크기로 파쇄·절단한 후 관리형 매립시설에 매립할 수 있다.

바) 광재·폐금속류·폐토사·폐석고 및 폐석회는 관리형 매립시설에 매립하여야 한다.

사) 분진은 다음의 어느 하나에 해당하는 방법으로 처분하여야 한다.

(1) 폴리에틸렌이나 그 밖에 이와 비슷한 재질의 포대에 담아 관리형 매립시설에 매립하여야 한다.

(2) 시멘트·합성고분자화합물을 이용하거나 이와 비슷한 방법으로 고형화한 후 관리형 매립시설에 매립하여야 한다.

아) 폐촉매·폐흡착제 및 폐흡수제는 다음의 어느 하나에 해당하는 방법으로 처분하여야 한다.

(1) 가연성인 것은 소각하여야 한다.
(2) 가연성이 아닌 것은 관리형 매립시설에 매립하여야 한다.

자) 폐합성고분자화합물은 다음의 어느 하나에 해당하는 방법으로 처분하여야 한다.
(1) 폐합성고분자화합물은 소각하여야 한다. 다만, 소각이 곤란한 경우에는 최대지름 15센티미터 이하의 크기로 파쇄·절단 또는 용융한 후 관리형 매립시설에 매립할 수 있다.
(2) 다음의 어느 하나에 해당하는 자는 배출하는 발포폴리스틸렌 폐기물을 스스로 또는 위탁하여 재활용하거나 용융에 따른 감량처리를 하여야 한다.
(가) 「유통산업발전법」 제2조에 따른 대규모점포를 개설한 자
(나) 「농수산물유통 및 가격안정에 관한 법률」 제2조에 따른 농수산물도매시장·농수산물공판장을 개설·운영하는 자

차) 폐가전제품 및 폐가구류는 다음의 어느 하나에 해당하는 방법으로 처분하여야 한다.
(1) 가연성 물질은 소각하여야 한다.
(2) 불연성 물질은 최대직경 15센티미터 이하의 크기로 압축·파쇄·해체·절단 또는 용융한 후 관리형 매립시설에 매립하여야 한다.
(3) 가연성과 불연성이 혼합된 재질의 것은 압축·파쇄 또는 절단 등으로 가연물과 불연물을 선별한 후 (1)이나 (2)의 방법에 따라 처분하여야 한다.
(4) 사용이 끝난 폐가전제품 중에 염화불화탄소 등의 냉매물질(오존층파괴지수가 0인 물질은 제외한다)이 함유된 경우 이를 안전하게 회수하여야 한다.

카) 석면(뿜칠로 사용된 것은 제외한다)의 해체·제거작업에 사용된 비닐시트 중 바닥용으로 사용된 것이 아닌 것은 포대에 담겨진 상태로 소각하여야 한다.

타) 폐주물사는 다음의 어느 하나에 해당하는 방법으로 처분하여야 한다.
(1) 관리형 매립시설에 매립하여야 한다.
(2) 삭제 〈2011.9.29〉

파) 폐냉매물질은 다음의 어느 하나에 해당하는 방법으로 폐냉매물질의 분해율이 99.9퍼센트 이상이 되도록 처분하여야 한다.
(1) 소각하여야 한다.
(2) 산화·환원 등의 반응을 이용하여 분해하여야 한다.

하) 폐의약품을 처분하는 경우에는 소각하여야 한다. 다만, 액체상태의 폐의약품 중 중화·산화·환원 등의 방법으로 처분이 가능한 경우에는 중화·산화·환원 등의 방법으로 처분할 수 있다.

거) 음식물류 폐기물 처리 잔재물은 다음의 어느 하나에 해당하는 방법으로 처리하여야 한다.

(1) 재활용이 가능한 물질이 유기성인 경우 별표 5의2에 따른 음식물류 폐기물의 재활용 기준 및 방법에 따라 재활용하여야 한다.
(2) 가연성 물질은 소각하여야 한다.
(3) 재활용할 수 없고 가연성이 아닌 고상의 물질은 관리형 매립시설에 매립하여야 한다.
(4) 액체상태의 물질은 응집·침전, 증발·농축 또는 탈수 등의 방법으로 중간처분한 후 그 잔재물을 재활용하거나 소각의 방법으로 처분하여야 한다.
(5) 액체상태의 물질은 다음의 어느 하나에 해당하는 시설에 유입하여 처리할 수 있다. 이 경우 해당 시설에서 처리할 수 있는 오염물질 외의 오염물질은 먼저 해당 시설의 배출허용기준 또는 방류수 수질기준 미만으로 처리한 후 유입하여야 한다.
(가) 폐기물 매립시설의 침출수 처리시설
(나) 「수질 및 수생태계 보전에 관한 법률」 제2조제12호에 따른 수질오염방지시설(자가 수질오염방지시설만 해당한다)
(다) 「수질 및 수생태계 보전에 관한 법률」 제48조에 따른 폐수종말처리시설
(라) 「하수도법」 제2조제9호에 따른 공공하수처리시설
(마) 「하수도법」 제2조제11호에 따른 분뇨처리시설

비고
1. 분해율 = [(폐냉매 투입량 - 폐냉매 배출량) /폐냉매 투입량] × 100
2. 폐냉매 투입량 = 처분을 위해 시설에 투입한 냉매의 중량
3. 폐냉매 배출량 = 시설에서 배출되는 배출가스 중 냉매의 중량(배출가스 중의 폐냉매 농도와 건조 배출가스 유량으로부터 산출한다)

4. 지정폐기물(의료폐기물은 제외한다)의 기준 및 방법
가. 수집·운반의 경우
1) 분진·폐농약·폐석면 중 작은 알갱이 상태의 것은 흩날리지 아니하도록 폴리에틸렌이나 그 밖에 이와 비슷한 재질의 포대(흩날릴 우려가 있는 폐석면의 경우는 습도 조절 등의 조치 후 견고한 용기에 밀봉하거나 고밀도 내수성재질의 포대로 2중포장한 것을 말한다)에 담아 수집·운반하여야 하고, 그 운반차량의 적재함에는 덮개를 덮어야 한다. 이 경우 폐석면을 수집·운반하는 차량은 4)의 표시 외에 적재함 양측에 가로 100센티미터 이상, 세로 50센티미터 이상의 크기로 흰색 바탕에 붉은색 글자로 폐석면 운반차량을 표시하거나 표지를 부착하여야 한다.
2) 액체상태의 지정폐기물을 수집·운반하는 경우에는 흘러 나올 우려가 없는 전용의 탱크·용기·파이프 또는 이와 비슷한 설비를 사용하고, 혼합이나 유

동으로 생기는 위험이 없도록 하여야 한다.

3) 지정폐기물 수집·운반차량의 차체는 노란색으로 색칠하여야 한다. 다만, 임시로 사용하는 운반차량인 경우에는 그러하지 아니하다.

4) 지정폐기물의 수집·운반차량 적재함의 양쪽 옆면에는 지정폐기물 수집·운반차량, 회사명 및 전화번호를 잘 알아 볼 수 있도록 붙이거나 표기하여야 한다. 이 경우 그 크기는 가로 100센티미터 이상, 세로 50센티미터 이상으로 하고, 검은색 글자로 하여 붙이거나 표기하되, 폐기물 수집·운반증을 발급하는 기관의 장이 인정하면 차량의 크기에 따라 붙이거나 표기하는 크기를 조정할 수 있다. 임시로 사용하는 운반차량의 경우에도 또한 같다.

5) 「도서개발촉진법」 제2조에 따른 도서 중 방파제나 다리 등으로 육지와 연결되지 아니한 도서지역(이하 "도서지역"이라 한다)에서 선박을 이용하여 지정폐기물을 수집·운반하는 경우에는 같은 선박에 지정폐기물 외의 폐기물을 함께 실을 수 있다. 이 경우 폐기물이 서로 혼합되지 아니하도록 구분하여 실어야 한다.

나. 보관의 경우

1) 지정폐기물은 지정폐기물 외의 폐기물과 구분하여 보관하여야 한다.

2) 폐유기용제는 휘발되지 아니하도록 밀폐된 용기에 보관하여야 한다.

3) 폐석면은 다음과 같이 보관한다.

가) 석면의 해체·제거작업에 사용된 바닥비닐시트(뿜칠로 사용된 석면의 해체·제거작업 시 사용된 비닐시트의 경우 모든 비닐시트), 방진마스크, 작업복 등 흩날릴 우려가 있는 폐석면은 습도 조절 등의 조치 후 고밀도 내수성재질의 포대로 2중포장하거나 견고한 용기에 밀봉하여 흩날리지 아니하도록 보관하여야 한다.

나) 고형화 되어 있어 흩날릴 우려가 없는 폐석면은 폴리에틸렌, 그 밖에 이와 유사한 재질의 포대로 포장하여 보관하여야 한다.

4) 지정폐기물은 지정폐기물에 의하여 부식되거나 파손되지 아니하는 재질로 된 보관시설 또는 보관용기를 사용하여 보관하여야 한다.

5) 자체 무게 및 보관하려는 폐기물의 최대량 보관 시의 적재무게에 견딜 수 있고 물이 스며들지 아니하도록 시멘트·아스팔트 등의 재료로 바닥을 포장하고 지붕과 벽면을 갖추며, 보관 중인 폐기물이 외부로 흘러나올 우려가 없는 충분한 규모의 유출방지시설이 설치되어 있는 보관창고에 보관하여야 한다. 다만, 다음의 어느 하나에 해당하는 경우에는 그러하지 아니하다.

가) 침출수가 발생하지 아니한다고 관할 시·도지사나 지방환경관서의 장이 인정하는 경우

나) 침출수의 발생으로 주변 환경오염의 우려가 없다고 관할 시·도지사나 지방환경관서의 장이 인정하는 경우

다) 드럼 등 보관용기나 보관탱크에 폐기물을 보관하는 경우로서 내용물이 흘러나올 우려가 없고, 보관용기나 보관탱크 외부에 지정폐기물이 묻어 있지 않은 경우(이 경우에는 폐기물의 최대량 보관 시의 적재무게를 견딜 수 있고, 지정폐기물 취급 과정에서 또는 보관용기·보관탱크의 손상 등의 사유로 내용물이 주변 토양이나 외부에 흘러나오지 않도록 시멘트·아스팔트 등으로 바닥을 포장하고, 충분한 규모의 방류턱 또는 방류벽을 갖춘 시설에 보관하여야 한다)

6) 지정폐기물배출자는 그의 사업장에서 발생하는 지정폐기물 중 폐산·폐알칼리·폐유·폐유기용제·폐촉매·폐흡착제·폐흡수제·폐농약, 폴리클로리네이티드비페닐 함유폐기물, 폐수처리 오니 중 유기성 오니는 보관이 시작된 날부터 45일을 초과하여 보관하여서는 아니되며, 그 밖의 지정폐기물은 60일을 초과하여 보관하여서는 아니 된다. 다만, 천재지변이나 그 밖의 부득이한 사유로 장기보관할 필요성이 있다고 관할 시·도지사나 지방환경관서의 장이 인정하는 경우와, 1년간 배출하는 지정폐기물의 총량이 3톤(2013년 12월 31일까지는 4톤) 미만인 사업장의 경우에는 1년의 기간 내에서 보관할 수 있다.

7) 제31조 및 6)에도 불구하고 폴리클로리네이티드비페닐 함유폐기물을 보관하려는 배출자 및 처리업자는 시·도지사나 지방환경관서의 장의 승인을 받아 1년 단위로 보관기간을 연장할 수 있다.

8) 7)에 따라 보관기간을 연장받으려는 배출자 및 처리업자는 별지 제69호서식에 따라 폐기물 보관기간 연장승인 신청서를 작성하여 제출하여야 하며, 시·도지사나 지방환경관서의 장이 폐기물의 보관기간 연장을 승인하는 경우에는 별지 제70호서식의 폐기물 보관기간 연장승인서를 신청인에게 발급하여야 한다.

9) 지정폐기물의 보관창고에는 보관 중인 지정폐기물의 종류, 보관가능 용량, 취급 시 주의사항 및 관리책임자 등을 적어 넣은 표지판을 다음과 같이 설치하여야 한다. 다만, 드럼 등 보관용기를 사용하여 보관하는 경우에는 용기별로 폐기물의 종류·양 및 배출업소 등을, 지정폐기물의 종류가 같은 용기가 여러 개 있는 경우에는 폐기물의 종류별로 폐기물의 종류·양 및 배출업소 등을 각각 알 수 있도록 표지판에 적어 넣어야 한다.

가) 보관창고에는 표지판을 사람이 쉽게 볼 수 있는 위치에 설치하여야 한다.

나) 표지의 규격 : 가로 60센티미터 이상×세로 40센티미터 이상(드럼 등 소형용기에 붙이는 경우에는 가로 15센티미터 이상×세로 10센티미터 이상)

다) 표지의 색깔 : 노란색 바탕에 검은색 선 및 검은색 글자

라) 표지판의 보기

지정폐기물 보관표지	
①폐기물의 종류:	②보관가능용량: 톤
③관리책임자:	④보관기간: ~ (일간)
⑤취급 시 주의사항 ○보관 시: ○운반 시: ○처리 시:	
⑥운반(처리)예정장소:	

다. 처리의 경우

1) 공통기준

가) 재활용이 가능한 폐기물은 법 제13조의2에 따라 재활용하여야 한다.

나) 지정폐기물을 시멘트로 고형화하는 경우에는 시멘트의 양이 1세제곱미터당 150킬로그램 이상이어야 한다.

다) 지정폐기물을 처리하는 과정에서 화재, 폭발 또는 유독가스 발생 등의 우려가 있는 폐산·폐알칼리, 폐유독물질 등으로서 환경부장관이 정하여 고시하는 지정폐기물에 대해서는 나목9)에 따라 설치된 표지판에 해당 폐기물에 함유된 부식 또는 반응성 물질 등의 종류와 취급 시 주의사항을 적어 넣어야 한다.

라) 사업장폐기물배출자와 폐기물처리업자는 지정폐기물을 처리하는 과정에서 사고 발생의 방지를 위하여 다음의 사항을 지켜야 한다.

(1) 지정폐기물의 처리 과정에서 화재, 폭발 또는 유독가스 발생 등의 사고가 일어나지 않도록 근무자에 대해 안전 등에 관한 교육을 실시하고, 지정폐기물의 처리 과정을 관리·감독하여야 한다.

(2) 폐산·폐알칼리, 폐농약, 폐유기용제 또는 폐유독물질을 싣거나 내릴 때 및 보관 중인 폐기물을 다른 보관시설로 옮길 때에는 업무책임자, 폐기물처리업에 종사하는 기술요원, 폐기물처리시설의 기술관리인 또는 영 제17조 각 호에 해당하는 폐기물 처리 담당자의 감독에 따라 작업을 실시하도록 조치하여야 한다.

2) 지정폐기물의 종류별 처리기준 및 방법

가) 폐산이나 폐알칼리의 경우

(1) 액체상태의 것은 다음의 어느 하나에 해당하는 방법으로 처분하여야 한다. 다만, 처리 후 잔재물이 별표 1에 규정된 물질을 포함한 경우에는 그 잔재물을 안정화처분하거나 시멘트·합성고분자화합물의 이용 또는 이와 비슷한 방법으로 고형화처분한 후 지정폐기물을 매립할 수 있는 관리형 매립시설에 매립하여야 한다.

(가) 중화·산화·환원의 반응을 이용하여 처분한 후 응집·침전·여과·탈수의 방법으로 처분하여야 한다.

(나) 증발·농축의 방법으로 처분하여야 한다.

(다) 분리·증류·추출·여과의 방법으로 정체처분하여야 한다.

(2) 고체상태인 수산화칼륨 및 수산화나트륨은 (1)의 방법으로 처분하거나 매립하는 경우에는 지정폐기물을 매립할 수 있는 관리형 매립시설의 차수시설 및 침출수 처리시설의 성능에 지장을 초래하지 않도록 중화 등의 방법으로 중간처분한 후 매립하여야 한다.

(3) 폐산이나 폐알칼리와 폐유·폐유기용제 등 다른 폐기물이 혼합되어 있는 액체상태의 것은 소각시설에 지장이 생기지 아니하도록 중화 등으로 처분하여 소각(할로겐족 폐유기용제 등 고온소각대상 폐기물이 혼합되어 있는 경우에는 고온소각)한 후 매립하여야 한다.

나) 폐유

(1) 액체상태의 것은 다음의 어느 하나에 해당하는 방법으로 처분하여야 한다.

(가) 기름과 물을 분리하여 분리된 기름성분은 소각하여야 하고, 기름과 물을 분리한 후 남은 물은 「수질 및 수생태계 보전에 관한 법률」 제2조제12호에 따른 수질오염방지시설에서 처리하여야 한다.

(나) 증발·농축방법으로 처리한 후 그 잔재물은 소각하거나 안정화처분하여야 한다.

(다) 응집·침전방법으로 처리한 후 그 잔재물은 소각하여야 한다.

(라) 분리·증류·추출·여과·열분해의 방법으로 정제처분하여야 한다.

(마) 소각하거나 안정화처분하여야 한다.

(바) 삭제 〈2011.9.29〉

(2) 고체상태의 것[타르·피치(pitch)류는 제외한다]은 소각하거나 안정화처분하여야 한다.

(3) 타르·피치류는 소각하거나 지정폐기물을 매립할 수 있는 관리형 매립시설에 매립하여야 한다.

(4) 삭제 〈2011.9.29〉

(5) 삭제 〈2011.9.29〉

(6) 삭제 〈2011.9.29〉

(7) 삭제 〈2011.9.29〉

다) 폐유기용제의 경우

(1) 기름과 물 분리가 가능한 것은 기름과 물 분리방법으로 사전처분하여야 한다.

(2) 할로겐족으로 액체상태의 것은 다음의 어느 하나에 해당하는 방법으로 처분하여야 한다.

(가) 고온소각하여야 한다.
(나) 증발·농축방법으로 처분한 후 그 잔재물은 고온소각하여야 한다.
(다) 분리·증류·추출·여과의 방법으로 정제한 후 그 잔재물은 고온소각하여야 한다.
(라) 중화·산화·환원·중합·축합(縮合)의 반응을 이용하여 처분하여야 하며, 처분 후 발생하는 잔재물은 고온소각하거나, 응집·침전·여과·탈수의 방법으로 다시 처분한 후 그 잔재물은 고온소각하여야 한다.

(3) 할로겐족으로 고체상태의 것은 고온소각하여야 한다.
(4) 그 밖의 폐유기용제로서 액체상태의 것은 다음의 어느 하나에 해당하는 방법으로 처분하여야 한다.
(가) 소각하여야 한다.
(나) 증발·농축방법으로 처분한 후 그 잔재물은 소각하여야 한다.
(다) 분리·증류·추출·여과의 방법으로 정제한 후 그 잔재물은 소각하여야 한다.
(라) 중화·산화·환원·중합·축합의 반응을 이용하여 처분하여야 하며, 처분 후 발생하는 잔재물은 소각하거나, 응집·침전·여과·탈수의 방법으로 다시 처분한 후 그 잔재물은 소각하여야 한다.
(마) 삭제 〈2011.9.29〉
(바) 삭제 〈2011.9.29〉

(5) 그 밖의 폐유기용제로서 고체상태의 것은 소각하여야 한다.

라) 폐합성고분자화합물의 경우
폐합성고분자화합물은 소각하여야 한다. 다만, 소각이 곤란한 경우에는 최대지름 15센티미터 이하의 크기로 파쇄·절단 또는 용융한 후 지정폐기물을 매립할 수 있는 관리형 매립시설에 매립할 수 있다.

마) 폐페인트와 폐래커의 경우
(1) 폐페인트와 폐래커는 고온소각하거나 유기용제 등 재활용 대상 물질을 회수한 후 그 잔재물은 고온소각하여야 한다.
(2) 삭제 〈2011.9.29〉

바) 폐석면의 경우
(1) 분진이나 부스러기는 고온용융처분하거나 고형화처분하여야 한다.
(2) 고형화되어 있어 흩날릴 우려가 없는 것은 폴리에틸렌 그 밖에 이와 유사한 재질의 포대로 포장하여 지정폐기물매립시설에 매립하되, 매립과정에서 석면 분진이 날리지 아니하도록 충분히 물을 뿌리고 수시로 복토를 실시하여야 하며, 장비 등을 이용한 다짐·압축작업은 복토 후에 하여야 한다. 이 경우 다짐·압축작업 과정에서 폐석면이 복토층 표면으로 노출

되어서는 아니 된다.

(3) 석면의 해체·제거작업에 사용된 바닥비닐시트(뿜칠로 사용된 석면의 해체·제거작업 시 사용된 비닐시트의 경우 모든 비닐시트), 방진마스크, 작업복 등은 고밀도 내수성재질의 포대에 2중으로 포장하거나 견고한 용기에 밀봉하여 지정폐기물매립시설에 매립하거나 고온용융처분 또는 고형화처분하여야 한다.

(4) 매립시설내 일정구역을 정하여 매립하고, 매립구역임을 알리는 표지판을 다음과 같이 설치하여야 한다.

폐석면 매립 표지판	
폐석면 종류	
매립용량(㎥)	
매립면적(㎥)	
매립위치	
매립기간	
관리기관 (전화번호)	

비고 1. 표지판은 사람이 쉽게 볼 수 있는 위치에 설치
2. 표지의 규격: 가로 80센티미터 이상×세로 80센티미터 이상
3. 표지의 색깔: 노란색 바탕에 검은색 선 및 검은색 글자

사) 광재·폐주물사·폐사·폐내화물·도자기조각·폐촉매의 경우는 다음의 어느 하나에 해당하는 방법으로 처분하여야 한다.

(1) 안정화처분 또는 시멘트·합성고분자화합물의 이용 그 밖에 이와 비슷한 방법으로 고형화처분하거나 지정폐기물을 매립할 수 있는 관리형 매립시설에 매립하여야 한다. 다만, 가연성 물질을 포함한 폐촉매는 소각할 수 있고, 할로겐족에 해당하는 물질을 포함한 폐촉매를 소각하는 경우에는 고온 소각하여야 한다.

(2) 삭제 〈2015.3.3.〉

아) 폐흡수제와 폐흡착제의 경우

다음의 어느 하나에 해당하는 방법으로 처분하여야 한다.

(1) 고온소각 처분대상물질을 흡수하거나 흡착한 것 중 가연성은 고온소각하여야 하고, 불연성은 지정폐기물을 매립할 수 있는 관리형 매립시설에 매립하여야 한다.

(2) 일반소각 처분대상물질을 흡수하거나 흡착한 것 중 가연성은 일반소각하여야 하며, 불연성은 지정폐기물을 매립할 수 있는 관리형 매립시설에 매립하여야 한다.

(3) 안정화처분하거나 시멘트·합성고분자화합물을 이용하여 고형화처분하거

나 이와 비슷한 방법으로 고형화처분하여야 한다.

(4) 광물유·동물유 또는 식물유가 포함된 것은 포함된 기름을 추출 등으로 재활용하여야 한다.

자) 분진의 경우

다음의 어느 하나에 해당하는 방법으로 처분하여야 한다.

(1) 폴리에틸렌이나 그 밖에 이와 비슷한 재질의 포대에 담아 지정폐기물을 매립할 수 있는 관리형 매립시설에 매립하여야 한다.

(2) 안정화처분하여야 한다.

(3) 시멘트·합성고분자화합물을 이용하여 고형화처분하거나 이와 비슷한 방법으로 고형화처분하여야 한다.

차) 소각재의 경우

다음의 어느 하나에 해당하는 방법으로 처분하여야 한다.

(1) 지정폐기물을 매립할 수 있는 관리형 매립시설에 매립하여야 한다.

(2) 안정화처분하여야 한다.

(3) 시멘트·합성고분자화합물을 이용하여 고형화처분하거나 이와 비슷한 방법으로 고형화처분하여야 한다.

카) 폐농약의 경우

액체상태의 것은 고온소각하거나 고온용융처분하고, 고체상태의 것은 고온소각 또는 고온용융처분하거나 차단형 매립시설에 매립하여야 한다.

타) 폴리클로리네이티드비페닐 함유폐기물의 경우

고온소각하거나 고온용융처분하여야 한다.

파) 오니의 경우

다음 각 호의 어느 하나에 해당하는 방법으로 처분하여야 한다.

(1) 소각하여야 한다.

(2) 시멘트·합성고분자화합물을 이용하여 고형화처분하거나 이와 비슷한 방법으로 고형화처분하여야 한다.

(3) 수분함량 85퍼센트 이하로 하여 안정화처분하여야 한다.

(4) 수분함량 85퍼센트 이하로 하여 지정폐기물을 매립할 수 있는 관리형 매립시설에 매립하여야 한다.

(5) 폐수배출량 2천세제곱미터 이상인 배출업소의 유기성 오니는 바로 매립하여서는 아니되며, 소각하거나 시멘트·합성고분자화합물의 이용이나 그 밖에 이와 비슷한 방법으로 고형화처분하여야 한다.

(6) 1일 폐수배출량 700세제곱미터 이상 2천세제곱미터 미만인 배출업소의 유기성 오니도 (5)와 같이 처분하여야 한다.

하) 안정화·고형화·고화처리물의 경우

(1) 지정폐기물을 매립할 수 있는 관리형 매립시설에 매립하여야 한다.

(2) 석면을 1퍼센트 이상 함유한 고형화처리물을 매립하는 경우에는 매립시설 내 일정구역을 정하여 매립하고, 매립구역임을 알리는 표지판을 다음과 같이 설치하여야 한다.

폐석면 고형화처리물 매립 표지판	
폐석면 종류	
매립용량(m^3)	
매립면적(m^2)	
매립위치	
매립기간	
관리기관 (전화번호)	

비고
1. 표지판은 사람이 쉽게 볼 수 있는 위치에 설치
2. 표지의 규격: 가로 80센티미터 이상×세로 80센티미터 이상
3. 표지의 색깔: 노란색 바탕에 검은색 선 및 검은색 글자

거) 폐유독물질
다음의 어느 하나에 해당하는 방법으로 처분하여야 한다.
(1) 중화・가수분해・산화・환원으로 처분하여야 한다.
(2) 고온소각하거나 고온용융처분하여야 한다.
(3) 고형화처분하여야 한다.

너) 폐오일 필터의 경우
다음 중 어느 하나의 방법으로 처분하여야 한다.
(1) 소각하여야 한다.
(2) 파쇄처분하여 재활용할 경우 고철・여과지・고무 및 폐윤활유를 각각 분리할 수 있도록 폐오일 필터를 파쇄처분한 후 폐유・고철은 별도로 회수・선별하여 재활용하고, 여과지・고무 등 재활용이 어려운 파쇄물은 소각하거나 매립하여야 한다.
(3) 증류처분하여 재활용할 경우 증류시설에서 폐유와 고철을 분리・회수하여 각각 재활용하여야 한다.

5. 지정폐기물 중 의료폐기물의 기준 및 방법
가. 공통사항
1) 의료폐기물(인체조직물과 동물의 사체만을 말한다)은 본인(본인이 의사표시를 할 수 없는 경우에는 그 친권자 또는 후견인을 말한다. 이하 같다)이나 그 동물의 주인이 요구하면 본인이나 그 동물의 주인에게 인도하여 다음 각 호의 구분에 따라 처리할 수 있다. 이 경우 의료폐기물을 인도한 자는 이를 상세히

기록하여 3년간 보존하여야 한다.

가) 인체조직물은 「장사 등에 관한 법률」 제17조에 따른 묘지 등의 설치제한지역이 아닌 곳으로서 같은 법 제13조제1항에 따른 공설묘지 중 시·도지사가 인정한 장소에 1미터 이상의 깊이로 파묻거나 같은 법 제2조제8호에 따른 화장시설에서 화장할 수 있다.

나) 동물의 사체는 「동물보호법」 제15조제2항에 따른 동물장묘업의 등록을 한 자가 설치·운영하는 동물장묘시설에서 처리할 수 있다.

2) 의료폐기물 중 태반을 재활용하기 위하여 배출자, 폐기물 수집·운반업자, 폐기물 재활용업자가 태반을 인계·인수하는 경우에는 제5호 다목1)의 규정에도 불구하고 전용용기를 풀어서 수량, 무게(g)를 확인한 후 그 내용을 전자정보처리프로그램에 입력하여야 한다.

나. 의료폐기물 전용용기 사용의 경우

1) 삭제 〈2011.9.29〉

2) 한번 사용한 전용용기는 다시 사용하여서는 아니 된다.

3) 의료폐기물은 발생한 때(해당 진찰·치료 및 시험·검사행위가 끝났을 때를 말한다. 이하 같다)부터 전용용기에 넣어 내용물이 새어 나오지 아니하도록 보관하여야 하며, 의료폐기물의 투입이 끝난 전용용기는 밀폐 포장하여야 한다. 다만, 대형 조직물류폐기물과 같이 전용용기에 넣기 어려운 의료폐기물은 내용물이 보이지 아니하도록 개별 포장하여 내용물이 새어 나오지 아니하도록 밀폐 포장하여야 한다.

4) 전용용기는 봉투형 용기 및 상자형 용기로 구분하되, 봉투형 용기의 재질은 합성수지류로 하고 상자형 용기의 재질은 골판지류 또는 합성수지류로 한다.

5) 의료폐기물의 종류별로 사용하는 전용용기는 다음의 구분에 따른다.

가) 격리의료폐기물, 위해의료폐기물 중 조직물류폐기물(치아는 제외한다) 및 손상성폐기물과 액체상태의 폐기물: 합성수지류 상자형 용기

나) 그 밖의 의료폐기물: 봉투형 용기 또는 골판지류 상자형 용기

6) 5)에도 불구하고 전용용기에는 다른 종류의 의료폐기물을 혼합하여 보관할 수 있다. 다만, 봉투형 용기 또는 골판지류 상자형 용기에는 5)가)에 따라 합성수지류 상자형 용기를 사용하여야 하는 의료폐기물을 혼합하여 보관하여서는 아니 된다.

7) 봉투형 용기에는 그 용량의 75퍼센트 미만으로 의료폐기물을 넣어야 한다.

8) 의료폐기물을 넣은 봉투형 용기를 이동할 때에는 반드시 뚜껑이 있고 견고한 전용 운반구를 사용하여야 하며, 사용한 전용 운반구는 「감염병의 예방 및 관리에 관한 법률 시행규칙」 별표 6 제2호라목에 따른 약물소독(이하 "약물소독"이라 한다)의 방법으로 소독하여야 한다.

9) 봉투형 용기에 담은 의료폐기물의 처리를 위탁하는 경우에는 상자형 용기에

다시 담아 위탁하여야 한다.

10) 골판지류 상자형 용기의 내부에는 봉투형 용기 또는 내부 주머니를 붙이거나 넣어서 사용하여야 한다.

11) 전용용기 및 3) 단서에 따른 포장의 바깥쪽에는 의료폐기물임을 나타내는 다음의 도형 및 취급 시 주의사항을 표시하여야 한다.

가) 도형

의료폐기물의 종류	도형 색상	
격리의료폐기물	붉은색	
위해의료폐기물(재활용하는 태반은 제외한다) 및 일반의료폐기물	봉투형 용기	검정색
	상자형 용기	노란색
재활용하는 태반	녹색	

비고 : 붉은색으로 표시하여야 하는 의료폐기물과 노란색 또는 검정색으로 표시하여야 하는 의료폐기물을 6)에 따라 혼합 보관할 때는 붉은색으로 표시하여야 한다.

나) 취급 시 주의사항

이 폐기물은 감염의 위험성이 있으므로 주의하여 취급하시기 바랍니다.			
배출자		종류 및 성질과 상태	
사용개시 연월일		수거자	

비고 : 사용개시 연월일은 의료폐기물을 전용용기에 최초로 넣은 날을 적어야 한다. 다만, 9)에 따라 봉투형 용기에 담은 의료폐기물을 상자형 용기에 다시 담아 위탁하는 경우에는 봉투형 용기를 상자형 용기에 최초로 담은 날을 적을 수 있다.

12) 재활용하는 태반은 발생한 때부터 흰색의 투명한 내부 주머니에 1개씩 포장하여 5)가)에 따라 합성수지류 상자형 용기에 넣어 보관하여야 하며, 내부 주머니에는 의료기관명, 중량(g), 발생일 및 담당의사의 이름을 적어야 한다.

다. 보관의 경우

1) 의료폐기물을 위탁처리하는 배출자는 의료폐기물의 종류별로 다음의 구분에 따른 보관기간을 초과하여 보관하여서는 아니 된다. 다만, 천재지변, 휴업, 시설의 보수, 그 밖의 부득이한 경우로서 시·도지사나 지방환경관서의 장이 인정하는 경우에는 그러하지 아니하다.

가) 격리의료폐기물: 7일

나) 위해의료폐기물 중 조직물류폐기물(치아는 제외한다), 병리계폐기물, 생물·화학폐기물 및 혈액오염폐기물과 바)를 제외한 일반의료폐기물: 15일

다) 위해의료폐기물 중 손상성폐기물: 30일

라) 위해의료폐기물 중 조직물류폐기물(치아만 해당한다): 60일

마) 나목 6)에 따라 혼합 보관된 의료폐기물: 혼합 보관된 각각의 의료폐기물의 보관기간 중 가장 짧은 기간

바) 일반의료폐기물(「의료법」 제3조에 따른 의료기관 중 입원실이 없는 의원, 치과의원 및 한의원에서 발생하는 것으로서 섭씨 4도 이하로 냉장보관하는 것만 해당한다): 30일

2) 의료폐기물의 종류별 보관시설은 다음 각 호의 구분에 따른다.

가) 격리의료폐기물 중 성질과 상태가 조직물류폐기물과 같은 폐기물과 위해의료폐기물 중 조직물류폐기물은 전용의 냉장시설에서 섭씨 4도 이하로 보관하여야 한다. 다만, 치아 및 방부제에 담근 폐기물은 그러하지 아니하다.

나) 그 밖의 의료폐기물은 밀폐된 전용의 보관창고에 보관하여야 한다. 다만, 별표 3 제1호 중 의원, 제2호 중 보건지소, 제3호부터 제7호, 제9호부터 제14호까지의 기관은 밀폐된 전용의 보관창고가 아닌 별도의 보관장소에 보관할 수 있다.

3) 의료폐기물 보관시설의 세부 기준은 다음과 같다.

가) 보관창고의 바닥과 안벽은 타일·콘크리트 등 물에 견디는 성질의 자재로 세척이 쉽게 설치하여야 하며, 항상 청결을 유지할 수 있도록 하여야 한다.

나) 보관창고에는 약물소독에 쓰이는 소독약품 및 분무기 등 소독장비와 이를 보관할 수 있는 시설을 갖추어야 하고, 냉장시설에는 내부 온도를 측정할 수 있는 온도계를 붙여야 한다.

다) 냉장시설은 섭씨 4도 이하의 설비를 갖추어야 하며, 보관 중에는 냉장시설의 내부 온도를 섭씨 4도 이하로 유지하여야 한다.

라) 보관창고, 보관장소 및 냉장시설은 주 1회 이상 약물소독의 방법으로 소독하여야 한다.

마) 보관창고와 냉장시설은 의료폐기물이 밖에서 보이지 않는 구조로 되어 있어야 하며, 외부인의 출입을 제한하여야 한다.

바) 보관창고, 보관장소 및 냉장시설에는 보관 중인 의료폐기물의 종류·양 및

보관기간 등을 확인할 수 있는 다음의 표지판을 설치하여야 한다.

(배출자용)

	의료폐기물 보관표지	
	① 폐기물 종류:	② 총보관량: 킬로그램
	③ 보관기간:	④ 관리책임자:
	⑤ 취급시 주의사항 ○보관 시: ○운반 시:	
	⑥ 운반장소:	

(처리업자용)

	의료폐기물 보관표지		
	① 폐기물종류:	② 총보관량: 킬로그램	
	③ 보관기간:	④ 관리책임자:	
	⑤ 업소별 수탁량		
	업 소 명	수 탁 일 자	수 탁 량

(설치요령)

○ 보관창고와 냉장시설의 출입구 또는 출입문에 각각 붙여야 한다.

○ 표지판의 규격: 가로 60센티미터 이상 × 세로 40센티미터 이상(냉장시설에 보관하는 경우에는 가로 30센티미터 이상 × 세로 20센티미터 이상)

○ 표지의 색깔: 흰색 바탕에 녹색 선과 녹색 글자

5) 삭제 〈2008.8.4〉

6) 삭제 〈2008.8.4〉

7) 삭제 〈2008.8.4〉

8) 삭제 〈2008.8.4〉

9) 삭제 〈2008.8.4〉

라. 수집·운반의 경우

1) 의료폐기물은 전용용기에 넣어 밀폐포장된 상태로 의료폐기물 전용의 운반차량으로 수집·운반하여야 한다. 다만, 「도서개발촉진법」 제2조에 따른 도서 중 방파제나 다리 등으로 육지와 연결되지 아니하여 의료폐기물 수집·운반차량으로 수집·운반이 곤란한 도서지역(이하 "도서지역"이라 한다)의 경우 발생한 의료폐기물은 전용용기에 담아 다시 밀폐된 냉장용기에 담은 후 선박 등을 이용하여 수집·운반할 수 있다. 이 경우 운반용 냉장용기는 의료폐기물 수집·운반차량의 적재함 관리기준에 따라 관리하여야 한다.

2) 의료폐기물의 수집·운반차량은 섭씨 4도 이하의 냉장설비가 설치되고, 수집·운반 중에는 적재함의 내부온도를 섭씨 4도 이하로 유지하여야 한다. 다만,

적재함을 열고 의료폐기물을 싣거나 내릴 때에는 그러하지 아니하다.

3) 의료폐기물은 흩날림·유출 및 악취의 새어 나옴을 방지할 수 있는 밀폐된 적재함이 설치된 차량으로 수집·운반하여야 한다.

4) 적재함의 내부는 물에 견디는 성질의 자재로서 약물소독을 쉽게 할 수 있는 구조로 되어 있어야 하며, 그 안에는 온도계를 붙이고 약물소독에 쓰이는 소독약품 및 분무기 등 소독장비와 이를 보관할 수 있는 설비를 갖추어야 한다.

5) 적재함은 사용할 때마다 약물소독의 방법으로 소독하여야 한다.

6) 의료폐기물의 수집·운반차량의 차체는 흰색으로 색칠하여야 한다.

7) 의료폐기물의 수집·운반차량의 적재함의 양쪽 옆면에는 의료폐기물의 도형, 업소명 및 전화번호를, 뒷면에는 의료폐기물의 도형을 붙이거나 표기하되, 그 크기는 가로 100센티미터 이상, 세로 50센티미터 이상(뒷면의 경우 가로·세로 각각 50센티미터 이상)이어야 하며, 글자의 색깔은 녹색으로 하여야 한다.

마. 처리의 경우

1) 의료폐기물 중 재활용이 가능한 태반은 법 제13조의2에 따라 재활용하여야 한다.

2) 의료폐기물배출자가 설치하는 처분시설별 처분능력은 다음과 같다.

가) 소각시설: 시간당 처분능력 25킬로그램 이상의 시설

나) 멸균분쇄시설: 시간당 처분능력 100킬로그램 이상의 시설

3) 멸균분쇄시설을 설치한 의료폐기물배출자는 멸균 여부의 검사를 위하여 그 검사인력 및 시설·장비를 갖추어야 한다.

가) 검사인력: 임상병리사나 위생사 중 1명 이상

나) 시설·장비: 검사실, 멸균 여부를 확인할 수 있는 기구 및 장비

4) 의료폐기물은 의료폐기물을 처분하기 위하여 설치한 소각시설이나 멸균·분쇄시설에서 처분하여야 한다. 다만, 도서지역에서 발생한 의료폐기물은 특별자치시, 특별자치도, 시·군·구의 조례로 정하는 바에 따라 해당 도서지역 내에 설치된 생활폐기물 소각시설에서 소각처분할 수 있다.

5) 다음의 의료폐기물은 소각하여야 한다.

가) 격리의료폐기물, 위해의료폐기물 중 조직물류폐기물 및 생물·화학폐기물

나) 보관 및 운반 과정에서 혈액, 체액, 분비물, 배설물 등 흘러내릴 수 있는 물질을 포함한 의료폐기물

다) 폐기물중간처분업자 또는 최종처분업자가 처분하는 의료폐기물

6) 5)외의 의료폐기물은 소각 또는 멸균분쇄처분 하여야 한다.

7) 의료폐기물을 소각시설이나 멸균분쇄시설에 넣기 전에 용기로부터 해체하여서는 아니되며 용기에 담은 상태로 넣어야 한다.

8) 멸균분쇄하는 경우에는 원형이 파쇄되어 재사용할 수 없도록 분쇄하여야 한다.

9) 멸균분쇄처분 시 별표 11 제2호가목2)바)(2)에 따른 검사 결과 잔재물이 멸균

되지 아니한 경우에는 다시 처분하여야 한다.

10) 멸균분쇄한 후의 잔재물은 소각하여야 한다.

11) 소각한 후의 잔재물은 매립하여야 한다.

6. 폐기물수집·운반증

가. 폐기물을 수집·운반하는 자는 다음의 어느 하나에 해당하는 경우 폐기물을 수집·운반하는 차량(철도차량과 선박을 포함한다. 이하 이 호에서 같다)에 다음의 폐기물수집·운반증을 붙여야 한다, 다만, 폐기물을 철도차량이나 선박으로 운반하는 경우에는 폐기물수집·운반증을 가지고 있어야 한다.

1) 법 제5조에 따른 광역 폐기물 처분시설 또는 재활용시설의 설치·운영자가 폐기물을 수집·운반하는 경우(생활폐기물을 수집·운반하는 경우는 제외한다)

2) 법 제15조의2제3항에 따른 음식물류 폐기물 배출자가 그 사업장에서 발생한 음식물류 폐기물을 사업장 밖으로 운반하는 경우

3) 법 제15조의2제4항에 따라 음식물류 폐기물을 공동으로 수집·운반 또는 재활용하는 자가 음식물류 폐기물을 수집·운반하는 경우

4) 법 제17조에 따른 사업장폐기물배출자가 그 사업장에서 발생한 폐기물을 사업장 밖으로 운반하는 경우

5) 법 제18조제5항에 따라 사업장폐기물을 공동으로 수집·운반, 처분 또는 재활용하는 자가 수집·운반하는 경우

6) 폐기물처리업자가 폐기물을 수집·운반하는 경우

7) 폐기물처리 신고자가 재활용 대상폐기물을 수집·운반하는 경우

8) 폐기물을 수출하거나 수입하는 자가 그 폐기물을 운반하는 경우(컨테이너를 이용하여 운반하는 경우를 포함한다)

○ 폐기물 수집·운반증의 규격 및 적어 넣는 방법

비고

1. 원의 지름 : 100밀리미터

2. 바탕색 : 노란색(임시차량의 경우 흰색)

나. 가목에도 불구하고 다음의 어느 하나에 해당하는 경우에는 폐기물을 수집·운반하는 차량에 폐기물수집·운반증을 붙이지 아니하거나 가지고 있지 아니할 수 있다.

1) 「자원의 절약과 재활용촉진에 관한 법률」 제15조의2에 따른 빈용기보증금이 포함된 제품의 용기를 회수하여 재활용하는 경우

2) 「자원의 절약과 재활용촉진에 관한 법률」 제16조에 따른 재활용의무생산자, 같은 법 제27조에 따른 재활용사업공제조합, 재활용의무생산자 또는 재활용사업공제조합으로부터 회수 및 재활용을 위탁받은 자가 해당 폐기물을 회수하여 재활용하는 경우

3) 다음의 어느 하나에 해당하는 자가 폐전기·전자제품을 회수하여 재활용하는 경우

가) 「전기·전자제품 및 자동차의 자원순환에 관한 법률」 제15조에 따른 전기·전자제품 제조·수입업자 또는 그 자로부터 전기·전자제품의 회수 및 재활용을 위탁받은 자

나) 「전기·전자제품 및 자동차의 자원순환에 관한 법률」 제16조의4에 따른 전기·전자제품의 판매업자

다) 「전기·전자제품 및 자동차의 자원순환에 관한 법률」 제21조에 따른 재활용사업공제조합 또는 재활용사업공제조합으로부터 전기·전자제품의 회수 및 재활용을 위탁받은 자

4) 제66조제5항에 해당하는 자가 해당 폐기물을 수집·운반하는 경우

5) 전주철거 공사용 차량으로 철거된 폐전주를 법 제25조제5항제5호부터 제7호까지의 규정 중 어느 하나에 따른 폐기물 재활용업을 하는 자의 사업장까지 운반하는 경우

6) 중간가공 폐기물을 수집·운반하는 경우

7) 다음의 폐기물을 재활용하기 위하여 해당 폐기물을 배출하는 자 또는 폐기물 재활용업자가 운반하는 경우

가) 제10조제6호 나목부터 라목까지의 어느 하나에 해당하는 폐목재류

나) 천연상태의 목재를 물리적으로 가공하는 과정에서 이물질에 오염되지 아니한 상태로 발생된 톱밥·목피·나무조각 등의 폐기물

8) 폐기물을 수출 또는 수입하는 경우로서 폐기물을 컨테이너에 넣은 후 밀폐하여 운반하는 경우(해당 폐기물이 수출 또는 수입되는 폐기물임을 증명하는 제25조의2제4항에 따른 폐기물수출 신고증명서나 폐기물수입 신고증명서, 또는 「폐기물의 국가 간 이동 및 그 처리에 관한 법률」 제7조에 따른 수출이동서류나 같은 법 제11조에 따른 수입이동서류를 가지고 있는 경우로 한정한다)

다. 가목에 해당하는 자는 폐기물의 수집·운반이 시작되기 1일 전까지 별지 제68호서식에 따라 시·도지사나 지방환경관서의 장에게 폐기물 수집·운반증의

발급을 신청하여야 한다. 다만, 가목의 6)이나 7)에 해당하는 자의 전용차량에 대하여는 법 제25조제3항에 따른 허가(변경허가를 포함한다)의 신청 또는 법 제46조에 따른 신고를 폐기물수집·운반증의 발급신청으로 본다.

라. 다목에 따라 신청을 받은 시·도지사나 지방환경관서의 장은 폐기물의 수집·운반의 기준에 맞을 경우 폐기물수집·운반증을 발급하여야 한다.

마. 폐기물수집·운반증은 계속적으로 폐기물을 수집·운반하는 차량(이하 "전용차량"이라 한다)과 임시로 폐기물을 수집·운반하는 차량(이하 "임시차량"이라 한다)으로 구분하여 발급하되, 그 유효기간은 임시차량의 경우에는 6개월 이내로 한다.

바. 폐기물수집·운반증의 발급대상이 되는 차량은 발급신청인 명의로 등록된 것이어야 한다. 다만, 다음의 어느 하나에 해당하는 경우에는 그러하지 아니하다.

1) 가목2) 또는 4)에 따른 경우(도서지역에서 발생한 사업장폐기물을 육상에서 처리하기 위하여 수집·운반하는 경우는 제외한다) 외의 임시차량(영업용만 해당한다)

2) 철도차량이나 선박

3) 건설폐기물을 대상으로 하는 폐기물 수집·운반업의 공동대표자 각각의 명의로 등록된 차량

사. 임시차량 폐기물수집·운반증은 다음의 어느 하나에 해당하는 경우에 발급한다.

1) 가목1)·2)·4)·8) 또는 제21조제1항제9호에 해당하는 경우

2) 건설폐기물 또는 사업장생활계 폐기물 중 하수준설토(이하 이 목에서 "하수준설토"라 한다)를 대상으로 하는 폐기물처리업자가 건설폐기물 또는 하수준설토를 수집·운반하는 경우로서 건설폐기물 또는 하수준설토가 일시적으로 다량 발생하여 임시차량의 사용이 불가피하다고 해당 폐기물처리업자의 허가권자가 인정하는 경우(전용차량 대수의 2배수 범위로 한정한다)

[별표 7] 〈개정 2014.12.29.〉

폐기물처리업의 시설 · 장비 · 기술능력의 기준(제28조제6항 관련)

1. 폐기물수집 · 운반업의 기준
  가. 생활폐기물 또는 사업장생활계폐기물을 수집 · 운반하는 경우
    1) 장비
      가) 밀폐식 운반차량 1대 이상(적재능력합계 15세제곱미터 이상)
      나) 운반용 압축차량 또는 압착차량 1대 이상
      다) 기계식 상차장치가 부착된 차량 1대 이상(특별시 · 광역시에 한하되, 광역시의 경우 군지역은 제외한다)
    2) 연락장소 또는 사무실
  나. 사업장배출시설계폐기물을 수집 · 운반하는 경우
    1) 장비
      가) 액체상태폐기물을 수집 · 운반하는 경우: 탱크로리 또는 카고트럭 2대 이상
      나) 고체상태폐기물을 수집 · 운반하는 경우: 암롤트럭, 컨테이너트럭, 덤프트럭, 밀폐식 운반차량, 운반용 압착차량 · 압축차량 또는 기계식 상차장치가 부착된 차량 2대 이상
    2) 연락장소 또는 사무실
  다. 지정폐기물(의료폐기물은 제외한다)을 수집 · 운반하는 경우
    1) 장비
      가) 액체상태폐기물을 수집 · 운반하는 경우: 탱크로리 또는 카고트럭 2대 이상(적재능력합계 9톤 이상)
      나) 고체상태폐기물을 수집 · 운반하는 경우: 암롤트럭, 컨테이너트럭 또는 덤프트럭 3대 이상(적재능력합계 13.5톤 이상)
    2) 시설
      가) 주차장 : 모든 차량을 주차할 수 있는 규모
      나) 세차시설 : 20제곱미터 이상
    3) 기술능력 : 폐기물처리산업기사 · 대기환경산업기사 · 수질환경산업기사 또는 공업화학산업기사 중 1명 이상
    4) 연락장소 또는 사무실
  라. 지정폐기물 중 의료폐기물을 수집 · 운반하는 경우
    1) 장비
      가) 적재능력 0.45톤 이상의 냉장차량(섭씨 4도 이하인 것을 말한다. 이하 같다) 3대 이상
      나) 약물소독장비 1식 이상

2) 주차장 : 모든 차량을 주차할 수 있는 규모
3) 연락장소 또는 사무실

2. 폐기물 중간처분업의 기준

가. 지정폐기물 외의 폐기물(건설폐기물은 제외한다)을 중간처분하는 경우

1) 소각전문의 경우
가) 실험실
나) 시설 및 장비
(1) 소각시설 : 시간당 처분능력 2톤 이상
(2) 보관시설 : 1일 처분능력의 10일분 이상 30일분 이하의 폐기물을 보관할 수 있는 규모의 시설
(3) 계량시설 1식 이상
(4) 배출가스의 오염물질 중 아황산가스·염화수소·질소산화물·일산화탄소 및 분진을 측정·분석할 수 있는 실험기기
(5) 수집·운반차량 1대 이상(처분대상 폐기물을 스스로 수집·운반하는 경우만 해당한다)
다) 기술능력 : 폐기물처리산업기사 또는 대기환경산업기사 중 1명 이상

2) 기계적 처분전문의 경우
가) 시설 및 장비
(1) 처분시설 : 시간당 처분능력 200킬로그램 이상
(2) 보관시설 : 1일 처분능력의 10일분 이상 30일분 이하의 폐기물을 보관할 수 있는 규모의 시설
(3) 계량시설 1식 이상
(4) 수집·운반차량 1대 이상(처분대상 폐기물을 스스로 수집·운반하는 경우만 해당한다)
나) 기술능력 : 폐기물처리산업기사·대기환경산업기사·수질환경산업기사·소음진동산업기사 또는 환경기능사 중 1명 이상

3) 화학적 처분 또는 생물학적 처분전문의 경우
가) 시설 및 장비
(1) 처분시설 : 1일 처분능력 5톤 이상
(2) 보관시설 : 1일 처분능력의 10일분 이상 30일분 이하의 폐기물을 보관할 수 있는 규모의 시설(부패와 악취발생의 방지를 위하여 수집·운반 즉시 처분하는 생물학적 처분시설을 갖춘 경우 보관시설을 설치하지 아니할 수 있다)
(3) 계량시설 1식 이상
(4) 수집·운반차량 1대 이상(처분대상 폐기물을 스스로 수집·운반하는 경우만 해당한다)

나) 기술능력 : 폐기물처리산업기사 · 대기환경산업기사 · 수질환경산업기사 또는 공업화학산업기사 중 1명 이상

나. 지정폐기물(의료폐기물은 제외한다)을 중간처분하는 경우

1) 시설 및 장비

가) 공통시설 및 장비

(1) 실험실

(2) 실험기기 : 수소이온농도 · 생물화학적산소요구량 · 화학적산소요구량 · 부유물질량 및 폐기물공정시험기준(방법)의 용출시험에 따른 별표 1에 규정된 유해물질을 측정할 수 있는 실험기기

(3) 보관시설 : 1일 처분능력의 10일분 이상 30일분 이하의 폐기물을 보관할 수 있는 보관창고

(4) 주차장 : 모든 차량을 주차할 수 있는 규모(처분대상 폐기물을 스스로 수집 · 운반하는 경우만 해당한다)

(5) 세차시설 : 20제곱미터 이상

(6) 계량시설 1식 이상

(7) 수집 · 운반차량 1대 이상(처분대상 폐기물을 스스로 수집 · 운반하는 경우만 해당한다)

나) 개별시설

(1) 고온소각 · 고온용융 처분대상폐기물 : 시간당 처분능력 200킬로그램 이상의 고온소각시설 또는 고온용융시설

(2) 일반소각대상폐기물: 시간당 처분능력 2톤 이상의 소각시설

(3) 기계적 · 화학적 또는 생물학적 처분대상폐기물 : 1일 처분능력 5톤 이상의 시설

2) 기술능력 : 폐기물처리기사 · 대기환경기사 · 수질환경기사 또는 화공기사 중 1명 이상

다. 지정폐기물 중 의료폐기물을 중간처분하는 경우

1) 시설 및 장비

가) 공통시설 및 장비

(1) 보관창고 및 냉장시설 : 1일 처분능력의 3일분 이상 5일분 이하의 폐기물을 보관할 수 있는 보관창고 및 냉장시설

(2) 주차장 : 모든 차량을 주차할 수 있는 규모(처분대상 폐기물을 스스로 수집 · 운반하는 경우만 해당한다)

(3) 소독시설

(4) 수집 · 운반차량 : 적재능력 0.45톤 이상의 냉장차량 1대 이상(처분대상 폐기물을 스스로 수집 · 운반하는 경우만 해당한다)

나) 개별시설 : 시간당 처분능력 1톤 이상의 소각시설

2) 기술능력 : 폐기물처리산업기사 · 임상병리사 또는 위생사 중 1명 이상

3. 폐기물 최종처분업의 기준

가. 지정폐기물 외의 폐기물을 최종처분하는 경우

1) 실험실

2) 시설 및 장비

가) 면적 3천3백제곱미터 이상 또는 매립가능용적 1만세제곱미터 이상의 매립시설

나) 별표 11에 따른 침출수배출허용기준의 항목을 측정 · 분석할 수 있는 실험기기

다) 바켓용량 0.6세제곱미터 이상으로서 다짐작업이 가능한 굴삭기 1대 이상

라) 세차시설: 30제곱미터 이상

마) 수집 · 운반차량의 계량시설 1식 이상

바) 수집 · 운반차량 1대 이상(처분대상 폐기물을 스스로 수집 · 운반하는 경우만 해당한다)

3) 기술능력

가) 폐기물처리산업기사 또는 수질환경산업기사 중 1명 이상

나) 토목산업기사 또는 폐기물처리산업기사 중 1명 이상

나. 지정폐기물을 최종처분하는 경우

1) 실험실

2) 실험기기 · 기구 : 별표 11에 따른 침출수 배출허용기준의 항목을 측정 · 분석할 수 있는 실험기기

3) 시설 및 장비

가) 면적 1만제곱미터 이상 또는 매립가능용적 3만세제곱미터 이상의 매립시설

나) 주차장 : 모든 차량을 주차할 수 있는 규모(처분대상 폐기물을 스스로 수집 · 운반하는 경우만 해당한다)

다) 세차시설 : 30제곱미터 이상

라) 수집 · 운반차량의 계량시설 1식 이상

마) 수집 · 운반차량 1대 이상(처분대상 폐기물을 스스로 수집 · 운반하는 경우만 해당한다)

바) 바켓용량 0.6세제곱미터 이상으로서 다짐작업이 가능한 굴삭기 1대 이상

사) 레벨 · 표척 등 매립고 측정기기 1식 이상

4) 기술능력

가) 폐기물처리산업기사 · 수질환경산업기사 또는 화공기사 중 1명 이상

나) 폐기물처리기사 1명 이상

4. 폐기물 종합처분업의 기준

가. 실험실

나. 실험기기・기구 : 폐기물을 중간처분하는 경우와 최종처분하는 경우 갖추어야 할 실험기기 및 기구

다. 장비

1) 바켓용량 0.6세제곱미터 이상으로서 다짐작업이 가능한 굴삭기 1대 이상

2) 레벨・표척 등 매립고 측정기기 1식 이상

3) 수집・운반차량 1대 이상(처분대상 폐기물을 스스로 수집・운반하는 경우만 해당한다)

라. 시설

1) 보관시설 : 1일 처분능력 10일분 이상 30일분 이하의 폐기물을 보관할 수 있는 규모의 시설

2) 주차장 : 모든 차량을 주차할 수 있는 규모(처분대상 폐기물을 스스로 수집・운반하는 경우만 해당한다)

3) 세차시설 : 30제곱미터 이상

4) 수집・운반차량의 계량시설 1식 이상

5) 1일 처분능력 500톤 이상인 파쇄시설(건설폐기물 및 불연성 폐기물을 처리하는 경우만 해당한다) 또는 압축시설

6) 시간당 처분능력 2톤 이상인 소각시설

7) 1일 처분능력 5톤 이상인 고형화・고화 또는 안정화 시설

8) 1일 처분능력 5톤 이상인 반응・증발・농축・응집・침전시설 등의 화학적 처분시설

9) 면적 1만제곱미터 이상 또는 매립가능용적 3만세제곱미터 이상의 매립시설

마. 기술능력

1) 폐기물처리기사・대기환경기사・수질환경기사 또는 토목기사 중 1명 이상

2) 폐기물처리산업기사・대기환경산업기사・수질환경산업기사 또는 공업화학산업기사 중 2명 이상

5. 폐기물 중간재활용업, 최종재활용업 및 종합재활용업의 기준

가. 지정폐기물 외의 폐기물(건설폐기물은 제외한다)을 재활용하는 경우

1) 공통기준

가) 시설 및 장비

(1) 보관시설 : 1일 재활용능력의 10일분 이상 30일분 이하의 폐기물을 보관할 수 있는 규모의 시설(제31조제1항제3호 각 목의 폐기물을 재활용하는 경우에는 10일분 이상 60일분 이하의 보관시설). 다만, 물이 스며들지 아니하는 바닥시설과 우천 시 빗물이 흘러들지 못하도록 지붕 또는 덮개를 갖춘 시설로 대체할 수 있다.

(2) 재활용시설 1식 이상

(3) 수집・운반차량 1대 이상(재활용대상 폐기물을 스스로 수집・운반하는

경우만 해당한다)

나) 기술능력

(1) 폐기물처리산업기사·대기환경산업기사·수질환경산업기사·공업화학산업기사 또는 환경기능사 중 1명 이상. 다만, 소각열회수시설에서 에너지를 회수하는 경우에는 폐기물처리산업기사 또는 대기환경산업기사 중 1명 이상으로 한다.

(2) (1)에도 불구하고 다음의 어느 하나에 해당하는 경우에는 해당 사업장에서 재활용업무에 종사하는 자로서 기술요원으로 임명된 자 1명 이상

(가) 기계적 재활용시설 중 압축·압출·성형·주조·파쇄·분쇄·탈피·절단·탈수·건조 시설 또는 용융시설(폐합성수지를 재활용하는 경우에 한정한다)을 이용하는 경우로서 1일 재활용 용량이 50톤 미만인 경우. 다만, 폐목재를 재활용하는 경우에는 1일 재활용 용량이 100톤 미만인 경우로 한다.

(나) 생물학적 재활용시설 중 사료화·퇴비화·소멸화 시설 또는 부숙토 생산시설을 이용하는 경우로서 1일 재활용 용량이 10톤 미만인 경우

(다) 소성시설 또는 용해로를 이용하는 경우로서 1일 재활용 용량이 10톤 미만인 경우

2) 재활용 대상 폐기물 및 방법에 따른 구체적 기준

가) 동물성 잔재물을 사료원료 또는 유지로 재활용하는 경우

(1) 공통시설 및 장비

(가) 보관시설 : 옥외에 설치하는 경우에는 폐기물전용 밀폐보관시설을 설치하여야 한다.

(나) 세차시설 : 20제곱미터 이상

(2) 개별시설 및 장비

(가) 사료원료로 재활용하는 경우: 사료화시설 1식 이상

(나) 유지로 재활용하는 경우

시설	기준
용해시설	동물성 잔재물을 열원으로 가열하여 용해시키는 시설로서 내부용적의 합계가 20세제곱미터 이상인 시설
분리시설	용해 후 배출되는 고형분 또는 기름성분을 분리하는 시설로서 내부용적의 합계가 20세제곱미터 이상인 시설
원심분리시설	유지 중 불순물을 원심력으로 제거하는 시설로서 동력합계 20마력 이상인 것 1식 이상

나) 폐가전제품을 재활용하는 경우

(1) 공통시설 및 장비

(가) 보관시설 : 폐기물의 파쇄·분리 등 재활용 과정에서 발생되는 폐기물

을 법 제13조에서 정하는 보관기준에 적합하게 보관할 수 있는 시설
(나) 계량시설 1식 이상
(2) 개별시설 및 장비
(가) 냉장고 및 에어컨디셔너를 재활용하는 경우
① 분리시설 : 냉매물질과 폐유를 분리할 수 있는 시설(냉매물질의 회수량을 확인할 수 있는 장치를 갖추어야 한다)
② 파쇄시설: 50밀리미터 이하로 파쇄 할 수 있는 시설
③ 선별시설: 철과 비철을 90퍼센트 이상 선별할 수 있는 시설
④ 냉매물질 보관시설: 보관량을 확인할 수 있는 장치를 갖춘 시설(냉장고와 에어컨디셔너를 함께 재활용하는 경우에는 냉장고와 에어컨디셔너에서 회수되는 냉매물질을 각각 보관할 수 있는 시설을 갖추어야 한다)
(나) 세탁기를 재활용하는 경우
① 파쇄시설: 50밀리미터 이하로 파쇄 할 수 있는 시설
(다) 텔레비전 및 컴퓨터 모니터를 재활용하는 경우
① 분리시설: 앞면 유리와 뒷면 유리를 분리할 수 있는 시설로서 형광물질을 회수할 수 있는 집진시설을 갖춘 밀폐시설
② 형광물질 보관시설: 형광물질이 외부로 유출되지 아니하는 밀폐용기
(라) 휴대폰을 재활용하는 경우
① 파쇄시설: 휴대폰과 휴대폰에서 분리한 인쇄회로기판 등을 재사용할 수 없도록 파쇄할 수 있는 시설
(마) 프린터 및 복사기, 팩시밀리를 재활용하는 경우
① 분리시설 : 카트리지를 해체하는 과정에서 토너물질을 회수할 수 있는 집진설비를 갖춘 시설

다) 소각열회수시설을 이용하여 가연성 고형폐기물에서 제3조제1항제1호에 따른 에너지 회수기준에 맞게 에너지를 회수하는 경우
(1) 실험실(시간당 재활용능력이 2톤 이상인 소각열회수시설의 경우만 해당한다)
(2) 시설 및 장비
(가) 시간당 재활용능력이 2톤 이상인 소각열회수시설(종이류, 섬유류 또는 접착제·페페인트·기름 및 방부제 등이 묻어 있지 아니한 순수한 목재류만을 소각하는 경우에는 시간당 재활용능력이 200킬로그램 이상인 소각열회수시설을 말한다)
(나) 계량시설 1식 이상
(다) 배출가스의 오염물질 중 아황산가스·염화수소·질소산화물·일산화탄소 및 분진을 측정·분석할 수 있는 실험기기(시간당 재활용능력이 2톤 이

상인 소각열회수시설의 경우만 해당한다)

나. 지정폐기물(의료폐기물은 제외한다)을 재활용하는 경우

1) 공통기준

가) 시설 및 장비

(1) 보관시설

(가) 1일 재활용능력의 10일분 이상 30일분 이하의 폐기물을 보관할 수 있는 규모의 시설

(나) 폐오일필터를 재활용하는 경우에는 폐오일필터에서 새는 폐유를 수거할 수 있는 구조의 시설이어야 한다.

(2) 재활용시설 1식 이상

(3) 수집・운반차량 1대 이상(재활용대상 폐기물을 스스로 수집・운반하는 경우만 해당한다)

나) 기술능력 : 폐기물처리산업기사・대기환경산업기사・수질환경산업기사・공업화학산업기사 또는 환경기능사 중 1명 이상

2) 재활용 대상 폐기물 및 방법에 따른 구체적 기준

가) 폐오일필터를 재활용하는 경우

(1) 파쇄방법으로 재활용하는 경우

(가) 파쇄시설 : 시간당 재활용능력 200킬로그램 이상 재활용할 수 있는 능력을 가진 시설 1식 이상

(나) 압축시설 : 폐종이를 15마력 이상으로 압축하여 폐유를 분리할 수 있는 시설 1식 이상

(2) 증류방법으로 재활용하는 경우

(가) 증류시설 : 내부용적 5.0세제곱미터 이상 시설 1식 이상

(나) 응축시설 : 내부용적의 합계 3.0제곱미터 이상

나) 폐유를 정제연료유로 재활용하는 경우

(1) 열분해 또는 감압증류방법으로 재활용하는 경우

(가) 유량계측시설 : 보관시설별 각 1식 이상

(나) 폐유를 1일 20킬로리터 이상 재활용할 수 있는 시설

(2) 약품정제 방법 그 밖의 방법으로 재활용하는 경우

(가) 유량계측시설 : 보관시설별 각 1식 이상

(나) 폐유를 1일 20킬로리터 이상 재활용할 수 있는 시설로서 다음의 기준에 적합한 시설

시설	기준
보일러	시간당 증발량 2톤 이상 또는 발열량 800,000킬로칼로리 이상의 보일러
반응조	교반장치가 설치된 내부용적 합계 5세제곱미터 이상 1기 이상
약품저장조	내부용적의 합계 4세제곱미터 이상 1기 이상
유량조정조	내부용적의 합계 3세제곱미터 이상 2기 이상
전처리여과장치	시간당 재활용능력 7.5세제곱미터 이상 1기 이상
원심분리기	시간당 재활용능력 5세제곱미터 이상 1기 이상
증발장치	응축 또는 폐가스소각장치가 부착된 것으로 시간당 3세제곱미터 이상의 폐유를 섭씨 100도 이상 가열하여 잔류수분을 뽑아낼 수 있는 시설
그 밖의 시설	폐유이송장치 및 부속시설

(3) 유화정제연료유로 재활용하는 경우

(가) 유량계측시설 : 보관시설별 각 1식 이상

(나) 폐유를 1일 20킬로리터 이상 재활용할 수 있는 시설로서 다음의 기준에 맞는 시설(약품정제 · 감압증류 · 열분해 그 밖의 방법에 따라 유화정제연료유로 재활용하는 시설인 경우에는 혼합장치 · 폐유이송장치 및 부속시설만 설치할 것)

시설	기준
유량계측시설	보관시설별 각 1식 이상
보일러	시간당 증발량 2톤 이상 또는 발열량 800,000킬로칼로리 이상의 보일러
반응조	교반장치가 설치된 내부용적 합계 5세제곱미터 이상 1기 이상
약품저장조	내부용적 합계 4세제곱미터 이상 1기 이상
유량조정조	내부용적 합계 3세제곱미터 이상 1기 이상
전처리여과장치	시간당 재활용능력 7.5세제곱미터 이상 1기 이상
원심분리기	시간당 재활용능력 5세제곱미터 이상 1기 이상
혼합장치	교반장치가 설치된 내부용적 합계 3세제곱미터 이상 1기 이상
그 밖의 시설	폐유이송장치 및 부속시설

다) 폐유기용제를 정제유기용제로 재활용하는 경우

(1) 실험실 : 다음 항목을 측정 · 분석할 수 있는 실험기기 및 기구

(가) 수소이온농도(pH)

(나) 화학적산소요구량(COD)

(다) 부유물질(SS)

(라) 폐유기용제에 함유된 특정수질유해물질

(2) 보관시설별 유량계측설비 각 1식 이상

라) 폐유 등을 재생연료유로 재활용하는 경우

(1) 공통시설 및 장비

(가) 유량 계측시설: 보관시설별 각 1식 이상

(나) 여과(정제)시설 : 시간당 재활용능력 7.5세제곱미터 이상 1식 이상

(2) 개별시설 : 원료를 1일 20킬로리터 이상 처리할 수 있는 시설로서 다음의 기준에 적합한 시설

(가) 혼합시설 : 혼합장치가 설치된 내부용적 30세제곱미터 이상 1식 이상(폐유와 다른 폐기물을 혼합하는 경우만 해당한다)

(나) 유수분리(油水分離)시설 : 폐수이동장치 및 부속시설을 포함한 시설로 시간당 재활용능력 3세제곱미터 이상 1식 이상(증류를 통한 유수분리가 필요한 경우만 해당한다)

다. 지정폐기물 중 의료폐기물을 재활용하는 경우

1) 시설 및 장비

가) 보관시설 : 1일 재활용능력의 3일분 이상 7일분 이하의 폐기물을 보관할 수 있는 냉동시설

나) 재활용시설 1식 이상

다) 수집운반차량 : 1대 이상(재활용대상 폐기물을 스스로 수집·운반하는 경우만 해당한다)

2) 기술능력 : 폐기물처리산업기사·임상병리사 또는 위생사 중 1명 이상

라. 그 밖에 재활용대상 폐기물의 종류(의료폐기물은 제외한다) 및 방법에 따라 필요한 시설· 장비 및 기술능력을 환경부장관이 정하여 고시하는 기준

비 고

1. 동일 법인 또는 개인이 둘 이상의 다른 종류의 폐기물처리업 허가를 받으려는 경우, 동일 폐기물처리업으로서 둘 이상의 다른 분야의 허가를 받고자 하는 경우에는 사무실·실험실·시설 및 장비·기술능력을 중복하여 갖추지 아니할 수 있다. 다만, 폐기물수집·운반업의 장비 및 기술능력과 의료폐기물을 대상으로 하는 폐기물처리업의 사무실·실험실·시설 및 장비·기술능력은 그러하지 아니하다

2. 기술능력 중 기사는 같은 종류의 산업기사 자격을 가지고 해당 분야에 2년 이상 종사한 자로 대체할 수 있으며, 산업기사는 환경기능사 자격을 가지고 해당 분야에서 2년 이상 종사한 자로 대체할 수 있다.

3. 실험기기·기구에 관한 허가요건 중 시·도지사 또는 지방환경관서의 장이 해당 업종 또는 영업대상폐기물을 고려하여 필요하지 아니하다고 인정하면 그 실험기기 및 기구의 일부를 갖추지 아니하게 할 수 있다.

4. 수집·운반차량 외의 장비, 세차시설 및 사업장 부지는 임차(임차계약서는 임차기간을 3년 이상으로 하여 공증을 받아야 한다)하여 사용할 수 있으며, 실험실·실험기구에 관한 허가요건 중 측정항목 각각에 대하여 「환경분야 시험·검사 등에 관한 법률」 제16조에 따른 측정대행업자가 갖추어야 할 시설·장비 등을 갖춘 측정대행자 또는 국가공인시험기관과 대행계약을 한 경우에는 해당 항목

의 측정에 필요한 실험기기·실험기구·장비를 갖추지 아니할 수 있으며, 전체 항목에 대하여 대행계약을 한 경우에는 실험실 및 실험기기·기구·장비를 갖추지 아니할 수 있다.

5. 허가요건 중 1일 처리능력은 연속식시설의 경우에는 24시간, 준연속식시설의 경우에는 16시간, 회분식시설의 경우에는 8시간을 기준으로 산정한다. 다만, 파쇄시설의 경우에는 8시간을 기준으로 산정한다.
6. 허가요건 중 폐기물배출사업장으로부터 밀폐된 배관을 통하여 폐기물을 폐기물처리시설로 이송하는 경우와 시·도지사나 지방환경관서의 장의 인정을 받아 위탁받은 폐기물을 보관하지 아니하고 곧바로 폐기물 재활용시설로 운반하는 경우에는 보관시설을 갖추지 아니할 수 있다.
7. 고온소각 처분대상폐기물의 중간처분업을 하기 위하여 고온소각시설을 갖춘 자는 그 시설을 이용하여 일반소각 처분대상폐기물을 처분할 수 있다.
8. 장비요건 중 운반차량에 대하여는 해당 허가권자가 다음 각 목의 기준에 따라 다른 차량으로 대체하게 하거나 차량의 일부를 갖추게 하지 아니할 수 있다.
   가. 영업대상 폐기물 및 운반방법을 고려하여 차량 수량의 2분의 1의 범위에서 다른 차량으로 대체하게 할 수 있다. 다만, 생활폐기물 또는 사업장생활계폐기물을 수집·운반하는 경우에는 밀폐식 운반차량을 제외한 차량의 전부를 다른 차량으로 대체하게 할 수 있다.
   나. 생활폐기물을 수집·운반하는 경우에는 밀폐식 운반차량을 제외한 차량의 전부를 갖추게 하지 아니할 수 있다.
   다. 생활폐기물 또는 사업장생활계폐기물 중 폐목재류(페인트, 기름, 방부제 등으로 오염되지 않은 것만 해당한다)나 「자원의 절약과 재활용촉진에 관한 법률」 제2조제13호에 따른 대형폐기물만을 수집·운반하는 경우에는 밀폐식 운반차량을 다른 차량으로 대체하게 할 수 있다.
9. 「건설폐기물의 재활용촉진에 관한 법률 시행규칙」 별표 2에 따른 건설폐기물의 처리를 위한 시설·장비 등을 갖춘 자는 비고란 제1호 단서의 규정에도 불구하고 공사장생활폐기물의 처리를 위한 시설·장비 등을 갖춘 자로 본다.
10. 영 제2조 각 호에 따른 사업장에서 발생하는 사업장생활계 폐기물로서 생활폐기물과 성질과 상태가 비슷하여 생활폐기물의 기준 및 방법으로 수집·운반할 수 있는 경우에는 특별자치시, 특별자치도, 시·군·구의 조례가 정하는 바에 따라 생활폐기물수집·운반업자가 수집·운반할 수 있다.
11. 폐기물을 재활용하는 자 중 제10조에 따라 재활용시설이 필요하지 아니하다고 시·도지사가 인정하는 경우에는 재활용시설 및 기술능력의 전부 또는 일부를 갖추지 아니할 수 있다.

[별표 8] 〈개정 2015.7.29〉

폐기물처리업자의 준수사항(제32조 관련)

1. 공통기준

가. 폐기물처리업자는 폐기물수집·운반 전용차량 및 임시차량 외의 차량으로 폐기물을 수집·운반하여서는 아니되며, 같은 차량에 폐기물과 폐기물 외의 물건을 함께 실어서는 아니 된다. 다만, 폐기물의 수집·운반에 필요한 장비 등은 그러하지 아니하다.

나. 폐기물처리업자는 폐기물의 처리를 위탁한 자와 상호·소재지·대표자 및 위탁계약기간, 폐기물의 종류별 수량, 폐기물의 성질과 상태 및 취급 시 주의사항, 폐기물의 종류별 운반장소(출발지 및 도착지) 및 운반단가 또는 운반비(운반의 경우만 해당한다), 폐기물의 종류별 처분 또는 재활용장소와 처분 또는 재활용방법 및 처분 또는 재활용단가나 처분 또는 재활용비(처분 또는 재활용의 경우만 해당한다) 등의 내용을 기재한 폐기물 위(수)탁운반(처리)계약서를 작성·체결하여야 하고, 그 계약서를 3년간 보관하여야 한다. 다만, 폐기물처리업자가 배출자와 하나의 계약서로 동시에 폐기물의 처리의 위탁계약을 체결하는 경우에는 운반단가와 처분단가 또는 재활용단가를 구분하여 기재하여야 한다.

다. 폐기물처리업자는 위탁받은 폐기물을 처리하는 경우 환경오염이 발생하지 아니하도록 하여야 한다.

라. 폐기물처리업자가 폐기물의 처리를 위탁받은 때에는 제17조제1항에 따른 위탁자별로 수탁처리능력확인서 등을 보내야 하며, 위탁받고자 하는 폐기물이 자신의 처리시설에서 처리가 어렵거나 처리능력을 초과하는 경우에는 그 폐기물을 위탁받아서는 아니된다.

마. 폐기물처리업자는 수탁처리능력확인서, 폐기물처리업허가증 사본 및 방치폐기물처리 이행보증을 확인할 수 있는 서류 사본의 제출을 거부하거나 허위로 제출하여서는 아니 된다.

바. 허가취소·영업정지·휴업 또는 폐업 등으로 폐기물을 수집·운반하지 못할 때에는 발급받은 폐기물수집·운반증을 허가기관에 반납하여야 한다.

사. 폐기물처리업자는 휴업, 폐업, 처리능력의 초과 등 정당한 사유 없이 배출자가 요청한 폐기물의 위탁을 거부하여서는 아니된다.

아. 폐기물처리업자는 별표 7에 따른 시설, 장비 및 기술능력을 유지하여야 한다.

자. 폐기물처리업자는 지정폐기물을 수집·운반하는 차량에 비상 시 연락처와 사고 발생 시 근무자가 조치하여야 할 사항을 적은 사고대응 매뉴얼을 비치하고, 근무자가 대응요령을 숙지하도록 하여야 한다.

2. 폐기물수집・운반업자의 경우

가. 폐기물수집・운반업자는 다음의 모두에 해당하는 경우에 폐기물의 수집・운반을 위탁한 자와 폐기물의 수집・운반 및 처분 또는 재활용까지의 계약을 체결할 수 있으며, 이 경우 운반단가(또는 운반비) 및 처분단가나 재활용단가(또는 처분비나 재활용비)를 구분하여 기재하여야 한다.

1) 법 제4조와 법 제5조에 따른 폐기물 처분시설 또는 재활용시설(이하 "공공처리시설"이라 한다)의 설치・운영자가 배출자로부터 직접 폐기물의 처리를 수탁하지 아니하는 경우

2) 폐기물수집・운반업자와 공공처리시설의 설치・운영자간에 폐기물의 반입계약이 체결되어 있는 경우

3) 폐기물수집・운반업자가 공공처리시설에 폐기물을 반입한 후 1개월 이내에 그 처분비 또는 재활용비에 관하여 배출자와 사후정산하는 경우

나. 위탁받은 폐기물의 운반을 재위탁하거나 재위탁을 받아서는 아니 된다. 다만, 영업정지, 허가취소 등으로 법 제39조의3에 따른 폐기물 처리명령 사유가 발생한 경우 시・도지사나 지방환경관서의 장의 승인을 받아 재위탁할 수 있다.

다. 수집・운반능력을 초과하여 폐기물의 수집・운반을 위탁받아서는 아니 된다.

라. 위탁받은 폐기물을 배출자가 지정한 적절한 처분장소 또는 재활용장소(수출자의 경우에는 배출자가 지정한 선적장소)로 운반하지 아니하고 다른 장소에 보관하여서는 아니 된다. 다만, 제9조제1항에 따라 승인받은 임시보관장소에 보관하는 경우는 제외한다.

3. 폐기물 중간처분업자・최종처분업자・종합처분업자의 경우

가. 위탁받은 폐기물을 위탁받은 성질과 상태 그대로 재위탁하거나 재위탁을 받아서는 아니된다. 다만, 천재지변・폐업 등 폐기물을 처분할 수 없는 사유가 발생한 경우에 시・도지사나 지방환경관서의 장의 승인을 받아 재위탁할 수 있으며, 폐기물처분시설의 설치검사 또는 정기검사를 위한 검사용 폐기물의 확보가 곤란하여 시・도지사나 지방환경관서의 장의 승인을 받은 경우 검사용만 재위탁을 받을 수 있다.

나. 허가받은 처분공정을 임의로 변경하여 위탁받은 폐기물을 처분하거나, 처분공정의 전부 또는 일부를 거치지 아니하고 그 처분를 종료하여서는 아니 된다.

4. 폐기물 재활용업자의 경우

가. 위탁받은 폐기물을 위탁받은 성질과 상태 그대로 재위탁하거나 재위탁을 받아서는 아니 된다. 다만, 천재지변, 영업정지, 휴업, 폐업 등 정당한 사유가 있거나, 재활용시설의 검사를 받기 위한 폐기물의 확보가 곤란한 경우에는 시・도지사나 지방환경관서의 장의 승인을 받아 재위탁하거나 재위탁 받을 수 있다.

나. 허가받은 재활용 공정을 임의로 변경하여 위탁받은 폐기물을 재활용하거나, 재활용 공정의 전부 또는 일부를 거치지 아니하고 그 재활용을 종료하여서는 아니 된다.

다. 제품의 본래의 용도로 다시 사용할 수 있도록 수리·수선하여 제품을 판매할 때에는 수리·수선한 업체명, 소재지, 전화번호 및 수리·수선한 제품임을 소비자가 알 수 있도록 표시하여야 한다.

라. 유기성 오니를 화력발전소에서 연료로 사용하기 위하여 가공하는 자는 유기성 오니 연료의 저위발열량, 수분 함유량, 회분 함유량, 황분 함유량, 길이 및 금속성분을 매 분기당 1회 이상 측정하여 그 결과를 시·도지사에게 제출하여야 한다.

마. 폐유기용제를 정제유기용제로 재활용하는 자는 폐유기용제 배출공정의 변경, 폐유기용제 수집·배출업소의 변경 등으로 인하여 폐유기용제의 성질과 상태가 변경될 때에는 그 성분을 분석하고 그 분석결과를 3년간 갖추어 두어야 한다.

바. 폐유를 정제연료유로 재활용하는 자는 별표 5의2 제31호의2나목2)에서 정한 기준항목을 분기 1회 이상 측정하고 그 결과를 기록한 후 3년 동안 보관하여야 한다.

사. 별표 5의2 제31호의2다목에 따라 폐유, 할로겐족을 제외한 폐유기용제, 폐페인트 및 폐래커를 재생연료유로 재활용하는 자는 같은 목 3)에서 정한 기준 항목을 분기 1회 이상 측정하고 그 결과를 기록한 후 3년 동안 보관하여야 한다.

아. 폐유로 정제연료유를 생산하는 자, 폐유기용제로 정제유기용제를 생산하는 자, 폐유 등으로 재생연료유를 생산하는 자 또는 폐오일필터를 파쇄·증류하여 고철 및 폐유를 공급하는 자는 환경부장관이 정하여 고시하는 바에 따라 정제연료유·정제유기용제·재생연료유·고철에 대한 공급계획서(사용시설·공급량·공급기간이 포함되어야 한다)를 관할 지방환경관서의 장에게 제출하여 적합 통보를 받은 후 공급하여야 한다. 제출한 사항을 변경하려는 때에도 또한 같다.

자. 폐플라스틱 및 폐고무를 사용하여 별표 5의2 제31호의2나목2)에 따른 정제연료유의 기준에 맞는 유류를 제조하는 자의 경우 공급계획서를 작성하여 시·도지사에게 제출하여 적합 통보를 받은 후 공급하여야 한다. 제출한 사항을 변경하려는 때에도 또한 같다.

차. 음식물류 폐기물을 재활용하여 사료·퇴비 등의 제품을 생산하는 자는 생산한 사료·퇴비 등의 제품을 빗물 등으로 인한 유출 등 주변 환경을 오염시키지 않도록 적정하게 보관하여야 한다.

카. 음식물류 폐기물을 부숙토나 지렁이 분변토를 만들어 토지개량제로 사용하는 자는 환경부장관이 정하여 고시하는 바에 따라 그 제품명·원료 등을 표시하고, 제품의 제조에 관한 기록을 보존하여야 한다.

타. 폐기물을 이용하여「산업표준화법」제15조제1항에 따른 인증을 받은 시멘트(클링

커를 포함한다)를 제조하는 자는 다음 사항을 준수하여야 한다.

1) 폐기물을 운반·보관·투입할 경우 외부 유출 및 비산방지를 위하여 밀폐시설, 덮개설치 등의 조치를 취하여야 한다.

2) 대체원료, 보조연료로 사용한 폐기물(수입폐기물을 포함한다) 및 폐기물을 재활용하여 제조한 제품 사용량을 매 반기 종료 후 15일 이내에 별지 제57호의3서식에 따라 작성하여 해당 특별자치시장, 특별자치도지사, 시장·군수·구청장에게 보고하여야 한다. 이 경우 전자정보처리프로그램에 보고내용을 입력한 경우에는 보고한 것으로 본다.

3) 폐기물 배출자 및 폐기물 중간재활용업자로부터 수탁받은 폐기물의 성질 및 상태와 유통흐름을 명확히 파악하고 정보를 공개하여야 한다.

가) 폐기물 배출자 또는 폐기물 중간재활용업자(이하 이 호에서 "폐기물 공급자"라 한다)와 위·수탁계약을 체결하기 전에 해당 폐기물에 대한 배출공정 및 중금속 함량 등의 특성을 조사하고 관할 행정기관에 보고 후 재활용하여야 한다.

나) 재활용하고자 하는 폐기물에 대하여 조사된 중금속 함량 등의 자료는 전산화하고, 관련 정보(폐기물 공급자, 폐기물의 종류와 양, 중금속 함량 등)를 당해 사업자 인터넷 홈페이지 등을 통하여 공개하고 관련 정보를 매 반기 1회 이상 갱신하여야 한다.

다) 재활용 대상 폐기물을 당해 사업장에 반입하기 전에 중금속 함량 등을 분석하여 재활용기준에 적합한 폐기물만을 반입하여야 한다. 다만, 폐기물 공급자와 폐기물의 종류가 변경이 없는 경우에는 반입 전 중금속 함량 등의 분석 주기를 분기 1회로 조정할 수 있다.

(1) 재활용 대상 폐기물에 대한 중금속 함량 등의 분석결과 재활용기준을 초과하는 경우에는 폐기물 공급자를 통하여 정확한 원인을 파악하고, 재사용 가능 여부가 결정되기 전까지는 반입하여서는 아니 된다.

(2) 재활용기준을 초과하여 폐기물 반입이 중단된 폐기물 공급자에 대한 폐기물 재반입은 재활용기준을 안정적으로 준수할 수 있다고 판단되는 경우에만 관할 행정기관에 보고한 후 다시 반입할 수 있다.

4) 관할 행정기관에서 폐기물 재활용의 적정성 여부 평가 등을 위하여 필요한 자료나 정보를 요청할 경우 특별한 사유가 없으면 요청에 따라야 한다.

파. 소각열회수시설에서 제3조제1항제1호에 따른 에너지 회수기준에 맞게 에너지를 회수하는 자는 다음 사항을 준수하여야 한다.

1) 재활용 대상 폐기물의 공급자가 변경되는 경우에는 해당 폐기물에 대하여 제3조제1항제1호가목의 기준에 적합한지를 검사하여 적합한 폐기물만을 반입하여야 한다. 이 경우 검사결과는 3년간 보존하여야 한다.

2) 반입되는 폐기물은 폐기물의 종류 및 공급자(폐기물을 배출한 자가 스스로 재

활용하는 경우에는 해당 배출자를 공급자로 본다)별로 매 분기 1회 이상 제3조제1항제1호가목의 기준에 적합한지를 검사하고 그 검사결과를 3년간 보존하여야 한다. 다만, 폐기물 공급자의 변경이 없는 경우에는 검사 주기를 반기 1회 이상으로 조정할 수 있다.

하. 위탁받은 폐기물을 허가받은 폐기물 재활용시설과 같은 사업장에 있는 보관시설 외의 장소에 보관하여서는 아니 된다. 다만, 제11조제1항제1호 또는 제2호에 따라 승인받은 임시보관시설에 보관하는 경우는 제외한다.

[별표 9] 〈개정 2015.7.29.〉

폐기물 처분시설 또는 재활용시설의 설치기준(제35조 관련)

1. 중간처분시설의 경우
  가. 공통기준
    1) 소각시설은 자체 무게와 적재무게, 그 밖의 무게에 견딜 수 있어야 하고, 처분에 사용하는 처리약품과 처분과정에서 발생하는 열·습기·배기가스·배출수 및 충격 등에 견딜 수 있는 재질을 사용하여야 한다.
    2) 폐기물이 흩날리거나 흘러나오는 것을 방지하는 데에 필요한 설비를 하여야 한다.
    3) 폐기물의 처분과정에서 발생하는 대기오염물질·수질오염물질 등을 처분할 수 있는 시설을 갖추어야 한다. 다만, 「수질환경보전법 시행규」 별표 2 및 별표 3에 따른 수질오염물질 또는 특정수질유해물질을 「수질 및 수생태계 보전에 관한 법률」 제62조에 따른 폐수처리업자에게 위탁처리하는 경우와 매립시설의 침출수 처리시설, 「수질 및 수생태계 보전에 관한 법률」 제2조제12호에 따른 수질오염방지시설(자가수질오염방지시설만 해당한다), 「수질 및 수생태계 보전에 관한 법률」 제48조에 따른 폐수종말처리시설, 「하수도법」 제2조제9호에 따른 공공하수처리시설 또는 「하수도법」 제2조제11호에 따른 분뇨처리시설에서 처리하는 오염물질을 그 시설에 옮겨 처리하는 경우와 영 제5조에 따른 폐기물 재활용시설 중 혐기성분해시설에 유입하여 에너지를 생산(음식물류 폐기물을 재활용하는 과정에서 발생되는 경우만 해당한다)하는 경우에는 수질오염물질 처리시설의 일부 또는 전부를 갖추지 아니할 수 있다.
    4) 처분시설의 바닥은 시멘트·아스팔트 등 물이 스며들지 아니하는 재료로 포장하여야 한다.
    5) 음식물류 폐기물 처분시설을 설치하는 때에는 음식물류 폐기물의 저장·투입·이송 및 처리 등의 과정에서 발생하는 악취가 외부로 새어 나가지 아니하도록 밀폐된 구조로 설치하여야 하며, 발생되는 악취물질을 저감할 수 있는 별도의 시설을 갖추어야 한다.
  나. 소각시설
    1) 공통기준
      가) 연소실·열분해실(가스화실을 포함한다. 이하 이 목에서 같다) 및 고온용융실의 예열 및 온도를 조절할 수 있도록 보조버너 등 충분한 용량의 보조연소장치를 설치하여야 한다.
      나) 연소실·열분해실 및 고온용융실의 연소용 공기 또는 산소 등이 안정적으로 공급될 수 있는 장치(공급량을 조절할 수 있는 기능을 갖는 것만 해당한다)를 설치하여야 한다.

다) 굴뚝을 설치하는 경우에는 통풍력과 배기가스의 대기확산을 고려한 높이와 구조를 가져야 한다.

라) 폭발사고와 화재 등에 대비한 안전한 구조이어야 하며, 소화기 등 필요한 장비를 갖추어야 한다.

마) 시설규모, 처분대상 폐기물의 종류, 소각방식, 설계・시공자명 및 연락처 등 필요한 사항을 지워지지 아니하고 파손되지 아니하는 방법으로 표시한 표지를 붙여야 한다.

바) 연소실・열분해실 및 고온용융실에는 시설 내의 압력변화를 감지할 수 있는 압력측정계를 설치하여야 한다. 다만, 지정폐기물 외의 폐기물을 처분하는 시설로서 시간당 처분능력이 200킬로그램 미만인 시설의 경우에는 그러하지 아니하다.

사) 시간당 처분능력이 2톤 이상인 경우에는 반입되는 폐기물의 무게를 측정할 수 있는 계량시설을 설치하여야 한다. 다만, 시・도지사나 지방환경관서의 장이 인정하는 경우와 다른 곳의 계량시설을 이용하여 반입되는 폐기물의 무게를 측정할 수 있는 경우에는 그러하지 아니하다.

아) 연소실・열분해실 및 고온용융실의 최종 출구에는 출구온도 측정공을 설치하고, 각 시설의 출구온도 기준보다 섭씨 300도 이상까지, 대기오염 방지시설 중 최초 집진시설의 입구에는 섭씨600도 이상 측정할 수 있는 온도지시계 및 온도변화를 연속적으로 기록할 수 있는 자동온도기록계를 붙여야 한다. 다만, 최초 집진시설의 입구에 붙여야 하는 온도 지시계 및 자동온도기록계의 경우 시간당 처분능력이 2톤 이상인 시설의 경우만 해당한다.

자) 연소실・열분해실 및 고온용융실의 외부를 철판으로 덮은 경우에는 본체의 고온부위를 내열도료로 색칠 또는 단열처리하거나 내화단열벽돌, 캐스터블 내화물 등으로 시공하여 그 외부표면온도를 섭씨 80도 이하(시간당 처분능력이 200킬로그램 미만인 시설의 경우에는 섭씨 120도 이하)로 유지할 수 있는 구조이어야 한다. 다만, 회전식소각시설 등 구조상 단열을 충분히 할 수 없는 경우에는 그러하지 아니하다.

차) 대기오염 방지시설 중 최초 집진시설(전기・여과집진시설이 설치되어 있는 경우에는 전기・여과집진시설을 최초 집진시설로 본다)에 흘러 들어오는 연소가스를 섭씨 200도 이하(시간당 처분능력이 2톤 미만인 시설의 경우에는 섭씨 250도 이하)로 냉각시키기 위한 냉각시설이나 폐열회수시설을 설치하여야 한다. 다만, 시간당 처분능력이 200킬로그램 미만인 시설로서 대기오염 방지시설의 처리공정상 연소가스의 냉각이 필요하지 아니하는 경우에는 그러하지 아니한다.

카) 「대기환경보전법 시행령」 제17조에 따른 굴뚝 자동측정기기 부착하여야 하는 소각시설은 같은 법 시행령 제17조 및 같은 법 시행규칙 제37조에 따

라 굴뚝 자동측정기기를 설치하고 운영·관리하여야 하며, 대기오염 방지시설의 입·출구 및 굴뚝에는 배출가스의 온도, 대기오염물질의 농도 등을 측정할 수 있는 측정공을 대기오염공정 시험방법에 맞게 설치하여야 한다.

타) 폐기물 투입구 및 청소구는 고온에 견딜 수 있는 재질로 만들어야 하며, 외부공기가 흘러 들어오거나 연소가스가 새어 나가는 것을 방지할 수 있는 구조이어야 한다.

파) 내부의 연소상태를 볼 수 있는 구조이어야 하며, 소각재의 제거 시 재의 흩날림을 방지할 수 있는 구조이어야 한다.

하) 폐기물반입장·저장조 등에서 발생하는 악취가 처분시설의 외부로 새어나가는 것을 방지할 수 있는 시설을 설치하여야 한다. 다만, 시간당 처분능력이 2톤 미만인 시설인 경우에는 공기차단시설 등 간이시설을 설치할 수 있다.

거) 시간당 처분능력이 25킬로그램 이상인 소각시설은 「잔류성유기오염물질 관리법 시행규칙」 별표 3 제4호가목에 따른 다이옥신 배출기준을 지킬 수 있는 시설을 설치하여야 한다.

너) 허가·승인을 받거나 신고한 시간당 처분능력을 초과하여 설치하여서는 아니 된다.

더) 폐냉매물질 등 기체상 폐기물을 처분하는 경우에는 기체상 폐기물이 외부로 새어 나가지 아니하고 연소실·열분해실·고온용융실로 직접 투입할 수 있는 설비를 갖추어야 한다.

2) 개별기준

가) 일반소각시설

(1) 연소실(연소실이 둘 이상인 경우에는 최종 연소실)의 출구온도는 섭씨 850도 이상(의료폐기물을 대상으로 하는 소각시설 외의 시설로서 시간당 처분능력이 200킬로그램 미만인 경우에는 섭씨 800도 이상)이어야 한다. 다만, 종이, 목재류만을 소각하는 경우에는 섭씨 450도 이상이어야 한다.

(2) 연소실은 연소가스가 2초 이상(의료폐기물을 대상으로 하는 소각시설 외의 시설로서 시간당 처분능력이 200킬로그램 미만의 경우에는 0.5초 이상, 시간당 처분능력이 200킬로그램 이상 2톤 미만인 경우에는 1초 이상) 체류할 수 있고, 충분하게 혼합될 수 있는 구조이어야 한다. 이 경우 체류시간은 섭씨 850도(의료폐기물을 대상으로 하는 소각시설 외의 시설로서 시간당 처분능력이 200킬로그램 미만인 경우에는 섭씨 800도, 종이·목재류 및 마늘피 등 초근목피류를 소각하는 경우에는 섭씨 450도)에서의 부피로 환산한 연소가스의 체적으로 계산한다.

(3) 바닥재의 강열감량(强熱減量)이 10퍼센트 이하(지정폐기물 외의 폐기물

을 소각하는 시설로서 시간당 처분능력이 200킬로그램 미만인 소각시설의 경우에는 15퍼센트 이하)가 될 수 있는 소각 성능을 갖추어야 한다. 다만, 2008년 1월 1일 이후 가동 개시되는 생활폐기물 소각 시설은 강열감량이 5퍼센트(시간당 처분능력이 200킬로그램 미만의 경우에는 10퍼센트) 이하가 될 수 있는 소각 성능을 갖추어야 한다.

(4) 2차 연소실이 없는 연소방식 중 연속투입방식의 경우에는 폐기물을 투입할 연소실과 외부공기가 차단되도록 이중문 등의 구조이어야 하며, 이 경우의 연소실은 출구기준 온도 이상이 유지될 수 있는 구조이어야 한다.

(5) 폐기물을 일괄 투입하여 연소하는 방식의 경우에는 소량의 공기로 가스화시키는 가스화실과 이에 접속된 연소실을 가진 구조이어야 하며, 이 경우 가스화실은 연소가스체류시간을 산정할 때에 연소실로 보지 아니한다.

(6) 의료폐기물을 대상으로 하는 소각시설(시간당 처분능력이 200킬로그램 이상인 시설만 해당한다)에는 폐기물을 자동으로 투입하는 장치와 투입되는 폐기물의 양을 자동계측하는 장치를 갖추어야 한다.

나) 고온소각시설

(1) 2차 연소실의 출구온도는 섭씨 1,100도 이상이어야 한다.

(2) 2차 연소실은 연소가스가 2초 이상 체류할 수 있고, 충분하게 혼합될 수 있는 구조이어야 한다. 이 경우 체류시간은 섭씨 1,100도에서의 부피로 환산한 연소가스의 체적으로 계산한다.

(3) 고온소각시설에서 배출되는 바닥재의 강열감량이 5퍼센트 이하가 될 수 있는 소각 성능을 갖추어야 한다.

(4) 1차 연소실에 접속된 2차 연소실을 갖춘 구조이어야 한다.

다) 열분해시설

(1) 폐기물투입장치, 열분해실(가스화실을 포함한다), 가스연소실(열분해가스를 연소시키는 경우만 해당한다) 및 열회수장치가 설치되어야 한다.

(2) 열분해가스를 연소시키는 경우에는 가스연소실의 출구온도는 섭씨 850도 이상이 되어야 한다.

(3) 열분해가스를 연소시키는 경우에는 가스연소실은 가스가 2초 이상(시간당 처분능력이 200킬로그램 미만인 시설의 경우에는 1초 이상) 체류할 수 있고 충분하게 혼합될 수 있는 구조이어야 한다. 이 경우 체류시간은 섭씨 850도에서 부피로 환산한 연소가스의 체적으로 계산한다.

(4) 열분해실(가스화실을 포함한다)에서 배출되는 바닥재의 강열감량이 10퍼센트 이하(시간당 처분능력이 200킬로그램 미만인 시설의 경우에는 15퍼센트 이하)가 될 수 있는 성능을 갖추어야 한다. 다만, 열분해 시 발생하는 탄화물을 재활용하는 경우에는 그러하지 아니하다.

라) 고온용융시설

(1) 고온용융시설의 출구온도는 섭씨 1,200도 이상이 되어야 한다.

(2) 고온용융시설에서 연소가스의 체류시간은 1초 이상어어야 하고 충분하게 혼합될 수 있는 구조이어야 한다. 이 경우 체류시간은 섭씨 1,200도에서의 부피로 환산한 연소가스의 체적으로 계산한다.

(3) 고온용융시설에서 배출되는 잔재물의 강열감량은 1퍼센트 이하가 될 수 있는 성능을 갖추어야 한다.

다. 기계적 처분시설

1) 파쇄 · 분쇄 · 절단시설

가) 파쇄 · 분쇄 · 절단조각의 크기는 최대직경 15센티미터 이하로 각각 파쇄 · 분쇄 · 절단할 수 있는 시설이어야 한다.

나) 파쇄 · 분쇄 · 절단조각의 크기를 조절할 수 있는 장치를 설치하여야 한다.

다) 파쇄 · 분쇄 · 절단으로 발생하는 분진의 흩날림을 방지할 수 있는 시설을 갖추어야 한다.

라) 반입공급장치, 파쇄 · 분쇄 · 절단 장치 및 반출장치 등을 설치하여야 한다.

2) 용융시설

용융과정에서 발생하는 악취 등을 처리할 수 있는 설비를 갖추어야 한다.

3) 증발 · 농축 시설

가) 증발 · 농축조는 폐기물로 부식되거나 파손되지 아니하는 재질로 만들어야 한다.

나) 연소가스로 증발 · 농축하는 시설에는 온도를 조절할 수 있는 장치 및 온도지시계를 설치하여야 하며, 진공증발로 증발 · 농축을 하는 시설에는 안전밸브를 추가 설치하여야 한다.

다) 증발 · 농축처분량을 조절할 수 있는 장치를 설치하여야 한다.

라) 증발 · 농축시 발생하는 유해가스를 처리할 수 있는 설비를 갖추어야 한다.

마) 외부공기가 흘러 들어오거나 증발 · 농축시설의 가스가 새어나가는 것을 방지할 수 있는 구조이어야 한다.

4) 정제시설

가) 정제과정에서 발생하는 유해가스를 처리할 수 있는 설비를 갖추어야 한다.

나) 폐기물의 투입량을 조절할 수 있는 장치를 설치하여야 한다.

5) 유수분리시설

가) 시설의 외부로 폐유가 흘러 나가지 아니하는 구조이어야 한다.

나) 분리수의 역류를 방지할 수 있는 장치를 설치하여야 한다.

다) 회수유저장조 용적은 3세제곱미터 이상이어야 한다.

라) 회수유저장조 등은 부식 또는 파손되지 아니하는 재질로 폐유가 흘러 나가지 아니하는 구조로 만들어야 한다.

마) 흡입부에 폐유 중의 이물질을 제거할 수 있는 제거망을 설치하여야 한다.
바) 폐유투입량을 조절할 수 있는 장치를 설치하여야 한다.

6) 탈수시설
가) 수분함량을 85퍼센트 이하로 탈수할 수 있는 시설이어야 한다.
나) 탈수과정에서 발생하는 폐수가 폐수처리시설로 흘러들 수 있는 시설을 갖추어야 한다.
다) 탈수량을 조절할 수 있는 장치를 설치하여야 한다.
라) 시설의 외부로 액체상태 폐기물이나 탈수과정에서 발생하는 폐수가 흘러나가지 아니하는 구조이어야 한다.

7) 건조시설
가) 진공식이나 가열식인 경우에는 건조온도를 조절할 수 있는 장치를 설치하여야 한다.
나) 자연식의 경우 비가 올 때 빗물이 흘러드는 것을 방지하기 위한 덮개 등을 갖추어야 한다.
다) 건조과정에서 발생하는 유해가스를 처리할 수 있는 설비를 갖추어야 한다.

8) 멸균분쇄시설
가) 밀폐형으로 된 자동제어에 의한 처분방식이어야 하며, 처분일자·처분온도·처분입력 및 처분시간 등의 운전내용과 투입되는 폐기물의 양이 연속적으로 함께 자동기록되는 장치를 갖추어야 한다.
나) 폭발사고와 화재 등에 대비하여 안전한 구조이어야 하며, 소화기 등 필요한 장비를 갖추어야 한다.
다) 악취를 방지할 수 있는 시설과 수분함량이 50퍼센트 이하가 되도록 처리할 수 있는 건조장치를 갖추어야 한다.
라) 원형이 파쇄되어 재사용할 수 없도록 분쇄할 수 있는 시설을 갖추어야 한다.
마) 다음의 성능을 유지할 수 있는 시설을 갖추어야 한다.
(1) 증기로 수분을 침투시킨 후 고온으로 가열하는 시설(이하 "증기멸균분쇄시설"이라 한다)은 멸균실이 섭씨 121도 이상, 계기압으로 1기압 이상인 상태에서 폐기물이 30분 이상 체류하여야 한다.
(2) 증기로 수분을 침투시킨 후 나선형 열관에서 고온으로 가열하는 시설(이하 "열관멸균분쇄시설"이라 한다)은 섭씨 100도의 증기로 수분침투 후 나선형 열관에서 분당 4회 이상의 회전속도와 섭씨 165±5도의 고온으로 가열하여 멸균실이 섭씨 100도 이상인 상태에서 40분 이상 체류하여야 한다.
(3) 증기로 수분을 침투시킨 후 마이크로웨이브를 조사하는 시설(이하 "마이크로웨이브멸균분쇄시설"이라 한다)은 섭씨 160도의 고온증기로 수분침투 후 4개 이상의 마이크로파 발생기에서 각각 2천4백50㎒의 주파수와

출력 1천2백와트의 마이크로파를 조사(照射)하여 섭씨 95도 이상인 상태에서 25분 이상 체류하여야 한다.

바) 폐기물을 자동으로 투입하는 장치와 투입되는 폐기물의 양을 자동계측하는 장치를 갖추어야 한다.

라. 화학적 처분시설

1) 고형화 · 고화 시설

가) 시멘트 · 물 · 용출방지제 · 합성고분자화합물 등을 고르게 혼합할 수 있는 장치 및 배합비율을 조절할 수 있는 장치를 갖추어야 한다.

나) 혼합물을 양생할 수 있는 시설 등을 갖추어야 한다. 다만, 합성고분자화합물을 고화제로 이용하는 경우에는 그러하지 아니한다.

2) 안정화시설

가) 폐기물을 화학물질이나 생물 등을 이용하여 화학적 · 생물학적으로 안정된 상태의 물질로 만드는 시설을 갖추어야 한다.

나) 안정화과정에서 발생하는 유해가스를 처리할 수 있는 설비를 갖추어야 한다.

3) 반응시설

가) 반응조, 폐기물공급량 조절장치, 교반장치 및 약품투입장치 등을 설치하여야 한다.

나) 반응조는 폐기물로 부식되거나 파손되지 아니하는 재질로 만들어야 한다.

다) 반응과정에서 발생하는 유해가스를 처리할 수 있는 설비를 갖추어야 한다.

라) 폐냉매물질 등 기체상 폐기물을 처분하는 경우 기체상 폐기물이 외부로 새어 나가지 아니하도록 밀폐되는 구조로 설치하여야 한다.

4) 응집 · 침전시설

가) 응집 · 침전조는 적절한 체류시간이 유지될 수 있는 용량이어야 한다.

나) 응집 · 침전조, 교반(攪拌)장치 및 약품투입장치를 설치하여야 한다.

다) 교반장치는 회전속도를 조절할 수 있는 것이어야 한다.

라) 응집 · 침전된 오니류를 배출할 수 있는 구조이어야 한다.

마) 옥외에 설치된 경우 비가 올 때 빗물이 흘러드는 것을 방지할 수 있는 덮개를 갖추어야 한다.

마. 생물학적 처분시설

1) 소멸화 시설

가) 폐기물을 선별 · 파쇄 · 혼합 · 발효 · 건조 · 소멸 · 소화 등의 공정을 거쳐 물리적 · 생물학적으로 안정된 상태의 물질로 만드는 시설을 갖추어야 한다.

나) 삭제 〈2011.9.27〉

다) 삭제 〈2011.9.29〉

라) 삭제 〈2011.9.29〉

2) 호기성·혐기성 분해시설

가) 미생물을 이용하여 생물학적으로 안정된 물질을 만드는 시설을 갖추어야 한다.

나) 분해과정에서 발생하는 가스를 처리하는 시설을 갖추어야 한다.

2. 최종처분시설의 경우

가. 매립시설의 공통기준

1) 매립시설의 주위에 사람이나 가축 등의 출입을 방지할 수 있는 철망 등의 외곽시설을 지상 1.5미터 이상의 높이로 설치하여야 한다. 다만, 매립시설이 사람 등이 무단으로 출입할 수 없는 사업장 안에 있는 경우와 그 주위가 사람 등의 출입이 곤란한 해변·하천·절벽 등의 지형인 경우에는 그러하지 아니하다.

2) 매립시설 입구에 폐기물매립시설임을 표시하는 가로 100센티미터 이상, 세로 50센티미터 이상의 표지판을 지상 100센티미터 이상의 높이에 설치하여야 한다. 이 경우 표지판에는 매립시설명, 매립대상폐기물의 종류, 관리자의 주소·성명·전화번호·설계·시공·감리자명 등을 적어야 한다.

3) 폐기물의 흘러 나감을 방지할 수 있는 축대벽 및 둑은 매립되는 폐기물의 무게, 매립단면 및 침출수위 등을 고려하여 안전하게 설치하여야 한다. 이 경우 축대벽은 저면(底面)활동에 대한 안전율이 1.5 이상, 쓰러짐에 대한 안전율이 2.0 이상, 지지력에 대한 안전율이 3.0 이상이어야 하며, 둑은 사면(斜面)활동에 대한 안전율이 1.3 이상이어야 한다.

4) 매립시설의 기초지반이 연약한 경우에는 지반침하 등의 우려가 없도록 지반보강을 위한 필요한 조치를 하여야 하며, 암반이 드러난 경우 암반의 요철 등으로 차수시설이 손상되지 아니하도록 적절한 조치를 하여야 한다.

5) 매립시설의 외부에서 빗물이 흘러들지 아니하고 매립시설의 내부에 떨어진 빗물이 폐기물을 매립 중인 구역에 흘러들지 아니하도록 빗물배제시설을 갖추어야 한다. 다만, 빗물이 매립시설로 흘러들거나 떨어지는 것을 방지할 수 있는 시설을 설치하는 경우에는 그러하지 아니하다.

6) 반입되는 폐기물의 무게를 측정할 수 있는 계량시설을 설치하여야 한다. 다만, 시·도지사나 지방환경관서의 장이 필요하지 아니하다고 인정하는 경우와 다른 곳의 계량시설을 이용하여 반입되는 폐기물의 무게를 측정할 수 있는 경우에는 그러하지 아니하다.

7) 폐기물운반차량의 세륜·세차시설을 갖추어야 한다. 다만, 시·도지사나 지방환경관서의 장이 처분대상 폐기물을 고려하여 필요하지 아니하다고 인정하는 경우에는 그러하지 아니하다.

8) 폐기물의 매립으로 인하여 침출수가 발생하는 경우에는 지하수오염 여부를 확인할 수 있는 지하수 검사정을 사용시작 신고일 2개월 전까지 매립시설의

주변 지하수흐름층 상류에 1개소 이상, 하류에 2개소 이상 설치하여야 한다. 이 경우 지하수 검사정은 직경이 10센티미터 이상이고, 재질은 테프론・스테인레스강 또는 합성수지관을 사용하여야 하며, 지하수 검사정의 지표면으로부터 오염물질이 흘러들지 아니하는 구조로 설치하여야 한다. 다만, 매립시설의 경계선이 해수면과 가까이 있어 지하수 검사정 설치가 어려운 시설로서 해수면 가까운 지역에 지하수 검사정 대신 해수수질검사를 할 수 있는 일정한 지점을 2개소 이상 선정한 시설의 경우에는 그러하지 아니하다.

9) 조성면적이 15만제곱미터 이상인 매립시설은 지진에 대한 안전성을 고려하여야 하고, 조성면적이 15만제곱미터 미만인 매립시설은 해당 매립시설을 설치하려는 자가 매립시설 지반의 연약정도, 매립높이 등을 고려하여 필요하다고 인정하면 지진에 대한 안전성을 고려할 수 있다.

나. 매립시설의 개별기준

1) 차단형 매립시설

가) 바닥과 외벽은 한국산업규격 F2405(콘크리트의 압축강도 시험방법)에 따라 측정한 압축강도(이하 "압축강도"라 한다)가 210kg/㎠이상인 철근콘크리트로서 두께가 15센티미터 이상 또는 이와 같은 차단효력을 가진 구조물로 설치하되 방수처리하여야 한다.

나) 내부막의 1개 구획의 면적은 매립가능면적 50제곱미터 이하 또는 매립가능용적 250세제곱미터 이하가 되도록 하고, 내부막의 두께는 10센티미터 이상으로 하되, 압축강도 210kg/㎠ 이상의 콘크리트로 설치하여야 한다.

다) 매립시설 주변에 떨어진 빗물이 흘러드는 것을 방지할 수 있는 시설과 빗물을 차단할 수 있는 덮개를 설치하여야 한다.

2) 관리형 매립시설

가) 침출수가 매립시설에서 흘러 나가는 것을 방지하기 위하여 매립시설의 바닥과 측면은 폐기물의 성질・상태, 매립 높이, 지형조건 등을 고려하여 점토・점토광물혼합토 등 점토류 라이너, 고밀도폴리에틸렌 또는 이에 준하는 재질의 토목합성수지 라이너를 사용하여 다음의 방법에 따라 차수시설을 설치하여야 하며, 고밀도폴리에틸렌이나 이에 준하는 재질의 토목합성수지 라이너를 사용하는 경우에는 폐기물의 무게 등에 대한 안정성을 검토하여 항복인장강도(降伏引張强度)의 안전율이 2.0이상이 되도록 설계・시공하여야 한다. 다만, 매립시설의 바닥 및 측면이 점토류 라이너를 사용하여 차수시설을 설치한 것과 같은 수준 이상의 차수효과를 가지는 경우 또는 「환경기술 개발 및 지원에 관한 법률 시행령」 제18조제1항제2호에 따른 기술검증(이하 "환경기술검증"이라 한다)을 받은 매립시설의 설치공법으로 토목합성수지 라이너, 점토류 라이너를 사용하여 차수시설을 설치한 것과 같은 수준 이상의 침출수유출 방지효과가 있는 경우로서 시・도

지사나 지방환경관서의 장이 인정하는 경우에는 그러하지 아니하다.

(1) 고밀도폴리에틸렌이나 이에 준하는 재질의 토목합성수지 라이너를 사용하는 경우

ㄱ. 두께 2.0밀리미터(지정폐기물을 매립하는 경우에는 2.5밀리미터) 이상의 것을 1겹 이상 포설(鋪設)할 것

ㄴ. 토목합성수지 라이너 하부에는 점토·점토광물혼합토 등 점토류를 다져 투수(透水)계수가 1초당 1천만분의 1센티미터 이하이고 두께가 50센티미터 이상(지정폐기물을 매립하는 경우에는 1미터 이상)인 라이너를 설치할 것. 다만, 매립시설 측면 및 내부 진입도로의 경사가 급하여 토목합성수지 라이너 하부에 점토류 라이너를 설치하는 것이 불가능하면 토목합성수지 라이너 하부에 같은 수준 이상의 차수효과를 가지는 토목합성수지 점토라이너 등으로 포설할 수 있다.

ㄷ. 고밀도폴리에틸렌라이너 중 매끄러운 고밀도폴리에틸렌라이너를 사용하는 경우에는 아래 표(고밀도폴리에틸렌 라이너 기준)의 기준에 적합한 것을 사용할 것

(2) 점토·점토광물혼합토 등 점토류를 사용하는 경우 투수계수가 1초당 1천만분의 1센티미터 이하이고 두께가 1미터 이상(지정폐기물을 매립하는 경우에는 1.5미터 이상)인 라이너를 설치할 것

(3) 그 밖의 차수재료를 사용하는 경우 (1)이나 (2)와 동등한 차수효과를 가지도록 차수시설을 설치할 것

〈고밀도폴리에틸렌라이너의 기준〉

항목		단위	기준	비고
용융지수		g/10min	1.0 미만	
밀도		g/㎤	0.940 이상	
카본블랙함량		%	2.0~3.0	
카본블랙분산도		급	모두 1급·2급 또는 3급에 해당되고, 그 중 80% 이상이 1급 이나 2급에 해당되어야 함	
인장성능	항복인장강도	kgf/㎠	150 이상	
	파단인장강도	kgf/㎠	270 이상	
	항복인장변형률	%	12 이상	
	파단인장변형률	%	700 이상	
인열강도		kgf/cm	130 이상	
꿰뚫림강도		kgf/cm	320 이상	
저온취약성		-	-40℃에서 파괴되지 않음	
치수안정성		%	각 방향 ±2 이하	
내환경응력균열성		hr	1,500 이상	

항 목		단 위	기 준	비 고
산 화 유 도 시간(O I T)	표 준 조 건	min	100 이상	표준·가압조건 중 택일
	가 압 조 건	min	400 이상	
열 노 화 후 OIT유지율	표 준 조 건	%	55 이상	표준·가압조건 중 택일
	가 압 조 건	%	80 이상	
자외선처리 후OIT유지율	가 압 조 건	%	60 이상	
접합부강도	전 단 강 도	kgf/㎠	135 이상	
	박 리 강 도	kgf/㎠	97 이상	

비 고
1. 이 기준은 매끄러운 고밀도폴리에틸렌라이너에 적용한다.
2. 고밀도폴리에틸렌라이너의 시험은 고밀도폴리에틸렌차수막 단체표준(KPS M6000)의 시험방법에 따른다.
3. 내환경응력균열성은 내하중응력균열성 시험으로 대신할 수 있으며, 이 때 기준은 시험편 5개 중 4개 이상이 200시간 내에 파단(破斷)되지 아니하여야 한다.

나) 그 밖에 다음의 기준에 적합하여야 한다.
(1) 매립시설 바닥의 차수시설 위(토목합성수지 라이너를 차수시설로 사용하는 경우에는 토목합성수지 라이너 위에 지오컴포지트·지오텍스타일 등을 설치한 후 그 위를 말한다)에는 침출수 집배수층(투수계수가 1초당 1백분의 1센티미터 이상이고 두께가 30센티미터 이상이어야 한다), 집배수관로 등 수평 집배수시설 및 수직집수정 등의 침출수 집배수시설을 설치할 것
(2) 매립시설 측면에 토목합성수지 라이너로 차수시설을 설치한 경우에는 토목합성수지 라이너 위에 매립무게 상태에서 투과능(透過能)계수가 1초당 3만분의 1제곱미터 이상(빗물이 매립시설로 흘러들거나 떨어지는 것을 방지할 수 있는 시설을 설치한 경우는 제외한다)인 지오컴포지트·지오네트 또는 지오텍스타일 등 토목합성수지 배수층을 설치할 것
(3) 매립시설 측면에 점토류 라이너로 차수시설을 설치한 경우에는 점토류 라이너 위에 투수계수(透水係數)가 1초당 1백분의 1센티미터 이상이고 두께가 30센티미터 이상인 모래 등을 포설할 것
(4) 집배수관로의 주변에는 집배수관로가 막히지 아니하도록 충분한 공극(空隙)을 가지는 골재(골재의 최대치수는 50밀리미터 이하이어야 하며, 최소치수는 5밀리미터 체의 통과량이 5퍼센트 이하이어야 한다) 등을 설치할 것
(5) 침출수집 배수시설의 바닥기울기는 2퍼센트 이상(침출수집 배수시설이 매

립지 내외부의 침출수 이송시설과 연결되어 있어 침출수의 수위를 저감할 수 있는 경우에는 적용하지 아니한다)이 되도록 할 것

(6) 환경기술검증을 받은 매립시설의 설치공법으로 토목합성수지 배수층 등을 설치할 필요가 없는 구조로 매립시설을 설치하는 경우에는 (1)부터 (5)까지의 규정을 적용하지 아니한다.

다) 매립시설 바닥과 측면의 라이너 밑에는 주변에서 집수된 빗물 또는 지하수를 배제할 수 있는 시설을 설치하여야 한다. 다만, 빗물이 흘러들지 아니하거나 지하수가 발생하지 아니하는 지역에 매립시설을 설치하거나 빗물 또는 지하수배제시설을 설치할 필요가 없는 구조로 매립시설을 설치하는 경우에는 그러하지 아니하다.

라) 침출수량 등의 변동에 대응하기 위하여 침출수유량조정조를 설치하여야 하며, 침출수유량조정조는 최근 10년간 1일 강우량이 10밀리미터 이상인 강우일수 중 최다빈도의 1일 강우량의 7배 이상에 해당하는 침출수를 저장할 수 있는 규모로 설치하되, 유량조정조 내부를 방수처리하고 유량조정조 유입구에는 유량계를 설치하여야 한다.

마) 침출수를 별표 11 제2호나목2)의 가)에서 규정하는 침출수배출허용기준 이하로 처리할 수 있는 시설을 설치하여야 하며, 침출수 처리시설 배출구에는 유량계를 설치하여야 한다. 다만, 다른 매립시설의 침출수 처리시설 및 「수질 및 수생태계 보전에 관한 법률」 제2조제12호에 따른 수질오염방지시설(자가수질오염방지시설만 해당한다)에서 처리하는 오염물질을 해당 시설에 옮겨 처리하거나 「수질 및 수생태계 보전에 관한 법률」 제62조에 따른 폐수처리업자에게 위탁처리하는 경우 또는 가까운 이웃에 「수질 및 수생태계 보전에 관한 법률」 제48조에 따른 폐수종말처리시설, 「하수도법」 제2조제9호에 따른 공공하수처리시설 및 「하수도법」 제2조제11호에 따른 분뇨처리시설이 위치하여 폐수종말처리시설, 하수종말처리시설 및 분뇨처리시설에서 처리하는 오염물질을 해당 시설에 옮겨 처리하는 경우에는 침출수 처리시설의 일부 또는 전부를 갖추지 아니할 수 있다. 이 경우 인근에 「수질 및 수생태계 보전에 관한 법률」 제48조에 따른 폐수종말처리시설 또는 「하수도법」 제2조제9호에 따른 공공하수처리시설이 위치하는 경우에는 침출수를 그 처리시설로 옮겨 처리하는 것을 원칙으로 한다.

바) 유기성폐기물을 매립하여 가스가 발생하는 경우에는 매립시설에서 발생하는 가스를 모아 소각하는 등 처리시설을 설치하거나 발전·연료화처리시설 등의 활용시설을 설치하여야 한다.

사) 폐기물의 반입과정에서 차수시설 등의 손상을 방지할 수 있는 구조로 내부 진입도로를 설치하여야 한다. 다만, 물 등을 이용하여 폐기물을 운반하는 경우에는 그러하지 아니하다.

아) 침출수의 수위를 측정할 수 있는 시설은 매립시설 바닥에 설치한 차수시설 위의 가장 낮은 지점에 설치하여야 한다.

자) 매립시설 중 일부구역을 정하여 폐석면을 매립할 때에는 다른 폐기물과 혼합되지 아니하도록 제방 등 적절한 구조나 설비를 갖추어야 한다.

3. 재활용시설의 경우

가. 공통기준

1) 폐기물이 흩날리거나 흘러나오는 것을 방지하는 데에 필요한 설비를 하여야 한다.

2) 폐기물의 재활용과정에서 발생하는 대기오염물질·수질오염물질 등을 처리할 수 있는 시설을 갖추어야 한다. 다만, 「수질환경보전법 시행규칙」 별표 2 및 별표 3에 따른 수질오염물질 또는 특정수질유해물질을 「수질 및 수생태계 보전에 관한 법률」 제62조에 따른 폐수처리업자에게 위탁 처리하는 경우와 매립시설의 침출수 처리시설, 「수질 및 수생태계 보전에 관한 법률」 제2조제12호에 따른 수질오염방지시설(자가 수질오염 방지시설만 해당한다), 「수질 및 수생태계 보전에 관한 법률」 제48조에 따른 폐수종말처리시설, 「하수도법」 제2조제9호에 따른 공공하수처리시설 또는 「하수도법」 제2조제11호에 따른 분뇨처리시설에서 처리하는 오염물질을 그 시설에 옮겨 처리하는 경우와 영 제5조에 따른 폐기물 재활용시설 중 혐기성분해시설에 유입하여 에너지를 생산(음식물류 폐기물을 재활용하는 과정에서 발생되는 경우만 해당한다)하는 경우에는 수질오염물질 처리시설의 일부 또는 전부를 갖추지 아니할 수 있다.

3) 재활용시설의 바닥은 시멘트·아스팔트 등 물이 스며들지 아니하는 재료로 포장하여야 한다.

4) 음식물류 폐기물 재활용시설을 설치하는 때에는 음식물류 폐기물의 저장·투입·이송 및 재활용 등의 과정에서 발생하는 악취가 외부로 새어 나가지 아니하도록 밀폐된 구조로 설치하여야 하며, 발생되는 악취물질을 저감할 수 있는 별도의 시설을 갖추어야 한다.

5) 폐가전제품을 재활용하는 경우 다음 가)부터 라)까지의 규정에 적합한 시설을 갖추어야 한다.

가) 재활용시설은 지붕과 벽면이 있고 집진설비를 갖춘 장소에 설치하여야 한다.

나) 폐가전제품 중에 포함된 염화불화탄소 등의 냉매물질이 외부로 유출되지 아니하고 안전하게 회수될 수 있도록 회수량 및 보관량을 알 수 있는 장치가 부착된 설비를 갖추어야 한다.

다) 텔레비전 및 컴퓨터 모니터를 재활용하는 경우 앞면 유리와 뒷면 유리를 분리 시 발생하는 형광물질을 회수할 수 있는 집진시설을 갖춘 밀폐시설을 갖추어야 한다.

라) 폐기물의 파쇄 · 분리 등 재활용 과정에서 발생되는 폐기물을 보관하는 시설은 지붕과 벽면을 갖추고, 바닥은 시멘트 · 아스팔트 등의 재료로 포장되어야 한다.

6) 소각열회수시설은 자체 무게와 적재무게, 그 밖에 설비의 운영 · 관리에 따라 발생하는 무게에 견딜 수 있어야 하고, 재활용에 사용하는 처리약품과 재활용과정에서 발생하는 열 · 습기 · 배기가스 · 배출수 및 충격 등에 견딜 수 있는 재질을 사용하여야 한다.

나. 기계적 재활용시설

1) 파쇄 · 분쇄 · 절단시설

가) 파쇄 · 분쇄 · 절단조각의 크기는 최대직경 15센티미터 이하로 각각 파쇄 · 분쇄 · 절단할 수 있는 시설이어야 한다. 다만, 폐목재 받침목을 재활용하기 위하여 절단하는 경우에는 그러하지 아니하다.

나) 파쇄 · 분쇄 · 절단조각의 크기를 조절할 수 있는 장치를 설치하여야 한다.

다) 파쇄 · 분쇄 · 절단으로 발생하는 분진의 흩날림을 방지할 수 있는 시설을 갖추어야 한다.

라) 반입 공급장치, 파쇄 · 분쇄 · 절단 장치 및 반출장치 등을 설치하여야 한다.

2) 용융 · 용해시설은 용융 · 용해과정에서 발생하는 악취 등을 처리할 수 있는 설비를 갖추어야 한다.

3) 증발 · 농축 시설

가) 증발 · 농축조는 폐기물로 부식되거나 파손되지 아니하는 재질로 만들어야 한다.

나) 연소가스로 증발 · 농축하는 시설에는 온도를 조절할 수 있는 장치 및 온도지시계를 설치하여야 하며, 진공증발로 증발 · 농축을 하는 시설에는 안전밸브를 추가 설치하여야 한다.

다) 증발 · 농축재활용량을 조절할 수 있는 장치를 설치하여야 한다.

라) 증발 · 농축시 발생하는 유해가스를 처리할 수 있는 설비를 갖추어야 한다.

마) 외부공기가 흘러 들어오거나 증발 · 농축시설의 가스가 새어나가는 것을 방지할 수 있는 구조이어야 한다.

4) 정제시설

가) 정제과정에서 발생하는 유해가스를 처리할 수 있는 설비를 갖추어야 한다.

나) 폐기물의 투입량을 조절할 수 있는 장치를 설치하여야 한다.

5) 유수분리시설

가) 시설의 외부로 폐유가 흘러 나가지 아니하는 구조이어야 한다.

나) 분리수의 역류를 방지할 수 있는 장치를 설치하여야 한다.

다) 회수유저장조 용적은 3세제곱미터 이상이어야 한다.

라) 회수유저장조 등은 부식 또는 파손되지 아니하는 재질로 폐유가 흘러 나가

지 아니하는 구조로 만들어야 한다.

마) 흡입부에 폐유 중의 이물질을 제거할 수 있는 제거망을 설치하여야 한다.

바) 폐유투입량을 조절할 수 있는 장치를 설치하여야 한다.

6) 탈수시설

가) 수분함량을 85퍼센트 이하로 탈수할 수 있는 시설이어야 한다.

나) 탈수과정에서 발생하는 폐수가 폐수처리시설로 흘러들 수 있는 시설을 갖추어야 한다.

다) 탈수량을 조절할 수 있는 장치를 설치하여야 한다.

라) 시설의 외부로 액체상태 폐기물이나 탈수과정에서 발생하는 폐수가 흘러나가지 아니하는 구조이어야 한다.

7) 건조시설

가) 진공식이나 가열식인 경우에는 건조온도를 조절할 수 있는 장치를 설치하여야 한다.

나) 자연식의 경우 비가 올 때 빗물이 흘러드는 것을 방지하기 위한 덮개 등을 갖추어야 한다.

다) 건조과정에서 발생하는 유해가스를 처리할 수 있는 설비를 갖추어야 한다.

8) 세척시설

가) 고압의 공기나 물 등을 이용하여 폐목재 받침목에 함유된 기름 등과 같은 이물질을 별표 5의2 제19호나목2)에서 정하는 기준에 적합하게 제거할 수 있어야 한다.

나) 세척 과정에 사용한 세척수가 외부로 유출되는 것을 방지할 수 있는 장치나 시설을 설치하여야 한다.

다. 화학적 재활용시설

1) 고형화・고화시설

가) 시멘트・물・용출방지제・합성고분자화합물 등을 고르게 혼합할 수 있는 장치 및 배합비율을 조절할 수 있는 장치를 갖추어야 한다.

나) 혼합물을 양생할 수 있는 시설 등을 갖추어야 한다. 다만, 합성고분자화합물을 고화제로 이용하는 경우에는 그러하지 아니한다.

2) 반응시설

가) 반응조, 폐기물공급량 조절장치, 교반장치 및 약품투입장치 등을 설치하여야 한다.

나) 반응조는 폐기물로 부식되거나 파손되지 아니하는 재질로 만들어야 한다.

다) 반응과정에서 발생하는 유해가스를 처리할 수 있는 설비를 갖추어야 한다.

3) 응집・침전시설

가) 응집・침전조는 적절한 체류시간이 유지될 수 있는 용량이어야 한다.

나) 응집・침전조, 교반(攪拌)장치 및 약품투입장치를 설치하여야 한다.

다) 교반장치는 회전속도를 조절할 수 있는 것이어야 한다.

라) 응집·침전된 오니류를 배출할 수 있는 구조이어야 한다.

마) 옥외에 설치된 경우 비가 올 때 빗물이 흘러드는 것을 방지할 수 있는 덮개를 갖추어야 한다.

라. 생물학적 재활용시설

1) 사료화·퇴비화·소멸화·부숙토생산 시설

가) 폐기물을 선별·파쇄·혼합·발효·건조·소멸·소화 등의 공정을 거쳐 물리적·생물학적으로 안정된 상태의 물질로 만드는 시설을 갖추어야 한다.

나) 사료화시설은 「사료관리법 시행규칙」 제6조에 따른 사료제조업의 시설기준에 맞는 시설을 갖추어야 한다.

다) 퇴비화시설은 「비료관리법 시행령」 제12조제1항에 따른 비료생산업의 시설기준에 맞는 시설을 갖추어야 한다.

라) 부숙토 생산시설은 환경부장관이 고시하는 부숙토 생산기준에 맞는 시설을 갖추어야 한다.

2) 호기성·혐기성 분해시설

가) 미생물을 이용하여 생물학적으로 안정된 물질을 만드는 시설을 갖추어야 한다.

나) 분해과정에서 발생하는 가스를 에너지로 이용하는 시설 및 잉여가스를 처리하는 시설을 갖추어야 한다.

마. 시멘트 소성로

1) 연소실의 연소용 공기 또는 산소 등이 안정적으로 공급될 수 있는 장치(공급량을 조절할 수 있는 기능을 갖는 것에 한한다)를 설치하여야 한다.

2) 굴뚝을 설치하는 경우에는 통풍력과 배기가스의 대기확산을 고려한 높이와 구조를 가져야 한다.

3) 폭발사고와 화재 등에 대비한 안전한 구조이어야 하며, 소화기 등 필요한 장비를 갖추어야 한다.

4) 시설규모, 재활용대상 폐기물의 종류, 재활용방식, 설계·시공자명 및 연락처 등 필요한 사항을 지워지지 아니하고 파손되지 아니하는 방법으로 표시한 표지를 붙여야 한다.

5) 연소실에는 시설 내의 압력변화를 감지할 수 있는 압력측정계를 설치하여야 한다.

6) 반입되는 폐기물의 무게를 측정할 수 있는 계량시설을 설치하여야 한다.

7) 연소실의 최종 출구에는 출구온도 측정공을 설치하고, 각 시설의 출구온도 기준보다 섭씨 300도 이상까지, 대기오염 방지시설중 최초 집진시설의 입구에는 섭씨 600도 이상 측정할 수 있는 온도지시계 및 온도변화를 연속적으로 기록할 수 있는 자동온도기록계를 부착하여야 한다.

8) 대기오염 방지시설 중 최초 집진시설(전기 · 여과집진시설이 설치되어 있는 경우에는 전기 · 여과집진시설을 최초 집진시설로 본다)에 유입되는 연소가스를 섭씨 200도 이하로 냉각시키기 위한 냉각시설 또는 폐열회수시설을 설치하여야 한다.
9) 굴뚝에서 배출되는 가스중의 산소 · 먼지농도를 연속적으로 측정 · 기록할 수 있는 장치로서 「환경분야 시험 · 검사 등에 관한 법률」에 따라 형식승인 및 정도검사를 받은 것을 적합하게 설치하여야 하며, 대기오염방지시설의 입 · 출구 및 굴뚝에는 배출가스의 온도, 대기오염물질의 농도 등을 측정할 수 있는 측정공을 대기오염공정시험기준에 적합하게 설치하여야 한다.
10) 폐기물 투입구 및 청소구는 고온에 견딜 수 있는 재질로 만들어야 하며, 외부공기가 흘러 들어오거나 연소가스가 새어 나가는 것을 방지할 수 있는 구조이어야 한다.
11) 폐기물반입장 · 저장조 등에서 발생되는 악취가 재활용시설의 외부로 새어 나가는 것을 방지할 수 있는 시설을 설치하여야 한다.
12) 「대기환경보전법 시행규칙」 별표 8 제2호가목에 따른 총탄화수소(THC) 및 「잔류성유기오염물질 관리법 시행규칙」 별표3 제2호가목의 배출허용기준을 지킬 수 있는 시설을 설치하여야 한다.
13) 예열기 최하단 원심력 집진시설의 출구온도는 섭씨 800도 이상이어야 한다.
14) 연소실은 연소가스가 2초 이상 체류할 수 있고, 충분하게 혼합될 수 있는 구조이어야 한다. 이 경우 체류시간은 섭씨 800도에서의 부피로 환산한 연소가스의 체적으로 계산한다.
15) 폐기물을 자동으로 투입하는 장치와 투입되는 폐기물의 양을 자동계측하는 장치를 갖추어야 한다.
16) 허가 · 승인을 받거나 신고한 시간당 재활용능력을 초과하여 설치하여서는 아니된다.

바. 용해로

1) 연소실의 연소용 공기 또는 산소 등이 안정적으로 공급될 수 있는 장치(공급량을 조절할 수 있는 기능을 갖는 것만 해당한다)를 설치하여야 한다.
2) 굴뚝을 설치하는 경우에는 통풍력과 배기가스의 대기확산을 고려한 높이와 구조를 가져야 한다.
3) 폭발사고와 화재 등에 대비한 안전한 구조이어야 하며, 소화기 등 필요한 장비를 갖추어야 한다.
4) 시설규모, 재활용대상 폐기물의 종류, 재활용방식, 설계 · 시공자명 및 연락처 등 필요한 사항을 지워지지 아니하고 파손되지 아니하는 방법으로 표시한 표지를 붙여야 한다.
5) 연소실에는 시설 내의 압력변화를 감지할 수 있는 압력측정계를 설치하여야

한다.

6) 반입되는 폐기물의 무게를 측정할 수 있는 계량시설을 설치하여야 한다. 다만, 시·도지사나 지방환경관서의 장이 인정하는 경우와 다른 곳의 계량시설을 이용하여 반입되는 폐기물의 무게를 측정할 수 있는 경우에는 그러하지 아니하다.

7) 연소실의 최종 출구에는 출구온도 측정공을 설치하고, 각 시설의 출구온도 기준보다 섭씨 300도 이상까지, 대기오염 방지시설 중 최초 집진시설의 입구에는 섭씨600도 이상 측정할 수 있는 온도 지시계 및 온도변화를 연속적으로 기록할 수 있는 자동온도기록계를 붙여야 한다. 다만, 최초 집진시설의 입구에 붙여야 하는 온도 지시계 및 자동온도기록계의 경우 시간당 재활용능력이 2톤 이상인 시설의 경우만 해당한다.

8) 대기오염 방지시설 중 최초 집진시설에 흘러 들어오는 연소가스를 섭씨 200도 이하로 냉각시키기 위한 냉각시설이나 폐열회수시설을 설치하여야 한다. 다만, 대기오염 방지시설의 처리공정상 연소가스의 냉각이 필요하지 아니하는 경우에는 그러하지 아니한다.

9) 「대기환경보전법 시행령」제17조에 따라 굴뚝 자동측정기기를 부착한 시설의 경우에는 「대기환경보전법 시행규칙」 제37조에 따라 굴뚝 자동측정기기를 운영·관리하여야 하며, 대기오염방지시설의 입·출구 및 굴뚝에는 배출가스의 온도, 대기오염물질의 농도 등을 측정할 수 있는 측정공을 대기오염공정시험기준에 적합하게 설치하여야 한다.

10) 폐기물 투입구 및 청소구는 고온에 견딜 수 있는 재질로 만들어야 하며, 외부공기가 흘러 들어오거나 연소가스가 새어 나가는 것을 방지할 수 있는 구조이어야 한다.

11) 폐기물반입장·저장조 등에서 발생하는 악취가 재활용시설의 외부로 새어나가는 것을 방지할 수 있는 시설을 설치하여야 한다.

12) 「잔류성유기오염물질 관리법 시행규칙」 제1호가목·제2호가목에 따른 다이옥신 배출기준을 지킬 수 있는 시설을 설치하여야 한다.

사. 소각열회수시설

1) 연소실·열분해실(가스화실을 포함한다. 이하 이 목에서 같다)의 예열 및 온도를 조절할 수 있도록 보조버너 등 충분한 용량의 보조연소장치를 설치하여야 한다.

2) 연소실·열분해실의 연소용 공기 또는 산소 등이 안정적으로 공급될 수 있는 장치(공급량을 조절할 수 있는 기능을 갖춘 것을 말한다)를 설치하여야 한다.

3) 굴뚝을 설치하는 경우에는 통풍력과 배기가스의 대기확산을 고려한 높이와 구조를 가진 것을 설치하여야 한다.

4) 폭발사고와 화재 등에 대비한 안전한 구조여야 하며, 소화기 등 필요한 장비

를 갖추어야 한다.

5) 시설규모, 재활용대상 폐기물의 종류, 재활용방식, 설계·시공자명 및 연락처 등 필요한 사항을 지워지지 아니하고 파손되지 아니하는 방법으로 표시한 표지를 붙여야 한다.
6) 연소실·열분해실에는 시설 내의 압력변화를 감지할 수 있는 압력측정계를 설치하여야 한다.
7) 시간당 재활용능력이 2톤 이상인 경우에는 반입되는 폐기물의 무게를 측정할 수 있는 계량시설을 설치하여야 한다. 다만, 시·도지사나 지방환경관서의 장이 계량시설이 설치되지 않더라도 폐기물의 무게를 계량할 수 있다고 인정하는 경우와 다른 곳의 계량시설을 이용하여 반입되는 폐기물의 무게를 측정할 수 있는 경우는 제외한다.
8) 연소실·열분해실의 최종 출구에는 출구온도 측정공을 설치하고, 각 시설의 출구온도 기준보다 섭씨 300도 이상까지, 대기오염 방지시설 중 최초 집진시설의 입구에는 섭씨 600도 이상 측정할 수 있는 온도 지시계 및 온도변화를 연속적으로 기록할 수 있는 자동온도기록계를 붙여야 한다. 다만, 최초 집진시설의 입구에 붙여야 하는 온도 지시계 및 자동온도기록계의 경우 시간당 재활용능력이 2톤 이상인 시설의 경우만 해당한다.
9) 연소실·열분해실의 외부는 철판을 덮은 경우에는 본체의 고온부위를 내열도료로 칠하거나 단열처리 또는 내화단열벽돌, 캐스터블 내화물 등으로 시공하여 그 외부표면온도를 섭씨 80도 이하로 유지할 수 있는 구조여야 한다. 다만, 회전식시설 등 구조상 단열을 충분히 할 수 없는 경우는 제외한다.
10) 대기오염 방지시설 중 최초 집진시설(전기·여과집진시설이 설치되어 있는 경우에는 전기·여과집진시설을 최초 집진시설로 본다)에 흘러 들어오는 연소가스는 섭씨 200도 이하(시간당 재활용능력이 2톤 미만인 경우 섭씨 250도 이하)여야 한다.
11) 연소실(연소실이 둘 이상인 경우에는 최종 연소실)의 출구온도는 섭씨 850도 이상이어야 한다. 다만, 종이류 또는 접착제·페페인트·기름 및 방부제 등이 묻어 있지 아니한 순수한 목재류만을 소각하는 경우에는 섭씨 450도 이상이어야 한다.
12) 연소실은 연소가스가 2초 이상(시간당 재활용능력이 2톤 미만인 경우에는 1초 이상) 체류할 수 있고, 충분하게 혼합될 수 있는 구조여야 한다. 이 경우 체류시간은 섭씨 850도(종이류 또는 접착제·페페인트·기름 및 방부제 등이 묻어 있지 아니한 순수한 목재류만을 소각하는 경우 섭씨 450도 이상)에서의 부피로 환산한 연소가스의 체적으로 계산한다.
13) 바닥재의 강열감량이 10퍼센트 이하가 될 수 있는 재활용 성능을 갖추어야 한다.

14) 2차 연소실이 없는 연소방식 중 연속투입방식의 경우에는 폐기물을 투입할 연소실과 외부공기가 차단되도록 이중문 등의 구조여야 하며, 이 경우 연소실은 출구기준 온도 이상이 유지될 수 있는 구조여야 한다.

15) 「대기환경보전법 시행령」 제17조에 따라 굴뚝 자동측정기기를 부착한 시설의 경우에는 「대기환경보전법 시행규칙」 제37조의 기준에 따라 굴뚝 자동측정기기를 운영·관리하여야 하며, 대기오염방지시설의 유입구와 유출구 및 굴뚝에는 배출가스의 온도, 대기오염물질의 농도 등을 측정할 수 있는 측정공을 대기오염공정시험기준에 적합하게 설치하여야 한다.

16) 폐기물 투입구 및 청소구는 고온에 견딜 수 있는 재질로 만들어야 하며, 외부공기가 흘러 들어오거나 연소가스가 새어 나가는 것을 방지할 수 있는 구조여야 한다.

17) 내부의 연소상태를 볼 수 있는 구조여야 하며, 소각재를 제거할 때 재의 흩날림을 방지할 수 있는 구조여야 한다.

18) 폐기물반입장·저장조 등에서 발생하는 악취가 재활용시설의 외부로 새어나가는 것을 방지할 수 있는 시설을 설치하여야 한다. 다만, 시간당 재활용능력이 2톤 미만인 시설인 경우에는 공기차단시설 등 간이시설을 설치할 수 있다.

19) 「잔류성유기오염물질 관리법 시행규칙」 별표 3 제4호가목에 따른 소각시설에 대한 다이옥신 배출기준을 지킬 수 있는 시설을 설치하여야 한다.

20) 제3조제1항제1호 각 목에 따른 에너지 회수기준에 적합하게 에너지를 온수·증기 등의 형태로 회수할 수 있는 설비(생산되는 에너지를 계량할 수 있는 설비를 포함한다)와 이를 스스로 이용하거나 다른 사람에게 공급할 수 있는 설비(에너지를 공급받는 사용자별로 계량할 수 있는 설비를 포함한다)를 각각 갖추어야 한다.

21) 에너지를 회수하는 설비에는 내부 온도와 압력의 변화를 감지할 수 있는 온도지시계·압력측정계 및 내부의 온도를 조절할 수 있는 장치를 설치하여야 한다.

22) 허가·승인을 받거나 신고한 시간당 재활용능력을 초과하여 설치하여서는 아니 된다.

비고

1. 지정폐기물이 아닌 연탄재·유리·연소재·도자기조각·광재류, 수산가공잔재패각류, 비금속광물제조업의 분쇄·세척·가공공정에서 발생하는 무기성 오니, 건설폐재류(폐토사의 경우에는 용출시험 결과 별표 1의 유해물질 함유기준 이내인 경우 및 유기성분 등이 일반토양에 준하는 경우만 해당한다) 등의 폐기물로서 시·도지사가 침출수 발생이 없거나 발생하는 침출수가 항상 침출수배출허용기준 이하로

배출되어 수질오염방지가 필요하지 아니하다고 인정하는 폐기물만을 매립하려는 시설의 경우에는 차수시설, 집수시설, 침출수유량조정조, 침출수 처리시설, 가스소각시설 및 발전・연료화처리시설을 갖추지 아니할 수 있다.

2. 폐석고・폐석회・분진・폐주물사・폐사를 매립하는 경우에는 가스소각시설 및 발전・연료화시설을 갖추지 아니할 수 있다.
3. 전기분해 반응시설의 경우에는 제1호다목3)가) 및 다)에 따른 장치 및 설비를 갖추지 아니할 수 있다.
4. 폐기물을 연료로 사용하지 않는 시멘트 소성로에 대하여는 제3호마목 중 (1), (5), (7)부터 (9)까지 및 (12)부터 (14)까지의 규정을 적용하지 아니한다.

[별표 10] 〈개정 2015.3.3.〉

폐기물 처분시설 또는 재활용시설의 검사기준(제41조제6항 관련)

1. 소각시설

구 분	검 사 항 목
설치검사	○소각능력의 적절성 및 적절연소상태 유지 여부 ○연소실 출구온도 유지 여부 ○연소가스 체류시간 적절 여부 ○바닥재 강열감량 적절 여부 ○보조연소장치의 용량 및 작동상태 ○연소실 공기나 산소공급장치 작동상태 ○굴뚝의 통풍력 및 구조의 적절성 ○폭발사고와 화재 등에 대비한 구조인지 여부 ○압력측정계 설치 여부 및 작동상태 ○자동투입장치(의료폐기물을 대상으로 하는 경우만 해당한다) · 계량시설의 설치 여부 및 작동상태 ○출구온도 측정공, 온도지시계, 온도기록계 설치 여부 및 작동상태 ○내부에 사용한 재질의 적절성 ○연소실 외부피복상태 및 외부표면온도 ○대기오염 방지시설의 유입가스 온도 ○배출가스의 연속측정·기록장치 작동상태 ○폐기물의 투입구 및 청소구의 내열성, 구조 및 공기유입·유출 여부 ○내부연소상태 투시공 설치 여부 ○소각재의 흩날림 방지조치 여부 ○표지판 부착 여부 및 기재사항
정기검사	○적절연소상태 유지 여부 ○소방장비 설치 및 관리실태 ○보조연소장치의 작동상태 ○배기가스온도 적절 여부 ○바닥재 강열감량 ○연소실 출구가스 온도 ○연소실 가스체류시간 ○설치검사 당시와 같은 설비·구조를 유지하고 있는지 여부

2. 매립시설

구 분		검사항목
설치검사	공통사항	○외곽시설 설치상태 ○표지판의 규격 및 기재사항 ○축대벽과 둑의 안정성 ○기초지반 처리내용 및 상태

구 분		검사항목
		○빗물배제시설 설치내용 ○계량시설 작동상태 ○세륜·세차시설 작동상태 ○지하수 검사정의 수·규격·재질·설치구조
	차 단 형 매립시설	○바닥과 외벽의 압축강도·두께 ○내부막의 구획면적, 매립가능 용적, 두께, 압축강도 ○빗물유입 방지시설 및 덮개설치내역
	관 리 형 매립시설	○차수시설의 재질·두께·투수계수 ○토목합성수지 라이너의 항목인장강도의 안전율 ○매끄러운 고밀도폴리에틸렌라이너의 기준 적합 여부 ○침출수 집배수층의 재질·두께·투수계수·투과능계수 및 경사 ○지하수배제시설 설치내용 ○침출수유량조정조의 규모·방수처리내역, 유량계의 형식 및 작동상태 ○침출수 처리시설의 처리방법, 처리용량 ○침출수 이송·처리 시 종말처리시설 등의 처리능력 ○매립가스 소각시설이나 활용시설 설치계획 ○내부진입도로 설치내용
정기검사	차 단 형 매립시설	○소화장비 설치·관리실태 ○축대벽의 안정성 ○빗물·지하수 유입방지 조치 ○사용종료매립지 밀폐상태
	관 리 형 매립시설	○소화장비 설치·관리실태 ○축대벽의 안정성 ○빗물·지하수 유입방지 조치 ○빗물배제시설의 유지·관리실태 ○세륜·세차시설의 작동상태 ○계량시설의 작동상태 ○미매립구역의 차수시설 유지·관리실태 ○침출수 처리시설 운영·관리실태 및 침출수배출허용기준 준수 여부 ○지하수 검사정, 지하수배제시설 및 해수의 수질검사 등을 통한 침출수 누출 여부 ○침출수 집배수시설의 기능 ○가스포집 및 처리시설의 적절설치·운영 여부 ○매립작업설계도서에 의한 매립·복토·빗물배제실태 ○폐기물의 다짐 및 압축정도 ○차수시설 상부보호층 적절설치 여부 ○복토두께 ○침출수위

구 분		검사항목
사용종료·폐쇄 검사	차 단 형 매립시설	○축대벽의 안정성 ○빗물·지하수 유입방지 조치 ○사용종료 또는 폐쇄에 따른 밀폐상태 ○지하수 검사정의 유지·관리 실태 ○지하수 검사정, 지하수배제시설 및 해수의 수질검사 등을 통한 침출수 누출 여부
	관 리 형 매립시설	○최종복토층(가스배제층·차단층·배수층·식생대층) 설치상태 ○침하에 대한 안정성 ○축대벽과 둑의 안정성 ○빗물·지하수 유입방지 조치 ○빗물 배제시설의 설치상태 ○침출수 집배수시설의 기능 유지·관리 실태 ○침출수 처리시설의 운영·관리 실태 및 침출수배출허용기준의 준수 여부 ○가스포집 및 처리시설의 적정 설치·운영 여부 ○지하수 검사정, 지하수 배제시설 및 해수의 수질검사 등을 통한 침출수 누출 여부
사후관리 정기검사	차 단 형 매립시설	○소화장비 설치·관리 실태 ○축대벽의 안정성 ○빗물·지하수 유입방지 조치 ○밀폐시설 관리 상태 ○지하수 검사정의 유지·관리 실태 ○지하수·해수의 수질검사 등을 통한 침출수 누출 여부
	관 리 형 매립시설	○소화장비 설치·관리 실태 ○최종복토층 관리 실태 ○구조물과 지반의 안정도 유지 실태 ○빗물·지하수 유입방지 조치 ○빗물배제시설의 유지·관리 실태 ○침출수 집배수시설의 기능 유지·관리 실태 ○침출수 처리시설의 운영·관리 실태 및 침출수배출허용기준의 준수 여부 ○가스포집 및 처리시설의 적정 설치·운영 여부 ○지하수·해수의 수질검사 등을 통한 침출수 누출 여부 ○지표수 및 주변 토양조사 등을 통한 주변오염 관리의 적절 여부 ○방역 실태

비 고 : 기술검증을 받은 매립시설의 설치공법에 대한 검사항목은 환경부장관이 정하여 고시한다.

3. 멸균분쇄시설

구 분	검 사 항 목
설치검사	○멸균능력의 적절성 및 멸균조건의 적절 여부(멸균검사 포함) ○분쇄시설의 작동상태 ○밀폐형으로 된 자동제어에 의한 처리방식인지 여부 ○자동기록장치의 작동상태 ○폭발사고와 화재 등에 대비한 구조인지 여부 ○자동투입장치와 투입량 자동계측장치의 작동상태 ○악취방지시설·건조장치의 작동상태
정기검사	○멸균조건의 적절유지 여부(멸균검사 포함) ○분쇄시설의 작동상태 ○자동기록장치의 작동상태 ○폭발사고와 화재 등에 대비한 구조의 적절유지 ○악취방지시설・건조장치・자동투입장치 등의 작동상태

4. 음식물류 폐기물 처리시설

구 분		검 사 항 목
설치검사	공통사항	○처리능력의 적절성 ○계량시설의 설치 여부 및 작동상태 ○투입시설의 설치 여부 및 작동상태 ○이송시설의 적절성 및 안정성 ○선별시설의 설치 여부 및 선별효율 ○파쇄시설의 설치 여부 및 파쇄능력 ○악취제거시설의 설치 여부 및 작동상태 ○수질오염물질의 적절처리 여부 ○포장시설의 설치 및 표시의 적절성
	사료화시설	○혼합시설의 적절 여부 ○가열·건조시설의 적절 여부 ○사료 저장시설의 적절 여부 ○사료화 제품의 적절성
	퇴비화시설	○탈수・혼합시설의 기능 및 적절 여부 ○발효시설의 구조・기능 및 적절 여부 ○후부숙(後腐熟)시설 및 저장시설의 적절 여부 ○퇴비화 제품의 적절성
	혐 기 성 소화시설	○산발효시설의 설치 여부 및 작동상태 ○메탄발효시설의 설치 여부 및 작동상태 ○최종생산물의 퇴비로서의 적절성 ○메탄가스의 적절처리 여부
	감량화시설	[소멸방식] ○소멸장치의 구조・기능 및 적절성 ○소멸장치의 성능

<table>
<tr><th colspan="2">구 분</th><th>검 사 항 목</th></tr>
<tr><td></td><td></td><td>○최종생산물 품질의 적절성
[탄화 · 건조방식]
○탄화 · 건조장치의 기능 및 적절성
○탄화 · 건조장치의 성능
○최종생산물 품질의 적절성</td></tr>
<tr><td></td><td>부 숙 토
생 산 시 설</td><td>○대상 음식물류 폐기물의 적절성
○부숙공정의 적절 여부
○부숙토의 적절성</td></tr>
<tr><td></td><td>지 렁 이
분 변 토
생 산 시 설</td><td>○먹이저장시설의 적절성
○지렁이 사육시설의 설치 여부 및 적절성
○분변토 품질의 적절성</td></tr>
<tr><td></td><td>기타 시설
(생석회처리)</td><td>○혼합시설의 설치 여부 및 작동상태
○혼합시설 운전조건의 적절성
○최종생산물 품질의 적절성</td></tr>
<tr><td></td><td>기타 시설
(버섯재배)</td><td>○버섯재배용 배지배합시설(培地配合施設)의 설치 여부 및 작동상태
○입병(入瓶)시설의 설치 여부 및 작동상태
○살균시설의 설치 여부 및 작동상태
○자동접종기의 설치 여부 및 작동상태
○무균배양실의 설치 여부 및 작동상태
○폐배지(廢培地)의 퇴비로서의 적절성</td></tr>
<tr><td>정 기 검 사</td><td>공 통 사 항</td><td>○설치검사 당시와 같은 설비·구조 유지 여부
○계량시설의 작동상태
○투입시설의 작동상태
○이송시설의 작동상태
○선별시설의 작동상태
○파쇄시설의 작동상태
○악취제거시설의 작동상태
○수질오염물질의 적절처리 여부
○포장시설의 작동상태 및 표시의 적절성</td></tr>
<tr><td></td><td>사료화시설</td><td>○가열 · 건조시설의 작동상태
○사료저장시설의 작동상태
○사료화제품의 적절성</td></tr>
<tr><td></td><td>퇴비화시설</td><td>○탈수 · 혼합시설의 작동상태
○발효시설의 작동상태
○후부숙시설 및 저장시설의 작동상태
○퇴비화 제품의 적절성</td></tr>
<tr><td></td><td>혐 기 성
소화시설</td><td>○산발효시설의 작동상태
○메탄발효시설의 작동상태
○최종생산물의 퇴비로서의 적절성
○메탄가스의 적절처리 여부</td></tr>
</table>

구 분		검 사 항 목
	감량화시설	[소멸방식] ○소멸장치의 작동상태 ○최종생산물 품질의 적절성 [탄화・건조방식] ○탄화・건조장치의 작동상태 ○최종생산물 품질의 적절성
	부 숙 토 생산시설	○대상 음식물류 폐기물의 적절성 ○부숙공정의 작동상태 ○부숙토의 적절성
	지 렁 이 분 변 토 생산시설	○먹이저장시설의 작동상태 ○지렁이 사육시설의 작동상태 ○분변토의 적절성
	기타 시설 (생석회처리)	○혼합시설의 작동상태 ○혼합시설 운전조건의 적절성 ○최종생산물 품질의 적절성
	기타 시설 (버섯재배)	○버섯재배용 배지배합시설의 작동상태 ○살균시설의 작동상태 ○무균배양실의 작동상태 ○폐배지의 퇴비로서의 적절성

5. 시멘트 소성로

구 분	검 사 항 목
설치검사	○재활용능력의 적절성 및 적절연소상태 유지 여부 ○예열기 최하단 원심력 집진시설 출구온도 유지 여부 ○연소가스 체류시간 적절 여부 ○연소실 공기나 산소 공급장치 작동상태 ○굴뚝의 통풍력 및 구조의 적절성 ○폭발사고와 화재 등에 대비한 구조인지 여부 ○압력측정계 설치 여부 및 작동상태 ○출구온도 측정공, 온도지시계, 온도기록계 설치 여부 및 작동상태 ○내부에 사용한 재질의 적절성 ○대기오염 방지시설의 유입가스 온도 ○배출가스의 연속측정・기록장치 작동상태 ○폐기물의 투입구 및 청소구의 내열성, 구조 및 공기유입・유출 여부 ○표지판 부착 여부 및 기재사항
정기검사	○적절연소상태 유지 여부 ○연소실 장비 설치 및 관리실태 ○배기가스온도 적절 여부 ○예열기 최하단 원심력 집진시설 출구가스 온도 ○연소실 가스체류시간 ○설치검사 당시와 같은 설비・구조를 유지하고 있는지 여부

6. 소각열회수시설

구분	검사항목
설치검사	○재활용능력의 적절성 및 적절연소상태 유지 여부 ○연소실 출구온도의 유지 여부 ○연소가스 체류시간의 적절 여부 ○바닥재 강열감량의 적절 여부 ○보조연소장치의 용량 및 작동상태 ○연소실 공기나 산소공급장치의 작동상태 ○굴뚝의 통풍력 및 구조의 적절성 ○폭발사고와 화재 등에 대비한 구조인지 여부 ○연소실 압력측정계의 설치 여부 및 작동상태 ○계량시설의 설치 여부 및 작동상태 ○출구온도 측정공, 온도지시계, 온도기록계의 설치 여부 및 작동상태 ○내부에 사용한 재질의 적절성 ○연소실의 외부피복상태 및 외부표면온도 ○대기오염 방지시설의 유입가스 온도 ○배출가스의 연속측정·기록장치 작동상태 ○폐기물의 투입구 및 청소구의 내열성, 구조 및 공기유입·유출 여부 ○내부연소상태 투시공 설치 여부 ○소각재의 흩날림 방지조치 여부 ○에너지 회수 설비의 적정 설치 여부 ○에너지 회수 설비의 온도지시계·압력계 설치 여부 및 작동상태 ○에너지 이용 또는 공급 설비의 적정 설치 여부 ○에너지 회수기준의 준수 여부 ○표지판의 부착 여부 및 기재사항
정기검사	○적절연소상태의 유지 여부 ○소방장비의 설치 및 관리실태 ○보조연소장치의 작동상태 ○배기가스온도의 적절 여부 ○바닥재의 강열감량 ○연소실 출구가스 온도 ○연소실 가스체류시간 ○설치검사 당시와 같은 설비·구조를 적정하게 유지·관리하고 있는지 여부 ○에너지 회수기준 준수 여부

비고

1. 음식물류 폐기물 처리시설의 설치검사, 정기검사 시 시설공정 특성상 또는 관련 법령(사료화시설은 「사료관리법」, 퇴비화시설은 「비료관리법」) 규정상 검사할 필요가 없는 검사항목은 검사대상에서 제외할 수 있다.
2. 폐기물을 연료로 사용하지 않는 시멘트 소성로에 대한 설치검사 및 정기검사 시 별표 9 비고 제4호에 따라 적용되지 않는 항목은 검사에서 제외한다.
3. 검사기관은 검사하는 과정에서 폐기물 처분시설 또는 재활용시설 설치·관리기준, 재활용 용도 및 방법 등 검사항목 외의 위반사항을 발견할 경우에는 시설 승인·허가기관에 통보

하여야 한다.

4. 소각열회수시설의 검사항목 중 폭발사고와 화재 등에 대비한 구조인지 여부 및 에너지 회수 설비의 온도지시계·압력계 설치 여부 및 작동상태에 관하여 「에너지이용합리화법」 제39조에 따른 검사대상기기의 검사에 합격한 경우에는 그 검사의 유효기간 동안 해당 항목을 설치검사 및 정기검사 항목에서 제외한다.
5. 매립시설의 사용종료·폐쇄 검사나 사후관리 정기검사 시 동일한 사업자가 동일 부지 내에서 운영 중인 다른 매립시설과 사용종료·폐쇄한 매립시설에서 공동으로 이용하는 침출수 처리시설 등에 대한 법 제30조제1항 또는 제2항이나 법 제50조제1항 후단 또는 같은 조 제3항 전단에 따른 검사[제69조의2제4항에 따른 기간(사용종료·폐쇄 검사의 경우는 검사일 이전 1년) 내에 실시한 검사에 한정한다]에 합격한 경우에는 해당 침출수 처리시설 등은 검사 항목에서 제외한다.

[별표 11] 〈개정 2015.3.3.〉

폐기물 처분시설 또는 재활용시설의 관리기준(제42조제1항 관련)

1. 공통기준
   가. 폐기물 처분시설 또는 재활용시설의 기능이 정상적으로 유지되도록 점검과 보수를 하여야 한다.
   나. 폐기물 처분시설 또는 재활용시설 설치·운영자는 제41조제1항제1호에 따른 시설의 유지관리계획서에 따라 항시 시설을 적절하게 유지·관리하여야 한다.
   다. 폐기물 처분시설 또는 재활용시설 설치·운영자는 폐기물을 처리하는 과정에서 화재·동파 등에 대한 예방조치를 취하여야 하며, 폐기물 처분시설 또는 재활용시설로부터 폐기물이 새어나가는 등의 사고가 발생하는 경우에는 즉시 시설의 가동을 중지하고, 새어나간 폐기물을 회수하여 적절하게 보관·처리하여야 한다.
   라. 폐기물을 처리하는 과정에서 「수질 및 수생태계 보전에 관한 법률 시행규칙」 별표 2와 별표 3에 따른 수질오염물질 또는 특정수질유해물질을 배출하는 경우에는 「수질 및 수생태계 보전에 관한 법률 시행규칙」 별표 13에 따른 배출허용기준[매립시설의 경우에는 제2호나목2)의 가)에서 정하는 침출수 배출허용기준] 이내로 배출되도록 유지·관리하여야 한다. 다만, 수질오염물질·특정수질유해물질 또는 침출수를 별표 9 제1호가목3) 단서 또는 같은 표 제2호나목2)마) 단서에 따른 시설에 옮겨 처리하거나 폐수처리업자에게 위탁처리하는 경우에는 그러하지 아니하다.
   마. 폐기물 처분시설 또는 재활용시설에 붙여진 온도지시계·자동온도기록계·운전내용자동기록지 등의 계측장비는 처리시설을 가동하지 아니하는 시간을 포함하여 운전내용을 연속적으로 측정·기록하도록 기능이 항상 정상적으로 유지되어야 한다. 다만, 폐기물 처분시설 또는 재활용시설의 보수·정전·화재나 그 밖의 부득이한 경우로서 시·도지사나 지방환경관서의 장이 인정하는 경우에는 그러하지 아니하다.
   바. 자동 계측장비에 사용한 기록지는 3년 이상 보존하여야 한다. 다만, 「대기환경보전법」 제32조에 따라 측정기기를 붙이고 같은 법 시행령 제13조의2에 따른 굴뚝자동측정관제센터와 연결하여 정상적으로 운영하면서 온도데이터를 저장매체에 기록·보관하는 경우에는 그러하지 아니하다.
   사. 마목의 규정에도 불구하고 폐기물 처분시설 또는 재활용시설을 24시간 연속하여 가동하지 아니하는 경우에는 시·도지사나 지방환경관서의 장의 승인을 받아 시설의 가동시간에 한정하여 운전내용을 자동기록장치를 통하여 측정·기록할 수 있다. 이 경우 자동기록장치는 폐기물 처분시설 또는 재활용시설의 온

도를 높이는 시간과 온도를 낮추는 시간을 포함한 전체 가동시간 동안 작동되도록 하여야 한다.

아. 매립시설에는 법 제25조제3항에 따른 허가·변경허가 및 법 제29조제2항·제3항에 따른 승인·변경승인을 받은 처분대상 폐기물 외의 물질을 매립하여서는 아니 된다.

자. 음식물류 폐기물 처분시설 또는 재활용시설을 운영하는 경우 음식물류 폐기물의 저장·투입·이송 및 처리 등의 과정에서 발생된 악취가 외부로 새어 나가지 아니하도록 밀폐된 상태로 운영하여야 하며, 악취를 저감하는 시설이 정상적인 기능으로 유지될 수 있도록 관리하여야 한다.

차. 폐기물 재활용시설을 설치·운영하는 자(법 제29조제2항제1호에 따른 시설은 제외한다)는 별표 8 제4호다목부터 파목까지의 규정에서 정하는 사항을 준수하여야 한다.

카. 폐가전제품을 재활용하는 경우 폐가전제품 등의 보관·재활용 등의 과정에서 냉매물질, 형광물질 등이 외부로 새어나가지 아니하도록 밀폐된 상태로 운영하여야 한다.

2. 개별기준

가. 중간처분시설의 경우

1) 소각시설

가) 공통기준

(1) 해당 시설에서 처분이 가능한 폐기물만을 소각하여야 한다

(2) 연소실에 폐기물을 투입하려는 경우에는 보조연소장치나 그 밖의 방법을 사용하여 섭씨 800도(「대기환경보전법」 제32조에 따른 측정기기를 붙이고 같은 법 시행령 제19조에 따른 굴뚝자동측정관제센터와 연결하여 정상적으로 운영되는 의료폐기물 외의 폐기물을 대상으로 하는 소각시설의 경우에도 섭씨 600도, 종이·목재류만을 소각하는 경우에는 섭씨 450도)까지 온도를 높인 후 폐기물을 투입하여야 하고, 시설의 가동을 멈출 때에는 폐기물이 완전히 연소한 후 온도를 낮추어야 한다.

(3) 삭제 〈2008.1.28〉

(4) 시간당 처분능력이 2톤 이상인 생활폐기물 소각 시설의 경우에는 일산화탄소 농도를 4시간 평균 50피피엠(표준산소농도 12퍼센트로 환산한 농도로서 4시간 평균치를 말한다) 이내로 배출되도록 유지·관리하여야 한다.

(5) 소각시설의 연소실·열분해실(가스화실을 포함한다) 또는 고온용융실의 최종 출구온도를 연속적으로 측정·기록하여야 하며, 시간당 처분능력이 2톤 이상인 소각시설의 경우에는 대기오염 방지시설 중 최초 집진

시설(전기·여과집진시설이 설치되어 있으면 전기·여과집진시설을 최초 집진시설로 본다)의 입구온도 및 배출가스 중의 일산화탄소·산소·분진농도를 연속적으로 측정·기록하여야 한다. 다만, 「대기환경보전법」 제32조에 따라 측정기를 붙이고 이를 같은 법 시행령 제19조에 따른 굴뚝자동측정관제센터와 연결하여 정상적으로 운영하는 경우에는 연속적으로 측정·기록한 것으로 본다.

(6) 대기오염 방지시설 중 최초 집진시설에 흘러드는 연소가스는 섭씨 200도(시간당 처분능력이 2톤 미만인 시설의 경우에는 섭씨 250도) 이하로 유지·관리하여야 한다.

(7) 소각시설의 유지·관리를 위하여 운전관리자를 선임하고 운전지침서를 갖추어 두어 운전 중에는 운전관리자가 계속 머물면서 운전지침서에 따라 운영하도록 하여야 한다.

(8) 폐냉매물질 등 기체상 폐기물을 처분하고자 하는 경우에는 기체상 폐기물을 연소실·열분해실·고온용융실로 직접 투입하여 외부로 새어 나가지 아니하도록 운영하여야 한다.

나) 개별기준

(1) 일반소각시설

(가) 연소실(연소실이 둘 이상인 경우에는 최종 연소실)의 출구온도는 섭씨 850도(의료폐기물을 대상으로 하는 소각시설 외의 시설로서 시간당 처분능력이 200킬로그램 미만인 경우에는 섭씨 800도, 종이 또는 접착제·페페인트·기름 및 방부제 등이 묻어있지 아니한 순수한 목재류만을 소각하는 경우에는 섭씨 450도) 이상을 유지하여야 한다. 다만, 기계고장·이물질 유입 등으로 불가피한 경우에는 출구온도를 기준온도보다 20도 낮은 온도의 범위에서 장애제거와 정상가동에 필요한 시간 동안 일시적으로 유지할 수 있다.

(나) 연소실은 연소가스가 2초(의료폐기물을 대상으로 하는 소각시설 외의 시설로서 시간당 처분능력이 200킬로그램 미만의 경우에는 0.5초, 시간당 처분능력이 200킬로그램 이상 2톤 미만인 경우에는 1초) 이상 체류하여야 한다.

(다) 바닥재의 강열감량이 10퍼센트(지정폐기물 외의 폐기물을 소각하는 시설로서 시간당 처분능력이 200킬로그램 미만인 소각시설의 경우에는 15퍼센트) 이하가 되도록 소각하여야 한다. 다만, 2008년 1월 1일 이후 가동이 시작되는 생활폐기물 소각 시설은 강열감량이 5퍼센트(시간당 처분능력이 200킬로그램 미만의 경우에는 10퍼센트) 이하가 되도록 소각하여야 한다.

(2) 고온소각시설

(가) 연소실(연소실이 둘 이상인 경우에는 최종 연소실)의 출구온도는 섭씨 1,100도 이상을 유지하여야 한다. 다만, 기계고장·이물질 유입 등으로 불가피한 경우에는 출구온도를 기준온도보다 50도 낮은 온도의 범위에서 장애제거와 정상가동에 필요한 시간 동안 일시적으로 유지할 수 있다.

(나) 연소실은 연소가스가 2초 이상 체류하여야 한다.

(다) 바닥재의 강열감량이 5퍼센트 이하가 되도록 소각하여야 한다.

(3) 열분해시설

(가) 열분해가스를 연소시키는 경우에는 가스연소실의 출구온도는 섭씨 850도 이상을 유지하여야 한다. 다만, 기계고장·이물질 유입 등으로 불가피한 경우에는 출구온도를 기준온도보다 20도 낮은 온도의 범위에서 장애제거와 정상가동에 필요한 시간 동안 일시적으로 유지할 수 있다.

(나) 열분해가스를 연소시키는 경우에는 가스연소실은 가스가 2초 이상(시간당 처분능력이 200킬로그램 미만인 시설의 경우에는 1초 이상) 체류하여야 한다.

(다) 열분해 잔재물의 강열감량이 10퍼센트(지정폐기물 외의 폐기물을 소각하는 시설로서 시간당 처분능력이 200킬로그램 미만인 소각시설의 경우에는 15퍼센트) 이하가 되도록 소각하여야 한다.

(4) 고온용융시설

(가) 고온용융시설의 출구온도는 섭씨 1,200도 이상을 유지하여야 한다. 다만, 기계고장·이물질 유입 등으로 불가피한 경우에는 출구온도를 기준온도보다 50도 낮은 온도의 범위에서 장애제거와 정상가동에 필요한 시간 동안 일시적으로 유지할 수 있다.

(나) 고온용융시설은 연소가스가 1초 이상 체류하여야 한다.

(다) 고온용융시설에서 배출되는 잔재물의 강열감량은 1퍼센트 이하가 되도록 용융하여야 한다.

2) 기계적 처분시설

가) 파쇄·분쇄·절단시설은 시설의 처분용량에 맞도록 공급량을 조절하여 파쇄·분쇄·절단하여야 한다.

나) 증발·농축시설은 폐기물의 성질과 상태별로 이의 처분를 위한 온도·압력을 조절하여야 한다.

다) 정제시설과 반응시설은 정제나 반응이 적절하게 이루어질 수 있도록 약품투입량·온도·압력교반(壓力攪拌)을 조절하여야 한다.

라) 유수분리시설

(1) 분리된 기름성분은 지체 없이 회수유저장조로 보내야 한다.

(2) 회수된 기름성분은 역류하거나 새어나가지 아니하도록 하여야 한다.

(3) 여과방식에 의한 시설의 여과포를 교체하거나 세척하여야 한다.

마) 탈수・건조시설

(1) 탈수시설은 기능의 저하를 방지하기 위하여 여과포를 교체하거나 세척하여야 하며, 탈수기를 세척하여야 한다.

(2) 건조시설은 성질과 상태별로 건조하여야 하며, 자연건조시설은 비올 때에 덮개로 덮여야 한다.

바) 멸균분쇄시설

(1) 다음의 성능을 유지할 수 있어야 한다.

(가) 증기멸균분쇄시설은 멸균실이 섭씨 121도 이상, 계기압으로 1기압 이상인 상태에서 폐기물이 30분 이상 체류하여야 한다.

(나) 열관멸균분쇄시설은 섭씨 100도의 증기로 수분침투 후 나선형 열관에서 분당 4회 이상의 회전속도와 섭씨 165±5도의 고온으로 가열하여 멸균실이 섭씨 100도 이상인 상태에서 40분 이상 체류하여야 한다.

(다) 마이크로웨이브멸균분쇄시설은 섭씨 160도의 고온증기로 수분침투 후 4개 이상의 마이크로파 발생기에서 각각 2천4백50메가헤르츠의 주파수와 출력 1천2백와트의 마이크로파를 조사하여 섭씨 95도 이상인 상태에서 25분 이상 체류하여야 한다.

(2) 가동 시마다 아포균검사・세균배양검사 또는 멸균테이프검사를 하되, 1일 3회 이하 가동하는 경우에는 1회 이상, 1일 3회를 초과하여 가동하는 경우에는 2회 이상 아포균검사나 세균배양검사를 하여야 한다.

(3) 자동기록지는 연결방식으로 사용하여야 한다.

(4) 폐기물은 원형이 파쇄되어 재사용할 수 없도록 분쇄하여야 한다.

(5) 수분함량이 50퍼센트 이하가 되도록 건조하여야 한다.

3) 화학적 처분시설

가) 고형화・고화 시설

(1) 시멘트・물・용출방지제・합성고분자화합물 등은 고르게 혼합하여야 한다.

(2) 혼합물은 양생(養生)하여야 한다. 다만, 합성고분자화합물을 고화제로 이용하는 경우에는 그러하지 아니한다.

나) 반응시설

(1) 폐냉매물질 등 기체상 폐기물을 처분하는 경우 기체상 폐기물이나 처분과정에서 발생하는 유해가스가 외부로 새어 나가지 아니하도록 밀폐되는 상태로 운영하여야 한다.

4) 생물학적 처분시설

가) 소멸화 시설 및 호기성·혐기성 분해시설

(1) 호기성·혐기성 분해시설은 분해를 위한 온도·습도·공기량을 유지하여야 한다.

(2) 삭제 〈2011.9.27〉

(3) 소멸·소화 과정에서 선별된 협잡물(挾雜物) 또는 잔재물을 적절처리하여야 하며, 발생되는 악취가 최소화되도록 저감시설을 정상 운영하고, 수질오염물질이 새어나가지 아니하도록 하여야 한다.

나. 최종처분시설의 경우

1) 차단형 매립시설

가) 매립시설의 축대벽은 구조적으로 안정성이 유지되도록 하여야 한다.

나) 매립시설 내부로 빗물이나 지하수가 흘러들지 아니하도록 하여야 한다.

다) 매립시설의 사용을 끝낼 때에는 밀폐시켜야 한다.

라) 폐기물이 매립시설의 외부로 흘러나가지 아니하도록 유지·관리하여야 한다.

2) 관리형 매립시설

가) 매립시설에서 발생하는 침출수는 다음의 배출허용기준 이하로 처리하여야 한다.

○매립시설 침출수의 생물화학적 산소요구량·화학적 산소요구량·부유물질량의 배출허용기준

구 분	생물화학적 산소요구량 (mg/L)	화학적산소요구량(mg/L)			부유물질량 (mg/L)
		과망간산칼륨법에 따른 경우		중크롬산칼륨법에 따른 경우	
		1일 침출수 배출량 2,000㎥ 이상	1일 침출수 배출량 2,000㎥ 미만		
청정지역	30	50	50	400(90%)	30
가 지 역	50	80	100	600(85%)	50
나 지 역	70	100	150	800(80%)	70

비 고

1. 화학적 산소요구량의 배출허용기준은 2001년 6월 30일까지는 과망간산칼륨법에 따른 경우와 중크롬산칼륨법에 따른 경우 중 하나를 선택적으로 적용할 수 있으며, 2001년 7월 1일부터는 중크롬산칼륨법에 따른 배출허용기준을 적용한다.
2. 중크롬산칼륨법에 따른 경우 ( ) 안의 수치는 처리효율을 표시한 것이며, 침출수 원수(原水)의 화학적산소요구량이 4,000㎎/L을 초과하는 경우에는 ( ) 안에 표기된 처리효율 이상이 되도록 처리하여야 한다.
3. 청정지역·가지역·나지역의 구분은 「수질 및 수생태계 보전에 관한 법률 시행규칙」 별표 13 제1호에 따라 환경부장관이 고시하는 지역구분에 따른다.

○매립시설침출수의 페놀류 등 오염물질의 배출허용기준

항목 / 지역	수소이온농도	노말헥산추출물질 함유량		페놀류함유량 (mg/L)	시안함유량 (mg/L)	크롬함유량 (mg/L)	용해성철함유량 (mg/L)	아연함유량 (mg/L)	구리함유량 (mg/L)	카드뮴함유량 (mg/L)	수은함유량 (mg/L)	유기인함유량 (mg/L)
		광유류 (mg/L)	동식물유지류 (mg/L)									
청정지역	5.8 ~ 8.0	1 이하	5 이하	1 이하	0.2 이하	0.5 이하	2 이하	1 이하	0.5 이하	0.02 이하	불검출	0.2 이하
가지역	5.8 ~ 8.0	5 이하	30 이하	3 이하	1 이하	2 이하	10 이하	5 이하	3 이하	0.1 이하	0.005이하	1 이하
나지역	5.8 ~ 8.0	5 이하	30 이하	3 이하	1 이하	2 이하	10 이하	5 이하	3 이하	0.1 이하	0.005이하	1 이하

비소함유량 (mg/L)	납함유량 (mg/L)	6가크롬함유량 (mg/L)	용해성망간함유량 (mg/L)	불소함유량 (mg/L)	PCB함유량 (mg/L)	총대장균군수 (군수/mL)	색도 (도)	암모니아성질소 (mg/L)	무기성질소 (mg/L)	총인 (mg/L)	트리클로로에틸렌 (mg/L)	테트라클로로에틸렌 (mg/L)
0.1이하	0.2 이하	0.1 이하	2 이하	3 이하	불검출	100 이하	200 이하	50 이하 (95%)	150 이하 (85%)	4 이하	0.06 이하	0.02 이하
0.5이하	1 이하	0.5 이하	10 이하	15 이하	0.005 이하	3,000 이하	300 이하	100 이하 (90%)	200 이하 (80%)	8 이하	0.3 이하	0.1 이하
0.5이하	1 이하	0.5 이하	10 이하	15 이하	0.005 이하	3,000 이하	300 이하	100 이하 (90%)	300 이하 (70%)	8 이하	0.3 이하	0.1 이하

비 고

1. 청정지역 · 가지역 · 나지역의 구분은 「수질환경보전법 시행규칙」 별표 9 제1호에 따라 환경부장관이 고시하는 지역구분에 따른다.
2. 무기성질소는 암모니아성질소 · 아질산성질소 · 질산성질소의 합으로 한다.
3. 질소처리시설의 반응조 출구의 수온이 섭씨 12도 미만인 경우에는 암모니아성질소와 무기성질소의 기준을 적용하지 아니한다.
4. 암모니아성질소와 무기성질소의 ( )의 수치는 처리원수에 대한 처리효율을 표시한 것이며, 침출원수의 암모니아성질소 및 무기성질소의 농도가 1리터당 1,000밀리그램 이상인 경우에는 ( ) 안에 표기된 처리효율 이상이 되도록 처리하여야 한다.

나) 침출수를 「하수도법」 제2조제9호에 따른 공공하수처리시설 또는 「하수도법」 제2조제11호에 따른 분뇨처리시설로 옮겨 처리하는 경우 공공하수처리시설 또는 분뇨처리시설에서 처리하는 오염물질 외의 오염물질에 대하여는 가)에서 규정하는 침출수 배출허용기준 이하로 처리한 후 보내야 한다.

다) 매립시설 주변의 지하수 검사정 및 빗물·지하수배제시설의 수질검사 또는 해수수질검사는 해당 매립시설의 사용시작 신고일 2개월 전부터 사용시작 신고일까지의 기간 중에는 월 1회 이상, 사용시작 신고일 후부터는 분기 1회 이상 각각 실시하여야 하며, 검사실적을 매년 1월말까지 시·도지사나 지방환경관서의 장에게 보고하여야 한다. 이 경우 측정항목은 지하수의 경우에는 「지하수의 수질보전 등에 관한 규칙」의 기준항목 및 생물학적 산소요구량, 화학적 산소요구량, 암모니아성질소, 아질산성질소 항목을 측정하고, 해수의 경우에는 「환경정책기본법」의 수질(해역)기준항목을 적용하며, 측정 결과가 폐기물의 매립으로 사용 전보다 사용 중의 오염도가 높다고 인정되면 수질오염방지를 위한 조치(연직차수벽설치 및 오염된 지하수 이송처리 등)를 마련하여야 한다.

라) 침출수 집배수시설은 정상적인 기능이 유지되도록 토사의 제거나 그에 알맞은 조치를 하여야 한다.

마) 차수시설 상부에 모여 있는 침출수의 수위는 시설의 안정 등을 고려하여 매립 중인 시설의 경우 5미터 이하, 매립이 끝난 시설은 2미터 이하가 유지되도록 관리하여야 한다.

바) 매립시설의 축대벽 및 둑은 폐기물과 침출수가 새어나가지 아니하도록 하여야 하고 구조적으로 안정성이 유지되도록 하여야 한다.

사) 매립시설 측면의 토목합성수지 라이너를 보호하고 침출수를 원활하게 배제하기 위하여 토목합성수지 상부의 지오컴포지트·지오네트 또는 지오텍스타일 등의 위에 폴리프로필렌 재질의 자루에 모래, 폐주물사 또는 폐사를 채워 30센티미터 이상 높이로 쌓거나(이 경우 자루의 내부에는 날카로운 물질이 혼합되어서는 아니 된다) 폐타이어에 모래·폐주물사 또는 폐사 등을 채워 쌓은 후 폐기물을 매립하여야 한다. 다만, 제41조제3항제2호에 따른 매립시설의 검사기관이 본문의 방법과 동등한 효과가 있다고 인정하는 공법이나 환경기술검증을 받은 매립시설의 설치공법으로 매립시설의 측면에 토목합성수지 라이너를 설치한 경우에는 그러하지 아니하다.

아) 폐기물의 매립은 내부진입로 설치계획, 단계별 매립·복토·우수배제 방법 등이 포함된 매립작업 설계도서를 작성한 후 그 내용에 따라 하여야 한다.

자) 매립시설에 폐기물을 매립할 때에는 장비를 이용하여 다짐과 압축을 하여야 한다.

차) 매립시설의 복토는 다음 기준에 맞게 하여야 한다.

(1) 매립작업이 끝난 후 투수성이 낮은 흙, 고화처리물 또는 건설폐재류를 재활용한 토사 등을 사용하여 15센티미터 이상의 두께(화학복토재 등 인공복토재를 사용하는 경우에는 환경부장관이 정하여 고시하는 두께)로 다져 일일복토를 하여야 하며, 매립작업이 7일 이상 중단되는 때에는 노

출된 매립층의 표면부분에 30센티미터 이상의 두께로 다져 기울기가 2퍼센트 이상이 되도록 중간복토를 하여야 한다. 다만, 지정폐기물로 분류되지 아니하는 폐기물 중 복토의 필요성이 없다고 인정되는 소각재·도자기조각·광재류·폐석고·폐석회나 폐각류 등 악취의 발생이나 흩날릴 우려가 없는 폐기물만 매립하는 경우와 빗물의 침투를 방지하고 폐기물이 외부로 흩날리거나 악취가 발산되는 것을 막을 수 있는 시설을 설치하여 주변지역에 영향을 줄 우려가 없다고 인정되는 매립시설의 경우에는 일일복토와 중간복토를 하지 아니할 수 있다.

(2) 화학복토재 등 인공복토재는 폐기물공정 시험기준(방법)에 의한 용출시험 등을 하여 유해성이 없다고 판단한 후 사용하여야 한다.

(3) 음식물류, 지정폐기물로 분류되지 아니하는 유기성 오니 또는 동식물성 잔재물 등 부패성폐기물로서 부패성물질의 함량이 40퍼센트 이상인 폐기물만 매립하는 때에는 폐기물의 높이가 매 3미터가 되기 전에 복토를 하여야 한다.

(4) 오니 중 유기성의 것 등 부패성 지정폐기물로서 부패성물질의 함량이 40퍼센트 이상인 지정폐기물만을 매립하는 경우에는 해당 폐기물의 높이가 50센티미터 이상인 때에는 50센티미터마다 30센티미터 이상의 두께로 복토를 하여야 한다. 다만, 매일 작업종료 직전에 매립되는 폐기물이 부패성폐기물인 경우 그 폐기물의 높이에 해당하는 두께로 복토를 하여야 한다.

(5) 매립시설의 사용이 끝났을 때에는 최종복토층을 기울기가 2퍼센트 이상이 되도록 설치하여야 한다. 이 경우 최종복토층은 하부로부터 다음과 같은 가스배제층(유기성폐기물을 매립하여 가스가 발생하는 경우만 해당한다)·차단층·배수층 및 식생대층을 차례대로 설치하여야 한다. 다만, 별표 9 비고 제1호에 해당하는 매립시설의 경우에는 식생대층만을 설치할 수 있으며, 매립시설 사용종료일 또는 폐쇄일부터 1년 이내에 매립시설의 전부 또는 일부 구역을 굴착하여 폐기물을 제거한 후 다른 토지의 용도로 사용하려는 경우에는 해당 구역에 대하여 매립된 폐기물이 흩날리거나 외부로 유출되지 아니하도록 (1)에 따른 중간복토로 대체할 수 있다.

(가) 가스배제층 : 두께 30센티미터 이상 설치

(나) 차단층 : 점토·점토광물혼합토 등으로 두께 45센티미터 이상이고 투수계수가 1초당 1백만분의 1센티미터 이하가 되도록 설치하거나 점토·점토광물혼합토 등으로 두께 30센티미터 이상이고 투수계수가 1초당 1백만분의 1센티미터 이하가 되도록 설치한 후 그 위에 두께 1.5밀리미터 이상인 합성고분자차수막 설치

(다) 배수층 : 모래, 재생골재 등을 30센티미터 이상 두께로 포설하거나 복토층 무게상태에서 투과능계수가 1초당 3만분의 1제곱미터 이상인 지오컴포지트 · 지오네트 또는 지오텍스타일 등의 토목합성수지를 설치
(라) 식생대층 : 식물심기와 생장이 가능한 양질의 토양으로 두께 60센티미터 이상 설치

카) 유기성폐기물을 매립하여 가스가 발생하는 경우에는 매립시설에서 발생하는 가스를 포집하여 소각 등의 처리를 하거나 발전 · 연료화 등에 재활용하여야 하며, 가스포집이 쉽도록 수평과 수직의 가스배제관을 설치하여야 한다.

타) 해충의 발생 및 서식을 방지하기 위하여 방역을 하여야 한다.

파) 폐석면을 매립하는 경우에는 해당 매립시설의 사후관리가 종료될 때까지 폐석면 매립량, 매립위치 및 깊이 등 매립구역에 대하여 별지 제34호의2 서식의 폐석면 구역매립 이력관리 기록부를 기록 · 보존하여야 한다(법 제33조제1항 또는 제2항에 따라 폐석면이 매립된 매립시설의 권리 · 의무를 승계한 자도 또한 같으며, 이 경우 승계인은 피승계인의 폐석면 구역매립 이력관리 기록부를 인계받아 승계인의 폐석면 구역매립 이력관리 기록부와 함께 보존하여야 한다)

다. 재활용시설의 경우

1) 기계적 재활용시설

가) 파쇄 · 분쇄 · 절단시설은 시설의 재활용용량에 맞도록 공급량을 조절하여 파쇄 · 분쇄 · 절단하여야 한다.

나) 증발 · 농축시설은 폐기물의 성질과 상태별로 이의 재활용을 위한 온도 · 압력을 조절하여야 한다.

다) 정제시설과 반응시설은 정제나 반응이 적절하게 이루어질 수 있도록 약품투입량 · 온도 · 압력교반(壓力攪拌)을 조절하여야 한다.

라) 유수분리시설

(1) 분리된 기름성분은 지체 없이 회수유저장조로 보내야 한다.
(2) 회수된 기름성분은 역류하거나 새어나가지 아니하도록 하여야 한다.
(3) 여과방식에 의한 시설의 여과포를 교체하거나 세척하여야 한다.

마) 탈수 · 건조시설

(1) 탈수시설은 기능의 저하를 방지하기 위하여 여과포를 교체하거나 세척하여야 하며, 탈수기를 세척하여야 한다.
(2) 건조시설은 성질과 상태별로 건조하여야 하며, 자연건조시설은 비올 때에 덮개로 덮여야 한다.

바) 세척시설

(1) 세척 과정에 사용된 세척수 등이 외부로 유출되지 않도록 하여야 한다.

(2) 세척에 사용된 세척수에 혼입된 폐목재 찌꺼기와 기름 등은 별도로 분리하여 소각 처분하여야 한다.

2) 화학적 재활용시설

가) 고형화·고화 시설

(1) 시멘트·물·용출방지제·합성고분자화합물 등은 고르게 혼합하여야 한다.

(2) 혼합물은 양생(養生)하여야 한다. 다만, 합성고분자화합물을 고화제로 이용하는 경우에는 그러하지 아니한다.

3) 생물학적 재활용시설

가) 사료화·퇴비화·소멸화·부숙토생산 시설 및 호기성·혐기성 분해시설

(1) 사료화·퇴비화·부숙토생산 시설 및 호기성·혐기성 분해시설은 사료화·퇴비화·분해를 위한 온도·습도·공기량을 유지하여야 한다.

(2) 「비료관리법」 제2조에 따른 공정규격에서 정한 퇴비로 재활용하는 경우에는 그 공정규격에서 정한 퇴비의 원료로 사용가능한 물질만을 사용하여야 한다.

(3) 사료화·퇴비화·부숙토생산 및 소멸·소화 과정에서 선별된 협잡물(挾雜物) 또는 잔재물을 적정 처리하여야 하며, 발생되는 악취가 최소화되도록 저감시설을 정상 운영하고, 수질오염물질이 새어나가지 아니하도록 하여야 한다.

4) 시멘트 소성로

가) 해당 시설에서 재활용이 가능한 폐기물만을 재활용하여야 한다.

나) 연소실에 폐기물을 투입하려는 경우에는 보조연소장치나 그 밖의 방법을 사용하여 섭씨 800도까지 온도를 높인 후 폐기물을 투입하여야 하고, 시설의 가동을 멈출 때에는 폐기물이 완전히 연소한 후 온도를 낮추어야 한다.

다) 예열기 최하단 원심력 집진시설의 출구온도는 섭씨 800도 이상을 유지하여야 한다. 다만, 기계고장·이물질 유입 등으로 인하여 불가피한 경우에는 20도 낮은 온도의 범위에서 장애제거와 정상가동에 필요한 시간 동안 일시적으로 유지할 수 있다.

라) 연소실은 연소가스가 2초 이상 체류하여야 한다.

마) 연소실의 최종 출구온도를 연속적으로 측정·기록하여야 하며, 대기오염방지시설 중 최초 집진시설(전기·여과집진시설이 설치되어 있는 경우에는 전기·여과집진시설을 최초 집진시설로 본다)의 입구온도 및 배출가스 중의 산소·분진농도를 연속적으로 측정·기록하여야 한다. 다만, 「대기환경보전법」 제32조에 따라 측정기를 붙이고 이를 같은 법 시행령 제13조의2에 따른 굴뚝자동측정관제센터와 연결하여 정상적으로 운영하는 경우에는 연속적으로 측정·기록한 것으로 본다.

바) 대기오염 방지시설 중 최초 집진시설(전기·여과집진시설이 설치되어 있는

경우에는 전기·여과집진시설을 최초 집진시설로 본다)에 흘러드는 연소가스는 섭씨 200도(시간당 재활용능력이 2톤 미만인 시설의 경우에는 섭씨 250도) 이하로 유지·관리하여야 한다.

사) 시설의 유지·관리를 위하여 운전관리자를 선임하고 운전지침서를 갖추어 두어 운전 중에는 운전관리자가 계속 머물면서 운전지침서에 따라 운영하도록 하여야 한다.

아) 총탄화수소(THC)를 4시간 평균 60피피엠(표준산소농도 13퍼센트로 환산한 농도로서 4시간 평균치를 말한다) 이내로 배출되도록 유지·관리하여야 한다.

5) 용해로

가) 해당 시설에서 재활용이 가능한 폐기물만을 재활용하여야 한다.

나) 연소실에 폐기물을 투입하려는 경우에는 섭씨 800도까지 온도를 높인 후 폐기물을 투입하여야 하고, 시설의 가동을 멈출 때에는 폐기물이 완전히 연소한 후 온도를 낮추어야 한다.

다) 연소실 최종 출구온도를 연속적으로 측정·기록하여야 하며, 대기오염 방지시설 중 최초 집진시설(전기·여과집진시설이 설치되어 있으면 전기·여과집진시설을 최초 집진시설로 본다)의 입구온도 및 배출가스 중의 산소·분진농도를 연속적으로 측정·기록하여야 한다. 다만, 「대기환경보전법」 제32조에 따라 측정기를 붙이고 이를 같은 법 시행령 제13조의2에 따른 굴뚝자동측정관제센터와 연결하여 정상적으로 운영하는 경우에는 연속적으로 측정·기록한 것으로 본다.

라) 대기오염 방지시설 중 최초 집진시설에 흘러드는 연소가스는 섭씨 200도(시간당 처리능력이 2톤 미만인 시설의 경우에는 섭씨 250도) 이하로 유지·관리하여야 한다.

마) 시설의 유지·관리를 위하여 운전관리자를 선임하고 운전지침서를 갖추어 두어 운전 중에는 운전관리자가 계속 머물면서 운전지침서에 따라 운영하도록 하여야 한다.

6) 소각열회수시설

가) 제3조제1항제1호가목의 기준에 적합한 폐기물로서 허가·승인을 받거나 신고한 폐기물만을 재활용하여야 한다.

나) 연소실에 폐기물을 투입하려는 경우에는 보조장치나 그 밖의 방법을 사용하여 섭씨 800도(「대기환경보전법」 제32조에 따른 측정기기를 붙이고 같은 법 시행령 제19조에 따른 굴뚝자동측정관제센터와 연결하여 정상적으로 운영되는 경우에는 섭씨 600도, 종이류 또는 접착제·페페인트·기름 및 방부제 등이 묻어 있지 아니한 순수한 목재류만을 소각하는 경우 섭씨 450도)까지 온도를 높인 후 폐기물을 투입하여야 하고, 시설의 가동을 멈출 때에는 폐기물이 완전히 연소한 후 온도를 낮추어야 한다.

다) 연소실·열분해실(가스화실을 포함한다)의 최종 출구온도를 연속적으로 측정·기록하여야 하며, 시간당 재활용능력이 2톤 이상인 경우에는 대기오염 방지시설 중 최초 집진시설(전기·여과집진시설이 설치되어 있으면 전기·여과집진시설을 최초 집진시설로 본다)의 입구온도 및 배출가스 중의 산소·분진농도를 연속적으로 측정·기록하여야 한다. 다만, 「대기환경보전법」 제32조에 따라 측정기기를 붙이고 이를 같은 법 시행령 제19조에 따른 굴뚝자동측정관제센터와 연결하여 정상적으로 운영하는 경우에는 연속적으로 측정·기록한 것으로 본다.

라) 대기오염 방지시설 중 최초 집진시설에 흘러드는 연소가스는 섭씨 200도(시간당 재활용능력이 2톤 미만인 시설의 경우에는 섭씨 250도) 이하로 유지·관리하여야 한다.

마) 연소실(연소실이 둘 이상인 경우에는 최종 연소실) 출구온도는 섭씨 850도(종이류 또는 접착제·페페인트·기름 및 방부제 등이 묻어 있지 않은 순수한 목재류만을 소각하는 경우에는 섭씨 450도) 이상을 유지하여야 한다. 다만, 기계고장 등으로 불가피한 경우에는 장애제거와 정상가동에 필요한 시간 동안 일시적으로 출구온도를 기준온도보다 20도 낮은 온도의 범위에서 유지할 수 있다.

바) 연소실은 연소가스가 2초(시간당 재활용능력이 2톤 미만인 경우에는 1초) 이상 체류하여야 한다.

사) 바닥재의 강열감량이 10퍼센트 이하가 되도록 재활용하여야 한다.

아) 온수·증기 등의 회수열을 열원으로 스스로 이용하거나 다른 사람에게 공급할 수 없는 경우에는 폐기물을 재활용하여서는 아니된다.

자) 시설의 유지·관리를 위하여 운전관리자를 선임하고 운전지침서를 갖추어 두어 운전 중에는 운전관리자가 계속 머물면서 운전지침서에 따라 운영하도록 하여야 한다.

비고 : 폐기물을 연료로 사용하지 않는 시멘트 소성로에 대하여는 제2호다목4)나)부터 바)까지 및 아)의 규정을 적용하지 아니한다.

[별표 12] 〈개정 2008.8.4〉

측정대상 오염물질의 종류 및 측정주기(제43조제3항 관련)

1. 측정대상 오염물질의 종류

   별표 11 제2호나목2)가)에 따른 배출허용기준 대상항목

2. 측정주기

   가. 침출수 배출량이 1일 2천세제곱미터 이상인 경우

      1) 화학적 산소요구량 : 매일 1회 이상

      2) 화학적 산소량 외의 오염물질 : 주 1회 이상

   나. 침출수 배출량이 1일 2천세제곱미터 미만인 경우 : 월 1회 이상

[별표 13] 〈개정 2012.9.24〉

폐기물처리시설 주변지역 영향조사 기준(제46조 관련)

1. 조사분야 및 항목
  가. 매립시설
    1) 대기 : 「환경정책기본법 시행령」 별표 1에 따른 대기환경기준 항목 중 미세먼지(PM-10) 및 「악취방지법」 제2조제1호에 따른 악취
    2) 지표수 : 별표 11 제2호나목2)가)에 따른 침출수 배출허용기준 항목
    3) 지하수 : 「지하수의 수질보전 등에 관한 규칙」 별표 4에 따른 생활용수수질기준 항목
    4) 토양 : 「토양환경보전법 시행규칙」 별표 3에 따른 토양오염우려기준 항목
  나. 소각시설, 시멘트 소성로 및 소각열회수시설
    1) 대기 : 다이옥신, 푸란 및 「악취방지법」 제2조제1호에 따른 악취
    2) 지표수 : 별표 11 제2호나목2)가)에 따른 침출수배출허용기준 항목(소각시설 또는 소각열회수시설이 「수질 및 수생태계 보전에 관한 법률」 제2조제10호에 따른 폐수배출시설에 해당하는 경우를 말한다)
2. 조사방법
  가. 조사횟수 : 각 항목당 계절을 달리하여 2회 이상 측정하되, 악취는 여름(6월부터 8월까지)에 1회 이상 측정하여야 한다.
  나. 조사지점
    1) 미세먼지와 다이옥신 조사지점은 해당 시설에 인접한 주거지역 중 3개소이상 지역의 일정한 곳으로 한다.
    2) 악취 조사지점은 매립시설에 가장 인접한 주거지역에서 냄새가 가장 심한 곳으로 한다.
    3) 지표수 조사지점은 해당 시설에 인접하여 폐수, 침출수 등이 흘러들거나 흘러들 것으로 우려되는 지역의 상·하류 각 1개소 이상의 일정한 곳으로 한다.
    4) 지하수 조사지점은 별표 9 제2호가목8)의 설치기준에 따라 매립시설의 주변에 설치된 3개의 지하수 검사정(檢査井)으로 한다.
    5) 토양 조사지점은 매립시설에 인접하여 토양오염이 우려되는 4개소 이상의 일정한 곳으로 한다.
  다. 측정방법 : 「환경분야 시험 · 검사 등에 관한 법률」 제6조제1항에 따른 환경오염 공정시험기준으로 하여야 한다.
3. 결과보고 : 조사완료 후 30일 이내에 시·도지사나 지방환경관서의 장에게 제출하여야 한다.

비고 : 「잔류성유기오염물질 관리법」 제19조 및 같은 법 시행규칙 별표 7에 따른 시멘트 소성로에 대한 다이옥신 측정 지점 등이 제2호에 따른 조사 시기, 조사 지점 및 측정방법과 동일한 경우에는 같은 조에 의한 측정결과를 제1호나목1)에 따른 다이옥신에 대한 1회 측정결과로 갈음할 수 있다.

[별표 14] 〈개정 2015.7.29〉

기술관리인의 자격기준(제48조 관련)

구분		자격기준
폐기물 처분시설 또는 재활용시설	가. 매립시설	○ 폐기물처리기사, 수질환경기사, 토목기사, 일반기계기사, 건설기계설비기사, 화공기사, 토양환경기사 중 1명 이상
	나. 소각시설(의료폐기물을 대상으로 하는 소각시설은 제외한다), 시멘트 소성로, 용해로 및 소각열회수시설	○ 폐기물처리기사, 대기환경기사, 토목기사, 일반기계기사, 건설기계설비기사, 화공기사, 전기기사, 전기공사기사 중 1명 이상
	다. 의료폐기물을 대상으로 하는 시설	○ 폐기물처리산업기사, 임상병리사, 위생사 중 1명 이상
	라. 음식물류 폐기물을 대상으로 하는 시설	○ 폐기물처리산업기사, 수질환경산업기사, 화공산업기사, 토목산업기사, 대기환경산업기사, 일반기계기사, 전기기사 중 1명 이상
	마. 그 밖의 시설	○ 같은 시설의 운영을 담당하는 자 1명 이상

비고 : 폐기물 처분시설 또는 재활용시설이 배출시설에 해당할 때에는 「대기환경보전법」·「수질 및 수생태계 보전에 관한 법률」 또는 「소음·진동규제법」에 따른 환경기술인이 기술관리인을 겸임할 수 있다

[별표 15] 〈개정 2012.9.24〉

폐기물처리시설에 대한 기술관리대행계약에 포함될 점검항목(제49조제2항 관련)

시 설 명	점 검 항 목
1. 중간처분시설	
가. 공통사항	○투입폐기물의 종류 및 양의 적절 여부 ○보관시설바닥·주요처분시설 등의 변형·파손 여부 ○온도기록계 등 측정기기의 부착 및 정상가동 여부 ○사고발생 시 적절조치 여부 ○동파우려가 있는 시설·장비의 배관의 물 제거 여부 ○시설·장비 등의 운영지침서에 의한 적절운영 여부 ○소화장비의 구입 여부
나. 소각시설 및 고온열분해시설	○내화물의 파손 여부 ○연소버너·보조버너의 정상가동 여부 ○안전설비의 정상가동 여부 ○방지시설의 정상가동 여부 ○배출가스 중의 오염물질의 농도 ○연소실 등의 청소실시 여부 ○냉각펌프의 정상가동 여부 ○연도 등의 기밀유지상태 ○정기성능검사 실시 여부 ○시설가동개시 시 적절온도까지 높인 후 폐기물투입 여부 및 시설가동 중단방법의 적절성 여부 ○온도·압력 등의 적절유지 여부
다. 파쇄시설	○파쇄·분쇄·절단장치의 파손 여부 ○분진의 흩날림 방지상태
라. 용융시설	○온도조절설비의 정상가동 여부 ○유해가스처리시설의 정상가동 여부
마. 증발·농축시설·정제시설·반응시설	○증발·농축조 등의 부식 또는 파손 여부 ○온도조절설비의 정상가동 여부 ○유해가스처리설비의 정상가동 여부 ○주기적인 청소실시 여부
바. 유수분리시설	○분리수이동설비의 파손 여부 ○회수유저장조의 부식 또는 파손 여부 ○이물질제거망의 청소 여부 ○폐유투입량 조절장치의 정상가동 여부 ○정기적인 여과포의 교체 또는 세척 여부
사. 응집·침전시설	○교반장치의 정상가동 여부 ○응집·침전된 오니의 적절제거 여부
아. 탈수시설	○탈수성능의 정상 여부

시 설 명	점 검 항 목
	○액체상태 폐기물과 탈수과정에서 발생하는 폐수의 유출 여부 ○여과포의 정기적인 교체 또는 세척 여부 ○이물질의 제거 여부
자. 건조시설	○건조온도조절장치의 정상가동 여부 ○빗물유입방지용 덮개 등의 구비 여부 ○유해가스처리설비의 정상가동 여부
차. 고형화·고화시설	○혼합장치의 정상가동 여부 ○배합비율(시멘트·물 및 고화제 등) ○양생시설에서 혼합물의 유실 여부 ○혼합기 등의 청소실시 여부
카. 안정화시설	○유해가스처리설비의 정상가동 여부
타. 멸균분쇄시설	○멸균조건의 적절유지 여부(멸균검사 포함) ○분쇄시설의 정상가동 여부 ○자동기록장치의 정상가동 여부 ○안전설비의 정상가동 여부 ○악취방지시설·건조장치·자동투입장치 등의 정상가동 여부
파. 음식물류 폐기물 처분시설	○혼합·저장·분쇄장치의 파손 여부 ○가열·건조시설의 정상가동 여부 ○수질오염물질처리시설과 악취방지시설의 정상가동 여부 ○안전설비의 정상가동 여부 ○사료·비료제조업에 등록된 경우 생산제품의 공정규격 유지 여부 ○선별시설 정상가동 여부 ○발효시설·후부숙시설 정상가동 여부(퇴비화시설의 경우만 해당함)
2. 최종 처분시설	
가. 공통사항	○철망 등 외곽시설의 파손 여부 ○매립시설표지판의 설치 및 내용기재 여부 ○계량시설의 정상가동 여부 ○매립시설 지반의 침하 여부 ○지하수 검사정의 수질검사 실시 여부 ○바닥·외벽 및 내부막의 파손 여부
나. 차단형 매립시설	○빗물차단용 덮개의 구비 여부 ○하단벽체의 콘크리트 파손 여부
다. 관리형 매립시설	○차수시설의 파손 여부 ○침출수집수정·이송설비 등의 정기적인 청소실시 여부 ○유량조정조의 파손 여부 ○침출수 처리시설의 정상가동 여부 ○방류수의 수질 ○발생가스처리시설의 정상가동 여부
3. 재활용시설	
가. 공통사항	○투입폐기물의 종류 및 양의 적절 여부

시 설 명	점 검 항 목
나. 시멘트 소성로, 용해로, 소각열 회수시설	○보관시설 바닥·주요 재활용시설 등의 변형·파손 여부 ○온도기록계 등 측정기기의 부착 및 정상가동 여부 ○사고발생 시 적절조치 여부 ○동파우려가 있는 시설·장비의 배관의 물 제거 여부 ○시설·장비 등의 운영지침서에 의한 적절운영 여부 ○소화장비의 구입 여부 ○내화물의 파손 여부 ○연소버너·보조버너의 정상가동 여부 ○안전설비의 정상가동 여부 ○방지시설의 정상가동 여부 ○배출가스 중의 오염물질의 농도 ○연소실 등의 청소실시 여부 ○냉각펌프의 정상가동 여부 ○연도 등의 기밀유지상태 ○정기성능검사 실시 여부 ○시설가동개시 시 적절온도까지 높인 후 폐기물투입 여부 및 시설가동 중단방법의 적절성 여부 ○온도·압력 등의 적절유지 여부
다. 파쇄시설	○파쇄·분쇄·절단장치의 파손 여부 ○분진의 흩날림 방지상태
라. 용융·용해시설	○온도조절설비의 정상가동 여부 ○유해가스처리시설의 정상가동 여부
마. 증발·농축시설·정제시설·반응시설	○증발·농축조 등의 부식 또는 파손 여부 ○온도조절설비의 정상가동 여부 ○유해가스처리설비의 정상가동 여부 ○주기적인 청소실시 여부
바. 유수분리시설	○분리수이동설비의 파손 여부 ○회수유저장조의 부식 또는 파손 여부 ○이물질제거망의 청소 여부 ○폐유투입량 조절장치의 정상가동 여부 ○정기적인 여과포의 교체 또는 세척 여부
사. 응집·침전시설	○교반장치의 정상가동 여부 ○응집·침전된 오니의 적절제거 여부
아. 탈수시설	○탈수성능의 정상 여부 ○액체상태 폐기물과 탈수과정에서 발생하는 폐수의 유출 여부 ○여과포의 정기적인 교체 또는 세척 여부 ○이물질의 제거 여부
자. 건조시설	○건조온도조절장치의 정상가동 여부 ○빗물유입방지용 덮개 등의 구비 여부 ○유해가스처리설비의 정상가동 여부
차. 고형화·고화시설	○혼합장치의 정상가동 여부

시 설 명	점 검 항 목
카. 음식물류 폐기물 재활용시설	○배합비율(시멘트·물 및 고화제 등) ○양생시설에서 혼합물의 유실 여부 ○혼합기 등의 청소실시 여부 ○혼합·저장·분쇄장치의 파손 여부 ○가열·건조시설의 정상가동 여부 ○수질오염물질처리시설과 악취방지시설의 정상가동 여부 ○안전설비의 정상가동 여부 ○사료·비료제조업에 등록된 경우 생산제품의 공정규격 유지 여부 ○선별시설 정상가동 여부 ○발효시설·후부숙시설 정상가동 여부(퇴비화 시설의 경우만 해당함)
4. 그 밖에 환경부장관이 폐기물을 안전하게 처분 또는 재활용할 수 있다고 인정하여 고시하는 시설	○환경부장관이 고시로 정하는 항목

비고 : 폐기물을 연료로 사용하지 않는 시멘트 소성로에 대하여는 별표 9 비고 제4호에 따라 적용되지 않는 점검항목은 제외한다.

■ 폐기물관리법 시행규칙 [별지 제17호서식] <개정 2014.4.17>

폐기물처리 [ ] 사업 [ ] 사업변경 계획서

※ 뒤쪽의 작성방법을 읽고 작성하시기 바라며, [ ]에는 해당되는 곳에 √표를 합니다.

(앞쪽)

접수번호	접수일	처리기간 30일(폐기물 수집・운반업의 경우 20일)

제출인	① 성명(대표자) 또는 법인명	② 주민등록번호 또는 외국인등록번호
	③ 주소(사무실) (전화번호:)	
사업 개요	④ 상호(명칭)	
	⑤ 업종	⑥ 사업자등록번호
	⑦ 영업대상 폐기물	
	⑧ 영업구역	
	⑨ 시설・장비 설치예정지	
	⑩ 사무실 예정지	
	⑪ 사업착수 예정일	⑫ 처리업허가 신청예정일

⑬ 시설・장비 설치내용

시설・장비명	규격(능력)	소재지	방지시설명	규격(능력)

⑭ 변경사항	변경 전	변경 후
⑮ 변경사유		

「폐기물관리법」 제25조제1항 및 같은 법 시행규칙 제28조제1항・제3항에 따라 폐기물처리

[ ] 사업
[ ] 사업변경 계획서를 제출합니다.

년 월 일

제출인: (서명 또는 인)

시・도지사, 유역(지방)환경청장 귀하

첨부서류	1. 폐기물 수집・운반업: 수집・운반 대상 폐기물의 수집・운반계획서(시설 설치, 장비 및 기술능력의 확보계획을 포함합니다) 2. 폐기물 중간처분업, 폐기물 최종처분업 및 폐기물 종합처분업 가. 처분대상 폐기물의 처분계획서(시설 설치, 장비 및 기술능력의 확보계획을 포함합니다) 나. 배출시설의 설치허가 신청 또는 신고 시의 첨부서류(배출시설에 해당하는 폐기물 처분시설을 설치하는 경우만 제출하며, 가목의 서류와 중복되면 그에 해당하는 서류는 제출하지 않을 수 있습니다) 다. 환경부장관이 정하여 고시하는 사항을 포함하는 환경성조사서(소각시설과 매립시설로 한정하되, 「환경영향평가법」에 따른 전략환경영향평가, 환경영향평가 또는 소규모 환경영향평가 대상사업인 경우에는 전략환경영향평가서, 환경영향평가서 또는 소규모 환경영향평가서로 대체할 수 있습니다) 3. 폐기물 중간재활용업, 폐기물 최종재활용업 및 폐기물 종합재활용업 가. 재활용대상 폐기물의 재활용계획서(시설 설치, 장비 및 기술능력의 확보계획을 포함합니다) 나. 배출시설의 설치허가 신청 또는 신고 시의 첨부서류(배출시설에 해당하는 폐기물 재활용시설을 설치하는 경우만 제출하며, 가목의 서류와 중복되면 그에 해당하는 서류는 제출하지 않을 수 있습니다) 다. 환경부장관이 정하여 고시하는 사항을 포함하는 환경성조사서(폐기물을 연료로 사용하는 시멘트 소성로와 소각열회수시설을 설치하는 경우로 한정하되, 「환경영향평가법」에 따른 전략환경영향평가, 환경영향평가 또는 소규모 환경영향평가 대상사업인 경우에는 전략환경영향평가서, 환경영향평가서 또는 소규모 환경영향평가서로 대체할 수 있습니다	수수료 없음

210㎜×297㎜[백상지 80g/㎡(재활용품)]

(뒤쪽)

작성방법

1. ⑤란은 허가를 받으려는 업종을 적습니다.
2. ⑦란은 생활폐기물, 사업장생활계폐기물, 사업장배출시설계폐기물, 건설폐기물, 의료폐기물 외 지정폐기물 또는 의료폐기물로 구분하여 적되, 그 폐기물의 종류는 "폐산"의 경우 "폐산(폐염산·폐황산 등)"으로 구체적으로 적습니다.
3. ⑧란은 생활폐기물을 대상으로 하는 폐기물 수집·운반업의 경우에만 시·군·구 단위로 적습니다.
4. ⑨란은 시설·장비 설치예정지를 모두 적습니다.
5. ⑩란은 사무실의 설치예정지를 모두 적습니다.
6. ⑪란은 시설·장비 설치·확보의 착수예정일을 적습니다.
7. ⑬란 중 시설·장비명란에는 「폐기물관리법 시행령」 별표 3에 따른 폐기물처리시설 및 운반장비명을, 규격(능력)란에는 처리시설의 경우는 시간당 처리능력 및 1일 평균 가동예정시간을, 운반장비의 경우는 적재능력을 적습니다.
8. 폐기물처리 사업변경계획서를 제출하려는 경우에는 ①란부터 ⑥란까지, ⑭란 및 ⑮란만 적습니다.

처리절차

계획서 작성	➜	접수	➜	검토	➜	결재	➜	통보
제출인		시·도지사, 유역(지방)환경청장						

↓↑

다른 법령 저촉사항 등 검토

시·도지사

■ 폐기물관리법 시행규칙 [별지 제18호서식] <개정 2014.4.17>

폐기물처리업 [ ] 허가 / [ ] 변경허가 신청서

※ 제3쪽의 작성방법을 읽고 작성하시기 바라며, [ ]에는 해당되는 곳에 √표를 합니다. (제1쪽)

접수번호	접수일	처리기간 10일

신청인	① 상호(명칭)	② 사업자등록번호
	③ 성명(대표자)	④ 주민등록번호 또는 외국인등록번호
	⑤ 주소 (전화번호:)	

⑥ 업 종			
⑦ 영업대상 폐기물			
⑧ 영업구역 (생활폐기물 수집·운반업의 경우만 적습니다)			
⑨ 영업소 소재지			
⑩ 사무실 소재지			
⑪ 사업착수일	. . .	⑫ 준공일	. . .

⑬ 시설·장비 설치내용

시설·장비명	규격(능력)	소재지	방지시설	규격(능력)

⑭ 기술능력 확보내용		⑮ 최대 보관량	
⑯ 변경사항	변경 전	변경 후	
⑰ 변경사유			

「폐기물관리법」 제25조제3항·제11항 및 같은 법 시행규칙 [ ] 제28조제4항 [ ] 제29조제2항 에 따라

폐기물처리업의 [ ] 허 가 [ ] 변경허가 를 신청합니다.

년 월 일

신청인: (서명 또는 인)

시·도지사, 유역(지방)환경청장 귀하

※ 첨부서류 및 수수료: 제2쪽 참조

210㎜×297㎜[백상지 80g/㎡(재활용품)]

(제2쪽)

첨부서류	1. 허가신청의 경우 가. 폐기물 수집·운반업 1) 시설 및 장비명세서 2) 수집·운반 대상 폐기물의 수집·운반계획서 3) 기술능력의 보유 현황 및 그 자격을 증명하는 서류 나. 폐기물 중간처분업, 폐기물 최종처분업 및 폐기물 종합처분업 1) 시설 및 장비명세서 2) 처분시설 설치명세서 및 그 도면과 처분공정도 3) 처분대상 폐기물의 처분공정도 4) 기술능력의 보유 현황 및 그 자격을 증명하는 서류 5) 보관시설의 용량 및 그 산출근거를 확인할 수 있는 서류 6) 폐기물매립시설 사후관리계획서 7) 배출시설의 설치허가 신청 또는 신고 시의 첨부서류[「폐기물관리법」 제25조제1항 및 제2항에 따른 절차를 거치지 않은 자로서 배출시설에 해당하는 폐기물 처분시설을 설치하는 경우만 제출하며, 2)의 서류와 중복되면 그에 해당하는 서류는 제출하지 않을 수 있습니다] 8) 환경부장관이 정하여 고시하는 사항을 포함하는 환경성조사서(「폐기물관리법」 제25조제1항 및 제2항에 따른 절차를 거치지 않은 자의 소각시설과 매립시설로 한정하되, 「환경영향평가법」에 따른 전략환경영향평가, 환경영향평가 또는 소규모 환경영향평가 대상사업인 경우에는 전략환경영향평가서, 환경영향평가서 또는 소규모 환경영향평가서로 대체할 수 있습니다) 다. 폐기물 중간재활용업, 폐기물 최종재활용업 및 폐기물 종합재활용업 1) 시설 및 장비명세서 2) 재활용시설 설치명세서 및 그 도면과 재활용공정도 3) 재활용대상 폐기물의 재활용공정도(음식물류 폐기물을 재활용하는 경우에는 물질수지도를 포함하며, 「폐기물관리법 시행규칙」 별표 5의2 제2호가목의 폐기물을 같은 표의 용도 또는 방법으로 재활용하려면 성토재·보조기층재 등으로 직접 이용하는 공사의 발주자 또는 토지소유자의 동의서를 포함합니다) 4) 기술능력의 보유 현황 및 그 자격을 증명하는 서류 5) 보관시설의 용량 및 그 산출근거를 확인할 수 있는 서류 6) 배출시설의 설치허가 신청 또는 신고 시의 첨부서류[「폐기물관리법」 제25조제1항 및 제2항에 따른 절차를 거치지 않은 자로서 배출시설에 해당하는 폐기물 재활용시설을 설치하는 경우만 제출하며, 2)의 서류와 중복되면 그에 해당하는 서류는 제출하지 않을 수 있습니다] 7) 환경부장관이 정하여 고시하는 사항을 포함하는 환경성조사서(「폐기물관리법」 제25조제1항 및 제2항에 따른 절차를 거치지 않은 자의 폐기물을 연료로 사용하는 시멘트 소성로나 소각열회수시설로 한정하되, 「환경영향평가법」에 따른 전략환경영향평가, 환경영향평가 또는 소규모 환경영향평가 대상사업인 경우에는 전략환경영향평가서, 환경영향평가서 또는 소규모 환경영향평가서로 대체할 수 있습니다) 2. 변경허가신청의 경우 가. 허가증 원본 나. 변경내용을 확인할 수 있는 서류 다. 배출시설의 설치허가 신청 또는 신고 시의 첨부서류(배출시설에 해당하는 폐기물처리시설을 신설하는 경우만 제출합니다) 라. 배출시설의 변경허가 신청 또는 변경신고 시의 첨부서류(처리용량이나 주요 설비의 변경으로 배출시설의 변경허가 또는 변경신고를 받아야 될 경우만 제출합니다) 마. 환경부장관이 정하여 고시하는 사항을 포함하는 환경성조사서(소각시설, 매립시설, 소각열회수시설 또는 폐기물을 연료로 사용하는 시멘트 소성로의 소재지가 변경된 경우로 한정하되, 「환경영향평가법」에 따른 전략환경영향평가, 환경영향평가 또는 소규모 환경영향평가 대상사업인 경우에는 전략환경영향평가서, 환경영향평가서 또는 소규모 환경영향평가서로 대체할 수 있습니다) 바. 그 밖에 시·도지사 또는 유역(지방)환경청장이 「폐기물관리법 시행규칙」 제29조제3항에 따른 검토에 필요하다고 인정하는 서류	수수료 신규 40,000원 변경 15,000원

(제3쪽)

작성방법

1. ①란부터 ⑪란까지의 작성방법은 「폐기물관리법 시행규칙」 별지 제17호서식(폐기물처리 사업계획서)의 작성방법과 같습니다.
2. ⑥란은 재활용, 중간처분, 최종처분 등으로 적되, 재활용 및 중간처분의 경우에는 괄호 안에 정제, 일반소각, 고온소각, 열분해, 파쇄, 고형화 또는 안정화 등의 처분 또는 재활용 방법을, 최종처분의 경우에는 괄호 안에 매립, 해역배출 등의 처분방법을 명시합니다.
   예) 재활용(정제)
3. ⑭란은 기술자격의 종류별로 그 등급과 인력수를 적습니다.
4. 폐기물처리업 변경허가신청서를 제출하려는 경우에는 ①란부터 ⑥란까지, ⑯란 및 ⑰란만 적습니다.

처리절차

신청서 작성	➜	접수	➜	검토	➜	실태조사	➜	결재	➜	허가증 발급

시・도지사, 유역(지방)환경청장

■ 폐기물관리법 시행규칙 [별지 제22호서식] <개정 2012.7.4>

폐기물 처분시설 또는 재활용시설 설치·운영계획서

접수번호	접수일	처리일	처리기간 10일

제출인	기관명(명칭)	
	성명(대표자)	생년월일
	주소(사무실)	(전화번호:)

처리시설 설치예정지	(전화번호:)
시험·연구기관	년 월 일 ~ 년 월 일(년 월간)
시설사용기관	년 월 일 ~ 년 월 일(년 월간)

처분시설 또는 재활용시설명	시설규격 (능력: kg/일)	처분 또는 재활용 대상 폐기물 종류	처분 또는 재활용 예상량 (톤/연)	방지시설명	시설설치비용 (백만원)

시험·연구목적			
폐기물 반입계획	배출업소	폐기물 종류	반입량(kg/일)
폐기물 보관방법			
설치자 구분	「폐기물관리법 시행규칙」 제37조제1항 □제1호, □제2호, □제3호, □제4호, □제5호, □제6호, □제7호		

「폐기물관리법」 제29조제2항 및 같은 법 시행규칙 제37조제2항에 따라 폐기물 처분시설 또는 재활용시설 설치·운영계획서를 제출합니다.

년 월 일

제출인 (서명 또는 인)

시·도지사, 유역(지방)환경청장 귀하

처리절차

계획서 작성 → 접수 → 검토(다른 법령 저촉사항 등) → 결재 → 검토결과 통보

제출인 / 시·도지사, 유역(지방)환경청장

210mm×297mm[백상지 80g/㎡]

■ 폐기물관리법 시행규칙 [별지 제23호서식] <개정 2014.4.17>

폐기물 처분시설 또는 재활용시설 설치 [ ] 승인 [ ] 변경승인 신청서

※ 뒤쪽의 작성방법을 읽고 작성하시기 바라며, [ ]에는 해당되는 곳에 √표를 합니다.

(앞쪽)

접수번호	접수일	처리기간 10일

신청인		
	① 상호(명칭)	② 사업자등록번호
	③ 성명(대표자)	④ 생년월일
	⑤ 주소(사무실) (전화번호:)	

⑥ 업종			
⑦ 처분시설 또는 재활용 시설 설치예정지	(전화번호:)		
⑧ 착공예정일	. . .	⑨ 준공 예정일	. . .

⑩ 처분시설명 또는 재활용 시설명	⑪ 시설규격 (능력)	⑫ 처분 또는 재활용 대상 폐기물 종류	⑬ 처분 또는 재활용 예상량 (톤/년)	⑭ 방지 시설명	⑮ 시설설치 비용 (백만원)

⑯ 변경사항	변경 전	변경 후
⑰ 변경사유		

「폐기물관리법」 제29조제2항·제3항 및 같은 법 시행규칙 [ ] 제39조제1항 [ ] 제39조제4항 에 따라

폐기물 처분시설 또는 재활용시설의 설치 [ ] 승인 [ ] 변경승인 을 신청합니다.

년 월 일

신청인: (서명 또는 인)

시·도지사, 유역(지방)환경청장 귀하

첨부서류	뒤쪽 참조	수수료 없음

210mm×297mm[백상지 80g/㎡(재활용품)]

(뒤쪽)

첨부서류	1. 설치승인신청의 경우 가. 처분 또는 재활용 대상 폐기물 배출업체의 제조공정도 및 폐기물배출명세서(사업장폐기물배출자가 설치하는 경우만 제출합니다) 나. 폐기물의 종류, 성질·상태 및 예상 배출량명세서(사업장폐기물배출자가 설치하는 경우만 제출합니다) 다. 처분 또는 재활용 대상 폐기물의 처분 또는 재활용 계획서(재활용시설의 경우 재활용 용도 또는 방법을 포함합니다) 라. 폐기물 처분시설 또는 재활용시설의 설치 및 장비확보 계획서 마. 폐기물 처분시설 또는 재활용시설의 설계도서(음식물류 폐기물을 처분 또는 재활용하는 시설인 경우에는 물질수지도를 포함한다) 바. 처분 또는 재활용 후에 발생하는 폐기물의 처분 또는 재활용 계획서 사. 공동폐기물 처분시설 또는 재활용시설의 설치·운영에 드는 비용부담 등에 관한 규약(「폐기물관리법」 제18조제5항에 따라 폐기물처리시설을 공동으로 설치·운영하는 경우만 제출합니다) 아. 폐기물 매립시설의 사후관리계획서 자. 환경부장관이 고시하는 사항을 포함한 시설설치의 환경성조사서[면적이 1만㎡ 이상이거나 매립용적이 3만㎥ 이상인 매립시설, 1일 처분능력이 100톤 이상(지정폐기물의 경우에는 10톤 이상)인 소각시설, 1일 재활용능력이 100톤 이상인 소각열회수시설이나 폐기물을 연료로 사용하는 시멘트 소성로의 경우만 제출합니다]. 다만, 「환경영향평가법」에 따른 전략환경영향평가, 환경영향평가 또는 소규모 환경영향평가 대상사업의 경우에는 전략환경영향평가서, 환경영향평가서 또는 소규모 환경영향평가서로 대체할 수 있습니다. 차. 배출시설의 설치허가 신청 또는 신고 시의 첨부서류(배출시설에 해당하는 폐기물 처분시설 또는 재활용시설을 설치하는 경우만 제출하며, 가목부터 아목까지의 서류와 중복되면 그 서류는 제출하지 않을 수 있습니다) 2. 설치변경승인신청의 경우 가. 폐기물 처분시설 또는 재활용시설 설치승인서 나. 변경내용을 확인할 수 있는 서류(「폐기물관리법 시행규칙」 제39조제3항제1호의 경우만 제출합니다) 다. 폐기물 처분시설 또는 재활용시설의 설치변경계획서(「폐기물관리법 시행규칙」 제39조제3항제4호부터 제6호까지의 경우만 제출합니다) 라. 배출시설의 변경허가 신청 또는 변경신고의 첨부서류(처분 또는 재활용 용량이나 주요설비의 변경 등으로 배출시설의 변경허가 또는 변경신고 대상에 해당되는 경우만 제출합니다) 마. 환경성조사서(처분 또는 재활용 용량의 증가로 「폐기물관리법 시행규칙」 제39조제1항제9호에 해당되는 경우만 제출합니다)	수수료 없음

작성방법

1. ①란은 신청인의 상호(명칭)를 적되, 수인이 공동으로 폐기물 처분시설 또는 재활용시설을 설치하는 경우에는 대표업체명을 적습니다.
2. ⑥란은 한국표준산업분류(소분류)에 의한 업종명을 적습니다.
3. ⑪란은 시간당 처분 또는 재활용 능력 및 1일 평균 가동시간을 적습니다.
4. 폐기물 종류의 변경 없이 단순히 폐기물의 종류별 조성비율만 변경하는 경우는 설치변경승인신청의 대상이 아닙니다.

처리절차

신청서 작성 → 접수 → 검토 → 결재 → 승인서 발급

신청인 (신청서 작성)

시·도지사, 유역(지방)환경청장 (접수, 검토, 결재, 승인서 발급)

↓↑

다른 법령 저촉사항 등 검토

시·도지사

■ 폐기물관리법 시행규칙 [별지 제24호서식] <개정 2014.4.17>

(앞쪽)

승인번호 제　　　호

폐기물 처분시설 또는 재활용시설 설치승인서

<table>
<tr><td>상 호(명칭)</td><td colspan="2"></td><td colspan="2">사업자등록번호</td><td></td></tr>
<tr><td>성 명(대표자)</td><td colspan="5"></td></tr>
<tr><td>업 종</td><td colspan="5"></td></tr>
<tr><td>주 소(사무실)</td><td colspan="5">(전화번호:　　　　　　)</td></tr>
<tr><td>처분시설 또는 재활용시설 설치예정지</td><td colspan="5">(전화번호:　　　　　　)</td></tr>
<tr><td colspan="6">처분시설 또는 재활용시설 설치내용</td></tr>
<tr><td>처분시설명 또는 재활용시설명</td><td>시설규격 (능력)</td><td>처분 또는 재활용 대상 폐기물 종류</td><td colspan="2">처분 또는 재활용 예상량 (톤/년)</td><td>방지시설명</td></tr>
<tr><td></td><td></td><td></td><td colspan="2"></td><td></td></tr>
<tr><td>승 인 조 건</td><td colspan="5"></td></tr>
</table>

「폐기물관리법」 제29조제2항 및 같은 법 시행규칙 제39조제2항에 따라 폐기물 처분시설 또는 재활용시설의 설치를 승인합니다.

년　　　월　　　일

시 · 도지사
유역(지방)환경청장　　직인

210㎜×297㎜[백상지120g/㎡]

(뒤쪽)

<변경사항>

연 월 일	내 용	확 인

■ 폐기물관리법 시행규칙 [별지 제25호서식] <개정 2014.4.17>

폐기물 처분시설 또는 재활용시설 설치 [ ] 신고서 [ ] 변경신고서

※ 뒤쪽의 작성방법을 읽고 작성하시기 바라며, [ ]에는 해당되는 곳에 √표를 합니다.

(앞쪽)

접수번호	접수일	처리기간 10일

신고인	① 상호(명칭)	② 사업자등록번호
	③ 성명(대표자)	④ 생년월일
	⑤ 주소(사무실) (전화번호:)	

⑥ 업종			
⑦ 처분시설 또는 재활용시설 설치예정지	(전화번호:)		
⑧ 착공예정일	. . .	⑨ 준공예정일	. . .

⑩ 처분시설명 또는 재활용 시설명	⑪ 시설규격 (능력)	⑫ 처분 또는 재활용 대상 폐기물 종류	⑬ 처분 또는 재활용 예상량 (톤/년)	⑭ 방지시설명	⑮ 시설설치비용 (백만원)

⑯ 변경사항	변경 전	변경 후
⑰ 변경사유		

「폐기물관리법」 제29조제2항·제3항 및 같은 법 시행규칙 [ ] 제40조제1항 [ ] 제40조제4항 에 따라

폐기물 처분시설 또는 재활용시설의 설치 [ ] 신고 [ ] 변경신고 를 합니다.

년 월 일

신고인: (서명 또는 인)

시·도지사, 유역(지방)환경청장 귀하

첨부서류	1. 설치신고의 경우 가. 폐기물 처분시설 또는 재활용시설의 설치 및 장비확보 계획서 나. 환경부장관이 고시하는 사항을 포함한 시설설치의 환경조사서(1일 소각용량이 50톤 이상인 소각시설 또는 소각열회수시설의 경우만 제출합니다) 다. 배출시설의 설치허가 신청 또는 신고 시의 첨부서류(배출시설에 해당하는 폐기물 처분시설 또는 재활용시설의 경우만 제출합니다) 라. 공동폐기물 처분시설 또는 재활용시설의 설치·운영에 드는 비용부담 등에 관한 규약(「폐기물관리법」 제18조제5항에 따라 폐기물처리시설을 공동으로 설치·운영하는 경우만 제출합니다) 2. 설치변경신고의 경우 가. 폐기물 처분시설 또는 재활용시설 설치신고증명서 나. 변경내용을 확인할 수 있는 서류(「폐기물관리법 시행규칙」 제40조제3항제1호의 경우만 제출합니다) 다. 폐기물 처분시설 또는 재활용시설의 설치변경계획서(「폐기물관리법 시행규칙」 제40조제3항제4호 및 제5호의 경우만 제출합니다) 라. 배출시설의 변경허가 신청 또는 변경신고의 첨부서류(처분 또는 재활용 용량이나 주요 설비의 변경 등으로 배출시설의 변경허가 또는 변경신고 대상에 해당되는 경우만 제출합니다)	수수료 없음

210mm×297mm[백상지 80g/㎡(재활용품)]

(뒤쪽)

작성방법

1. ①란은 신고인의 상호(명칭)를 적되, 수인이 공동으로 폐기물 처분시설 또는 재활용시설을 설치하는 경우에는 대표업체명을 적습니다.
2. ⑥란은 한국표준산업분류(소분류)에 따른 업종명을 적습니다.
3. ⑪란은 시간당 처분 또는 재활용 능력 및 1일 평균 가동시간을 적습니다.
4. 폐기물 종류의 변경 없이 단순히 폐기물의 종류별 조성비율만 변경하는 경우는 설치변경 신고의 대상이 아닙니다.

처리절차

신고서 작성	➜	접수	➜	검토	➜	결재	➜	신고증명서 발급
신고인				시・도지사, 유역(지방)환경청장				

↓↑

다른 법령 저촉사항 등 검토

시・도지사

■ 폐기물관리법 시행규칙 [별지 제26호서식] <개정 2014.4.17>

(앞쪽)

관리번호 제 호

폐기물 처분시설 또는 재활용시설 설치신고증명서

상 호(명칭)		사업자등록번호		
성 명(대표자)				
업 종				
주 소(사무실)	(전화번호:)			
처분시설 또는 재활용 시설 설치예정지	(전화번호:)			
처분시설 또는 재활용시설 설치내용				
처분시설명 또는 재활용 시설명	시설규격 (능력)	처분 또는 재활용 대상 폐기물 종류	처분 또는 재활용 예상량(톤/년)	방지시설명
신고접수조건				

「폐기물관리법」 제29조제2항 및 같은 법 시행규칙 제40조제2항에 따라 폐기물 처분시설 또는 재활용시설의 설치신고를 하였음을 증명합니다.

년 월 일

시·도지사
유역(지방)환경청장 직인

210㎜×297㎜[백상지 80g/㎡(재활용품)]

(뒤쪽)

<변경사항>

연 월 일	내 용	확 인

■ 폐기물관리법 시행규칙 [별지 제27호서식] <개정 2014.4.17>

폐기물 처분시설 또는 재활용시설 사용개시신고서

※ 뒤쪽의 작성방법을 읽고 작성하시기 바랍니다. (앞쪽)

접수번호	접수일	처리기간 7일

신고인	① 상호(명칭)	② 사업자등록번호
	③ 성명(대표자)	④ 생년월일
	⑤ 주소(사무실) (전화번호:)	

⑥ 처리시설 소재지	(전화번호:)		
⑦ 업종		⑧ 승인·허가(관리)번호	제 호

사용개시대상 폐기물 처분시설 또는 재활용시설

⑨ 시설명	⑩ 시설규격(능력)	⑪ 처분 또는 재활용 예상량(톤/년)	⑫ 방지시설명 및 용량	⑬ 사용개시 예정일

「폐기물관리법」 제29조제4항 및 같은 법 시행규칙 제41조제1항에 따라 폐기물 처분시설 또는 재활용시설의 사용개시신고를 합니다.

년 월 일

신고인 (서명 또는 인)

시·도지사, 유역(지방)환경청장 귀하

첨부서류	1. 해당 시설의 유지관리계획서 2. 다음 각 목의 어느 하나에 해당하는 시설(「폐기물관리법」 제29조제2항제1호에 따른 시설은 제외합니다)의 경우에는 「폐기물관리법 시행규칙」 제41조제3항에 따른 기관에서 발행한 그 시설의 검사결과서(「대기환경보전법」 제2조제12호에 따른 대기오염방지시설만을 증설하거나 교체하였을 때에는 제출하지 않아도 무방합니다) 가. 소각시설 나. 멸균분쇄시설(「폐기물관리법 시행령」 별표 3 제1호나목9)에 해당하는 시설로서 의료폐기물을 대상으로 하는 시설을 포함합니다) 다. 음식물류 폐기물을 처리하는 시설로서 1일 처리능력 100㎏ 이상인 시설 라. 시멘트 소성로(폐기물을 연료로 사용하는 경우로 한정합니다) 마. 소각열회수시설	수수료 없음

210㎜×297㎜[백상지 80g/㎡(재활용품)]

(뒤쪽)

작성방법

1. ①란은 폐기물 처분시설 또는 재활용시설 설치 승인·신고 및 허가 업소명을 적되, 수인이 공동으로 폐기물 처분시설 또는 재활용시설을 설치하는 경우에는 대표업체명을 적습니다.
2. ⑦란은 폐기물처리업의 경우에는 허가받은 폐기물처리업의 종류를 적고, 그 외의 폐기물 처분시설 또는 재활용시설의 경우에는 시설 소유자의 주된 업종을 적습니다.
3. ⑧란은 폐기물처리업의 경우에는 허가번호를, 그 외의 경우에는 승인·관리번호를 적습니다.
4. ⑩란은 시간당 처분 또는 재활용 능력 및 1일 평균 가동시간을 적습니다.

처리절차

신고서 작성	➜	접수	➜	검토	➜	실태조사	➜	결재	➜	신고수리

시·도지사, 유역(지방)환경청장

■ 폐기물관리법 시행규칙 [별지 제28호서식] <개정 2014.4.17>

폐기물 매립시설 사용개시신고서

※ 뒤쪽의 작성방법을 읽고 작성하시기 바랍니다.

(앞쪽)

접수번호	접수일	처리기간 7일

신고인		
신고인	① 상호(명칭)	② 사업자등록번호
	③ 성명(대표자)	④ 생년월일
	⑤ 주소(사무실) (전화번호:)	

⑥ 매립시설 소재지	(전화번호:)		
⑦ 업 종		⑧ 승인·허가번호	제 호
⑨ 사용개시 예정일		⑩ 사용종료 예정일	

사용개시대상 매립시설

⑪ 시설종류	⑫ 승인·허가내용		⑬ 사용개시신고내용		⑭ 매립예정량(톤/일)
	면적(㎡)	용량(㎥)	면적 (㎡)	용량 (㎥)	

「폐기물관리법」 제29조제4항 및 같은 법 시행규칙 제41조제1항에 따라 폐기물 매립시설의 사용개시신고를 합니다.

년 월 일

신고인 (서명 또는 인)

시·도지사, 유역(지방)환경청장 귀하

첨부서류	1. 해당 시설의 유지관리계획서 2. 「폐기물관리법 시행규칙」 제41조제3항에 따른 검사기관에서 발행한 해당 매립시설(「폐기물관리법」 제29조제2항제1호에 따른 시설은 제외합니다)의 검사결과서	수수료 없음

210mm×297mm[백상지 80g/㎡(재활용품)]

(뒤쪽)

작성방법

1. ①란은 매립시설 설치 승인・신고 및 허가 업소명을 적되, 수인이 공동으로 매립시설을 설치하는 경우에는 대표업체명을 적습니다.
2. ⑥란은 매립시설의 소재지를 적되, 매립시설이 둘 이상인 경우에는 종류별로 각각 적습니다.
3. ⑦란은 폐기물처리업의 경우에는 허가받은 폐기물처리업의 종류를 적고, 그 외의 폐기물 매립시설의 경우에는 매립시설 소유자의 주된 업종을 적습니다.
4. ⑩란은 ⑬란의 사용개시신고 면적 및 용량의 사용종료 예정일로서 1일 평균 매립계획량 및 복토량 등을 고려하여 산출한 내용을 적습니다.
5. ⑪란은 「폐기물관리법 시행령」 별표 3에 따른 종류별로 적습니다.
6. ⑫란은 승인・허가받은 총 매립면적(실제 매립가능면적) 및 매립용량을 적습니다.
7. ⑬란은 매립시설을 분할하여 구획별로 조성・사용하려는 경우에 매립시설이 조성되어 사용을 시작하려는 면적 및 용량을 적고, 승인・허가받은 면적 전체를 조성하여 사용하려는 경우에는 ⑫란과 동일하게 적습니다.
8. ⑭란은 일일 매립예상량을 적습니다.

처리절차

신고서 작성	→	접수	→	검토	→	실태조사	→	결재	→	신고수리

시・도지사, 유역(지방)환경청장

■ 폐기물관리법 시행규칙 [별지 제29호서식] <개정 2014.4.17>

[ ] 소각시설
[ ] 소각열회수시설 **[ ] 설치**
[ ] 멸균분쇄시설 **[ ] 정기 검사신청서**
[ ] 음식물류 폐기물 처리시설
[ ] 시멘트 소성로

접수번호	접수일	처리기간 20일

설치자	① 상 호(명칭)	② 업 종
	③ 성 명(대표자)	④ 사업자등록번호
	⑤ 주 소(사무소) (전화번호:)	

⑥ 검사를 받으려는 날	. . .		
⑦ 시 설 제 원			
설 치 장 소			
처 리 용 량	kg/시간	가 동 시 간	시간/일
형 식		가 동 방 식	
시 설 모 델 번 호		제 조 업 소	
처리대상 폐기물 조성(%)			
처 리 공 정			

「폐기물관리법」 제30조제1항·제2항 및 같은 법 시행규칙 제41조제7항에 따라 ([ ] 소각시설, [ ] 소각열회수시설, [ ] 멸균분쇄시설, [ ] 음식물류 폐기물 처리시설, [ ] 시멘트 소성로)에 대한 ([ ] 설치, [ ] 정기) 검사를 신청합니다.

년 월 일

신청인 (서명 또는 인)

○○○ 검사기관의 장 귀하

첨부서류	1. 소각시설, 소각열회수시설이나 멸균분쇄시설의 경우 가. 설계도면 나. 폐기물조성비 내용 다. 운전 및 유지관리계획서 2. 음식물류 폐기물 처리시설의 경우 가. 설계도면 나. 운전 및 유지관리계획서(물질수지도를 포함합니다) 다. 재활용제품의 사용 또는 공급계획서(재활용의 경우만 제출합니다) 3. 시멘트 소성로의 경우 가. 설계도면 나. 폐기물 성질·상태, 양, 조성비 내용 다. 운전 및 유지관리계획서	수수료 없 음

처리절차

신청서 작성 → 접수 → 검사 → 결재 → 검사결과서 발급

신청인 검사기관

210mm×297mm[백상지 80g/㎡(재활용품)]

■ 폐기물관리법 시행규칙 [별지 제30호서식] <개정 2013.5.31>

매립시설 [ ]설치 [ ]정기 [ ]사용종료·폐쇄 [ ]사후관리 정기 검사신청서

※ [ ]에는 해당되는 곳에 √표시를 합니다.

(앞쪽)

접수번호	접수일	처리기간 20일(사용종료·폐쇄검사 80일)

신청인	①상호(명칭)		②사업자등록번호	
	③성명(대표자)		④생년월일	
	⑤주소지(사무실) (전화번호:)			

⑥업종			⑦승인·허가번호	제 호
⑧ 승인(허가) 내용	매립대상 폐기물			
	매립면적	(천㎡)	매립용량	(천㎥)
	침출수 처리시설	처리방법		
	기타	처리용량	(㎥/일)	
⑨사용개시 예정일			⑩사용종료 예정일	
⑪검사를 받으려는 날		. . .		
⑫시설종류		[ ]관리형 매립시설 [ ]차단형 매립시설		
⑬설치장소(주소)		(전화번호:)		
⑭매립면적		(천㎡)	매립용량	(천㎥)
⑮침출수 처리시설		(㎥/일)	그 밖의 사항	

「폐기물관리법」 제30조제1항·제2항, 제50조제1항·제3항 및 같은 법 시행규칙 제41조제7항, 제69조의2제3항에 따라 위와 같이 매립시설 ([ ]설치, [ ]정기, [ ]사용종료·폐쇄, [ ]사후관리 정기) 검사를 신청합니다.

년 월 일

신청인: (서명 또는 인)

○○○ 검사기관의 장 귀하

210㎜×297㎜[백상지 80g/㎡(재활용품)]

(뒤쪽)

첨부서류	1. 설치・정기 검사의 경우 가. 설계도서 및 구조계산서 사본 나. 시방서 및 재료시험성적서 사본 다. 설치 및 장비확보 명세서 라. 환경부장관이 고시하는 사항을 포함한 시설설치의 환경성조사서(면적이 1만㎡ 이상이거나 매립용적이 3만㎥ 이상인 매립시설의 경우만 제출합니다). 다만, 「환경영향평가법」에 따른 전략환경영향평가 대상사업, 환경영향평가 대상사업 또는 소규모 환경영향평가 대상사업의 경우에는 전략환경영향평가서, 환경영향평가서나 소규모 환경영향평가서로 대체할 수 있습니다. 마. 종전에 받은 정기검사 결과서 사본(종전에 검사를 받은 경우에 한정합니다) 2. 사용종료・폐쇄 검사, 사후관리 정기검사의 경우 가. 설계도서 및 구조계산서 사본 나. 시방서 및 재료시험성적서 사본 다. 사후관리계획서(사후관리 정기검사의 경우만 제출합니다) 라. 종전에 받은 사후관리 정기검사 결과서 사본(종전에 검사를 받은 경우에 한정하며, 사후관리 정기검사의 경우만 제출합니다)	수수료

처리절차

신청서 작성	➜	접수	➜	검사	➜	결재	➜	검사결과서 발급
신청인		검사기관						

■ 폐기물관리법 시행규칙 [별지 제31호서식] <개정 2014.4.17>

제 호

[ ] 소각시설
[ ] 소각열회수시설 **[ ] 설치**
[ ] 멸균분쇄시설 **[ ] 정기** **검사결과서**
[ ] 음식물류폐기물처리시설
[ ] 시멘트 소성로

설치자	상 호(명 칭)		업 종	
	성 명(대표자)		사업자등록번호	
	주 소(사무소)	(전화번호:)		
검 사 장 소				
검사 연월일				
검 사 대 상 시 설 제 원				
처 리 용 량	kg/시간		가 동 시 간	시간/일
형 식			가 동 방 식	
시 설 모 델 번 호			제 조 업 소	
폐 기 물 조 성 (%)	(음식물 류폐기물 처리시설은 해당사항 없음)			
처 리 공 정				
검 사 결 과	(항목별 검사결과 붙임)			
특 기 사 항				

「폐기물관리법」 제30조제1항·제2항 및 같은 법 시행규칙 제41조제7항에 따라 위와 같이 ([ ] 소각시설, [ ] 소각열회수시설, [ ] 멸균분쇄시설, [ ] 음식물류 폐기물 처리시설, [ ] 시멘트 소성로)에 대한 ([ ] 설치, [ ] 정기) 검사결과서를 발급합니다.

년 월 일

○○○ 검사기관의 장 인

210㎜×297㎜[백상지 80g/㎡(재활용품)]

■ 폐기물관리법 시행규칙 [별지 제32호서식] <개정 2013.5.31>

제 호

매립시설 [ ]설치 [ ]정기 [ ]사용종료 · 폐쇄 [ ]사후관리 정기 검사결과서

<table>
<tr><td rowspan="3">신청인</td><td colspan="3">①상호(명칭)</td><td colspan="2">②업 종</td></tr>
<tr><td colspan="3">③성명(대표자)</td><td colspan="2">④사업자등록번호</td></tr>
<tr><td colspan="5">⑤사무소 소재지
(전화번호:)</td></tr>
<tr><td colspan="3">⑥시설설치장소(주소)</td><td colspan="3">(전화번호:)</td></tr>
<tr><td colspan="3">⑦검 사 기 간</td><td colspan="3">(일간)</td></tr>
<tr><td colspan="3">⑧현 장 검 사</td><td colspan="3">(일간)</td></tr>
<tr><td rowspan="5">⑨승인
(허가)
내용</td><td colspan="2">매립대상 폐기물</td><td colspan="3"></td></tr>
<tr><td colspan="2">매립면적</td><td>(천㎡)</td><td>매 립
용 량</td><td>(천㎥)</td></tr>
<tr><td rowspan="2">침출수
처리
시설</td><td>처리방법</td><td colspan="3"></td></tr>
<tr><td>용 량</td><td colspan="3">(㎥/일)</td></tr>
<tr><td colspan="2">그 밖의 사항</td><td colspan="3"></td></tr>
<tr><td colspan="6">⑩시 설 제 원</td></tr>
<tr><td colspan="3">매 립 면 적</td><td>(천㎡)</td><td>매립
용량</td><td>(천㎥)</td></tr>
<tr><td colspan="3">차 수 시 설</td><td colspan="3"></td></tr>
<tr><td rowspan="4">침출수
처리시설</td><td colspan="2">처리가능 용량</td><td colspan="3"></td></tr>
<tr><td colspan="2" rowspan="3">처 리 방 법</td><td colspan="3">1차:</td></tr>
<tr><td colspan="3">2차:</td></tr>
<tr><td colspan="3">3차:</td></tr>
<tr><td colspan="3">그 밖의 시설</td><td colspan="3"></td></tr>
<tr><td colspan="3">⑪검 사 결 과</td><td colspan="3">(항목별 검사결과 붙임)</td></tr>
<tr><td colspan="3">⑫특 기 사 항</td><td colspan="3"></td></tr>
</table>

「폐기물관리법」 제30조제1항 · 제2항, 제50조제1항 · 제3항 및 같은 법 시행규칙 제41조제8항, 제69조의2제5항에 따라 위와 같이 매립시설 ([ ]설치, [ ]정기, [ ]사용종료 · 폐쇄, [ ]사후관리 정기) 검사결과서를 발급합니다.

년 월 일

○○○ 검사기관의 장 인

210㎜× 297㎜[백상지 80g/㎡(재활용품)]

■ 폐기물관리법 시행규칙 [별지 제33호서식] <개정 2014.4.17>

기 관 명

우○○○-○○○/주소 /전화번호( )○○○-○○○○/전송( )○○○-○○○○
담당부서명 담당자

소각시설, 멸균분쇄시설, 음식물류 폐기물 처리시설, 시멘트 소성로, 소각열회수시설 검사실적보고

문서번호 시행일
수 신 발 신 ⓘ

구분		검사일	성능검사시설				검사 결과	검사수수료 (원)	비고
			시설명	규격	소재지	소유자(업소명)			
생활폐기물 소각시설	일반소각시설								
	고온소각시설								
	열분해시설								
	고온용융시설								
	열처리조합시설								
	기타 소각시설								
사업장폐기물 소각시설	일반소각시설								
	고온소각시설								
	열분해시설								
	고온용융시설								
	열처리조합시설								
	기타 소각시설								
멸균분쇄시설									
음식물류 폐기물 처리시설	기계적 처리시설								
	화학적 처리시설								
	생물학적 처리시설								
	기타 처리시설								
시멘트 소성로, 소각열회수시설									

297㎜ × 210㎜[백상지 80g/㎡(재활용품)]

■ 폐기물관리법 시행규칙 [별지 제34호서식] <개정 2013.5.31>

기 관 명

우○○○-○○○ / 주소 / 전화번호(　　)○○○-○○○○ / 전송(　　)○○○-○○○○
담당부서명　　　　담당자

매립시설 검사실적보고

문서번호　　　　시행일
수　　신　　　　발　신　　　　㊞

구 분	검사시설					검사 종류	검사 일	검사 결과	검사수수료 (원)	비고
	시설명	소재지	면적(천㎡)	용량(천㎥)	소유자(업소명)					
총 계										
시·군·구 매립시설	소 계									
배출업소 매립시설	소 계									
처리업소 매립시설	소 계									

297㎜×210㎜[백상지 80g/㎡(재활용품)]

대 구 지 방 법 원

판 결

사 건	2013가소00000 손해배상
원 고	000
피 고	000
변 론 종 결	2014. 2. 6.
판 결 선 고	2014. 2. 13.

주 문

1. 피고는 원고에게 1,800,000원과 이에 대하여 2013. 5. 11.부터 2014. 2. 13.까지는 연 5%, 다음날부터 갚는 날까지는 연 20%의 각 비율로 계산한 돈을 지급하라.
2. 원고의 나머지 청구를 기각한다.
3. 소송비용은 각자 부담한다.
4. 제1항은 가집행할 수 있다.

청 구 취 지

피고는 원고에게 7,000,000원과 이에 대하여 소장 송달 다음날부터 갚는 날까지 연 25%의 비율로 계산한 돈을 지급하라.

이 유

1. 손해배상책임의 발생 및 제한

가. 2013. 1. 15.경 대구 00 부근에서, 피고의 개(진돗개)가 목줄에 묶여 있지 않은 채 다니다가 원고의 개(치와와)와 싸우던 중 원고의 개를 물어 죽인 사실은 당사자 사이에 다툼이 없거나, 갑 제1, 3호증, 을 제1호증(가지 번호 포함)의 각 기재 및 영상에 변론 전체의 취지를 종합하면 인정할 수 있다.

나. 위 인정사실에 의하면, 개에 대한 관리를 소홀히 한 피고는 원고에게 그 손해를 배상할 책임이 있다.

다. 다만, 사고 당시 원고의 개도 목줄에 묶여 있지 않은 채 다닌 것으로 보이므로, 개를 목줄에 묶지 않는 등 그 관리를 소홀히 한 원고의 과실을 50%로 보고, 피고의 책임을 50%로 제한한다.

2. 손해배상의 범위

가. 재산적 손해 : 1,500,000원(= 원고 개의 구입가 3,000,000원 × 0.5)

[인정근거 : 갑 제2호증의 기재]

나. 그 외에도 원고는 사고 당시 원고의 개가 새끼를 2번 정도 출산할 수 있는 상태였으므로 그 기대이익이 3,000,000원이라고 주장하나, 이를 인정할 증거가 부족하다.

다. 위자료

(1) 주장

원고는 원고 개의 죽음으로 1,000,000원 상당의 정신적 손해를 입었다고 주장하고, 피고는 물적 손해에 대한 위자료는 인정되지 않는다고 주장한다.

(2) 판단

물건의 멸실에 따른 정신적 고통은 통상 재산적 손해의 배상에 의하여 회복되나, 그로써도 회복될 수 없는 정신적 고통은 특별사정에 의한 손해이다.

이 사건의 경우, 일반적으로 애완견을 소유하는 목적은 애완견과 정신적인 유대와 애정을 나누기 위함이고, 원고 또한 같은 이유로 원고의 개를 소유한 것으로 보이는 점, 애완견은 보통 물건들과 달리 생명을 가진 동물인 점, 그러한 의미에서 요즘 애완견을 단순한 동물을 넘어서 반려견으로까지 여기는 점 등을 고려하면, 원고처럼 애완견 주인이 가지는 정신적 고통의 손해는 그 애완견의 구매가 또는 시가 상당액을 배상받는 것만으로는 회복될 수 없는 특별사정에 의한 손해이고, 피고의 개를 방치하여 사고를 야기한 피고는 그러한 특별사정을 알았거나 알 수 있었다고 봄이 타당하다.

사고 경위, 사고 정도, 원고의 개가 원고의 애완견으로 지내온 기간, 원고 개의 교환가치, 물적 손해에 대한 위자료인 점 등 모든 사정을 참작하여, 원고의 위자료를 300,000원으로 정한다.

3. 결론

따라서 피고는 원고에게 1,800,000원(= 1,500,000원 + 300,000원)과 이에 대하여 원고가 구하는 소장 송달 다음날인 2013. 5. 11.부터 피고가 항쟁함이 상당한 이 판결 선고일인 2014. 2. 13.까지는 민법이 정한 연 5%, 다음날부터 갚는 날까지는 소송촉진 등에 관한 특례법이 정한 연 20%의 각 비율로 계산한 지연손해금을 지급할 의무가 있다.

그렇다면, 원고의 청구는 위 인정범위 내에서 이유 있어 인용하고 나머지 청구는 이유 없어 기각하기로 하여, 주문과 같이 판결한다.

판사 성기준

※ 소액사건의 판결서에는 소액사건심판법 제11조의2 제3항에 따라 이유를 기재하지 아니할 수 있습니다.

대 구 지 방 법 원

제 1 행 정 부

판 결

사 건	2014구합20539 동물장묘업등록불가처분취소
원 고	원고
	부산 서구 구덕로 (부민동1가)
	소송대리인 법무법인 ○○
	담당변호사 ○○○, ○○○
피 고	청도군수
	소송대리인 변호사 ○○
변 론 종 결	2014. 7. 9.
판 결 선 고	2014. 8. 20.

주 문

1. 피고가 2014. 1. 28. 원고에 대하여 한 동물장묘업등록불가처분을 취소한다.
2. 소송비용은 피고가 부담한다.

청 구 취 지

주문과 같다.

이 유

1. 처분의 경위

가. 원고는 2013. 1. 16. 피고에게 경북 청도군 남성현로 지상 건물(이하 '이 사건 신청지 및 건물'이라 한다)에서 장례식장 84.96㎡, 납골시설 355.20㎡ 규모의 동물장묘업을 영위하기 위하여 그 등록을 신청(이하 '이 사건 신청'이라 한다)하였다.

나. 피고는 2014. 1. 28. 원고에게 다음과 같은 사유로 이 사건 신청에 따른 등록이 불가함을 통보(이하 '이 사건 처분'이라 한다)하였다.

■ 민원서류 처리결과(등록 불가) 통보서
① 동물장묘업 등록신청지는 경산시에서 청도군으로 들어오는 관문으로 청도군의 청정 이미지에 악영향
② 신청지 주변의 소싸움장, 감꽃권역사업, 와인터널, 프로방스, 용암온천 등으로 이어지는 관광벨트로 앞으로 청도군의 관광개발 등에 악영향이 예상
③ 개인적인 사업목적보다는 주민들의 삶의 질 향상을 위한 공익이 우선시 되어야 함
④ 주민들이 동물장묘업을 기피시설로 인식하고 있는 상황에서 동물장묘업장을 설치 운영하는 것은 더 많은 민원이 예상(송금리 이장 김대호 외 262명 등록반대 진정, 반대의사 표명 3회 방문 등)

【인정근거】 다툼 없는 사실, 갑 제1, 2, 3호증(각 가지번호 포함)의 각 기재, 변론 전체의 취지

2. 이 사건 처분의 적법 여부

가. 당사자의 주장

1) 원고의 주장

가) 동물보호법의 목적이 동물의 생명 등 보호와 동물의 생명 존중 등 국민의 정서를 함양하는데 있는 점, 관련규정상 영업자의 자격, 영업지역, 영업시설 및 인력기준에 대하여 제한을 두고 있을 뿐 불확정개념을 들어 등록요건을 규정하고 있지 아니

한 점, 동물장묘업 등록은 일반적 금지의 해제인 강학상 허가에 해당하는 점 등에 비추어 보면, 동물장묘업은 기속행위에 해당하므로 피고가 동물보호법 등 관계법령에서 정하는 제한사유 이외의 사유를 들어 등록을 거부할 수는 없다. 따라서 원고의 이 사건 신청이 동물보호법 및 같은 법 시행규칙이 정하고 있는 동물장묘업의 시설 및 인력기준에 부합하고 등록결격사유에도 해당되지 아니함에도 피고가 관계법령이 정하는 사유 이외의 사유를 들어 이 사건 처분을 한 것은 위법하다.

나) 설사 그렇지 않다고 하더라도, 다음과 같이 이 사건 각 처분사유는 사실에 근거한 것이 아니고 중대한 공익상 필요도 인정되지 아니하므로, 결국 이 사건 처분은 위법하다.

(1) ①, ②처분사유: 경산시와 청도군을 오가는 사람들 대부분은 터널과 함께 새로이 개통된 25번 국도를 이용하고 있고, 이 사건 신청지 전면을 지나는 남성현로를 이용하는 차량은 거의 없다. 또한 원고는 이 사건 신청지에 2014년 휴게실 공원을 조성하고, 2015년 부지를 추가 매입하여 산책 및 공원을 조성하며, 2016년 반려동물 테크노 전문대학교 설립을 계획하고 있는데, 이는 청도군의 청정이미지 및 관광개발에 악영향을 준다기보다는 오히려 방문객의 증가로 관광효과의 상승이 예상된다. 원고가 신청한 동물장묘업의 영업범위는 동물전용장례식장 및 납골시설로서 화장시설이나 건조장시설이 아니고, 실제 전국에서 운영 중인 동물장례식장의 외관 및 운용 실태로 보더라도 동물장묘업은 혐오시설이 아니다. 그리고 이 사건 신청지와 송정마을, 와인터널 사이에는 큰 산이 놓여 있어 직선거리는 아무런 의미가 없다.

(2) ③, ④처분사유: 주민들의 삶의 질이 훼손된다는 주장은 피고의 막연한 추측에 불과하고 객관적인 근거가 없고, 공익상 필요와도 무관한 주민들의 민원만으로는

적법한 거부사유가 될 수 없다. 또한 25번 국도의 개설로 이 사건 신청지 인근의 휴게소 2곳은 모두 폐업하였고, 위 신청지 주변은 환경폐기물단지, 음식물쓰레기처리장, 채석장 등이 설치되어 매우 낙후된 곳으로 전락하였는데, 원고의 반려동물 종합힐링센터 설립은 주민들의 일자리 창출 등 주민들 삶의 질과 청도군의 공익에도 부합한다. 이 사건 신청지로부터 북서쪽 방면으로 약 500m 지점에는 경산지역 혜림환경폐기물 분쇄매립지가, 그로부터 약 700m 지점에는 음식물쓰레기 처리장과 채석장 등이 위치하고 있다. 청도천은 이 사건 신청지와 사이에 큰 산으로 막혀 있고, 이미 그 오염정도가 심하며, 원고가 설치하려는 것은 화장시설이나 건조장시설이 아니다.

2) 피고의 주장

가) 동물보호법 제33조 제1항에 의한 동물장묘업의 등록은 그 등록을 받는 자에게 특별한 권리를 부여하는 것으로서 그 등록요건이 불확정개념으로 되어 있어 등록요건의 충족 여부를 판단함에 있어 행정청에 상당한 재량권이 부여되어 있으므로, 동물장묘업의 등록은 재량행위에 해당한다.

나) 또한 다음과 같이 중대한 공익상 필요가 있을 뿐만 아니라 이 사건 처분에는 사실오인의 잘못이 없고 비례·평등의 원칙 등에 위반되지 아니하므로 적정한 재량권의 행사에 해당한다.

(1) ①, ②처분사유: 현재 경산시와 청도군을 오가는 상당수의 사람들이 터널과 함께 25번 국도를 이용함으로써 기존의 남성현로를 이용하는 차량이 다소 감소하였다고 하더라도 여전히 이 사건 신청지는 청도군으로 들어오는 관문이라고 보아야 한다. 이 사건 신청지로부터 남서쪽으로 600m 떨어진 곳에 와인터널이, 남쪽으로 700m 떨어진 곳에 송정마을이, 남동쪽으로 400m 떨어진 곳에 주택 10여 가구가, 남쪽으로

3.3㎞ 떨어진 곳에 청도 용암온천과 프로방스 마을이 위치하고 있다. 장례식장, 납골당 등이 혐오시설로 기피되고 있는 현실에서 비록 반려동물이라 할지라도 동물사체에 대한 장례 및 화장시설(소각시설) 등이 설치된다면 청도군의 청정이미지에 타격이 있을 뿐만 아니라 소싸움 경기장, 용암온천, 와인터널 등 주력 관광산업에도 영향을 미치게 된다. 또한 원고의 2014년~2016년 시설설치계획은 주관적·일방적인 계획에 불과하여 그 실현여부가 불확실하고, 그로 인하여 관광효과의 상승 등이 있을 것이라고 단정하기 어렵다.

(3) ③, ④처분사유: 이 사건 신청지 주변은 낙후되어 있지 아니하고, 원고의 시설설치로 인한 고용 효과는 미미하며, 이 사건 신청지는 보전관리지역으로 자연환경보호와 수질오염방지 등을 위한 관리가 필요한 지역으로서, 남쪽으로 약 600~700m 떨어진 곳에 청도군민들의 상수원인 청도천으로 유입되는 소하천이 있으므로, 원고의 시설에서 배출된 오염물질이 청도천으로 유입될 수 있다.

다) 다음과 같이 이 사건 신청은 동물보호법 등 관계법령에서 정하는 등록요건을 갖추지 못하였다.

(1) 원고가 이 사건 신청지상 건물에 관하여 동물장묘업 등록을 받기 위하여는 건축물의 용도가 건축법 시행령 제3조의4 [별표 1] 제22호 라목 폐기물처리시설이거나 제21호 나목 가축시설이어야 하나, 위 건축물의 용도는 일반음식점, 휴게음식점 등이어서 건축법상 동물장묘업을 영위할 수 없으므로, 이 사건 신청은 관계법령에서 정하는 등록요건을 갖추지 못하였다. 또한 이 사건 신청지는 「국토의 계획 및 이용에 관한 법률」(이하 '국토계획법'이라 한다)상 용도지역이 보전관리지역이고, 위 지역에서는 폐기물처분시설이나 가축시설은 건축할 수 없으므로, 원고는 향후에도 동물장묘업

의 등록요건을 갖출 수 없다.

(2) 동물장묘업 등록을 하기 위해서는 동물보호법 제33조, 같은 법 시행규칙 제37조에 따라 관련 인력 및 영업장 시설을 갖춘 후 사업계획서를 작성하여 신청하여야 함에도 원고는 이 사건 신청 당시 동물전용 장례식장, 납골시설을 전혀 갖추지 않았다.

나. 관계법령

별지 관계법령 기재와 같다.

다. 인정사실

1) 이 사건 신청지는 별지 도면 표시와 같이 경산시와 청도군을 이어주는 왕복 2차로의 남성현로에 접해있는데, 청도군 방향으로 내리막의 굽은 도로이고, 25번 국도의 신설로 남성현로를 통행하는 차량은 드물고 한산한 편이다.

2) 이 사건 신청지는 국토계획법상 용도지역이 보전관리지역이고, 이 사건 건물은 철근콘크리트조 판넬위쉥글 지붕 일반음식점 192㎡, 휴게음식점 163.2㎡, 농산물 판매장 84.96㎡, 조적조(시멘트벽돌조) 슬라브위쉥글 지붕 화장실 39.6㎡의 규모로서 종전에는 휴게소(남성현쉼터)로 사용되었으나, 현재는 폐업 후 방치되고 있다.

3) 이 사건 신청지에서 청도읍 방면으로 남성현로를 따라 아래쪽으로 약 3.1㎞ 정도 내려가면 와인터널이 있고, 와인터널에서 남쪽으로는 소하천이 흐르고 있는데 유량이 거의 없을 뿐만 아니라 생활하수관과 연결되어 있다. 한편 이 사건 신청지와 와인터널 및 소하천 사이에는 높은 산이 위치해 있고, 와인터널에서 약 3.3㎞ 떨어진 곳에 청도 용암온천이, 다시 약 0.7㎞ 떨어진 곳에 청도 소싸움경기장이 각각 위치해 있다.

4) 이 사건 신청지에서 북서쪽으로 약 80m 거리에 환경폐기물집하장이 위치해 있고, 약 300~400m 거리에 대구경산 음식쓰레기처리장이 위치해 있으며, 인근에는 채석

장도 있고, 남쪽으로 약 400~700m 떨어진 곳에 송정마을과 주택 몇 채가 위치해 있다.

5) 피고는 2011. 12. 5. 청도군 고시 제2011-31호로 농어촌정비법 제58조에 따라 경북 청도군 화양읍 삼신 1, 2리, 다로리, 송금리 일대에 대한 남성현감꽃권역단위종합 정비사업 기본계획(변경) 고시를 하였고, 경상북도지사는 2012. 11. 23. 피고에게 위 정비사업 시행계획 승인을 하였고, 피고는 2012. 11. 27. 위 정비사업 시행계획 승인 고시를 하였다.

【인정근거】 다툼 없는 사실, 갑 제5 내지 10호증, 을 제1 내지 7호증(각 가지번호 포함)의 각 기재, 이 법원의 현장검증 결과, 변론 전체의 취지

라. 판단

1) 동물장묘업 등록의 법적 성격 등에 관한 판단

동물보호법 제33조 제1항, 제32조 제1항 제1호, 같은 법 시행규칙 제32조 제2항 [별표 9]는 동물장묘업을 하려는 자는 동물보호법 시행규칙에 따른 시설과 인력 기준을 갖추어 시장・군수・구청장에게 등록하여야 한다고 규정하고, 같은 법 제33조 제3항은 등록을 하려는 자가 미성년자, 피한정후견인 또는 피성년후견인인 경우(제1호), 제32조 제1항 각 호 외의 부분에 따른 시설 및 인력의 기준에 맞지 아니한 경우(제2호), 제38조 제1항에 따라 등록이 취소된 후 1년이 지나지 아니한 자가 취소된 업종과 같은 업종을 등록하려는 경우(제3호), 등록을 하려는 자가 이 법을 위반하여 벌금형 이상의 형을 선고받고 그 형이 확정된 날부터 1년이 지나지 아니한 경우(제4호), 「장사 등에 관한 법률」 제17조에 해당하는 지역에 동물장묘시설을 설치하려는 경우(제5호)에는 제1항에 따른 등록을 할 수 없다고 규정하고 있다.

행정행위가 그 재량성의 유무 및 범위와 관련하여 이른바 기속행위 내지 기속재량행

위와 재량행위 내지 자유재량행위로 구분된다고 할 때, 그 구분은 당해 행위의 근거가 된 법규의 체재·형식과 그 문언, 당해 행위가 속하는 행정 분야의 주된 목적과 특성, 당해 행위 자체의 개별적 성질과 유형 등을 모두 고려하여 판단하여야 하는바(대법원 2001. 2. 9. 선고 98두17593 판결, 대법원 1998. 9. 25. 선고 98두7503 판결 등 참조), 위 관계법령에 의하면, 동물장묘업 등록신청을 받은 행정청은 그 등록신청이 관계법령에 정하는 제한에 배치되지 않고 그 신청이 법정등록 요건에 합치되는 경우에는 특별한 사정이 없으면 신청을 등록해주어야 하고, 관계법령에서 정하는 제한사유 이외의 사유를 들어 등록을 거부할 수 없으며, 다만 심사결과 관계법령상의 제한 이외의 중대한 공익상 필요가 있는 경우에 한하여 그 등록을 거부할 수 있다고 봄이 타당하다.

따라서 피고가 이 사건 처분사유로 든 청도군의 청정이미지, 관광개발 등에 악영향, 주민들의 삶의 질 향상, 주민들의 민원이라는 사유는 동물보호법 및 같은 법 시행규칙이 정하고 있는 동물장묘업의 시설 및 인력기준, 등록결격사유에 해당되지 아니하므로, 위와 같은 처분사유를 이유로 원고의 이 사건 신청에 대한 등록을 거부한 이 사건 처분은 원칙적으로 위법하다.

2) 중대한 공익상 필요 유무에 관한 판단

위 인정사실 및 앞서 든 증거에 의하면 알 수 있는 다음의 각 사정, 즉 ① 이 사건 신청지 전면에는 경산시와 청도군을 잇는 왕복 2차로의 남성현로가 접해 있는데, 25번 국토의 신설로 남성현로를 통행하는 차량은 드물고 한산하게 된 점, ② 이 사건 건물은 당초 휴게소(남성현쉼터)로 사용되었으나 차량 통행량 감소 등으로 인해 현재 폐업 후 방치되고 있는 점, ③ 이 사건 신청지에서 청도 방면으로 남성현 도로를 따라 아래쪽으로 약 3.1㎞ 정도 내려가면 와인터널이 위치하고, 그 남쪽으로 소하천이 흐르고 있으나, 그 유량이 거의 없을 뿐만 아니라 생활하수관과 연결되어 있고, 이 사건 신청지와 사이에 높은 산이 위치하여 완전히 차단되어 있는 점, ③ 용암온천과 청도 소싸움 경기장은 이 사건 신청지로부터 와인터널보다도 훨씬 더 떨어져 있어서 위 신청지가 전혀 보이지 않는 점, ④ 이 사건 신청지 인근에는 환경폐기물집하장, 음식쓰레기처리장, 채석장 등이 위치해 있는 점, ⑥ 피고는 원고가 이 사건 건물에서 동물장묘업을 영위함으로써 상수원인 청도천이 오염될 가능성이 있다는 취지로 주장하나, 원고는 위 건축물에서 장례식장, 납골시설만을 설치할 뿐 소각시설 등은 영업범위에 포함되어 있지 아니하고, 피고는 상수원 오염에 관한 구체적이고 객관적인 자료를 제시하지 못하고 있는 점, ⑦ 인근 주민들의 반대 그 자체가 이 사건 신청의 등록 수리 여부를 판단함에 있어서 적법한 기준이 될 수 없는 점(대법원 2001. 5. 8. 선고 2001두1482 판결, 대법원 2002. 7. 26. 선고 2000두9762 판결 등 참조) 등에 비추어 보면, 피고가 주장하는 청도군의 청정이미지와 관광개발 등에 악영향을 미친다는 막연한 사정만으로는 중대한 공익상 필요가 있다고 보기 어렵고, 달리 이를 인정할 증거가 없으므로, 원고의 이 사건 신청 등록을 거부한 이 사건 처분은 위법하다.

3) 처분사유 추가 주장에 관한 판단

행정처분의 취소를 구하는 항고소송에 있어서, 처분청은 당초 처분의 근거로 삼은 사유와 기본적 사실관계가 동일성이 있다고 인정되는 한도 내에서만 다른 사유를 추가 혹은 변경할 수 있고, 여기서 기본적 사실관계의 동일성 유무는 처분사유를 법률적으로 평가하기 이전의 구체적인 사실에 착안하여 그 기초인 사회적 사실관계가 기본적인 점에서 동일한지 여부에 따라 결정되며, 추가 또는 변경된 사유가 처분 당시에 그 사유를 명기하지 않았을 뿐 이미 존재하고 있었고 당사자도 그 사실을 알고 있었다 하여 당초의 처분사유와 동일성이 있는 것이라고 할 수는 없다(대법원 2009. 11. 26. 선고 2009두15586 판결, 대법원 2014.5.16. 선고 2013두26118 판결 등 참조).

이 사건에 관하여 보건대, 피고는 당초 청도군의 청정이미지, 관광개발 등에 악영향, 주민들의 삶의 질 향상, 주민들의 민원이라는 사유를 이 사건 처분사유로 든 사실은 앞서 본 바와 같고, 피고가 이 사건 소송과정에서 이 사건 신청은 동물보호법 등 관계 법령에서 정하는 등록요건을 갖추지 못하였다는 처분사유를 추가로 주장하고 있음은 기록상 분명한바, 피고가 새롭게 주장하는 위 사유는 당초의 이 사건 처분사유와 기본적 사실관계가 동일하다고 할 수 없으므로, 피고가 위와 같은 처분사유를 추가하는 것은 허용되지 아니한다고 봄이 타당하다.

4) 소결론

따라서 피고의 이 사건 ① 내지 ④ 처분사유는 관계법령상 동물장묘업 등록제한사유에 해당하지 않고, 이 사건 신청의 등록을 거부할 수 있는 중대한 공익상 필요도 인정되지 아니하며, 피고의 위 처분사유의 추가도 허용되지 않으므로, 이 사건 처분은 위법하다.

3. 결론

그렇다면 원고의 청구는 이유 있으므로 인용하기로 하여 주문과 같이 판결한다.

재판장 판사 권순형

판사 문중흠

판사 김정기

관계법령

■ 동물보호법

제32조(영업의 종류 및 시설기준 등)

① 농림축산식품부령으로 정하는 개·고양이·토끼 등 가정에서 반려(伴侶)의 목적으로 기르는 동물과 관련된 다음 각 호의 영업을 하려는 자는 농림축산식품부령으로 정하는 기준에 맞는 시설과 인력을 갖추어야 한다.

1. 동물장묘업(動物葬墓業)

② 제1항 각 호에 따른 영업의 세부 범위는 농림축산식품부령으로 정한다.

제33조(영업의 등록)

① 제32조 제1항 제1호부터 제3호까지의 규정에 따른 영업을 하려는 자는 농림축산식품부령으로 정하는 바에 따라 시장·군수·구청장에게 등록하여야 한다.

② 제1항에 따라 등록을 한 자는 농림축산식품부령으로 정하는 사항을 변경하거나 폐업·휴업 또는 그 영업을 재개하려는 경우에는 미리 농림축산식품부령으로 정하는 바에 따라 시장·군수·구청장에게 신고를 하여야 한다.

③ 다음 각 호의 어느 하나에 해당하는 경우에는 제1항에 따른 등록을 할 수 없다. 다만, 제5호는 제32조 제1항 제1호에 따른 영업에만 적용한다.

1. 등록을 하려는 자(법인인 경우에는 임원을 포함한다. 이하 이 조에서 같다)가 미성년자, 피한정후견인 또는 피성년후견인인 경우
2. 제32조 제1항 각 호 외의 부분에 따른 시설 및 인력의 기준에 맞지 아니한 경우
3. 제38조 제1항에 따라 등록이 취소된 후 1년이 지나지 아니한 자(법인인 경우에는 그 대표자를 포함한다)가 취소된 업종과 같은 업종을 등록하려는 경우
4. 등록을 하려는 자가 이 법을 위반하여 벌금형 이상의 형을 선고받고 그 형이 확정된 날부터 1년이 지나지 아니한 경우
5. 「장사 등에 관한 법률」 제17조에 해당하는 지역에 동물장묘시설을 설치하려는 경우

■ 동물보호법 시행규칙

제35조(영업의 범위 및 시설기준)

① 법 제32조제1항에서 "농림축산식품부령으로 정하는 개·고양이·토끼 등 동물"이란 가정에서 반려(伴侶)의 목적으로 사육하는 개·고양이·토끼·페럿·기니피그·햄스터를 말한다.

② 법 제32조 제1항에 따른 동물 관련 영업별 시설 및 인력 기준은 별표 9와 같다.

제36조(영업의 세부범위)

법 제32조 제2항에 따른 동물 관련 영업의 세부범위는 다음 각 호와 같다.

1. 동물장묘업: 다음 각 목 중 어느 하나 이상의 시설을 설치·운영하는 영업
   가. 동물 전용의 장례식장
   나. 동물의 사체 또는 유골을 불에 태우는 방법으로 처리하는 시설[이하 "동물화장(火葬)시설"이라 한다] 또는 건조·멸균분쇄의 방법으로 처리하는 시설[이하 "동물건조장(乾燥葬)시설"이라 한다]
   다. 동물 전용의 납골시설

제37조(동물장묘업 등의 등록)

① 법 제33조 제1항에 따라 동물장묘업, 동물판매업 또는 동물수입업의 등록을 하려는 자는 별지 제15호서식의 영업 등록 신청서(전자문서로 된 신청서를 포함한다)에 다음 각 호의 서류(전자문서를 포함한다)를 첨부하여 관할 시장·군수·구청장에게 제출하여야 한다.

1. 인력 현황
2. 영업장의 시설 내역 및 배치도
3. 사업계획서(동물장묘업의 등록에만 해당한다)
4. 「폐기물관리법」 제29조 제2항에 따른 폐기물처리시설 설치승인서 또는 설치신고증명서 사본(동물화장시설 또는 동물건조장시설을 설치하는 경우에만 해당한다)
5. 「폐기물관리법」 제30조에 따른 소각시설 설치검사결과서(동물화장시설을 설치하는 경우에만 해당한다) 또는 멸균분쇄시설 설치검사결과서(동물건조장시설을 설치하는 경우에만 해당한다)
6. 동물사체에 대한 처리 후 잔재에 대한 처리계획서(동물화장시설 또는 동물건조장시설을 설치하는 경우에만 해당한다)

② 제1항에 따른 신청서를 받은 시장·군수·구청장은 「전자정부법」 제36조 제1항에 따른 행정정보의 공동이용을 통하여 다음 각 호의 서류를 확인하여야 한다. 이 경우 신청인이 주민등록표 등본·초본의 확인에 동의하지 아니하는 경우에는 해당 서류를 제출하게 하여야 한다.

1. 주민등록표 등본·초본(법인인 경우에는 법인등기사항증명서)
2. 건축물대장 및 토지이용계획 확인서

③ 시장·군수·구청장은 제1항에 따른 신청인이 법 제33조 제3항 제1호 또는 제4호에 해당되는지를 확인할 수 없는 경우에는 해당 신청인에게 제1항의 서류 외에 신원확인에 필요한 자료를 제출하게 할 수 있다.

④ 시장·군수·구청장은 제1항에 따른 등록 신청이 별표 9의 기준에 맞는 경우에는 신청인에게 별지 제16호서식의 등록증을 발급하고, 별지 제17호서식의 동물장묘업 등록(변경신고) 관리대장과 별지 제18호서식의 동물판매업·동물수입업 등록(변경신고) 관리대장을 각각 작성·관리하여야 한다.

⑤ 제1항에 따라 등록을 한 영업자가 등록증을 잃어버리거나 헐어 못 쓰게 되어 재발급을 받으려는 경우에는 별지 제19호서식의 등록증(신고확인증) 재발급신청서(전자문서로 된 신청서를 포함한다)를 시장·군수·구청장에게 제출하여야 한다.

⑥ 제4항의 등록 관리대장은 전자적 처리가 불가능한 특별한 사유가 없으면 전자적 방법으로 작성·관리하여야 한다.

[별표 9]

동물 관련 영업별 시설 및 인력 기준(제35조 제2항 관련)

2. 동물장묘업의 시설 및 인력 기준

가. 장례식장은 분향실을 갖추어야 한다.

나. 납골시설은 유골을 안전하게 보관할 수 있어야 하며, 유골을 개별적으로 확인할 수 있도록 표지판이 붙어 있어야 한다.

다. 동물화장시설의 화장로는 「폐기물관리법」에 따른 폐기물처리시설의 설치・검사・관리기준 및 기술관리인 기준에 적합하여야 하는 외에 다음의 조건을 갖추어야 한다.

1) 화장로는 동물의 사체 또는 유골을 완전 연소시킬 수 있는 구조여야 하고 다른 시설과 격리되어야 한다.

2) 화장로의 작업내용을 확인할 수 있는 폐쇄회로 녹화장치를 설치하여야 한다.

3) 동물 사체를 보관할 수 있는 냉동시설을 갖추어야 한다.

라. 동물건조장시설의 건조 및 멸균분쇄시설은 「폐기물관리법」에 따른 폐기물처리시설의 설치·검사·관리기준 및 기술관리인 기준에 적합하여야 하는 외에 다음의 조건을 갖추어야 한다.

1) 건조장시설은 동물의 사체 또는 유골을 완전히 건조시켜 멸균분쇄할 수 있는 구조여야 하고 다른 시설과 격리되어야 한다.

2) 건조장시설의 작업내용을 확인할 수 있는 폐쇄회로 녹화장치를 설치하여야 한다.

3) 동물 사체를 보관할 수 있는 냉동시설을 갖추어야 한다.

<끝>

도면

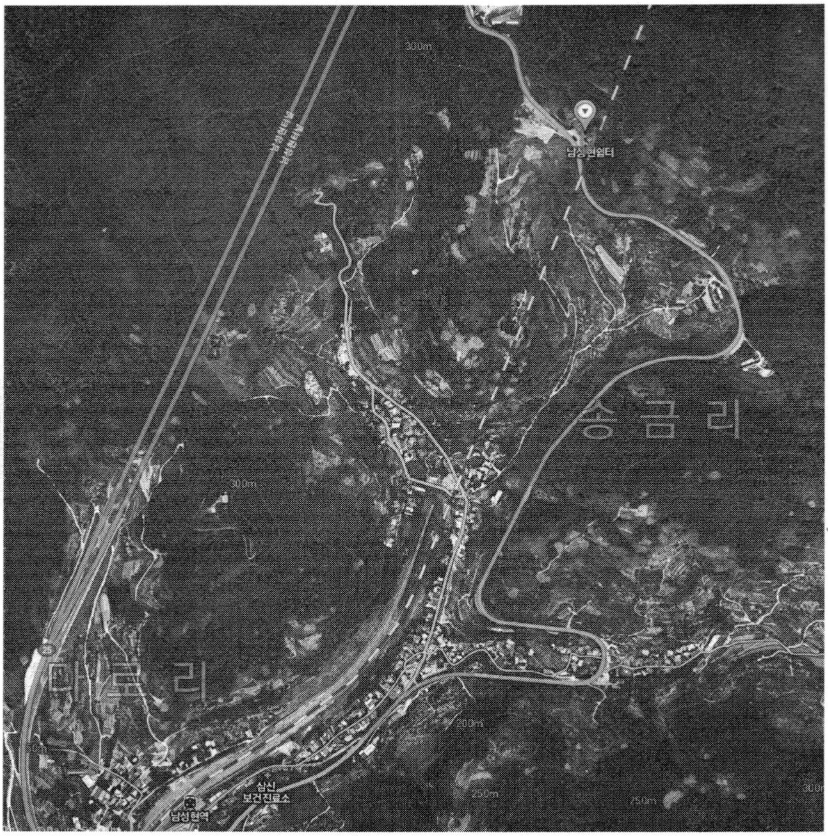

<끝>

[저자약력]

김 홍 석

숭실대학교 대학원 법학박사(상법)
법무부, 수산청, 외무부, 주제네바대표부, 경제기획원, 국무총리행정조정실
공정거래위원회 조사국, 기획관리관실, 하도급국
공정거래위원회 위원장 비서실 비서관(과장)
공정거래위원회 대전지방사무소 소장
대통령직속 중소기업특별위원회 정책과장
공정거래위원회 기획조정관실 기획재정담당관, 소비자정책국 특수거래과장
현재 선문대학교 경찰행정법학과 교수
선문대학교 성화학숙 관장
서울특별시 민생침해 근절 민·관대책협의회 공동위원장
공정거래위원회 대전지방공정거래협의회 자문위원
한국상조공제조합 공익이사
녹색소비자연대전국협의회 이사
한국소비생활연구원 자문위원 등

〈주요저서 및 논문〉

알기쉬운 상조업과 할부거래법(공저)
알기쉬운 공정거래법(공저)
하도급법(공저)
개정 방문판매법 해설(공저)
표시·광고법 외 다수
다단계판매조직의 성립요건에 관한 소고
방문판매법상 소비자피해보상보험제도에 관한고찰
방문판매법상 다단계판매의 개념정의와 개정방향에 관한 연구
방문판매법상 공제조합의 법적 성격과 제도개선방안 외 다수

정 진 구

서울시립대학교 경영학과 졸업(경영학사)
미국 샌안토니오대학교 장례학과 졸업(Mortuary Science AAS)
명지대학교 사회교육대학원 가정의례학과 졸업(가정의례학석사)
선문대학교 대학원 법학과 졸업(법학박사)
미국 시신보존위생사 면허(Licensed Embalmer, USA)
미국 장례지도사 면허(Licensed Funeral Director, USA)
미국 장례지도 자격(Funeral Directing Certificate, USA)
한국 장례지도사 자격
요양보호사(1급) 자격
교원(중등학교 2급정교사) 자격
노무현 전 대통령 국민장 참여(시신보존위생 수행)
김대중 전 대통령 국장 참여(시신보존 장의지도)
동국대학교불교문화대학원, 명지대학교사회교육대학원, 건양대학교, 서울기독대학교평생교육원, 동방문화대학원대학교평생교육원, 성결대학교평생교육원, 내일에듀평생교육원 강사

〈저서/논문〉

시신보존위생학 & "접견"장례의식
미국 국가장 매뉴얼
장사법(葬事法)의 이해
시신보존위생(embalming)제도에 관한 연구(석사학위논문)
장례관련 자격제도에 관한 한·미 비교법적 연구(박사학위논문)
할부거래법의 문제점과 개정방안에 대한 고찰
장사법(葬事法)의 문제점과 개정방안에 대한 고찰
국가장법의 문제점과 개정방안에 대한 고찰

반려동물장례관련법의 이해

초판 1쇄 인쇄 2016년 1월 5일
초판 1쇄 발행 2016년 1월 11일

저 자 김홍석·정진구
발 행 인 현근택
발 행 처 화산미디어
주 소 경기도 고양시 덕양구 행신동 1088 서정마을 501-301
신 고 2009년 2월 16일/제395-2009-000012호
전 화 031-973-6929
팩 스 031-972-6930
블 로 그 blog.daum.net/kthyun1
홈페이지 www.hwasanm.com

정가 28,000원
ISBN 978-89-94705-82-8 (93360)